新
思
THINKR

有思想和智识的生活

约翰·基根战争史系列

战争史

修订珍藏版

A HISTORY OF WARFARE

重新解释战争，以及人类社会的命运

[英] 约翰·基根——著
林华——译

中信出版集团 · 北京

图书在版编目（CIP）数据

战争史：修订珍藏版 /（英）约翰 · 基根著；林华译 . -- 2 版 . -- 北京：中信出版社，2018.11（2026.1 重印）

书名原文：A History of Warfare

ISBN 978-7-5086-9212-8

Ⅰ . ①战… Ⅱ . ①约… ②林… Ⅲ . ①战争史－世界
Ⅳ . ① E19

中国版本图书馆 CIP 数据核字（2018）第 153573 号

战争史：修订珍藏版

著　　者：[英] 约翰 · 基根
译　　者：林　华
出版发行：中信出版集团股份有限公司
（北京市朝阳区东三环北路 27 号嘉铭中心　邮编　100020）
承 印 者：河北鹏润印刷有限公司

开　　本：880mm × 1230mm　1/32　　印　　张：16.25　　插　　页：32　　字　　数：398 千字
版　　次：2018 年 11 月第 2 版　　印　　次：2026 年 1 月第 9 次印刷
京权图字：01-2014-4001　　审图号：GS（2023）4662 号
书　　号：ISBN 978-7-5086-9212-8
定　　价：78.00 元

谨以此书纪念

于 1747 年 7 月 2 日在劳菲尔德战役中捐躯的

克拉尔团的温特·布里奇曼中尉

目录

导 言

我命中注定当不了兵。1948 年我还是孩子的时候得了一场大病，落下终身残疾，45 年来一直不良于行。1952 年的一天，我按照义务兵役制的要求去做体检。那天早上最后一项是检查腿，负责的医生摇摇头，在我的体检表上写了几笔，然后告诉我可以走了。几周后，我收到一封官方来函，说我被列为永久不适于服兵役者。

然而，我又与军人有不解之缘。我的父亲参加过第一次世界大战。我是在第二次世界大战期间长大的，那时我家住在英国，附近便是英军和美军的驻扎地，他们集结在那里准备进攻日（D-Day）挥师欧洲。我感觉得到，对我父亲来说，1917—1918 年在西线服役的那段时间是他生命中最重要的经历。1943—1944 年间繁忙备战的情景也在我的脑海里留下了深深的烙印。它激起了我对军事经久不衰的兴趣，所以 1953 年我到牛津大学上学时，选择了军事史作为专修课题。

要想获得学位，必须选一门专修课，仅此而已，所以我对军事史的研究本可以随着我大学毕业而结束。然而，我对军事史的兴趣在我做本科生的几年里愈加浓厚，因为我在牛津的大多数朋友和我不同，都服过兵役，他们使我感到我的生活里缺了点什么。他们多数都做过军官，许多人参加过实战，在20世纪50年代早期，大英帝国正在解体，为此打了一连串小规模的殖民地战争。我的一些朋友曾在英属马来亚的丛林里或肯尼亚的森林里行军，还有几个在肯尼亚服役期间亲历过真枪实弹的战斗。

从战场归来后，等待着他们的是古板的专业生涯；他们努力学习，争取导师的好感，为以后的前程做准备。然而，我看得清清楚楚，他们当兵的那两年给他们施了魔法，这魔法属于与他们将要进入的那个世界迥然不同的另一个世界。它部分地来自他们的经历，包括奇怪的地方、陌生的责任和刺激，甚至危险；也来自对指挥他们的职业军官的接触和了解。我们做学生的都崇拜导师的学识和怪癖，而我的朋友们尽管离开了战场，却仍然对他们当时的上级指挥官钦佩备至，不过他们所钦佩的是完全不同的品质，是那些人的闯劲、锐气、活力和不拘小节。他们经常提到那些军官的名字，回忆他们的性格和做派，描述他们的事迹——尤其是他们对权威人物充满自信的顶撞。听了他们的话，我觉得好像我也认识了那些洒脱不羁的军人。我特别希望能认识那样的人，哪怕只是为了使我对军人的世界了解得更加充分、完整，因为我的有限了解全是靠苦读军事史教科书逐渐形成的。

大学生活结束后，朋友们各奔前程。有的当律师，有的当外交官，有的当公务员，还有的自己成了大学导师。我却发现他们对军旅生涯的回忆给我施了魔法，促使我决定研究军事史。这是个鲁莽的决定，因为学校里没有多少研究这个课题的职位。然而，完全出乎我的意料，培养陆军军官的英国桑德赫斯特皇家军事学院很快有了一个空缺，于是1960年我成了那里的教员。那年我25岁，对军队一无所知，从来没有听到过战斗中的枪声，几乎从未见过一个真正的军官，对军人和军旅生活的了解完全出自我自己的想象。

在桑德赫斯特的第一个学期，我一头栽进了过去怎么也想象不到的世界。桑德赫斯特的老师分军事教官和学术教员两类，我属于后者。1960年，桑德赫斯特的高级军事教官清一色都经历过第二次世界大战，级别较低的也几乎全部在朝鲜、马来亚、肯尼亚、巴勒斯坦或塞浦路斯打过仗，或参加过其他十几场殖民地战争中的某一场。他们的制服上挂满了勋章、绶带，许多是对非凡勇气的褒奖。我的系主任是退役军官，他出席集体晚宴时佩戴的是优异服务勋章和军功十字勋章带两道杠，而学校里有他这样荣誉的人不在少数。有的少校或上校佩戴的奖章证明他们在阿拉曼、卡西诺、阿纳姆和科西玛战役中表现了杰出的勇气[1]。他们随随便便戴在身上的小小绶带诉说着第二次世界大战的历史，十字勋章和奖章记载了战争的高潮时刻；但他们这些勋章获得者对自己被授予的荣誉却淡然处之。

使我眼花缭乱的不只是各式各样的勋章，还有五颜六色的军服及其代表的意义。上大学时，我的许多同学带回了做军人时的光荣标志——团制服的上衣或军用双排扣短大衣。当过骑兵军官的在穿晚礼服的场合，脚上仍然蹬着属于枪骑兵或轻骑兵制服一部分的漆皮靴，靴筒口边镶着一圈摩洛哥革，靴跟有安马刺的小沟。这使我悟到了一个悖论，那就是制服（uniform）并不一致（uniform），每

[1] 这些都是第二次世界大战中的战役。——译者注

个团的制服都不一样。至于有多不一样，我在桑德赫斯特第一次参加集体晚宴时终于见识到了。枪骑兵和轻骑兵穿蓝色和红色的制服，王室禁卫骑兵的制服装饰着成堆的金色丝绦，步兵墨绿色的制服颜色深到发黑，炮兵的裤子紧绷在腿上，近卫兵团士兵的衬衫浆得笔挺，（苏格兰）高地兵团的制服分 6 种不同图案，（苏格兰）低地兵团士兵穿着格子呢紧身短裤，各郡兵团的步兵制服上衣则镶着黄、白、灰、紫或暗黄色的皮革。

我原来以为军队是一个整体，那天晚上我才明白并非如此。不过那时我还不知道，外表不同的制服所代表的内在差别要重要得多。我后来发现，各团确定自我特点靠的就是自己的独特性，而正是这种独特性使它们成为有效的作战团队，使它们的成员赢得了我在周围的人身上所看到的那些奖章和十字勋章。我那些当过兵的朋友最让人喜爱的品格之一是豪爽好结交，彼此之间亲如兄弟；但兄弟之情只到一定程度，对自己团的忠诚才是他们生命中的试金石。个人之间发生争吵第二天就可以和好，但谁要是对自己的团不敬却会被记一辈子。事实上没有人会出此种不逊之言，因为这种行为是对部落价值观的严重冒犯。

我看到的正是部落文化。按照表面的标准来看，20 世纪 60 年代，我在桑德赫斯特所遇到的退伍军人与其他行业的专业人士没有什么不同。他们上的是同样的中学，甚至同一所大学；他们热爱自己的家庭；他们和别人一样希望自己的孩子有出息；他们也为钱操心。然而在军队里，钱，甚至晋升，都不是终极的或决定性的价值观。军官当然希望晋升，但并不以此作为衡量自己价值的标准。一位将军可能会受人敬佩，但也可能不会。引人敬佩的是他的将军军衔之外的东西，那就是他在同袍中的名声，而名声是他在所属的团这个部落的众目睽睽之下，多年来一点一点建立起来的。这个部落不仅包括别的军官，也包括士官和普通士兵。“和士兵处不好”是最严厉的批评。一个军官可以头脑灵活、胜任能干、不辞劳苦，但如果他不能赢得同团战友的信任，这些品质就都是白搭。他就不算是部落的一员。

英国陆军的部落文化极为强盛；它的有些团的历史可以追溯到17世纪现代军队初现雏形的时候；现代军队从各个封建领主的私人武装脱胎而来，那些领主的祖先则是推翻了罗马帝国后，开进西欧的侵略大军的成员。不过，从我年轻时到桑德赫斯特学院任教开始，在以后的多年间，我在许多其他国家的军队里也看到了同样的部落文化。从参加过阿尔及利亚战争的法国军官身上，我就感受到了部落文化的力量；他们在战争中指挥的穆斯林士兵遵循的是伊斯兰教开疆拓土时期的战士——被称为穆斯林英雄（ghazi）的那些人——的传统。第二次世界大战后，为了重建德国的军队，一些德国军官被重新征召入伍；他们曾在俄罗斯的大草原上同苏军作战，并仍然为他们在极端艰难困苦的环境中挺了过来而自豪；他们所经历的苦难可以与他们的祖辈在中世纪时期经历过的战争相比，从他们对那段经历的回忆中，部落文化也隐约可见。印度军官的部落感十分强烈，明显的证据是，他们坚持把自己称作拉其普特人或多格拉人，这是印度有文字记录的历史开始之前就征服了印度的那些武士的后代。曾在越南、黎巴嫩或海湾地区服过役的美国军官身上也体现了部落文化的痕迹，他们信奉的勇敢无畏、尽忠职守的行为守则正是他们国家的立国之本。

军人与众不同，这是我从自己在军人中间度过的一生中学到的一点。我因此对所有把战争与人类的其他活动相提并论的理论和叙述都抱有高度的怀疑。那些理论家说得不错，战争无疑与经济、外交和政治相关。但相关不等于相同，甚至不等于相似。战争与外交和政治完全不同，因为真正打仗的人在价值观和技能方面与外交家和政治家迥然相异。军人的价值观和技能属于另一个世界，那是一个非常古老的世界，与日常的世界并存但不相属。随着时间的流逝，两个世界都在变化，武士的世界按照平民世界的变化调整自己。然而，它总是和平民世界保持着一定的距离。这个距离永远也不会拉近，因为武士的文化永远不可能成为文明本身的文化。所有文明的起源都归功于武士，文明的文化又滋养着保卫它的武士，不同文明之间的差异会使得一种文明的武士在外部表现上与另一种文明的武士判然有别。事实上，本书的一个主题就是，从外部表现来看，有3种不同的武士传统；然而归根结底，只有一种武士文化。从人类起源到人类进入现代世界，这种文化在时空中的演进和变化就构成了战争的历史。

第 1 章

人类历史上的战争

War in Human History

何谓战争？

战争不是政治通过另一种手段的继续。克劳塞维茨（Carl von Clausewitz）的名言如果属实，世界就简单易懂多了[1]。克劳塞维茨是普鲁士人，参加过对拿破仑的战争。他退役后写成的《战争论》后来成为有史以来关于战争的最著名的著作。他写道，战争是“政治交往”（des politischen Verkehrs）通过“各种手段的混合”（mit Einmischung anderer Mittle）的继续。[1] 人们经常引用他这句话的英文译文，但德文原文表达的意思比英文更微妙、更复杂。然而，无论是德文还是英文，克劳塞维茨这句话表达的思想都是不完整的。它有一个未言明的前提，即存在着国家和国家利益，人为了实现国家利益进行理性的谋划。但是，战争比国家、外交和谋略的出现早几千年。战争几乎和人类一样古老，它触及人心最隐秘的角落——在人的心灵深处，自我挤掉了理性的目的，骄傲、情感和本能占据着主导地位。亚里士多德说过，“人是政治动物”。笃信亚里士多德的克劳塞维茨更进了一步，说政治动物是挑起战争的动物，但他也仅

[1] 克劳塞维茨的名言是“战争是政治交往通过另一种手段的继续”。——译者注

仅到此为止。两人都不敢面对这样的主张：人是会思考的动物，他的思想指导着他捕猎的欲望和杀戮的能力。

克劳塞维茨的祖父是教士，身为普鲁士军官的他是在18世纪启蒙运动精神的熏陶下成长起来的。对于上述主张，他难以接受，现代人也同样无法面对。无论弗洛伊德、荣格和阿德勒对我们的世界观产生了什么影响，我们的道德价值观依然是伟大的一神教所宣扬的——谴责杀害同类的行为，除了在极为有限的少数情况下。人类学的研究表明，我们野蛮的祖先可能嗜杀成性，这方面考古学也提出了佐证；心理分析谆谆教导我们，人人心底都是野蛮人，只蒙着一层薄薄的面纱。尽管如此，我们仍然愿意相信，人性表现在现代生活中大多数文明人的日常行为中，当然并不十全十美，但依然是合作性的，总的来说是善意的。在我们看来，文化是决定人的行为的主要因素；在就"是与生俱来还是后天培养"这个题目进行的永无休止的学术辩论中，多数旁观者还是支持"后天培养派"。我们是文化动物，正因为我们的文化丰富，我们才承认人的确有暴力的基因，但同时我们又坚信，暴力的爆发只是文化的反常现象。历史表明，我们所属的国家、国家的机构，甚至国家的法律，都是经过冲突，而且常常是十分血腥的冲突后才建立起来的。每天都有关于流血冲突的新闻报道，发生冲突的地区经常离我们的国家近在咫尺。促成冲突的情由证明，我们关于文化正常状态的观念是站不住脚的。尽管如此，我们还是泰然地把历史事实和新闻报道纳入"另类"这一单独的类别，使其完全不影响我们对世界未来的展望。我们告诉自己，我们的机构和法律严厉克制着人的暴力潜能，日常生活中的暴力行为均以刑事犯罪论处，而我们的国家机构如果诉诸暴力，则采取“文明战争”的特定形式。

文明战争的界限由互相对立的两类人确定——和平主义者和“合法携带武器者”。合法携带武器者一贯是受人尊重的，哪怕只是因为他有方法使人不得不尊重他；和平主义者在基督教创立以来的2000年间也备受重视。这两类人的相互关系在基督教的创始人和请他给一个仆人治病的罗马职业军人的对话中得到了清晰的反映。“我在人的权下，”百夫长这样解释说。[2] 基督听到百夫长说他相信美德的力量，说那是对他自己所代表的法律的补充，惊讶得叫出声来。也许可以据此推断，基督承认合法携带武器者的道德立场。如果上级要求他放弃自己的生命，他也必须服从命令，所以他可以与和平主义者相比，后者也为了自己的信念而不惜牺牲生命。这个概念相当复杂，却被西方文化轻而易举地包纳进来。在西方文化中，职业军人和坚定的和平主义者找到了共存的空间，有时甚至并肩而立：第二次世界大战中，英军最顽强的作战部队“第三突击队”的担架手全部是和平主义者，但指挥官对他们的勇敢和牺牲精神赞佩不已。确实，西方文化若是不能给予合法携带武器者和认为携带武器非法的人同样的尊重，它就不会是今天这个样子。我们的文化是寻求折中的文化，在公共暴力问题上达成的折中是：不赞成它的表现，但把对它的使用合法化。和平主义被升华为理想，而在严格的军事正义守则和一整套人道主义法的规范下，合法携带武器则被视为实际的必要。

克劳塞维茨对这种折中的解说是：“战争是政治的继续。”这个说法在尊重绝对主权、有序外交、条约的法律约束力这些普遍道德观的同时，为国家利益这一压倒一切的原则留出了余地。也许它没有承认和平主义这个刚刚由普鲁士哲学家康德从宗教领域转移到政治领域的理想，但它的确在合法的携带武器者与叛乱分子、土匪和强盗之间做出了清楚的区分。它的前提是军队纪律严明，下属对合法的上级完全服从。它设想战争依照严格确定的形式进行，如封锁、对阵战、散兵战、突袭、侦察、巡逻和前哨警戒，每一项都有其公认的规矩。它假定战争有始也有终。但是，对没有明确的起始和终了的战争以及在不代表国家的人群之间，甚至是国家出现之前的族群之间的混战，它却完全没有考虑。在那样的战争中，所有男性都是战士，因此没有合法和非法携带武器者之分。那种战争形式在人类历史上漫长的时期内曾普遍存在，后来虽然被挤到边缘，但仍不时地扰乱文明国家的生活。国家也时常对从事那种战争的人加以利用，招他们为“非正规”的轻骑兵和步兵。对于这些非正规的武士在战争中烧杀抢掠的非法暴行和野蛮的作战方法，文明国家的军官不忍卒视；但是，如果没有他们的帮助，克劳塞维茨和他的同袍所属的经过严格操练的军队就很难坚持作战。所有正规军，包括法国大革命时的军队，都招募非正规人员执行巡逻、侦察和突袭的任务；18 世纪期间，哥萨克轻骑兵、“猎杀者”、高地兵团、“边境兵”、骠骑兵等非正规军队急剧扩张，成为现代军事史上重要的一章。关于他们洗劫、掠夺、强奸、绑架、勒索和大规模破坏的恶行，他们的文明雇主拼命遮掩。那些雇主不愿意承认非正规雇佣兵的野蛮作战形式比他们自己的作战方法古老得多，也普遍得多。克劳塞维茨这位军官思想家一旦提出“战争是政治的继续”的思想，就为自己找到了一个哲理上方便的空子，使他得以避而不想他的职业中那些更古老、更黑暗、更根本的方面。

不过，克劳塞维茨也勉强承认，战争并非完全如他所说的那样。他最出名的一段话是以这样的假设开始的："如果说文明民族的战争的残酷性和破坏性比野蛮民族的战争小得多……"他没有进一步探讨这个思想，因为他正借助各种哲学思想的力量，千方百计地提出一项普遍性的理论来阐述战争应为何物，而不是反映战争以往和现在的真实状况。他在很大程度上成功了。实际作战中，政治家和最高指挥官首先考虑的就是他的原则；然而，在真实描述战争的时候，目击者和史学家绝不能使用克劳塞维茨的方法。他本人作为战争的目击者和战争历史学家，一定看到过，也可以写出许多与他的理论不相符的东西。经济学家 F. A. 哈耶克（F. A. Hayek）曾写道："没有理论，事实就是沉默的。"这句话也许适用于经济学范畴内冷冰冰的事实，但战争的事实却不是冷冰冰的，它们燃烧着地狱之火。把亚特兰大和美国南部的一大片地方烧成白地的威廉·特库姆塞·谢尔曼将军老年时就悔恨地表达了这个意思，他的话几乎和克劳塞维茨的话一样出名："我对战争厌烦透了。它的荣光全是虚的……战争是地狱。"[3]

克劳塞维茨看到过战争的地狱之火，事实上，他目睹了莫斯科被焚的情景。莫斯科大火是拿破仑战争中最大的物质灾难，它对欧洲产生的心理影响不亚于 1755 年的里斯本大地震。在宗教信仰的年代，里斯本被毁似乎证明了全能上帝的骇人力量，结果刺激了葡萄牙和西班牙各地宗教的复兴；在革命的年代，莫斯科的毁灭似乎证明了人的力量，它也的确是人力所为。莫斯科大火被认为是有蓄谋的。莫斯科总督罗斯托普金声称是他下的命令，拿破仑也把纵火嫌犯捉拿归案，予以处决；但奇怪的是，克劳塞维茨不肯相信大火是有意而为，是为了不让拿破仑获得胜利而采取的焦土战略。正好相反，“我坚信纵火并非法国人所为，”他写道，“我觉得至少也没有证据证明是俄国当局干的。”他认为莫斯科大火是意外事故。

> 我目击（俄国）后卫部队撤退时街上一片混乱，加上最早看到的浓烟是从哥萨克骑兵活跃的郊区边缘升起的，这使我确信莫斯科大火是由于混乱造成的，是因为哥萨克骑兵习惯于先把东西抢掠一空，然后再将房屋付之一炬，不让它们为敌人所用……对俄国的命运产生了如此大的影响的事件居然像偷情生的私生子一样，没有父亲出来承认，真乃历史上的一件怪谈。[4]

然而，克劳塞维茨一定清楚，莫斯科大火这件私生子式无人负责的事件以及1812年拿破仑远征俄国战争中无数其他的私生子式的事件其实根本不是偶然。哥萨克骑兵的参与本身就预示了纵火、抢劫、强奸、谋杀和其他的暴行必定多如牛毛，因为对哥萨克骑兵来说，战争不是政治，而是一种文化，是一种生活方式。

哥萨克骑兵是俄国沙皇的士兵，同时又是抵抗沙皇绝对统治的反叛力量。他们的起源带着神话色彩，世代绵延之间，他们肯定也有意给自己的发端披上神秘的外衣。[5]其实，这个神话的实质简单而又实在。哥萨克的名字来自突厥语的“自由人”。他们是基督徒，逃离了波兰、立陶宛和俄罗斯统治者的奴役，宁肯到中亚广阔无垠、丰足富饶又无约束的大草原上去冒险——去“寻求自由”。

等到克劳塞维茨见到哥萨克骑兵的时候，他们在自由中诞生的神话故事情节增多了，真实性却减少了。他们起初建立了真正平均主义的社会——没有王公，没有女人，没有财产；自由自在的战士来去如风，这是世界各地的史诗中突出、永恒的内容，而哥萨克骑兵就是活生生的体现。1570 年，伊凡大帝不得不用大草原不出产的火药、铅和金钱这三样东西来换取哥萨克人的支持，帮助他把俄罗斯人从穆斯林的奴役下解放出来。但在他统治期间，就已经开始使用武力把哥萨克人纳入沙皇的体系。[6] 伊凡大帝之后，历任沙皇仍继续对哥萨克人施压。俄国在对拿破仑的战争中，建立了正规的哥萨克兵团。这听起来自相矛盾，但当时这样的举措在欧洲风行一时，各国都把森林、山区和马背上的流寇纳入了正规的作战部队。1837 年，沙皇尼古拉一世完成了这个进程，宣布他的儿子是“所有哥萨克人的首领”。帝国卫队里设置了顿河哥萨克团、乌拉尔哥萨克团和黑海哥萨克团，他们与其他被驯服了的边疆兵、莱斯坎人、穆斯林和高加索山地人的区别只在于他们形式各异的制服上的细节。

尽管为驯服哥萨克人花了很大的力气，帝国却从未迫使他们经受做农奴的屈辱，不要求他们交付作为农奴标志的“灵魂税”，还特别免除他们应召入伍的义务，而入伍对农奴来说不啻一纸死刑判决书。事实上，直到沙皇制度终结之时，俄国政府都遵守着把各个哥萨克群体看作独立的战士族群的原则。发出作战号召的对象是群体，而不是单个的成员。到第一次世界大战爆发之时，俄国作战部要求哥萨克人参战还是以兵团做计数基础，不提士兵的具体数目；这传承了部分封建、部分外交加上部分雇佣军这一由来已久的制度。几乎从有组织的战争出现伊始，各国就都以这一制度的各种不同形式来募集已经熟练掌握作战技术的军队。

克劳塞维茨见到的哥萨克骑兵，比后来托尔斯泰在他早期小说中以浪漫的手法刻画的充满活力的游荡者，更加接近烧杀抢掠的哥萨克人原型。1812 年，他们在莫斯科郊外放火，导致整个首都陷入火海，这种事只有他们干得出来。哥萨克人保留了残忍的天性，莫斯科大火使几十万莫斯科人在气温接近北极的严寒中无家可归，可就连那个悲惨事件也还算不上他们残忍行为的极限。在接下来的大撤退中，哥萨克人追杀西欧人时表现出来的残酷，挑动了埋藏在西欧人集体记忆最黑暗的角落里的影像，使他们想起历史上来自大草原的侵略者的暴行：那些毫无怜悯之心的人举着用马尾做成的旗帜，铁骑所到之处大开杀戒。在拿破仑大军长长的队列为了回到安全之地而踏着及膝的大雪艰难跋涉的时候，一队队的哥萨克骑兵就在火枪的射程外跟踪着，等待着。每当一个士兵力竭倒下，他们就一拥而上；如果一组人落在了大部队后面，他们就骑着马把他们冲散、踩倒，再杀死。拿破仑烧毁了别列津纳河上的几座桥梁，但还有一些法军没来得及过河；哥萨克人抓住了他们后一个不留全部杀光。克劳塞维茨告诉他的太太，他看到的“场面恐怖至极……如果我的感情不是已经练得很坚强的话，那情景会使我发疯的。即使如此，我还要等许多年才能在回忆当时目击的情形时不至于浑身发抖”。[7]

然而，克劳塞维茨是职业军人，父亲是军官，从小受的是军人的教育，有 20 年打仗的经验，经历过耶拿、博罗季诺战役，还有拿破仑第二场最血腥的战役——滑铁卢之战。他目击过血流成河的景象，经行过死伤者如收获的田野上的谷束一样累累遍地的战场，看到过身边的战友被子弹打死。一次胯下的马被打伤，他万幸逃脱一死。他的感情的确应该磨炼得非常坚强了。那么，他为什么觉得哥萨克人追击法军犯下的暴行特别可怕呢？答案显而易见：我们对于自己所熟悉的东西习以为常，我们可以为自己和与自己同样的人犯下的残酷行为找出理由，甚至百般辩解，但对于陌生人犯下的形式不同但性质一样的残酷行为，我们却感到愤怒，甚至憎恶。哥萨克人是克劳塞维茨所不了解的陌生人。哥萨克人骑马把法军的掉队士兵踩倒，用长矛刺死，他们把战俘卖给农民换钱，把卖不出去的战俘剥光，抢走他们的衣服。这些习惯使克劳塞维茨憎恶、反感。他可能还对哥萨克人轻蔑有加，因为如一位法国军官所说，“我们直接面对他们时，他们从不反击，哪怕（我们的）人数只有他们的一半”。[8] 简而言之，哥萨克人对弱者残忍，在勇者面前怯懦，这与克劳塞维茨这位普鲁士军官和绅士从小学到的行为模式截然相反。这种情况后来又多次发生。1854 年克里米亚战争的巴拉克拉瓦战役中，两个哥萨克团被派去打退英国轻骑兵的冲锋。一位从旁观察的俄国军官报告说，“（哥萨克人）被迎面冲来的整齐有序的大批（英国）骑兵吓坏了，不坚守阵地，反而转向左边朝自己人开火，好夺路而逃”。英国的轻骑兵被俄方大炮赶出死亡之谷后，据另一位俄军军官的报告，“第一个缓过劲儿来的就是哥萨克人。他们本性毕露，马上开始做他们最拿手的事——把没有了骑手的英军马匹聚拢起来拿去卖钱”。[9] 这样的场景无疑会进一步加深克劳塞维茨的轻蔑，使他更加坚信哥萨克人根本不配“战士”的称号，尽管他们算是雇佣军，但其实他们连正经的雇佣军都配不上，因为雇佣军通常是忠实执行契约的。克劳塞维茨可能会把他们算作食腐动物，靠吃战争的下水为生，却不敢参加屠宰。

在克劳塞维茨的时代，战争的主业就是屠宰。士兵沉默地一排排站好，一动不动地等着被杀，有时会站好几个小时。在博罗季诺战役中，据报告说俄军陆军上将奥斯特曼·托尔斯泰的步兵面对炮火站了两个小时，“其间队伍中唯一的动静是死去的士兵倒下时造成的队列的波动”。在战斗中幸免一死并不意味着屠宰的结束。博罗季诺战役后的那个晚上，拿破仑的高级外科医生拉雷做了200例截肢手术，他的病人还是幸运的。据欧仁·拉博姆描述，战场上纵横交错的“战壕里几乎全是伤员，他们在自然本能的驱使下爬到里面寻求安全……他们层层相叠，无助地泡在自己的血水里，有的人呼喊着求经过的人杀了他们，让他们解脱痛苦”[10]。

这种屠宰场式的景象是一种特定作战方式的不可避免的结果。克劳塞维茨眼中残暴的野蛮人，如哥萨克人，遇到这样的战斗一定会落荒而逃；如果他们没有目睹，听到别人描述这种作战时则会觉得难以置信而哈哈大笑。1841年，日本军事改革家高岛秋帆首次向日本陆军的一些高级将校示范欧洲军队的操练方法时，引起了一片讥笑之声。军械大臣说：“许多人同时起立，用同一个姿势举枪，看起来就像小孩子在做游戏。”[11]这是近身格斗的武士的反应，对他们来说，战斗是一种自我表达的行为，不仅要表现勇气，还要显示出个性。1821年希腊独立战争爆发时，法国、德意志和英国支持希腊独立事业的人——其中许多人做过军官，参加过拿破仑战争——赶往希腊，帮助那里一半是土匪、一半是反抗奥斯曼土耳其统治的义军的游击队员（klephts），教他们用紧密队形操练。游击队员的反应也是讪笑，不过不是出于轻蔑，而是因为不相信这种新的作战方法。他们的作战方式十分古老，亚历山大大帝进攻小亚细亚时遇到的就是这种方式的抵抗：他们在可能遭遇敌人的地方修建起短墙，然后对敌人百般辱骂挑衅，以此来激怒敌人动手；敌人一逼近，他们就跑。他们的目的不是打赢战争，而是活下去等第二天再打；他们压根儿没有赢得战争的概念。奥斯曼土耳其人也有自己民族的作战方式：他们一窝蜂地向前冲，完全不管是否会伤亡。前来援助希腊的欧洲人争论道，希腊人除非和奥斯曼土耳其人面对面地干，否则就永远打不了胜仗；希腊人则反驳说，他们若是像欧洲人教的那样，站成一排，胸口对着奥斯曼土耳其人的火枪，就会全部被打死，那样无论如何也输了。

希腊独立事业的支持者中最著名的拜伦写道："为希腊激情满腔，为希腊热泪盈眶。"他和其他热爱自由的欧洲人原本希望和希腊人一起并肩战斗，"重演温泉关战役"[1]，却发现希腊人对合理的战术一无所知，而且冥顽不可教。这使他和别的满腔热血的欧洲人感到沮丧和幻灭。支持希腊的人真心相信，现代希腊人在肮脏愚昧的外表下，和古希腊人是同一个民族。雪莱在诗剧《希腊》(又译为《海腊斯》)中讴歌："世界的伟大时代重新开始 / 金色的年华再次降临。"他在诗剧的序言里以最简洁的方式表达了这一信念："现代希腊人的祖先是那些几乎难以想象和我们同属一类的伟大人物。他完全继承了他们的理性、聪敏、热情和勇气。"但是，支持希腊事业的欧洲人一旦和希腊人一起作战过，就很快放弃了现代希腊人和古希腊人血脉相通的信念。不仅如此，研究欧洲对希腊独立事业的支持的历史学家威廉·圣克莱尔(William St Clair)写道，那些活着回到

[1] 公元前480年，斯巴达国王列奥尼达指挥希腊联军在温泉关抵抗波斯侵略军，以300人全部牺牲的代价掩护了联军主力的撤退。——译者注

欧洲的人“几乎无一例外”地“对希腊人怀有深深的憎恨和厌恶，他们骂自己愚蠢之极，居然上当受骗”。[12] 雪莱幼稚地歌颂现代希腊人勇气的诗句让他们听在耳中尤其感到恼火。去帮助希腊的欧洲人本以为，希腊人会像古希腊的重装步兵对波斯人作战那样，表现出同样的顽强，排成紧密队形，“傲然挺立直至战死”。古希腊那种作战方式经过历史的迂回曲折，后来成为欧洲人自己在西欧的作战特点。他们期望现代希腊人至少愿意重拾他们祖先的紧密队形战术，因为只有那样才能从奥斯曼土耳其手中夺回自由。然而，希腊人“作战的目的”只是要赢得维持他们游击生活方式的自由，他们想要的是继续在边境山区无视权威，以抢劫为生，只要对自己合适，随时转投靠山，一有机会就杀害其他宗教的信徒，穿得花花绿绿到处招摇，挥舞着凶猛的武器吓唬人，收受贿赂却光拿钱不办事，而且他们绝对不会战斗到最后一人，如有可能，最好一打仗就逃跑。欧洲人看到这一切后，沮丧之余只能得出结论，古希腊人和现代希腊人一定不是同一个民族，否则无法解释一个英雄的文化怎么会堕落到如此地步。

去帮助希腊的欧洲人试图使希腊人接受他们的军事文化，但失败了。克劳塞维茨没有试图使哥萨克人接受他的军事文化，但即使试了也一定会失败。克劳塞维茨和支持希腊独立事业的欧洲人没有认识到，他们自己的西方作战方式，也就是18世纪伟大的法国元帅德·萨克斯（Marshall de Saxe）在对土耳其人及其对手的敏锐评判中所总结的“秩序、纪律和作战方法”，是他们自己文化的表现，而“活下去等第二天再打”的战术则是哥萨克人和希腊游击队员的文化的表现。[13]

简而言之，克劳塞维茨对“何谓战争”这个问题的回答在文化层面上失于片面。这也难怪。从自己的文化中抽身出去，超然地观察它如何塑造和影响每一个人，最后形成他个性的定型，这对所有人来说都绝非易事。坚信个人主义的现代西方人也和其他地方的人一样，难以做到这一点。克劳塞维茨是他那个时代的产物，是受启蒙运动教育长大的孩子。他生活在浪漫主义时代的德意志，是知识分子，也是改革的实干家。他注重行动，批评社会的弊病，并坚定地相信必须改造社会。他敏锐地观察现在，热切地希冀未来。但他没有看到，他作为一个有中央权威的欧洲国家的职业军官，与自己所属阶层的过去有着多么深刻的联系。他的思想已经非常精微深邃，但如果他的思考再加上一个方面，或许就能认识到，战争包括的远不只是政治。战争从来就是文化的表现，它还经常是决定文化形式的一个因素；在有的社会中，战争就是文化本身。

克劳塞维茨何许人也？

克劳塞维茨是位团级军官。对这个概念需要稍做解释。团是军队中的一个单位，通常有 1000 多人。在 18 世纪的欧洲，团开始成为军事活动中确定的单位，并原封不动地保持至今。事实上，尤其是在现在的英国和瑞典的军队里，一些团的历史连续三个世纪从未中断过。然而，当团在 17 世纪刚刚诞生的时候，它在欧洲不仅是新鲜事物，而且是欧洲生活中一个革命性的发展。它和自主的官僚机构以及公平的财政当局一样影响深远，而且和它们密切相联。

在语义学上，“团”这个字与政府的概念相关。它是确保国家对军队保持控制的手段。促成它产生的原因错综复杂，可追溯到在它出现200年前的一场危机，那是欧洲的统治者和为他们提供军事服务的人之间的危机。过去，国王要打仗，得靠在乡间拥有土地的贵族募集军队；国王赋予贵族拥有当地土地的权利和主事的权威，贵族则保证当国王需要时，根据自己所有土地的大小按比例提供一定数目的武士，时间的长短事先说定。这种制度归根结底是由生存的需要所决定的：在原始经济中，粮食的收获和分配受制于运输方面的困难，所以武士必须牢牢地和土地结合在一起，这样才有权得到收获的粮食，不致沦为劳动阶层。

然而，这个封建制度并不整齐划一；它在不同地点、不同时间的形式大不相同，难以分门别类，执行的效率也非常低下。到15世纪，效率已经低到无以复加的地步。当时，欧洲内有分崩离析之忧，外有强敌窥伺之患，几乎处于永久性的战争状态，封建贵族的军队根本无法掌控局面。曾尝试过给祸患最大的地区的贵族以更大的独立，或付酬金给参加打仗的骑士，但这些措施不仅没有达到提高军队作战效力的初衷，反而使问题进一步加剧。拥有封地的贵族不肯应召率兵勤王，而是构筑高墙深垒，组建私家军队，擅自出去打仗——有时是对国王作战。国王如果有钱，会招募雇佣军来补充封建贵族派来的军队。到了15世纪中期，欧洲的国王和大土地领主都深受雇佣军之害。原来招他们来打仗，答应付他们钱，但后来钱用光了，于是他们就在当地为害一方，无恶不作。拿不到钱的雇佣军成了一大祸害，有时老百姓对他们就像对马扎尔人、撒拉森人、斯堪的纳维亚人这些入侵者一样害怕，就是这些入侵者造成了欧洲到处兴兵备战、堡垒林立。

统治者左右为难：若是招募更多的雇佣军来恢复秩序，就要冒出现更多流寇的风险（法国人叫他们“écorcheurs”，意思是焦土者）；若是对无法无天的乱象放任自流，就意味着耕种土地的农民难逃遭到强奸和抢劫的命运。最后，受害最深的法国国王迈出了决定性的一步。查理七世认识到，焦土者“虽不愿意承认，但实际上已经成为武士中为人不齿之徒，然而，他们还是希望有朝一日得到国王或高等贵族的承认”，于是，“1445—1446 年间，他不是像有人所说的开始建立常备军，而是从大量的士兵中”择优录取。[14] 被选中的雇佣兵组成编制一致的连队，并得到正式承认，成为为国王打仗的仆人。他们的职能还包括消灭除他们以外的其他雇佣兵。

查理七世的发明称为“敕令军团”（compagnies d’ordonnance），由步兵组成；步兵的社会地位低于封建骑兵，打仗时在气势上就先落了下风。别人对他们也不看好，因为人们普遍怀疑他们在战场上能否抵挡得住骑兵。其实有些步兵，特别是没有君主的瑞士人，已经表明他们只用长矛大刀就能打败骑兵；当简便有效的手枪在 16 世纪初得到普及后，如军事历史学家迈克尔·霍华德所说，伦理的问题通过技术得到了彻底的解决。[15] 那以后，骑兵虽然仍坚持要社会承认其古老的地位，但他们在步兵手下连连受挫，在战场上变得日益无足轻重。与此同时，由于火药对作为封建骑兵首领的贵族所据要塞的打击，骑士的社会地位也每况愈下。查理七世之后，查理八世首先有效地使用了机动大炮这一新型武器，它强大的打击能力使封建贵族再也无法倚仗坚固的堡垒来蔑视王室的权威。这一过程始于 15 世纪 90 年代，到了 17 世纪初，那些贵族的后代就已经以被国王赐封为陆军上校为荣。

上校是“团”的领导，下属几个“连”，经验证明，“连”这个单位太小，在战场上不能独当一面，社会地位高的人也不屑当连级指挥官，除非是皇家禁卫连。大多数欧洲国家军队中的团级上校指挥的是自家的军队，和进入18世纪很久后仍然与新兴的皇家军队共存的雇佣军的首领一样。皇家从国库给拥有自家军队的团长拨出一笔一次性的款项，由他们随意用这笔钱来给士兵发饷或买制服，团还经常靠出售上尉和中尉这些下属军官的职位来增加收入；直到1871年，英国军队中还流行“买”军衔的做法。

封建时代晚期和宗教战争期间，雇佣军只要钱一用光，通常就解散各奔前程（除非像在意大利的几个城邦所发生的那样，被雇的人控制了政府）。新生的团却很快形成了与雇佣军截然不同的一个特点：它们成为皇家——后来是国家——的永久性机制，通常在省级城市建立固定的司令部，从周围地区招募兵员，军官则来自彼此关系密切的几个贵族家族组成的小圈子。1792年，克劳塞维茨刚刚12岁就参军了，他加入的普鲁士第34步兵团就是这样的一个团。它创立于1720年，驻扎在离柏林40英里[1]处勃兰登堡的新鲁平镇；上校是王室的一位亲王，军官来自普鲁士小贵族；士兵则招募自社会上最穷苦的人，没有服役期限。士兵都带着家眷，再加上他们在过去的战斗中负伤致残的战友，占了镇上人口的一大半。

100年后，这样的营镇遍布全欧洲，有的镇里驻扎着好几个团。这些部队中最坏的就像安娜·卡列尼娜的情人渥伦斯基所属的团。在托尔斯泰笔下，那是花花公子的俱乐部，军官既懒惰涣散又趾高

[1] 1英里≈1.609千米。——编者注

气扬，关心自己的坐骑甚于关心士兵。[16]但是，它们中间最好的成了“国家的学校”，鼓励军人培养自制力和强健的体魄，并教他们熟练掌握读、写和算术。克劳塞维茨所属的团是这种最好的部队的先驱。团长建起了团属学校，教育年轻军官，教士兵学习读写，还教他们的妻子纺纱和织造花边。

上校们对自己部队的“育人”活动深为自豪，一个重要的原因是，这使他们的部队成为改善社会的典范，而改善社会是启蒙时代的人所深深向往的目标。虽然士兵实际上是奴隶，除非开小差，否则就相当于被监禁在兵营所在的镇子里寸步难行，但是他们作为一个集体构成了至为壮观的景象。与居住在乡间的粗野村民比起来，他们似乎属于另一个物种；长期的军旅生涯也使他们习惯了军营的生活方式。关于普鲁士老兵的凄惨状况有很多描述，他们年老体弱，已不能再上战场，但部队开拔去打仗时，他们还是一瘸一拐地跟在队伍后面，因为他们除了当兵，别无所长。使用操练手册和鞭子训练出这些士兵的上校们也许从心底相信，自己是促进社会美德的力量。然而，如果他们真的这么想，那是在自欺欺人，原因看起来像是一个悖论——团在自己的小天地里太成功了。当初成立团是为了把社会上的捣乱分子与社会隔离开来，以保护社会，尽管这个初衷后来被遗忘了。后来，团发展到完全与社会隔绝，自己建立了完全不同的一套规则、程式和纪律。

对于普鲁士军队社会职能的缺失，年轻的克劳塞维茨本来不会操心，但普鲁士因此在战争中遭到惨败。克劳塞维茨参军不到一年，就投入了对法作战；法国士兵作战的动机和克劳塞维茨指挥下的前农奴的动机完全不同。法国大革命军队的士兵都经过密集的宣传动员，相信人人平等，大家都是法兰西共和国的公民，所有公民都有义务拿起武器保家卫国。他们对仍保留着君主制的欧洲国家作战，因为他们要把所有地方的贵族社会全部推翻。他们不仅要保卫国内的大革命成果，而且还要在人民仍然遭受奴役的地方播下解放的种子。法国革命军得胜的原因十分复杂，但无论原因如何，革命军都几乎是百战百胜，即使在共和国卫士波拿巴将军摇身一变成为拿破仑皇帝之后，他们仍然是一路告捷。

1806 年，拿破仑开始专心对付普鲁士；几周内，他的大军如疾风扫落叶般解决了普鲁士的军队。克劳塞维茨成了战俘，被抓到法国，获释后回国仍旧做军官。但此时普鲁士的军队只剩了零头，只是在法国的容许下才得以苟延残喘。有几年的时间，克劳塞维茨与他的两位上级沙恩霍思特（Scharnhorst）将军和格奈泽瑙（Gneisenall）将军一起暗中策划，在拿破仑的眼皮底下悄悄地扩编队伍。但到 1812 年，他抛弃了这种渐进式的做法，走上了“双重爱国者”（double patriot）的道路。在“双重爱国主义”（double patriotism）精神的驱使下，他违背国王的命令，拒不跟随拿破仑入侵俄国，反而为了争取普鲁士的自由而加入俄国沙皇的军队。他作为沙皇军队中的军官参加了博罗季诺战役，1813 年仍然穿着俄国军队的制服回到普鲁士，参加普鲁士的解放战争。顺便说明，“双重爱国主义”也是第二次世界大战前日本极端民族主义的军官奉行的准则。他们抗拒天皇政府的温和政策，但他们说那是因为他们要为天皇的真正利益服务。

克劳塞维茨若非怀着一腔爱国热血孤注一掷，也不会走上这条颠覆性的道路。他选择了这条路，就开始了思想的离经叛道，进而对整个世界都产生了影响。1806年的惨败从根本上动摇了他对普鲁士国家的信念，然而，他自小被灌输的团文化价值观并未受到影响。他对于战争只有一种看法，那就是它是一种召唤；军人，特别是军官，以自己的行为在战斗中逆天性而动。天性要人逃离危险、贪生怕死、只顾自己；天性使人像哥萨克人一般行事——要不要作战全看自己的兴致，如果对自己合适，可以在战场上就做起买卖来；这是“现实战争”最恶劣的表现。另一方面，绝对服从、勇往直前、自我牺牲、荣誉至上这些团文化的理想若能得到充分实现，就离克劳塞维茨心目中职业军人应为之奋斗的“绝对战争”不远了。

如迈克尔·霍华德所指出的，“现实战争”和“绝对战争”之分并非由克劳塞维茨首先提出。[17] 这个概念在19世纪早期即已在普鲁士军队中流传，一个重要的原因是它与当时在普鲁士的大学和文化生活中风行一时的唯心主义哲学不谋而合。克劳塞维茨没有正式学习过哲学，“他是他那一代人的典型代表，他参加为大众举办的关于逻辑和道德的讲座，阅读相关的非专业书籍和文章，从周围的文化环境中汲取二手和三手的思想主张”。[18] 那个文化环境帮助形成了克劳塞维茨以现实战争和绝对战争的二元论为基础的军事理论，也为他提供了向别人宣传此一理论的最有效的语言、论点和方式。

1813年，克劳塞维茨身穿俄国军服回到普鲁士时遇到了一个难题。再要当普鲁士的军人已经不可能了，但他仍然是热诚的普鲁士民族主义者。他想为祖国的军队设计一套能保证将来获胜的战争理论，但他的祖国却并未表示出像法国那样进行巨大内部变革的意愿，而法国正是因为经过了那样的变革才战无不胜。克劳塞维茨自己也不想普鲁士做出那样的变革。他蔑视法国人，认为他们民族素质低下，比不上普鲁士人——法国人狡诈油滑，普鲁士人却诚实高尚。他从小受到的忠君教育和军队文化的熏陶也对他影响至深，所以他不想看到革命的理想传入普鲁士王国。尽管如此，理智告诉他，法军是靠革命热情赢得胜利的。在大革命期间的法国，政治就是一切，而在普鲁士，即使在拿破仑战败后，政治也基本上只是国王的心血来潮。因此，需要解决的难题是：如何能在没有革命掀起的政治热情的情况下像法国大革命和拿破仑的军队那样作战？如何能不要共和国，仍能动员起民众积极参战？克劳塞维茨亟须找到适当的辞令来说服普鲁士的军队，使其认识到战争其实就是一种形式的政治活动；越接近“绝对战争”，就越能达到国家的政治目的。“现实战争”的种种不足、它与“绝对战争”之间的差距，这些应该视为战略对政治现实做出的让步。这样，就可以放心地使普鲁士士兵处于政治上天真未凿的状态，但区别在于从今往后，他们作战时将会如政治的火焰在血管中喷发般勇猛无畏。

从某个意义上说，克劳塞维茨对他所面对的这个军事难题找到的解决办法与几年后马克思对他所面对的政治难题的解决办法大同小异。他们两人都是在德意志唯心主义的文化环境中成长起来的，不过马克思接受了哲学思辨的训练，而克劳塞维茨却没有。特别能说明问题的是，克劳塞维茨一直深得马克思主义知识分子的重视，其中最欣赏他的就是列宁。原因显而易见。辩证是马克思主义方法的本质，克劳塞维茨则使用辩证的方法推理说，在战争中，越坏越好，因为越坏就越接近“绝对”的，而不是“现实”的战争。马克思后来也说越坏越好，政治中的最坏是阶级斗争的顶点——革命，它将推翻虚伪的“现实”政治，迎来无产阶级胜利的“自由”社会。

马克思提出自己理论的动机与克劳塞维茨的不同。马克思更加大胆无羁，克劳塞维茨却仍抱着自己作为体制内一分子的身份不放。他希望被任命为驻伦敦大使或总参谋长，结果未能如愿，他对获得的历次升迁和各种荣誉欣然接受，马克思则是甘于做体制外的人。[19]流放、贫穷、普鲁士国家的诅咒，这些只能使他越战越勇。置身于体制外更加强了马克思的力量，而克劳塞维茨却认为，只有留在体制内才能改变它。不过，在思辨上，他们二人之间同多于异，因为他们都需要克服同样的困难，需要说服各自的听众接受为人所强烈抵触的观点。马克思主张革命，但社会中的进步分子对革命已完全幻灭，他们记得法国大革命和 1830 年的革命俱已失败，他们还将看到 1848 年的革命也难逃失败的命运。无论是在君主制的国家里，还是在资产阶级的国家里，他们到处都受压制。克劳塞维茨则鼓吹一种革命性的战争理念，努力把战争刻画为政治活动，但他想要说服的阶层却视政治为洪水猛兽。两人最终都找到了克服自己听众的思想抵触，争取他们的办法。马克思想出了一套他所称的科学历史规律，用它向进步人士表明，无产阶级胜利不仅有希望实现，而且不可避免地一定会实现。克劳塞维茨提出了一个理论，把团级军官尽忠职守，甚至不惜死在炮火之下的价值观上升到了政治理念的高度，从而使他不必更加深入地阐述政治。

因此，《战争论》和《资本论》这两部题材迥异的著作归根结底可以算同一类的书。无疑，克劳塞维茨希望《战争论》能够达到启蒙运动时代最伟大的著作——亚当·斯密的《国富论》——的地位；也许他真的认为他不过是对客观现象进行了观察、描述和分类。马克思也做了很多描述，且非常准确。他利用斯密关于工业分工的精彩理论，把这种分工造成的情感定性为“异化”；于是，同是机器发明前制作别针的过程——一个人拉出铁丝，另一个人把铁丝切成小段，第三个人削尖针头，第四个人锻造针帽——斯密从中看到的只是指导着市场经济的“看不见的手”奇迹般的运作，马克思却触发灵感，判断出这种工作给一个有思想有感情的人带来的绝望会导致他所说的“阶级斗争”。马克思得出结论说，在一个生产资料不属于工人的经济制度中，大规模生产的过程不可避免地会引发革命；他的观察很有道理，致使我们时代的工业家一直努力想办法，使流水线上工人的工作更易于忍受，甚至更有意义。克劳塞维茨也是从描述入手的。他把军装、军歌和操练作为毋庸讨论的起点，进而论述说，士兵的遭遇，如困苦、受伤、死亡，会导致异化（虽然他没有用这个词），这必定会使军队在作战中溃败，而军事上的战败就等于革命，因此必须说服士兵们相信，虽然打“绝对战争”十分艰难，一般军队打的都是比较容易的“现实战争”，但二者比起来，“绝对战争”更有利于国家。

常识告诉我们，任何社会都受不了旷日持久的阶级斗争，而阶级斗争造成的破坏比起革命来又是小巫见大巫；同样，常识也警告我们，“绝对战争”也许会超过人所能承受的极限。当然，作为思想家的克劳塞维茨从未设想过“现实战争”和“绝对战争”之间的差距能完全弥合。事实上，对知识分子，特别是马克思主义知识分子来说，他的吸引力一直在于他思维的缜密。他强调存在着无形的因素，包括偶然、误会、无力、无能、政治立场的改变、意志薄弱或人心涣散等等。由于这些因素，发生的任何战争都更可能是“现实战争”而不是“绝对战争”。“绝对战争”的确是难以忍受的。

然而，虽然克劳塞维茨给逃脱“绝对战争”的严酷留出了余地，但矛盾的是，《战争论》后来大获成功，这可能是他生前无论如何也没有想到的。克劳塞维茨在1831年欧洲最后一次霍乱大流行中染病去世，他至死壮志未酬，没能飞黄腾达，在自己的国家中基本上默默无名；《战争论》也只是经他忠实的妻子细心编辑过后才得以出版。马克思死于1871年巴黎公社失败的12年后，去世时也是失意之人；他原来满怀信心地预言，欧洲资产阶级对无产阶级的压迫必然会导致革命，但巴黎公社的失败似乎意味着他这一预言的落空。但是，仅仅34年后，在一个落后到马克思认为根本不适于革命种子生长的国家，革命不仅生了根，而且开了花，诞生了第一个无产阶级政权。它发生在资产阶级国家之间鏖战正酣之际，正是那场大战为俄国革命创造了条件。推动俄国革命的是第一次世界大战的残酷，不是工业资本主义的压迫，而第一次世界大战如此残酷，正是克劳塞维茨坚持“现实战争”必须和“绝对战争”合二为一的主张所产生的迟来的结果。

《战争论》的影响很久以后才显现出来。它于1832—1835年间出版，40年后才流传开来，成名的道路迂回曲折。普鲁士军总参谋长赫尔穆特·冯·毛奇（Helmuth von Moltke）用兵如神，先是推翻了奥地利的强国地位，1871年，又在几周的时间内打败了法兰西帝国。世界当然想知道他成功的秘诀。毛奇说，除了《圣经》和《荷马史诗》之外，对他影响最深的是《战争论》。此言成就了克劳塞维茨的身后之名。[20] 克劳塞维茨在普鲁士军事学院当院长时，毛奇恰好是那里的学生，这一点没人提及，而且反正也不重要。《战争论》马上成为世界注意的焦点，为人们所争相阅读，被翻译成各种文字，经常遭到错误的理解，但所有人都相信，它包含了作战成功的诀窍。

《战争论》自那以后一直走红，这在很大程度上是因为自它成书以来战争的新发展，证实了它的理论。那些新发展中最重要的是克劳塞维茨所熟悉的团这一编制的普及。他在为战争是政治行为这一中心思想所做的各种限定中，有一条是这样说的："战争永远有它鲜明的特点，因此，士兵只要从事战争的活动，就会认为自己属于一种行会。在这个行会的规则、法律和习惯中，战争的精神占据首要的地位。"他所说的"一种行会"当然就是团的编制，接下来他对团的精神和价值观做了进一步的解释：

> 这样的军队在最猛烈的炮火下也不会溃散；它不会被想象中的恐惧吓倒，也会无畏地面对实际存在的危险；它为胜利而自豪，但即使战败也坚强地继续遵守命令，保持对指挥官的尊重和信任；它钢铁般的力量如同运动员的肌肉，来自艰苦的训练和巨大的努力……它时刻牢记着载于军徽的巨大荣誉这个最有力的意念所代表的责任和品质——这样的军队浸淫着真正的军人精神。[21]

他所谓的"军队"就是当时的建制——"团"。在19世纪的普鲁士，团简直是泛滥成灾：1831年，只有40个团，但到了1871年，团的数目就增加到了100多个，还不算步枪营和骑兵。每一个身体健康的普鲁士人都是某个团的士兵，至少在血气方刚的年纪时在团里当过兵，都明白"载于军徽的巨大荣誉这个最有力的意念"。

普鲁士的军队凭借着这个“最有力的意念”战胜了奥地利和法国，促使其他国家的军队争先恐后地按照普鲁士的模式建立起团的编制，从国家最精悍的年轻人中招募士兵，把年纪较大的预备役兵员编作后备。这些年纪较大的人在回顾自己年轻时当兵的日子时，把那段经历看作自己从男孩儿变为男人的成人礼。这个成人礼成为欧洲文化一个重要的组成部分，几乎所有的欧洲男性都有过当兵的经历。这一普遍现象被各国选民自然而然地接受为生活的常规，不可避免地造成全民军事化。这又进一步证实了克劳塞维茨的名言，即战争是政治活动的继续。如果人民投票赞成征兵，或默许征兵的法律，怎么能否认战争和政治的确同属一个进程呢？

然而，战神可不是吃素的。1914 年，欧洲各国由征来的公民组成的部队开往战场，后面尾随着预备役的大军，结果发现他们卷入的战争比想象的不知可怕多少倍。在第一次世界大战中，“现实战争”和“绝对战争”很快合为一体。克劳塞维茨通过对战争的冷静观察，注意到总有一些节制性的因素对战争的潜在性质和实际目的做出调节，但第一次世界大战中这样的因素却踪影全无。德国人、法国人、英国人和俄国人发现，自己好像是在为打仗而打仗。战争的政治目的本来就难以确定，现在则早已被弃之脑后；政治的克制被抛到九霄云外，呼吁理性的政治家遭到唾弃；即使在开明的民主国家中，政治也很快堕落为寻找种种理由来说明为什么要打更大的战役、遭受更多的伤亡、制定更高的预算，总之，为给人民造成巨大痛苦的行为进行辩解。

在第一次世界大战中，政治的作用不值一提。反而是在文化上，那次大战成了一个异乎寻常的可怕变异，是欧洲人在克劳塞维茨的世纪——从 1813 年他从俄国回来到 1913 年欧洲长期和平的最后一年——把欧洲变为尚武社会这个不自觉的决定造成的结果。克劳塞维茨并非这个文化决定的始作俑者，正如马克思没有推动在同一时期颠覆了自由主义的革命运动，但他们两人的理论的确对此产生了重大影响。他们撰写他们的伟大著作时，本意是要写成科学论述，实际却产生了令人热血沸腾的政治鼓动效果，所阐述的世界虽然不是实际存在的世界，却是以后可能会发展而成的世界。

克劳塞维茨说，战争的目的是为政治服务；他又令人信服地指出，战争的性质只为它自己服务。按照他这个逻辑推理，以战争为目的的人很可能比为了政治的目的而试图减少战争破坏性的人更成功。这个颠覆性的思想统治着欧洲历史上最和平的一段时期，它就像活火山的熔岩，在进步和繁荣的表面之下冒泡翻滚。那个世纪中创造的财富以前所未有的规模投入了和平的事业，用那些财富建立了中小学校、大学、医院、道路、桥梁、新城市和新工厂，构成了全大陆巨大的良性经济的基础设施。通过税收、民众健康的改善、生育率的提高和新发明的军事技术，它也创造了打“绝对战争”的手段，建立了有史以来最强大的军事化社会。克劳塞维茨于 1818 年着手撰写《战争论》的时候，欧洲大陆已经解除了武装。拿破仑被流放圣赫勒拿岛后，他的大军即逐渐解体，与他为敌的那些国家的军队也相应缩编。各地都废除了大规模征兵，军工产业土崩瓦解，将军回家养老，老兵沦为街头乞丐。96 年后，第一次世界大战打响前夕，几乎每一个健康的欧洲适龄男子的个人档案中都包括一张士兵身份证，上面写着如果发生总动员应到哪里去报到。部队的仓库堆满了为预备役士兵准备好的武器和制服，就连农民田里用的马匹也登记在册，以备发生战争时征用。

1914年7月初，欧洲约有400万军人；到8月底，军人的人数即飙升到2000万，而且已经有好几万人战死。隐藏在和平景象下面的武士社会手持武器破土而出，混战厮杀达4年之久，直到各方再也难以支撑才罢手。虽然不能把这场浩劫归咎于克劳塞维茨的煽动，然而，把克劳塞维茨看作第一次世界大战的意识形态之父并没有错，正如把马克思看作俄国革命的意识形态之父一样正确。“绝对战争”的意识形态是第一次世界大战的意识形态，作战的军队因奉行此一意识形态而给自己带来的惨痛命运可能是克劳塞维茨最持久的遗产。

然而，克劳塞维茨不仅是思想理论家，还是历史学家。他除了在王家军队中做过团级校官，亲身经历了法国大革命平民士兵的勇猛凌厉之外，还阅读参考了大量的历史资料。19世纪20年代晚期，他在反思自己青年时期发生的一系列旋风式的事件时，把它们归因于：

> 人民初次涉足国家大事，而他们之所以得以参与国事，部分地是由于大革命对每个国家内部状况的影响，部分地是由于法国对所有人构成的危险。这种情况将来会一直持续下去吗？从今往后，欧洲的每一场战争是否都会使国家倾其所有，因此只会为了影响到人民的重大问题才打仗？抑或我们将再次看到政府和人民的逐渐分离？这样的问题很难回答……[22]

虽然克劳塞维茨是个称职的历史学家，但是他的思考受限于界定了他世界观的两个制度——国家和团，结果没有给自己留出足够的空间去观察在国家和团这两个概念不存在的社会中的战争是多么不同。毛奇不会犯这样的错误。他信奉克劳塞维茨的思想纯粹是为了实用的目的，他曾在埃及和奥斯曼土耳其为那里的苏丹打过仗，所以他很清楚，在那类遥远地方发生的战争的形式可能是克劳塞维茨从未见过的，但与当地社会的性质却十分契合，甚至应该说是密不可分。

战争的不同形式中的第一种，是神权政治对战争的抑制最终被实际需要所压倒，体现这种形式的是复活节岛的神秘历史；第二种是周围的动乱使相对温和的原始游牧社会变为极端尚武的社会，祖鲁王国即是例子；第三种是宗教禁止持同样信仰的人彼此作战，结果造成了军事奴隶制这种奇怪的制度，如埃及的马穆鲁克；第四种是日本的武士制度，它为了维护已有的社会结构而禁止采用更先进的作战技术。当然，上述情况克劳塞维茨基本上都无从得知。的确，在 18 世纪的欧洲，探险家描述太平洋航行的各种撰述轰动一时，但即使理论上他可能读到过关于居住在复活节岛上的波利尼西亚人和日本武士时代制度的描述，他也不可能知道祖鲁人的情况，因为祖鲁王国雄霸南部非洲的时代在他去世的时候才刚刚开始。不过，关于马穆鲁克他倒是应该非常了解，哪怕只是因为他们是奥斯曼帝国最著名的子民。即使到了克劳塞维茨的时代，奥斯曼帝国依然是欧洲国际政治中一个重要的军事因素。他肯定知道奥斯曼帝国的军事奴隶——土耳其禁卫军，而他们的存在本身就证明了在奥斯曼土耳其公共生活中占据至高无上地位的是宗教，而不是政治。他在研究中对奥斯曼帝国的军事制度丝毫未予考虑，这使他的理论在根本上是不完整的。从军事奴隶制进一步放眼望去，看到波利尼西亚人、祖鲁人和日本武士更加奇怪的军事文化，看到他们的战争形式与西方人心目中政治的理性南辕北辙，即可明白，把战争视为政治的继续这一想法是多么片面、多么狭隘，也多么会令人误入歧途。

战争的文化表现

复活节岛

复活节岛是南太平洋中的一个小岛，是世界上最偏僻的地方之一。离它最近的成片陆地，一是2000多英里以外的南美洲，一是3000英里以外的新西兰。它也是世界上有人居住的最小的地方，面积只有约70平方英里[1]，是由死火山组成的一个三角形的岛。尽管它孤处海隅，但它却实实在在是波利尼西亚文化的一部分。波利尼西亚文化是太平洋中部一个高度发达的新石器时代文明，18世纪涵盖了一个三角区内的数千个岛屿；构成波利尼西亚文化三角区三个角的复活节岛、新西兰和夏威夷彼此相隔数千英里，人类开始在这三个地方定居的时间也相差数百年。

波利尼西亚文明极具冒险性。发现它的欧洲探险家和早期的人种学家难以相信，这个没有文字的文明的殖民范围居然可以如此广阔——波利尼西亚文明遍及38个大群岛和岛屿，海域面积达到2000万平方英里；他们提出了各种复杂的假设，用来证明靠独木舟航行的波利尼西亚人不可能取得与著名航海探险家库克和拉佩鲁兹相媲美的航海成就，但那些假设全都不成立。波利尼西亚的文化高

[1] 1平方英里≈2.59平方千米。——编者注

度一致，他们虽然居住在相隔甚远的岛屿上，但他们的语言是同源的，不仅如此，夏威夷、新西兰和复活节岛的社会制度也惊人地相似，一直未变。

波利尼西亚的社会结构以神权为基础。酋长被认为是神的后代，具有超自然的能力，同时也是大祭司。大祭司的职责是负责神和人之间的沟通，请求神赐予他的人民土地上和海洋里的出产；他通神的能力叫作神力（mana），他因此享受对土地、渔场、它们的出产和所有其他好东西独有的神圣权利，称为禁忌或塔布（tapu，又为taboo）[1]。在正常情况下，神力和禁忌保障了社会惊人的稳定与和平。在最和谐的波利尼西亚岛屿上，神权政治稳定地管理着酋长和人民之间，以及同为一个酋长后裔的不同部族之间的关系。[23]

然而，历史上从未有过波利尼西亚的黄金时代。即使在宁静祥和的太平洋，情况也并不总是正常的——如果“正常”的含义是资源总能满足人口的需要的话。虽然采用了种种办法来试图控制人口，如控制生育、杀死婴儿和鼓励岛民移民——他们称其为“旅行”，但各岛屿的人口仍不断增长。到肥沃的土地和丰饶的渔场业已充分开发，附近又没有可供开发的岛屿的时候，就出了大麻烦。波利尼西亚语中的武士（toa）和铁木是同一个词，人们用铁木制造棍棒和别的武器，用以解决人类普遍的问题，如受到侮辱，抢夺财产、女人，争夺权位，等等。一个酋长如果也能征善战，他的神力就会增加。但是，动乱时期，不是酋长的人会打破禁忌，抢夺他们需要的或想要的东西，给波利尼西亚的社会结构带来灾难性的后果。次级

[1] 塔布指不容别人染指。——译者注

部族可能上升到统治地位，在极端的情况下，一个部族可能会被完全逐出自己的地盘。

最严重的动乱发生在复活节岛，造成了大量死亡。波利尼西亚人可能是在 3 世纪时找到复活节岛的，他们怎么能够在大洋中找到这个离他们最近的定居地 1100 英里远的小岛，至今仍然是一个谜。无论如何，他们找到了复活节岛，还带去了在岛上生活所需的主食，如红薯、香蕉和甘蔗。他们在岛上的三座山峰下开垦出耕地，打鱼，捕捉海鸟，定居下来。公元 1000 年左右，他们还开始了波利尼西亚世界中对神权原则最盛大的敬奉。虽然复活节岛上的居民似乎从未超出过 7000 人，但这些人在后来的 700 年间雕刻出了 300 多座大多比真人大 5 倍的巨型雕像，把它们树立在宽阔的神庙广场上。在 16 世纪期间，复活节岛上树立雕像的最后阶段，岛上的人还发明了一种文字，祭司似乎用它来帮助记载口述历史和族谱。这是那个文明的巅峰时代，在那段时期内，酋长代表诸神行使的力量和权威保障了和平与秩序。

后来情况开始不妙。人口的增长不知不觉逐渐耗尽了岛上的资源。砍伐森林减少了降雨，土地的产出开始下降；用来制造独木舟的木材也有所减少，这就影响到了出海捕鱼。复活节岛上的生活开始严酷起来。一种新的制品“mata’a”出现了，它是用黑曜岩削凿而成的标枪矛头，十分尖利。[24] 被叫作“手上染血的人”（tangata rima toto）的武士占据了统治地位。原来的社会结构是金字塔式的，创始的酋长居于顶层，下面由各个部族组成；现在分成了住在岛屿两端的两个集团，彼此之间不断交战。作为创始酋长后裔的大酋长沦为象征性的傀儡，谁也不再把他的神力当回事。在战争导致的社会解体的过程中，大批雕像被推倒，或者是作为对敌对部族的神力的侮辱，或者表示民众反叛自己的酋长，因为他没能用神力保护他们。最后，出现了一个奇怪的新宗教，与波利尼西亚庄严的神权政治判若霄壤："手上染血的人"比赛看谁先找到乌燕鸥的蛋，第一个找到的人就被尊为酋长——任期只有一年。

荷兰航海家罗杰文于1722年登陆复活节岛时，岛上的无政府状态已相当严重。到19世纪末，由于混乱造成民不聊生，再加上有些人被欧洲人掳去做奴隶，还有些人死于欧洲人带来的疾病，岛上居民只剩了111人。他们伟大的过去只通过口述历史保留下来一个梗概。人类学家根据岛民的口述和惊人的考古发现，重建了复活节岛历史中他们所谓"衰落时期"社会的伤心景象。证据不仅表明那时战事频仍，还有迹象表明有人吃人的情况，并显示有些岛民想方设法逃离战争的荼毒。许多天然的山洞和火山熔岩形成的通道，用从安置雕像的平台上撬下来的削凿整齐的石板挡住出口，成为个人或家庭的藏身之处；在岛的一端，挖了一条沟渠把一个半岛与主岛隔离开来，这肯定是出于防御目的的战略举措。

藏身地和战略防御是军事分析家熟悉的三种防御工事中的两种。复活节岛上只缺第三种：地区要塞。但这并不意味着复活节岛上的战争缺少某个方面，只是说明了战场是多么狭小。在岛上逼仄的空间中，岛民似乎通过血淋淋的经验无师自通地学会了克劳塞维茨的战争理论。他们无疑学会了克劳塞维茨大力强调的领导能力的重要性；波伊克半岛上的工事似乎表明，他们有些人同意克劳塞维茨所说的战略防御是最有力的战争形式这句格言；鉴于17世纪期间岛上人口的剧减和新发明的黑曜石矛尖的大批生产，甚至可以推测，他们尝试过克劳塞维茨式战争的鼎力之举——大决战。

但是，结果是自我毁灭！克劳塞维茨也许相信战争是政治的继续，然而，政治是为文化服务的。波利尼西亚人在他们的大世界中创建了一个十分友善的文化。1761 年布干维尔到达塔希提岛时，宣布他找到了伊甸园。他关于那里美丽的人民与大自然水乳交融的介绍在欧洲人当中产生了巨大的影响，帮助建立了对“高尚的野蛮人”的景仰，滋养了欧洲的有识之士对 18 世纪欧洲井然有序但矫揉造作的社会的厌倦和不耐烦。这种厌倦和不耐烦的情绪催生了政治上的不满和浪漫主义的思想，二者合力推翻了君主统治，向往高尚的野蛮状态的欧洲人从此摆脱了他们自小熟悉的政体形式。

克劳塞维茨崇尚大决战这种戏剧性的行为，赞美唯我独尊的领袖人物，具体来说就是拿破仑，这说明他和所有反对旧制度（ancien régime）[1]的人一样，是浪漫派。然而，他对国王和部队的忠诚又证明他仍然受到神力和禁忌的束缚而不自知。在法国大革命前君主制的欧洲，团编制的军队是约束作战者的暴力行为，使其为君主所用的手段。因为克劳塞维茨的祖国普鲁士非常古怪地认为世界上的好东西自己一概欠缺，所以它最伟大的国王腓特烈大帝鼓励军官打仗时无所不用其极，残酷无情的程度超过了别国国王心目中恰当的界限。他为了传播他的神力而破除了禁忌，使别的国王非常不以为然。

但是，腓特烈大帝并未越轨，他不过是把战争的残酷程度推到了当时的行为守则所能接受的极限。在克劳塞维茨成长起来的世界中，王家的神力和作战的禁忌显然已经荡然无存，他在这种情况下

[1] 旧制度指 1789 年法国大革命前的制度。——译者注

找到了为新秩序提供合法性的理论。其实那根本不是什么秩序，而且他的战争理论将导致欧洲文化的毁灭，他却完全没有看到。这怎么能怪他呢！复活节岛在波利尼西亚世界中地处偏僻的海隅，岛上发生的悲剧又远在更大、更友善的波利尼西亚文明发展起来之前。当时岛上的人如果有能力清晰达意，一定会说，客观情况的变化使文化上的革命成为必然。他们甚至可能会发明出一个意思相当于“政治”的词，来描述每年当第一个找到乌燕鸥蛋的人成为酋长后，为培育对他的忠诚而采取的种种举措。现在这些都已无从知晓。第一批人类学家来到复活节岛时，岛上历经战乱的居民劫后余生，万物凋敝，因此无法对他们文化的发展过程进行可靠的分析。但有一点可以断言：克劳塞维茨式的战争对波利尼西亚文化没有好处。那个文化尽管和西方人所谓的自由、民主、活力和创新沾不上边，但它调整当地的资源适应于它确定的目的，与太平洋岛屿生活的状况契合得几乎天衣无缝。神力和禁忌在酋长、武士和部族成员各自的作用之间确定了平衡，维护着所有三方的利益；如果他们之间的相互关系可以称之为波利尼西亚生活的“政治”的话，那么战争并不是这种关系的继续。“绝对战争”来到复活节岛那个波利尼西亚世界中的一角时，首先消灭了政治，然后毁掉了文化，最终几乎灭绝了生命。

祖鲁人

复活节岛上的人试验自己发明的全面战争，互相厮杀得血流成河，但外部世界对此一无所知。相比之下，祖鲁人通过他们在 19 世纪初的军事革命，卷入了一场与西方文明的高调冲突之中，他们的故事被后人添枝加叶，越传越神。事件发生的历史时期较晚，克劳塞维茨不太可能知道这场发生在南部非洲高潮迭起的冲突，不过他对于本书以后将要讲到的马穆鲁克的故事应该非常了解。事件的高潮现已成为现代最伟大的通俗历史故事，成为南非白人神话中的一个重要内容。南非白人在比勒陀利亚用大理石建造的神庙中，同他们的先驱定居者作战的祖鲁勇士的雕像，和布尔人英雄的雕像一样被刻画得英姿勃发。这并不值得惊讶，南非白人的神话需要树立一个既高尚又可怕的敌人，而祖鲁人在他们的国家从 19 世纪初兴起到 1879 年战败亡国期间，的确变成了非常可怕的战士。

祖鲁人原来性情温和，以放牧为生。他们的祖先恩古尼人也是放牧民族，14 世纪从遥远的北方移居非洲东南沿海地区。三个世纪后，因海难沉船逃到陆上的欧洲人描述道："他们互通有无……彬彬有礼，热情健谈，无论男女老少，见面时都互相敬礼。"[25] 他们对陌生人十分友善，在他们的土地上旅行非常安全；只要当心别携带铁或铜，因为这些金属太稀罕了，会"诱发命案"。他们非常遵纪守法，尤其是在人际关系中。没有奴隶制，复仇这种事"基本没有发生过"；若发生争端即诉诸酋长，对酋长的裁决"没有二话"地接受。酋长也受法律的管束，若有过错会被辅佐他的谋士处以罚款，或由地位更高的酋长把他的决定推翻。

虽然早期来访的欧洲人注意到恩古尼人最重要的价值观是人道（ubuntu），但恩古尼人也打仗，也发动战争。作战的原因通常是争夺牧场。对于一个牲畜比人多的社会来说，牧场是至为重要的资源。战败的一方必须迁去较为贫瘠的地方。这是居住在地广人稀的地区的原始人群的典型情况，战败的结果不是遭到屠杀，而是搬迁。

战斗通常高度程式化，双方的老老少少在一旁围观。开始时是互相叫骂，一旦发生伤亡，战斗即告结束。对暴力的程度有习俗的管理，也有自然的限制：因为缺少金属，所以武器是用经火烧而变得比较坚硬的木头做的，打仗时向敌人投掷，不做近身格斗。如果一个武士不巧打死了对方的一个人，他就必须立即离开战场去辟邪。不然的话，被他杀死的人的灵魂一定会作祟，使他和他的家人患上不治之症。[26]

几十年后的 19 世纪初，这种典型的“原始”作战方法突然被推翻了。恩古尼一个叫祖鲁的小部落的酋长沙卡，带领着一支经过严格训练的军队，打仗时务求全歼敌人。他的祖鲁王国因此成为南部非洲的强国。别的部落被祖鲁人打得落花流水，只能乱哄哄地逃往别处，有时要远走好几百英里才能找到落脚的地方。

目睹沙卡崛起的欧洲人和对波利尼西亚人娴熟的航海技术大惑不解的航海家一样，努力想为这个似乎没有自然成因的现象找到解释。一种说法是，沙卡遇到了欧洲人，学会了欧洲人的军事组织和战术。这肯定不是真的。[27] 但有一点是真的，即到 18 世纪末，北部恩古尼人田园牧歌式的生活好景不再。标志着财富的牲畜越来越多，超过了“肥沃”草场的承载能力。西面巍然屹立着难以翻越的德拉肯斯堡山脉，山脚下的“贫瘠”草场无法维持畜牧经济。北面的林波波河是采采蝇的肆虐地带，因此无法向那里扩张。16 世纪时从美洲带到非洲的玉米导致了南部恩古尼人口的增长；再往南，好望角的布尔人装备着火器，决心誓死争取自己的生存空间，他们挡住了恩古尼人向南迁移的任何可能，而东面就是大海。[28]

在沙卡出名之前，恩古尼人悠闲自在的生活方式就已经出现了一些变化。沙卡之前的一位酋长废除了过去族人接到作战的召唤后，拖家带口一起赶去酋长的畜栏集合的做法。他把男子按年龄组成“年龄团”，同一年出生的男子编在同一个团里。打仗期间，男子和可能会成为他们新娘的女人分开，降低了出生率。人员集中加大了酋长的权力，也增加了酋长的个人所得——无论是牲畜、庄稼还是猎物，因为在战争期间，战士不打仗时都得为酋长干活。

沙卡不仅把这些改变确定下来，而且把它们推到极致。“年龄团”成了永久性的编制，战士住在军营里，和平民分开。不仅是在一两次季节性的战争期间，而是直到40岁之前，战士都一律不准结婚。到40岁时，他们会被分配配偶。沙卡把女子也编成了团，就从女人团里给男人找配偶。

对作战方法旧有的限制也被打破。沙卡设计了一种刺杀用的矛，训练战士们用这种新武器与敌人近身肉搏，杀死敌人。（随着布尔人从好望角地区向外扩张，可能比过去更加容易大量获得铁这种金属；历史学家似乎没有对恩古尼人战争残酷性加剧的这个方面认真探讨过。制造刺杀的标枪肯定比制造原来投掷的标枪需要更多的铁。）

使用锋利的武器近身肉搏需要密集队形，这也在沙卡的发明之列。他早就命令手下的人扔掉鞋子，练习光脚长途奔袭。作战时，他把队伍分为两翼，中心部分排列重兵，后面还有预备队；交战的时刻来临时，中心以密集队形冲锋牵制敌人，两翼从旁包抄。辟邪的仪式要等到战斗结束后再说。[29]杀了敌人要把他的肚子剖开，以确保他真的死了，然后再去杀下一个。按照传统，开膛破腹可以释放死者的灵魂；否则的话，死者的灵魂会逼得杀人者发疯。

恩古尼人传统上认为杀害女人和孩子是人所不齿的行为，沙卡却没有这方面的顾忌。不过总的来说，他一旦把邻近部落统治家族的男性成员和那个部落的战士杀掉后就住手了，剩下来的人被纳入他日益扩大的王国。他的目的是把服从他权威的所有恩古尼人都组织起来，形成一个国家，并不断扩大地盘。

在祖鲁王国日益扩大的边界以外，这一制度造成了灾难。沙卡的办法解决了祖鲁人口过多的问题，但造成了邻近许多部落的流离失所，使他们失去了祖居的土地和固有的生活方式。“祖鲁王国崛起的影响所及之处从好望角的布尔人殖民地一直到坦噶尼喀湖。在这块相当于非洲大陆五分之一的地区，每一个社群都深受其害，许多社群的生活被完全打乱。”[30]

祖鲁霸权主义造成的糟糕结果被称为“强迫移民”（Difaqane）。“到1824年，从图克拉河到兹姆库鲁河，再从德拉肯斯堡山脉到海边的整片地区都遭到了破坏。数千人被杀；一些人逃向南方；还有一些人被纳入祖鲁王国。在纳塔尔，有组织的社群生活荡然无存。”[31]这片地区面积相当大，有15 000平方英里。然而，被祖鲁人赶走的部落逃得更远。一群人逃到了离他们原居住地2000英里的坦噶尼喀湖边。有些族群在逃亡的路上丢失了所有的牲畜，只能靠吃野草和植物的根茎维生；还有的上演了人吃人的惨剧；许多人身不由己地被卷进“匪帮”之中。这些匪帮像蝗虫一样沿途洗劫，身后留下死伤累累。

虽然沙卡于1828年倒台，但在后来的一段时间内，年轻的祖鲁人仍然遵守着他的军事制度和守则。成功的武士制度有一个共同的痼疾：胜利后不利用物质上的所得来投资推动经济和社会的多样化发展，而是故步自封，趋于僵化。个中原因是本书探讨的一个主题。

在祖鲁人的情形中，原因无疑是他们必须继续把全部精力集中在备战上面，像我们说普鲁士人那样，时刻警惕着，因为在他们旁边，和他们同样强大的军事强国正虎视眈眈（而且，在19世纪的南部非洲，其他强国的经济发展水平比祖鲁王国更高）。像其他地方的情形一样，祖鲁人的崛起靠的是他们的作战形式。他们虽然后来也掌握了火器，但没有调整战术来适应这种新武器，打仗时仍然采用手持矛枪一哄而上的办法来赢得胜利。

沙卡是完美的克劳塞维茨主义者。他设计了一套军事制度来维护一种特定的生活方式，这套制度执行起来效率高得惊人。祖鲁文化把武士的价值观推到至高无上的地位，将其视为维护放牧经济的关键，并把社会中最有活力的成员的精力和想象力束缚在不具生产力的军事框架内，直到他们年华老去，结果剥夺了自己与时俱进、适应周围世界发展的机会。简而言之，祖鲁民族的兴衰残酷地显示了克劳塞维茨理论的缺陷。

马穆鲁克

所有军队都是一种奴役制度，不过是程度不同而已。在祖鲁人的情形中，奴役达到了极点。沙卡的战士不算奴隶，因为束缚他们的不是法律，而是习惯，再加上畏惧。尽管如此，从功能的角度，应该说他们是沙卡意志的奴隶。然而在过去，战士可以是名副其实的奴隶，无论两者的地位在我们今天看来是多么不相调和。在现代世界中，做奴隶意味着个人自由完全被剥夺，而拥有和使用武器则是个人解放的手段。我们无法想象，一个人怎么能掌握着武器，却没有自由。然而，中世纪的伊斯兰世界却认为奴隶和战士的地位并不冲突。许多伊斯兰国家都有奴隶战士——马穆鲁克（Mamluk）。他们经常成为国家实质上的统治者，他们的首领世世代代掌握着国家的统治权。然而，他们没有利用手中的权力在法律上还自己以自由身，反而坚决维护马穆鲁克“制度”，抵制所有要改变其性质的压力。他们的抵抗有可以理解的原因。他们之所以占据统治地位，是因为他们垄断了骑射的复杂技术；如果放弃骑射，采用更普遍的火枪和步兵作战方式，他们的位子就可能坐不稳。然而，他们的军事文化和祖鲁人的一样，因其狭隘性而最终导致了他们的失败。虽然他们的政治权力来自他们所掌握的他人没有的军事技能，但是他们宁肯坚持过时的武士作战方式，也不愿适应新的作战方法。他们和祖鲁人一样，把克劳塞维茨的理论彻底颠倒了过来。掌权者把政治变成了战争的继续。在实践中，这根本行不通；在文化上，马穆鲁克却别无选择。

伊斯兰世界的奴隶制和古希腊及古罗马一样，形式多种多样，有的非常温和；奴隶可能是受人尊敬的工匠、教师、与人合伙的买卖人，或备受主人信任的秘书。不过，伊斯兰世界奴隶制的形式比古希腊和古罗马还要多。在穆罕默德的“继承者”，集世俗和宗教权威于一身的哈里发的政府中，奴隶甚至能做大官。这种做法造成了奴隶战士这类人的出现，只有在伊斯兰世界中，奴隶战士才形成了军事精英阶层。

之所以出现这种情况，是因为伊斯兰教创建不久，内部就出现了战争的道德观与实际作战行为的冲突。穆罕默德的继承者把世界分为 Dar al-Islam——“敬神之家”，指顺从《古兰经》里所载穆罕默德的指示的伊斯兰教地区，以及 Dar al-Harb——“战争之家”，指伊斯兰教尚未征服的地区。[32] 7世纪早期阿拉伯人的征服战以旋风般的速度扩大了“敬神之家”的疆界。到公元700年，整个阿拉伯半岛和现在的叙利亚、伊拉克、埃及和北非都被纳入其中。在那以后，圣战开始遇到了困难，不再一帆风顺。阿拉伯征服者的人数不够多，无法总是像起初那样势如破竹地攻城略地。另外，他们胜利后也表现出了常人皆有的弱点。他们热切地盼望在和平中享受胜利的果实，但又为权力继承而争吵不休。

掌握领导权的人称为哈里发，意思是穆罕默德的“继承者”。早期的哈里发找到了一个办法来满足想享福、不想打仗的老兵的愿望，这个办法叫作迪万（diwan），等于用征服得来的钱财建立起来给阿拉伯武士的养老金。可惜，没能找到任何有效的办法来避免对于哈里发的人选各执己见的人们之间的冲突。关于这个问题的争议很快白热化，显示出关于权威性质的根本性分歧：是应该世袭，传给穆罕默德的后裔，还是应该由称为乌玛（umma）的整个伊斯兰社会推举产生？这个争议延续至今，争议双方分为什叶派和逊尼派两大教派。使这个争议无法解决的是穆斯林信仰中第三个无可置疑的因素，即禁止穆斯林打穆斯林。对于穆斯林来说，战争只能是圣战，是对那些不肯服从真主所揭示的真理的人进行的神圣斗争。信徒之间作战是对神明的亵渎。

然而，有些穆斯林在关于哈里发人选的争执中坚决不肯让步，到了兵戎相见的地步；后来陷于分裂的伊斯兰世界又纯粹为了争夺土地而发动战争。由于这两个原因，许多虔诚的穆斯林完全抽身脱离了世俗的生活。有着能征善战英雄传统的阿拉伯人不肯当兵，因为有迪万制度，犯不着去打仗；后来皈依的穆斯林出于虔诚也不肯当兵。然而，对哈里发的继承人选不满的人要争位；穆斯林必须履行圣战的义务；这些都要求打仗。结果，哈里发只能寻找权宜之计。伊斯兰世界开始发动征服战不久，就使用了非阿拉伯人战士，他们是追随阿拉伯主人、后来皈依的穆斯林（再往后，像他们那样的后来的皈依者不可避免地成为穆斯林中的大多数）。

既然跟随阿拉伯主人的还有奴隶，于是伊斯兰国家按照同样的原则，在作战中也使用了奴隶。后来干脆直接招募奴隶当兵。关于这种做法开始的时间，众说纷纭，莫衷一是，但可以肯定的是，到9世纪中叶，伊斯兰教就确立了它独一无二的募兵政策：把非穆斯林的青年收为奴隶，对他们进行伊斯兰教洗礼，培养他们做战士。[33]

这些马穆鲁克几乎清一色来自伊斯兰地区与中亚大草原接壤的地方，在里海和阿富汗的山脉之间（后来又加上了黑海北岸）。9世纪的哈里发穆塔绥姆（al-Mu'tasim）开始大批招募奴隶的时候，那里主要是突厥人。据说穆塔绥姆曾说："世界上没有人比他们更勇敢、更众多、更坚定。"突厥人民风强悍，一直延续到现代土耳其。当时他们自己也已经开始向西进发，后来他们比阿拉伯人征服的地方还要大。他们的其他品质也颇受哈里发赏识。虽然他们还不是穆斯林，但是他们对伊斯兰教并不陌生，因为大草原上的边疆区并非铜墙铁壁的屏障，突厥人和非突厥人在那里互相贸易，也互相抢掠；突厥人还经常迁移，寻求更好的生活。而且，他们所知道的伊斯兰教保留了尚武的特征。被称为"ghazi"的边疆武士投身于圣战时毫无良知的挂碍，完全没有内地的穆斯林表现出来的丹尼尔·派普斯所谓的"内向"，即与伊斯兰教世俗力量的疏离。[34]但突厥人最受欣赏的不是他们的性格，而是他们的实际技能：他们谙熟驭马之术，是马背作战的行家里手。以马代步始自大草原；突厥人骑起马来人马如同一体，传说突厥妇女在马背上怀孕，马背上生产；他们在马上使用的武器无可匹敌，包括长矛、弓箭和弯曲的剑。（英国军官佩带的马穆鲁克剑就是突厥人佩剑的样式，是对那些大草原上战无不胜的武士的礼赞，不过现在马穆鲁克剑的这个起源已经被遗忘了。）突厥人有他们的毛病。他们抢掠成性，这是他们的生活条件造成的；大草原上生活十分艰苦，除了奶和肉，别的什么都没有。对于突厥人来说，能抢东西是他们愿意做奴隶的一大诱因。事实上，“马穆鲁克制度”建立之后，大多数军事奴隶都是突厥统治者和族长供应的，他们愿意通过卖奴隶给哈里发来讨好穆斯林，借他们的力量来为己谋利，而那些被出卖的奴隶也愿意因此而获得有保障、受人尊敬的职业。

多数伊斯兰强国都使用军事奴隶，其中最重要的是埃及的阿拔斯哈里发帝国。它是蒙古人在1258年推翻了巴格达哈里发王国后恢复建立的，从13世纪中叶到16世纪初一直由马穆鲁克自己的苏丹王所统治。在这场王朝斗争中，马穆鲁克选对了边。1260年，他们在阿音札鲁特战役中取得了决定性的胜利，这确立了他们作为伊斯兰世界——应该说是整个文明世界——的拯救者的地位，因为和他们作战的是不久前才去世的成吉思汗的族人——蒙古人。就是蒙古人在两年前推翻并杀害了巴格达的哈里发。蒙古人的军队在世界上所向披靡、无人能敌，就连圣城十字军王国的基督教职业武士都不是他们的对手。马穆鲁克的胜利特别难得，因为蒙古骑兵中也有许多突厥人。突厥人和蒙古人在大草原上比邻而居，成吉思汗冲出中亚，一路作战，带来了许多抢掠的机会，突厥人见猎心喜，踊跃参加；所以，用阿拉伯历史学家阿布·沙马的话说，他们在阿音札鲁特“是被他们的同类击败打垮的”。[35]更准确地说，应该是被自己同族的人打败的，因为马穆鲁克战士接受的训练和培养使他们自成一类，而且是非常特殊的一类。

参加阿音札鲁特战役的马穆鲁克大多是来自黑海北岸的钦察突厥人（他们中间最伟大的巴伊巴尔斯就是钦察人），他们在孩童或青少年时期被卖为奴隶，带到开罗受训。他们像修道院里的见习修士那样被关在营房里与世隔绝，先学习《古兰经》、伊斯兰教规和写阿拉伯文；长大成人后，开始学习弗鲁斯亚（furusiyya），即一整套骑术和马上作战法，这是马穆鲁克在战场上所向披靡的基础。[36]这套战术强调人马合一，培养在马上使用武器的灵活性、准确性，提倡骑兵战友之间的战术配合，与基督教欧洲对战士的训练大同小异；的确，骑士精神作为作战和荣誉的守则在多大程度上为十字军骑士（knight）和新月骑士（faris）所共有，这是中世纪军事史的一个很有意思的课题。

然而，马穆鲁克只专注于骑兵作战也注定了他们的消亡。作为一个群体，他们与外部世界的军事新发展完全隔绝。如果他们对外面的事情稍有了解的话，也许就能知道，马背上的战士不可一世的日子已是屈指可数。他们与西欧的装甲骑士不同，既没有接触过原始的火药武器，也没有遇到过不知天高地厚的小小步兵为自己争取权利。直到15世纪末，他们的政治和军事地位都无人挑战；结果，虽然马穆鲁克仍是人不离马，但在马上作战的技能却荒废了。

马穆鲁克制度有一点非常好：它完全不准世袭。马穆鲁克可以结婚，生的孩子是自由人，而且他们自己一旦不再当兵，就在法律上恢复了自由之身（不过还是不能脱离这个制度，也不能离开苏丹去投靠另一个主人），但是马穆鲁克的儿子当不了马穆鲁克。这个规定本应能够确保新思想和新鲜血液源源不断地涌入，然而实际上，它并未起到这个作用。14 世纪至 15 世纪，一批批新招募的马穆鲁克从中亚的大草原边疆地区来到埃及，但他们完成了见习期，学会了马上作战法后，就成了和他们的前任一模一样的人。这样做完全可以理解。马穆鲁克地位崇高，而且因为这个制度是军事奴隶制，所以它凭借对军事力量的垄断攫取了各种权利和特权。它的成员无疑相信，要维护他们的权利和特权，最好毫不动摇地坚持过去他们赖以成名的做法。

然后，到了 16 世纪初，马穆鲁克突然遇上了自两个方向同时而来的火药革命的先进产物。葡萄牙人驾驶着装备重炮的舰船绕过非洲，向马穆鲁克对红海的控制发起了挑战。埃及边界的安全则遭到了奥斯曼土耳其人的威胁，他们除了骑兵，还有大队训练有素的火枪手做后援。马穆鲁克的苏丹临时抱佛脚，企图一蹴而就，弥补上一百年来军事上的疏忽和松懈，他铸造了大量的大炮，也组建了炮手队和火枪手队。马上战术的练习得到了恢复，马穆鲁克开始认真重拾使用长矛和弓箭的技术。但是，马穆鲁克把恢复练兵和采用火药技术分成两件事来做，二者互不相干，这是一个致命的错误。没有一个马穆鲁克接受过或肯接受使用火器的训练，炮手和火枪手都来自马穆鲁克阶层之外，是非洲黑人和阿拉伯西部马格里布的人。[37]

结果可想而知。派去红海作战的炮手和火枪手大败葡萄牙人，因为作战的水域有限，葡萄牙人远洋舰船的优势无法施展，而且葡萄牙人的交通供给线也拉到了极限，几乎难以为继。纵马前去迎击有火药相助的奥斯曼军队的马穆鲁克却在1515年8月的迈尔季达比克（Marj Dabiq）战役和1516年1月的拉伊丹尼亚（Raydaniya）战役中均遭到惨败的。结果马穆鲁克制度被推翻，埃及成了奥斯曼帝国的一个省。

马穆鲁克在迈尔季达比克和拉伊丹尼亚的战败基本上是同一个形式。在迈尔季达比克一役中，塞利姆一世指挥的奥斯曼军队把大炮布在阵地的两翼，把火枪手安排在阵中心，静等马穆鲁克发动攻击。马穆鲁克排成突厥人传统的新月队形发动冲锋，却被奥斯曼军队的枪炮打得落花流水。在拉伊丹尼亚，马穆鲁克带了一些大炮，本来想等待奥斯曼军队来攻，但发现自己被包围了，无奈之下再次用骑兵冲锋。他们一鼓作气，冲散了奥斯曼军队的一翼，但奥斯曼人靠火药转败为胜。7000名马穆鲁克战死，活着的逃回开罗，很快就被迫投降。

这两次战役的战术没有什么特别，倒是马穆鲁克对用来打败他们的手段的怨懑很有意思。马穆鲁克历史学家伊本·扎布勒对他所属阶层的没落痛心疾首，借他虚构出来的马穆鲁克首领库尔特巴伊之口说出了几代勇敢骑士心里的话：

> 把我的话仔细听清楚，你们和其他人要知道，我们是天降的骑士，所到之处血流成河。我们任何一人单枪匹马就能打得你们全军大败。你们不相信可以试一试，但请命令你们的军队不要开枪。你们这里有各族人组成的20万大军。就在原地列起阵来吧。我们只派三个人出来作战……你们将亲眼看到这三个人的勇猛……你们用世界各地的人拼凑成这支军队，有基督徒，有希腊人，还有其他人，你们还带来了欧洲基督徒的一个发明，

他们在战场上根本不是穆斯林军队的对手，所以才狡猾地发明了这个东西。这个发明就是火枪，哪怕是女人放枪，也能顶住不少男人……我诅咒你们！你们竟敢对穆斯林用火器！[38]

与库尔特巴伊的悲叹遥相呼应的，前有法国“无畏无瑕骑士”拜亚尔对机械武器的轻蔑不屑，他抓到敌方的弓弩手后必定将其处死；后有1870年普法战争马斯拉图尔（Mars-la-Tour）战役中冯·布雷多麾下骑兵的壮怀激烈，他们迎着法军的枪口发动“死亡冲锋”。这些表现代表的是战马时代日薄西山的岁月里，世界各地马背上武士的不忿和不服。然而，库尔特巴伊这番话反映的还不只是阶层的骄傲、对变化的抵制、宗教的正统或对下等人的蔑视。他有不久前发生的确凿事实做证，说明刀剑类武器在马穆鲁克手中可以压倒火药，因为马穆鲁克具有统治世界的武士素质。1497年，年轻的苏丹萨达特·穆罕默德在开罗建立了一支由黑奴火枪手组成的部队，赐予他们特权，用他们讨伐不同的派别。也许他预见到了火药革命，也许他只是觉得火器能加强他的实力。无论如何，他的行为惹怒了马穆鲁克。当萨达特让他最喜欢的黑奴法拉贾拉娶了一个切尔卡西亚的女奴时——那时大多数马穆鲁克都是切尔卡西亚人——他们的怒火终于爆发了。

（据历史学家安萨里记载）皇家马穆鲁克表示了对苏丹的不满，然后，他们披上铠甲，带上全副武装。他们和大约500名黑奴发生了战斗。黑奴逃跑了，然后又集结在城堡的塔楼里，对皇家马穆鲁克开枪射击。皇家马穆鲁克向他们发起冲锋，杀死了法拉贾拉和约50名其他黑奴；剩下的黑奴四散逃逸。两名皇家马穆鲁克阵亡。[39]

但是，马穆鲁克后来发现，当同等素质但条件不同的人打仗的时候，武器好的一边就会打赢。这是迈尔季达比克战役和拉伊丹尼亚战役的教训。这也是400年后日本人在太平洋对美国人作战的教训。那时，日本面对美国工业的强大力量垂死挣扎，孤注一掷，派遣身佩武士刀的自杀飞行员驾驶“神风突击机”撞向敌人的航空母舰。德国从20世纪的两次世界大战中学到的也是这条教训，德国军方对敌人在消耗战中的优势嗤之以鼻，最终却发现只靠战士的勇气是打不赢战争的。

马穆鲁克不肯吸取这个教训。1515—1516年间奥斯曼帝国的胜利并不意味着马穆鲁克制度的消亡，因为它的形式对奥斯曼帝国太有用了。事实上，可以说伊斯兰教直到20世纪受到本质上与它南辕北辙的民族主义观念的影响之前，容不下任何不是以奴隶制为基础的专业军队制度。无论如何，在奥斯曼帝国的统治下，马穆鲁克王朝不仅在埃及实现了复辟，而且在被帝国征服的遥远省份，如安纳托利亚、突尼斯和阿尔及利亚，也爬上了权力的宝座。然而，虽然马穆鲁克的地位恢复了，但是他们作为军人却冥顽不化。1798年拿破仑入侵埃及时，他们再一次策马扬刀来对抗火枪大炮，在金字塔战役中不出意料地一败涂地。拿破仑为他们这种高尚的野蛮所感动，收了一个叫鲁斯图姆的马穆鲁克作为贴身侍卫。鲁斯图姆一直跟随拿破仑，直到他倒台。仅存的少数马穆鲁克仍然坚持在马背上抗拒现代时代，直到1811年被残酷无情的穆罕默德·阿里屠杀殆尽。阿里是奥斯曼帝国的一个总督，他对马穆鲁克采用“基督徒”的作战方法毫无良心上的不安。[40]

克劳塞维茨肯定知道金字塔战役，可能也听说过阿里在开罗对马穆鲁克的屠杀。这两个事件中的任何一个都足以表明，在选择战争手段时，文化的影响力与政治同样重要，经常比政治或军事逻辑更有可能占上风。尽管克劳塞维茨也许知道这些事实，却没有据此做出推断。巧合的是，他的学生赫尔穆特·冯·毛奇见证了穆罕默德·阿里最终成为马穆鲁克统治过的土地上奥斯曼帝国权力的代理人。其间的一系列事件表明，文化作为军事方面的决定性因素比政治持久得多。

1835 年，毛奇被普鲁士军队派去帮助奥斯曼土耳其实现军队组织结构和作战战术的现代化。这段经历使他心灰意冷。“在土耳其，”他写道，“哪怕是最小的礼物，只要是来自基督徒，都被怀疑是不怀好意……一个土耳其人会毫不犹豫地承认欧洲人在科学、技能、财富、勇气和力量上都比他的民族强，但他却永远不会认为法兰克人因此可以和穆斯林平起平坐。”土耳其人的这种态度在军队事务上表现为执拗的无礼。“校级军官对我们很客气，一般的军官至少在礼貌上还过得去，但普通士兵拒绝对我们持枪敬礼，妇女和孩子时常在我们走过后对我们发出诅咒。士兵服从命令，但不肯敬礼。”

1839 年，土耳其军队奉奥斯曼帝国苏丹的命令，前往叙利亚镇压在埃及坐大、犯上作乱的穆罕默德·阿里，毛奇也被派随行。那是一次奇怪的遭遇。奥斯曼军队表面上实现了现代化，或“基督教化”，但埃及军队的现代化程度要大得多。其实，穆罕默德·阿里自己就来自欧洲，是阿尔巴尼亚穆斯林，在希腊独立战争中初次见识了“基督教”战术的高明。他在对马穆鲁克的战争中的有些同盟，如法国的塞夫上校，原来是支持希腊独立的，后来背叛了那个事业。穆罕默德·阿里的军队在叙利亚内兹卜的战役中消灭了奥斯曼的军队，毛奇只能在一边旁观；土耳其士兵——主要是招募来的库尔德人——被埃及军队打得溃不成军，四散奔逃，这一景象使毛奇决意回普鲁士去，因为他看到奥斯曼苏丹治下的人民抵制必要的改革，感到灰心失望。

后来，奥斯曼土耳其终于建起了一支现代化军队，却规定只有土耳其人才有资格参军。这种对苏丹和治下人民之间关系的人为限制严重破坏了奥斯曼政府在非土耳其人的其他穆斯林心目中的权威；人心向背成为一个主要因素，使得奥斯曼帝国在苏丹-哈里发 1914 年带领“基督教化”的军队与德国并肩作战时，已是如大厦将倾，摇摇欲坠。大战结束后，奥斯曼土耳其的帝国烟消云散，苏丹或哈里发也随风而逝，唯一剩下的是它牺牲了一切建立起来的军队。

克劳塞维茨和毛奇之后的普鲁士军人如果对土耳其人失望不已，认为他们冥顽不化，那实在是最大的讽刺，因为 1918 年奥斯曼土耳其帝国崩溃的同时，他们自己的帝国也土崩瓦解，连原因都是一样的：为达到错误的政治目的而有意采用战争的手段。深入参与苏丹军队“基督教化”的“青年土耳其党人”在大战中站在德国一边，因为他们相信这会帮助土耳其变得更加强大。德国参战是因为它认为打仗是德国的强国之路。克劳塞维茨无疑也持同样的观点。这种由文化造成的世界观的歪曲给传统的德意志文化和哈里发臣民的文化带来的是同样的毁灭。

日本武士

基本上与马穆鲁克在火药面前折戟沉沙同时，世界另一端的另一个军事化社会通过直接挑战威胁它的环境确保了自己的生存。16世纪，日本的佩刀阶级遇到了火器的挑战；它想出了办法，把火器逐出日本，因而得以继续维持它在社会中的统治地位达250年之久。西方世界在16世纪曾和日本有过短暂的接触，但后来，西方世界实现了商业化、扩大了海上航行、建立起各种工业、经历了政治革命，而日本的武士却把他们的国家与外部世界完全隔绝，消灭了外来宗教和技术在日本的影响，进一步加强了他们长达1000年的生活传统和统治方式。日本的闭关锁国并非绝无仅有，19世纪的中国也有这样的强烈趋向，但日本达成的结果是独一无二的。然而，无论其结果是多么独特，它都证明了作战的决定性因素不一定是政治的考虑。正好相反，如果高度重视维护某种文化形式，就有可能抵挡住强烈的诱惑，拒绝为打胜仗而选择取巧的技术手法，尤其是当胜利意味着珍视的传统价值观将遭到推翻的时候。

日本武士大致可以算是日本的封建骑士阶级。他们的兴起有赖日本孤悬海外，与世隔绝，岛内又有山脉相隔。日本谷地的部族领导人（近似奥斯曼的安纳托利亚“山谷贵族”）宣布忠于天皇，天皇古老的宗裔深受尊敬，但天皇的权力纯粹只是名义上的。公元7世纪，一个部族酋长藤原镰足仿照中国的唐朝建立了中央政府，自那以后，政府一直掌握在某一个家族手里。最初执政的是藤原自己的家族，后来执政权转到在竞争中压倒了藤原家的其他家族手中。其他家族之所以能和藤原家族竞争并最终夺取执政权，是因为他们有征税的权力。从中国传来的佛教当时是日本的国教，享受着一项莫名其妙的优惠：佛教的寺庙免除税赋。很快，寺庙周边的世俗贵族也争取到了类似的权利；他们不但不用缴税，还向当地的农民直接征税。靠着征税获得的财富，不同的贵族家族在不同的时代在天皇的宫廷内行使实权，挟天子以令诸侯。到了12世纪，当时掌权的贵族说服了尚是个孩子的天皇赐予他“征夷大将军”的称号。首任征夷大将军源赖朝膺此称号时，已经建立了一种新的政府形式，叫“幕府”。自那以后，幕府就一直行使着中央政府的权力，直到19世纪的明治维新打败了幕府和谷地的权贵，把实权收回到宫廷手中，尽管天皇仍然可能不是真正的掌权者。

中世纪欧洲的很多贵族骑士不过是一群恶棍，但日本的大将军、随时伺机取而代之的其他军事家族的领导人，以及他们手下的武士（这个阶层人数众多，成员们坚持自己高于庶民的社会地位，他们特权的象征是可以佩两把刀）却不一样。日本武士无疑是勇猛善战的战士。这方面的证明是，他们在抗击入侵的蒙古人的战斗中取得了决定性的胜利。1260年，蒙古人向西挺进阿拉伯世界，向东则于1274年登上了日本群岛。然而，1281年蒙古人再次来犯时，一场台风使他们的舰队损失十之八九，蒙古人铩羽而去，再也没有回来。

格式对日本武士的生活至关重要，服装、甲胄、武器、武艺、战场上的行为等，都有一定的格式。在这方面，他们与同时期法国和英国的骑士无甚不同。然而，他们的文化观却与欧洲人大相径庭。日本人识字非常普及，武士的文学文化高度发达。居住在没有实权的日本天皇宫廷中的大贵族孜孜以求的不是武功，而是文名，他们的行为又为武士树立了榜样。武士们都希望在剑道和作诗两方面均出人头地，武士信仰的佛教禅宗提倡静思和诗意的宇宙观，因此，封建时代日本最伟大的武士也是思想深邃、精神高远、造诣非凡的人。

在日本的封建时代，对大将军地位的争夺造成了政治上的混乱，但这种混乱并未超出可接受的界限。然而，到16世纪初，斗争失去了控制，威胁到了社会秩序；新贵推翻了过去的统治者，有些新贵其实就是匪徒；大将军的权力变得和天皇一样有名无实。后来，从1560年到1616年，相继出现了三位出色的强人——织田信长、丰臣秀吉和德川家康。他们以大将军的名义铁腕施政，重新恢复了秩序，有系统地全面削弱了佛教寺庙、自立门户的家族首领和无法无天的游民匪帮的力量。1614年，德川家康的平乱行动以围困封锁敌人最后的阵地——大阪的堡垒——而大功告成。之后，他下令拆毁日本全境所有非居住用的城堡。欧洲各国的国王花了几十年的时间才拆光了各处贵族的堡垒，而德川家康的命令几天后即执行完毕，由此可见他的权威。

高超的带兵手段并非中央集权得以恢复的唯一原因。这三位强人对一种新式武器也都大力提倡。1542年，葡萄牙的航船把大炮和火器带到了日本。织田信长对火药的威力叹为观止，马上给他的军队配备了火器，并立即蠲除了传统作战的开战仪式。在那之前，日本人打仗开始时先由双方的勇士出面叫阵，这种自古流传下来的仪式几乎全世界通用；对阵的两军派出武将互相叫喊搦战、自报名号、展示武器和甲胄。即使在火器发明之后，这种仪式仍然存留了下来，但织田信长把它完全去除了。他让他的火枪手上千人排列成阵，众枪齐发，在1575年决定性的长筱合战中以火海战术大败敌人。[41] 这与1548年的上田原之战比起来是一个革命性的改变。在上田原战役中，拥有火器的一方错失了放枪的机会，因为开战的仪式刚刚结束，对方就挥舞刀剑发起了冲锋。

强人建立的统治本该使火器跃居主导地位，但实际情况恰恰相反。到17世纪末，火器的使用在日本几乎绝迹，火器本身也难以寻觅。会制造火器或铸造大炮的日本工匠屈指可数，大部分留下来的大炮都是1620年以前铸造的。这种情况持续到19世纪中叶，直到佩里司令的"黑船"1854年驶入东京湾，强横地使日本人重新认识到火药的威力。不过，在此之前的250年里，日本人完全没有用过火药。这种自我克制从最后一位强人德川家康开始，他因平乱有功，最终升任大将军。他是如何做到不准使用枪支的？他为什么要这样做？

"如何做到"这个问题很容易回答。德川家康的前任丰臣秀吉在1587年解除了老百姓的武装。他颁布法令，要求除武士之外的所有人把武器，无论是刀剑还是枪支，统统上交政府，宣布说要把收缴上来的武器熔化后铸造一尊大型佛像。当然，此举的实际目的是要恢复由政府控制的武士阶级对武器的垄断，以进一步巩固日本的平定。在火药时代，欧洲政府也颁布过类似的措施，不过用了几十年的时间才达到目标。日本的严刑峻法使政府得以令行禁止。[42]

接下来，从1607年开始，德川家康建立了制度，对火器和大炮的制造进行集中管理，并规定只有政府才有权购买火器。政府命令所有的铸炮和制枪的工匠把工场迁到长滨城，4位主要的制枪商被授予武士爵位，以确保他们对佩刀阶层的忠诚，还颁布法令，规定除非有枪械专员的批准，否则不准接受武器订单。枪械专员则只肯批准政府的订单，而政府的购买又逐年减少。到 1706 年，长滨城在偶数年生产 35 把大火绳枪，奇数年生产 250 把小火绳枪。这些枪支主要用于阅兵游行，要在约 50 万人的武士阶级中间分配，其作用显然是微不足道的。枪支控制大竟全功。日本退出了火药时代。

但是为什么要这样做？这个问题就复杂多了。毫无疑问，枪炮是外国入侵的象征。它们使人联想到葡萄牙耶稣会传教士传播的基督教，这种联想虽然不合逻辑，但不可避免。传教士被认为预示着基督教的大举入侵——这种入侵不久前刚把菲律宾纳入西班牙的掌控。德川家康的继任者德川秀忠严格执行他的历届前任颁布的对传教士的镇压和驱逐令，但驱逐令颁发时为时已晚；在此之前，传教士已经抵达日本并开展了一段时间的活动。1637 年，日本的基督徒发起了岛原叛乱，在作战中使用了火药，这更加重了大将军府对基督教以及一切与之有关的事物的怀疑。德川幕府平息了叛乱，此后的 200 多年内，无人企图挑战它的权威。它也完全关闭了日本，把一切外国人和外国的影响拒之门外。

促使日本闭关自守的另一个原因可能是它在外交政策中唯一的一次冒险。它于 1592 年入侵朝鲜，这显然是它想侵略中国的野心膨胀的计划的前奏，但到1598年，它对朝鲜的侵略以失败告终。然而，还有一个原因比排斥外国事物更加重要，同时也是这种排斥的深层理由，那就是当权者认识到枪支会造成社会不稳定。平民或土匪拿了枪，可以推翻地位最崇高的贵族，火药时代中每一个欧洲骑士对此都深有感受。塞万提斯就借堂吉诃德之口谴责枪支是“一种让卑鄙怯懦的手夺走勇敢骑士生命的发明”。[43]

日本控制枪支的第三个理由是它真正可以做得到。欧洲的武士可能因火药对他们生计职业的影响而痛心疾首，但欧洲的东南方边界漫长开阔，经常遭到奥斯曼土耳其人大炮的猛攻；如果要想保证基督教的生存，欧洲人别无他法，只能使用大炮还击。就在技术进步增加了大炮的机动性和火枪的可靠性的同时，宗教改革造成了基督教世界的分裂，基督教徒不能向别的基督教徒开枪的禁忌因此消失于无形。日本则完全没有这些因素的影响。遥远的距离和日本人尚武的名声保护了日本，使欧洲的航海者对它敬而远之；中国没有现代海军，也没有入侵日本的意愿；没有其他潜在的入侵者。在日本国内，虽然人民分为不同的阶级和派别，但在文化上他们是一个整体。因此，火药对国家安全来说并非必不可少，思想对立的各派也不用它作为取胜的手段。

对日本武士行为准则的强力维护也容不得使用火药。德川幕府不仅是政治机构，而且是文化工具。文化历史学家 G. B. 桑瑟姆（G. B. Sansom）写道：

> 它并不（把自己）限于征集政府收入和维持秩序，（它）还着手管理人民的道德，制定出了至为详细的行为守则。恐怕有史以来还没有哪个政府如此深入地干预老百姓的个人生活，不仅控制着全国人民的行动，还控制着他们的思想。[44]

政府对于管理佩刀阶级的思想和行为特别重视，教授使用武士刀的技艺是唯一符合日本礼制教育的武器教范。德川家族以及在他们之前的强人为了现实政治的原因的确使用过火药，但他们一旦达到了夺权的目标，火药和所有的火器就马上遭到了唾弃。

对武士刀的崇拜有好几个来源。它有佛教禅宗的培育，禅宗强调两个最高的理想——忠和忍；并因武士阶级的文化得到加强，“该文化对于生活和艺术的形式、仪式和优雅的表现精雕细琢、孜孜以求”。日本的剑道，如同欧洲击剑大师的剑术一样，既是技术也是艺术，有一整套关于举止和姿态的规则；它象征着日本人对人生各方面“格式”的重视。[45]它似乎体现了日本人关于顺应自然和自然的力量的信念，因为肌肉的动作是“自然的”，而火药的化学能量是非自然的。剑道毫无疑问地与日本人对传统的尊重相吻合，因为不仅剑道是传统的技艺，就连最好的刀剑也经常是世代相传的传家宝；剑有自己的名字，和家族的姓氏一样由父传子，而姓氏本身就是佩刀阶级才能拥有的荣耀。

今天，这样的日本刀已成为收藏家的宝物。但它们并不单纯是美丽的古董。一流的武士刀是有史以来锻造出的最佳神兵利器。关于反火药运动，一位历史学家如是说：

> 日本有一部电影，里面一挺机枪的枪管被15世纪的伟大名匠金本大师锻造的武士刀劈为两半。如果这看起来不太可能的话，要记住像金本这样的工匠在锻造时对刀锋部分日复一日反复锤炼，锻成的刀锋含有接近400万层的精钢。[46]

当然，要完全解除老百姓的武装是做不到的，因为他们总是可以使用大镰刀和连枷做武器。但日常生活用的工具打起仗来无法与武士刀这类专门的作战武器一较高下。德川幕府确保武士对刀剑的垄断，就保证了武士阶层在日本社会顶端的地位。

德川的逻辑与克劳塞维茨的逻辑并不一致。虽然克劳塞维茨显然相信自己对战争性质的分析不涉及价值观，但是他依然受到了当时欧洲人信念的影响，即人类本性愿意参与“政治”或“政治活动”，政治根据其固有的性质是不断发展的，确切地说是“不断进步的”。天生保守、坚持原则、反对法国大革命的威灵顿勋爵对世事发展极为不满，恰好为这一主张提供了反证。的确，克劳塞维茨似乎把政治看作自成一体的活动，是理性的形式和情感的力量的交会处；在政治中，理智和感情发挥着决定性的作用，而文化——那承载了每一个社会共同的信仰、价值观、团结、神话、禁忌、规则、习惯、传统、言谈举止和思维方式、语言和艺术表达的巨大载体——却无足轻重。德川幕府的反应证明克劳塞维茨大错特错，并充分表明，在战争的众多属性中，文化自我延续的手段可能应该算上一个。

没有战争的文化

克劳塞维茨相信占据首要地位的是政治，而不是文化，这并非他的一己之见。自亚里士多德以降，所有西方哲学家都持此立场。克劳塞维茨在他有生之年亲眼看到，伏尔泰和卢梭这些仍然在世的哲学家提出的纯粹的政治观点起到了抵制巴黎民众的激情和偏见的作用，这进一步加强了他的信念。克劳塞维茨所了解的战争和他亲身参加过的战争是法国大革命的战争，他所寻找的促成和引发战争的“政治动机”至少在战争开始时总是存在的。欧洲的君主制国家有理由担心法国大革命会威胁到君主制，战争看起来明显的是“政治的继续”。

还必须认识到，作为历史学家的克劳塞维茨没有任何参照来指引他注意文化因素在人类事务中的重要性。他效仿的主要历史学家都没有采用比较历史学的研究方法，而文化史正是从比较历史学中衍生出来的。以赛亚·伯林爵士（Sir Isaiah Berlin）在一篇向比较历史学之父詹巴蒂斯塔·维柯（Giambattista Vico）致敬的文章中，恰如其分地总结了启蒙运动的精神，说它是一种信念，相信“找到了一种放之四海而皆准的方法，能够解决自古以来困扰着人类的根本性问题，即如何确定各个领域的知识哪些是真理，哪些是谬误”。[47]

> 启蒙运动最伟大的宣传者伏尔泰虽然提倡扩大历史研究的范围，把社会和经济活动及其效果也包括进来，但他强烈认为，研究历史时唯一值得注意的是人类成就的高峰，而不是谷底……伏尔泰问道：“如果你们只能告诉我们，在乌浒河（今称阿姆河）或药杀水（今称锡尔河）的岸边，一个野蛮人继承了另一个野蛮人的位子，那么你们对公众究竟有什么用处呢？”[48]

既然伏尔泰都这么说了，克劳塞维茨又凭什么不赞同呢？在他去世后的19世纪那几个十年内，德意志历史学家在对历史和政治的研究中率先使用了比较的方法，但在克劳塞维茨的有生之年，启蒙运动的思想一直占据着统治地位。他写道：“因此我们看到，在任何情况下，都不能把战争视为独立的事务，而应把它看作政治工具；只有采取了这种观点，我们才不致得出与所有军事史背道而驰的结论。”[49] 这是多么纯粹的启蒙运动理念，多么典型的伏尔泰式的观点。

然而，伏尔泰对乌浒河岸上发生的事件过分轻视，使克劳塞维茨的理论因此而有了缺陷。军事历史学家现在认识到，乌浒河之于战争，正如威斯敏斯特宫之于议会民主，或巴士底狱之于革命。乌浒河是把中亚与波斯以及中东分隔开来的一条河，在它的沿岸或周边，人类学会了驯服马匹，给马套上缰绳让它拉车，最后是跨上马鞍纵马驰骋。从乌浒河边，征服者的铁骑横扫中国、印度和欧洲，建立了“战车帝国”。世界上两次无可争辩的作战革命之一的骑兵革命就发生在乌浒河边。匈奴人、阿瓦尔人、马扎尔人、突厥人、蒙古人，一波又一波的中亚征服者和抢掠者越过乌浒河闯入西方世界。在乌浒河以北的撒马尔罕，最残暴、最破坏成性的骑兵首领帖木儿开始了他的恐怖统治。早期的哈里发从乌浒河流域招募奴隶兵，奥斯曼苏丹也不例外。1683 年奥斯曼军队对维也纳的封锁威胁到了基督教世界的心脏地带，是克劳塞维茨时代人们记忆中最具破坏性的军事行动。任何战争理论若是不把乌浒河考虑在内，必定是不完整的。尽管如此，克劳塞维茨还是提出了这样的理论，结果造成了灾难性的影响。

第一次世界大战结束后，有一种激进的观点认为，克劳塞维茨对大战中的屠杀即使不能说直接负责，至少也应负次要的责任。比如，英国历史学家 B. H. 利德尔·哈特（B. H. Liddle Hart）指责他提倡使用人海战术发动大规模进攻，把那说成是赢得胜利的关键。但到了第二次世界大战后，克劳塞维茨却被奉若神明，被吹捧为最伟大的军事思想家，不仅前无古人，而且后无来者；对他重新燃起的敬慕由此可见一斑。冷战时期的书斋谋略家宣称，在随时可能发生核冬天的一片阴霾之中，克劳塞维茨是指向普遍真理的一盏明灯。

他们对批评克劳塞维茨的人报以轻蔑，比如，把利德尔·哈特对克劳塞维茨的批评斥为“拙劣的夸张”。[50]

那些书斋谋略家把观察和假设混为一谈了。他们的观察是，战争是一个普遍现象，自从上次冰期结束之后一直在世界各地进行；他们的假设是，关于战争的目的和实现那些目的的方法，存在着一个放之四海皆准的理论。很容易看到克劳塞维茨为何对他们如此有吸引力：在核攻击的威胁下，一个国家别无选择，只能使外交政策尽量与战略原则做到一致，去除一切缓和性的因素。核国家必须树立言出必行的形象，因为只有使敌人相信自己的目标坚定不移，才能起到威慑的作用，而思想上若有所保留，就做不到坚定不移。

然而，核威慑引起人性的极大反感，因为它意味着国家为了维护自己的存在，将无情地不顾它的行为对本国和敌国的人民所造成的后果。西方世界过去2000年间的政治已经确立了每个人都有其独特的价值这一犹太教和基督教共有的信念，难怪威慑理论在西方世界中激起了最深切的厌恶，反对它的经常是注重国防的爱国者，甚至是曾为国家抛洒热血的职业军人。

要发明一种哲学，把核威慑的理论与民主国家通用的道德和政治守则融为一体，这恐怕连最聪明的理论家都力有不逮。但他们不需要费这个力气。克劳塞维茨提出的军事极端主义的哲学和语汇是现成的，而且早已流传开来。有了核武器，“现实战争”和“绝对战争”就成了一回事；光是设想这种战争的恐怖就足以确保战争不会发生。

然而，这一逻辑有两个弱点。首先，它完全是机械性的，前提是威慑的程序在任何情况下都能丝毫不差地运作。但是，对政治的观察表明，如果有一点可以肯定的话，那就是机械的手段根本无法控制政府的行为。其次，它要求核武器国家的公民培养起精神分裂的世界观：一方面继续相信人的生命神圣不可侵犯，尊重个人权利，容忍少数人的意见，接受自由投票、行政部门对立法机构负责，以及法治、民主和犹太教—基督教道德的所有其他内容——部署核武器就是为了保护这些价值观的；但另一方面，又要默许战士的行为守则，而根据这种行为守则，勇气、服从具有冒险精神的领袖和“强权即公理”才是终极价值。而且，这种精神分裂必须永久维持下去，因为用核理论家的行话来说，“无法把核武器发明回去”。

1962 年，约翰 · F. 肯尼迪总统的国防部长罗伯特 · 麦克纳马拉在位于美国人文主义价值观中心地区的密歇根大学做了一次演讲，高度推崇克劳塞维茨的威慑理论。他说：“同盟（指北约，但实质上就是美国）的力量和性质使我们即使在遭到大规模突然袭击的情况下，也能够保持足够的后备打击力量，必要的话可以把敌国彻底摧毁。”[51] 这种以“绝对战争”还击敌人发动的“现实战争”的威胁有一种理论上的纯粹性，可能会使克劳塞维茨为它喝彩不已。但那喝彩是属于一个已逝的时代的。如前所述，即使在克劳塞维茨的有生之年，他也是从者寥寥，他所鼓吹的武士文化是现代国家之前的君主制国家亟欲在国界内铲除的东西。当然，君主都知道，这种文化可以用来达到国家的目的，但他们只准它存在于人为保存的武士群体里；军队的道德准则与它们驻扎地的平民社会的道德准则完全不同。

过去，武士的价值观和行为准则曾盛行于欧洲社会；后来，自 17 世纪起，政府开始持续推行一系列政策措施：收缴老百姓手中的火器，拆除地方贵族的城堡，把他们的子孙征入常备军队做军官，成立由非武士阶级的成员指挥的特种炮兵团，由国家兵工厂垄断战场武器的生产。就这样，在奥得河和德拉瓦河以西的地区，即从柏林和维也纳直到大西洋的这片地方，欧洲的政府，包括克劳塞维茨为之服务的政府，有效地解除了各地社会的武装。

法国大革命爆发后，欧洲各国为了应对革命浪潮的影响，不得不再次一步步加强军事力量，采取的方法是自上而下的征兵。老百姓的响应还算热烈，尽管有些程度上的差别。后来，提到普遍兵役制，人们就会联想到苦难和死亡，这是完全可以理解的：第一次世界大战死了2000万人，第二次世界大战死了5000万人。1945年后，英国和美国完全放弃了普遍义务兵役制；20世纪60年代，美国为了打一场不得人心的战争而恢复了普遍兵役制，但被征入伍的青年和他们的家人拒绝接受武士的价值观，结果迫使美国政府放弃了越南战争。这证明，企图在同一个社会中推行两套互相矛盾的公共道德守则完全是自我拆台、徒劳无功。这两套道德守则一种是人“不可剥夺的权利”，包括生存、自由和追求幸福的权利；另一种则要求在战略需要面前完全否定自我。

的确，现代世界中一切企图自上而下造成深刻社会变革的努力都困难重重，许多这类企图遭到了彻底的失败，其中值得一提的有试图改变私人财产权或耕种者与土地关系的努力。自下而上推动社会变革——这是宗教改革运动的长项——成功的概率更大一些。因此，研究一下20世纪期间社会的下层老百姓拿起武装的过程能给我们以很大的教益。这方面有两个例子尤其值得注意。一个是中国的毛泽东，另一个是南斯拉夫的铁托。毛泽东和铁托都遵循马克思的主义，要“建立人民军队”来推动不可避免的革命；他们走过的道路惊人地相似；他们都达到了想要达到的政治结果；他们都给旧的文化秩序造成了破坏。

1912年，清朝末代皇帝被推翻，中国在接下来的年月里陷入了无政府的混乱状态；名义上拥有主权的中华民国政府与各省的军阀争夺权力，参与争夺的还有个第三方，那就是新生的共产党。共产党的领导人之一毛泽东很早就与当时的中共中央委员会成员以及苏联派来的顾问发生了意见分歧。那些人一心要夺取城市，而毛泽东通过仔细研究共产党军队活动的农村地区人民的痛苦和不满，认为夺取城市的最好办法是派革命游击队渗透城市周边的农村。他相信，可以在游击队的基础上创立能打胜仗的军队。他在1929年的一份报告中介绍了他的方法：

> 我们三年来从斗争所得的战术，真是和古今中外的战术都不同。用我们的战术，群众斗争的发动是一天比一天广大的，任何强大的敌人是奈何我们不得的。我们的战术就是游击的战术。大要说来是：分兵以发动群众，集中以应付敌人……很短的时间，很好的方法，发动很大的群众。52[1]

通过占领周围的农村来孤立城镇，这种方法其实正是近2000年来一直袭扰着中国的马背上游牧民族的惯技。但毛的方法有其新颖之处：首先，他相信“游民无产对象”——“兵、匪、盗、丐、娼

[1] 出处是毛泽东的《红四军前委关于目前形势闽赣斗争情况和红军游击战术向中央之报告》（1929年4月25日）。——译者注

妓”——是革命可以利用的材料，“这一批人很勇敢奋斗，引导得法可以变成一种革命力量”[1]；第二，他认为即使敌人比自己强大得多，只要耐心与其周旋，把敌人拖疲拖垮，还是可以赢得战争的胜利。[53]“持久战”的理论后来成为毛泽东对军事理论的主要贡献。他最终打败了蒋介石。后来，越南人先是在抗法战争，后又在抗美战争中也都采用了游击战术。

1942—1944 年间，南斯拉夫共产党总书记约瑟普·布罗兹·铁托在黑山和波斯尼亚–黑塞哥维那的山区也使用了游击战术。当时已经有一支忠于流亡国外的王家政府的游击队在和占领南斯拉夫的轴心国军队作战；那支队伍叫切特尼克（Chetniks），领导人是米哈伊洛维奇。切特尼克的策略是保存实力，等轴心国的军队在南斯拉夫以外的战场上消耗得差不多了，再发动全国大起义，一举得胜。可是铁托不肯，出于各种原因，包括帮助减轻苏军的压力和把共产党的机关插遍南斯拉夫全境，他领导着游击队转战各地，全力作战。“无论游击队在哪里……占领一个地方，他们就……组织起农民委员会管理当地事务，维持法律和秩序。即使在游击队失去了对某个地方的控制后，这些政治机构仍在活动。”[54]威廉·迪金爵士是当时英军派到铁托处的联络官，1943 年德军成功地扫荡了铁托的司令部不久后，他对自己观察到的这方面工作的情况做了这样的描述：“我们刚刚逃脱了被歼灭的命运，大家都疲惫万分，但米洛万·吉拉斯（Milovan Đilas，他是位主要的共产党知识分子，但也是战士，曾亲手杀死过德国人）马上带领一小队人向着南方荒凉的战场走去。

[1] 毛泽东：《中国社会各阶级的分析》。——译者注

游击队作战有一条不成文的规矩，如果一块土地落入了敌人之手，党的基本工作仍要继续，要重新建立支部，等待队伍回来。”[55]

游击队战争这个“英雄”的方面深深激励了迪金这样的学者军人，读起来令人热血沸腾。但实际上，在南斯拉夫全境进行这样的政治军事斗争给老百姓带来了无以言状的苦难。南斯拉夫的历史是一部充满了惨烈竞争的历史，战争的爆发又重新引发了这种竞争。在北方，信仰天主教的克罗地亚人在意大利人的帮助下把信仰东正教的塞尔维亚人逐出家园，强迫他们皈依天主教，并对他们大开杀戒。波斯尼亚-黑塞哥维那的穆斯林也卷入了内战，而在南方，科索沃的塞尔维亚人则受到邻国阿尔巴尼亚的攻击。在塞尔维亚的土地上，切特尼克和铁托的游击队争夺控制权，因为双方没能就共同战略达成协议，但切特尼克却不向德国占领军开战，怕会引起德军的报复。铁托下定决心不畏报复，事实上，他把轴心国占领军的暴行视为激励老百姓参加游击队的动力。他发动了 7 次所谓的“攻势”，故意引着德军在后追赶，结果他的游击队所经之地被夷为一片废墟。村民只能要么跟着游击队“入林”（传统说法，原指过去抵抗土耳其人的队伍的藏身之处），要么留在家里等待德军报复。铁托的副手卡德尔特别强调让没有拿定主意的老百姓面对这一难题的好处：“有些指挥官害怕报复，结果妨碍了对克罗地亚村民的动员。我看报复有好处，能把克罗地亚村民推到塞尔维亚村民这一边来。在战争中绝不能害怕整个村庄被毁。恐惧会使人拿起武器，采取行动。”[56]

卡德尔的分析没错。在南斯拉夫，当地的民族和宗教冲突以及通敌者和反通敌者的冲突已经打作一团；铁托的政策是在它们上面再加上亲共产主义、反轴心国的泛南斯拉夫战争，并且破坏达成的所有停战安排。这一政策确实把许多小型战争聚集为一场大型战争，而铁托自己则成为对轴心国作战的主要领导人。按照他的命令，南斯拉夫的大部分男性和许多女性被迫在作战双方之间做出选择。老百姓的确自下而上地武装了起来。到战争结束时，至少有10万人因为选错了边被游击队处决，另外有35万塞尔维亚人被亲意大利的克罗地亚人杀死。不过，既然1941年南斯拉夫的王家军队仅仅8天内就全面溃败，那么在战争中一共死亡的160万南斯拉夫人中，于1941—1944年间丧生的120万人大部分就一定是在游击战中丧生的。为了实现铁托主张的民族独立，付出的这个代价实在太惨痛了。

这样的战争，无论是发生在南斯拉夫，还是苏联、中国或越南，其外部表现都为社会主义的现实主义艺术提供了最扣人心弦的原材料。贝尔格莱德的南斯拉夫军事博物馆中央大厅内屹立着真人大小的青铜塑像，展示着勇敢无畏的青年争先恐后地要为祖国献出自己的生命，以戏剧化的方式出色地表现了人民抵抗的主题。与那些塑像异曲同工的有谢尔盖·格拉西莫夫（Sergei Gerasimov）的油画《游击队员的母亲》，画中一位母亲怀着将来的小游击队员，镇定地面对烧毁了她的房子的德国兵；塔季扬娜·纳扎连科（Tatyana Nazarenko）的《游击队来了》显示了援兵到得太晚，德军的暴行造成满目疮痍那种令人扼腕的情景；而伊斯梅特·穆耶齐诺维奇（Ismet Mujesinovic）的《亚齐的解放》则再现了铁托作战的一个场景，使人联想起籍里柯在希腊独立战争期间完成的那幅谴责奥斯曼帝国压迫的壮丽画作。在东方，毛泽东和胡志明领导的战争结束后也创作出了基本上同样的、写实性很强的艺术品：军装破旧但风纪整齐的人民军队的战士安慰受蒋介石荼毒的老百姓；战士和农民在田里并肩抢收粮食，不让粮食落在敌人手里；或大军集结，迎着曙光走向最后的胜利。[57]

然而，游击队艺术是名副其实的定格艺术。游击战争远比艺术表现中残酷。事实上，发动人民战争，使得安分守己的公民不得不拿起武器，这种经历悲壮得难以言表。第二次世界大战期间，西方人民大多数人幸免了这种经历，美国人和英国人则绝对没有经历。实际目击了此种事情的少数人留下了令人毛骨悚然的记录。牛津大学年轻的历史学家威廉·迪金于1943年跳伞进入南斯拉夫，加入了铁托的队伍；他描述了与一些被捕的切特尼克成员见面的情形：

> 在那天夜里的行动中，游击队抓住了切特尼克泽尼卡小组的组长戈卢布·米特罗维奇（Goluv Mitrović）和他的两个手下。我在林中的一块空地见到了他们。有人建议让我亲自审讯他们。这是我第一次，也是唯一一次，遇到这种情况。我拒绝了。英国人不能卷入他们的内战。事实很清楚。我不能参与审讯即将被处决的切特尼克俘虏，那不在我的责任范围以内。我转身穿过树林走开了。几声短促的枪声结束了这件事。几分钟后，我们行军经过了那三具尸体。游击队领导因为这件事对我很不满意。我早就预料到早晚会发生这样的矛盾，也知道我会采取这样的态度，而且从未动摇过——但代价是引起了我们游击队盟友的不理解和某种不满。他们觉得我们不愿意和他们并肩作战。[58]

迪金做得没有错。在英军承认的任何法律中，都没有条文准许在任何情况下可以不经法院判决就处死落入自己手中的手无寸铁的人。

米洛万·吉拉斯在叙述他游击队生活的精彩的回忆录《战争年代》中，诚实地叙述了游击战的行为守则使他产生的政变。他是这样对待被他抓住缴了械的俘虏的：

> 我摘下了步枪。我不敢开枪，因为德国人就在头上 40 码[1]远的地方，他们的叫喊声都听得清清楚楚，所以我就用枪猛击那个德国人的头部。枪托打裂了，那个德国人仰面倒了下去。我拔出刀来一刀割断了他的喉咙。然后，我把刀交给拉亚·内德利科维奇（Raja Nedeljković）；他是政工干部，我在战前就认识他了。1941 年，他的村子全村人被德国人杀得精光。内德利科维奇用刀扎向另一个德国人，他挣扎了几下，很快就不动了。就是这件事后来被传说为我近身肉搏杀死了一个德国人。其实，那两个德国人和多数俘虏一样，好像吓瘫了，完全没有自卫或企图逃跑。59

在打过“人民战争”的各个地方，几千万人学会了吉拉斯在南斯拉夫山区学到的战术。它造成的生命损失简直令人不敢想象。在印度支那和阿尔及利亚，死去的人数以千万计，其中有的是参战者，但多数只是不幸遭到连累的人。

在所有自下而上的军事化中，最悲惨的可能是 1954—1962 年间阿尔及利亚的经历。对垒的两军一边是法军，另一边是原来法军阿

[1] 1 码 =0.9144 米。——编者注

尔及利亚军团的战士，他们在第一次印度支那战争中曾并肩作战过；双方都对自己所能控制的任何人群推行人民战争。民族解放军每到一处都动员村民加入队伍。一些法国军官（其中许多人在越南做战俘时被迫学习过马克思的著作）则训练“他们的”村民对民族解放军作战，并以生命担保法国绝不会抛弃对它效忠的人。当法国最后抛弃了那些人的时候，得胜的民族解放军杀死了至少3万名，可能甚至高达15万名忠于法国的阿尔及利亚人。民族解放军在长达8年的战争中牺牲了14.1万人，内部清洗杀死了1.2万自己人，另外还杀死了1.6万名其他的阿尔及利亚穆斯林，估计被列为“失踪”的5万人也是被杀的。今天，阿尔及利亚政府自己说，人民战争造成了100万人牺牲的代价，而战前的穆斯林人口一共才900万。[60]

在阿尔及利亚、越南和过去的南斯拉夫，当年全民皆兵的一代人如今已垂垂老矣。他们和几百万迫不得已的参加者为之付出了鲜血和苦难的惨痛代价的革命已成历史。胡志明苦战经年终于拿下了南越，但南越却不愿放弃它资本主义的习惯。阿尔及利亚急速增长的人口生活在贫穷困苦之中，他们或是转向伊斯兰极端主义，或是向地中海对岸更富裕的世界移民。铁托曾企图使前南斯拉夫的各族人民通过共同参与反对轴心国的血腥战争而团结起来，现在那些人民却卷入了彼此之间的血腥战争。他们打仗似乎就是为了人类学家所说的造成大多数部落社会“原始战争”的根本原因——“领土争夺”。曾激励着现代革命者奋斗的苏联分崩离析，它的边界地区也出现了与前南斯拉夫类似的情况；“少数民族”摆脱苏联统治后获得了独立，但古老的部落间仇恨死灰复燃，战事重起。有时战争不是两个部落的争斗，而是同一部落的内讧，在外人的眼中看不出任何政治目的。

在我们这个世纪末的世界，曾经自上而下推行军事化的富国口口声声要维护和平，遭受了自下而上军事化之苦的穷国也对军事化予以拒斥或谴责。这一情形是否说明人类终于认为战争不再有用，对它不再趋之若鹜了呢？我们时代的战争不仅是解决国家间争端的手段，而且是世界上那些或心怀怨愤，或财产被夺，或一无所有，或渴望自由的大众表达他们的愤怒、嫉妒和积聚已久的暴力冲动的工具。经过了5000年有记录的战争后，现在有理由相信，文化和现实的改变终于遏制了人类动辄动武的倾向。

现实的改变有目共睹，那就是热核武器及其洲际弹道导弹运载工具的出现。然而，在1945年8月9日之后，没有一个人死于核武器。自那以来，因战争死亡的5000万人大多数是被大规模生产的廉价武器和小型弹药杀死的，那些弹药比同时期泛滥全球的半导体收音机和干电池贵不了多少。在世界的先进地区，除了毒品交易或政治恐怖猖獗的几个地方，廉价武器对人们的生活基本没有影响，所以富国的人民迟迟没有意识到这种武器的泛滥带来的可怕后果。不过，现在人民开始逐渐对这个问题了解得越来越多。

对于1962年结束的阿尔及利亚战争，电视基本上没有报道，但越南战争却是主要的电视新闻。然而，电视媒体产生的效果只是进一步加强了适龄当兵的人以及他们的家人对应征入伍的抵抗，并没有激起对战争的反感。但是，当人们在电视上看到瘦骨嶙峋的埃塞俄比亚老百姓拼命逃离和他们同样营养不良的士兵，看到伊朗的儿童兵在伊拉克的沼泽地里遭到大批屠杀，看到黎巴嫩的社会被完全摧毁，看到十几场其他恶劣、残酷、毫无意义的冲突的情景之后，结果就不一样了。在今天世界的任何地方都几乎找不到理性上对战争有理这一观点的支持。海湾战争爆发几天后，电视上关于它造成的大屠杀的画面一出现，西方对海湾战争的支持即烟消云散。

最近，拉塞尔·韦格里（Rusell Weigley）发表了一份重要的研究，提出了他所谓对于“战争长期无果”的不耐烦情绪的影响。他研究的是从 17 世纪初到 19 世纪初那一段时间。在那段时期内，各国都掌握着可靠的作战工具，技术上处于势均力敌的状态。他的论点是，战争本身证明，它并非“政策以另一种手段的有效继续……而是政策的破产”。他暗示说，由于达不到决定性的结果而产生的挫败感导致了在后来的世纪中“有意或无意地犯下更严重、更卑劣的残酷行为”，“直至洗劫城市，夷平乡村，既是为了复仇，也是徒劳地希望更残酷的暴行（会）打垮敌人的精神”。[61] 他的意见和我在本章中提出的观点大方向是一致的，现总结如下。

在以法国大革命开始的那个世纪，军事理论和文化道德分道扬镳，彼此矛盾。在经济蓬勃发展的工业化国家中，财富的增多和自由主义价值观的兴起使人们乐观地期望，自古以来人类生存面临的各种艰难将逐渐减退。然而，这种乐观情绪没能改变国家间解决争端所使用的手段。事实上，工业化创造的很多财富都用到了国家的军备上，于是，到 20 世纪战争爆发时，如韦格里指出的，它“难以破解的无果”更是变本加厉；富国的反应是加大自上而下的军事化，以冀打破僵局。随着战争的大潮波及世界的贫穷地区，那些地区兴起了致力于推翻欧洲殖民帝国，争取自由和西方式富裕的独立运动；运动的领导人迫使农民成为战士，因此开始了自下而上的军事化。两者都注定要受挫失望。工业化国家在第一次和第二次世界大战中因大规模军事化付出了惨痛的生命代价，这导致了核武器的发明；本来是为了不必对战场投入人力即可赢得战争，但一旦部署了核武器后，却发现它会毁灭一切。贫穷世界中的大众军事化没有带来解放，经过了巨大的痛苦和牺牲后，结果只是使压迫性政权的地位更加稳固。

这就是目前我们世界的情形。不过，在种种的混乱和不确定当中，仍可依稀辨出将来一个没有战争的世界的轮廓。要说战争不会再次发生，不免太过自信自大。在巴尔干地区和苏联外高加索地区，当地人民在高涨的民族主义煽动下打作一团，犯下的暴行特别令人发指，这使上述说法不攻自破。然而，这样的战争不像核武器发明之前世界上发生的类似冲突那样凶险，因为没有敌对的大国为交战的双方撑腰，也就避免了这种大国支持所意味的一系列危险的连带影响。这样的战争促使各国出于人道考虑进行干预，希望缔造和平。缔造和平的前景也许渺不可及。巴尔干和外高加索地区的冲突根源久远，其目的似乎是研究“原始”战争的人类学家所熟悉的“领土争夺”。这种冲突的性质决定了外部调解不会起作用，因为促成助长它们的是激情和仇恨；对这种感情，理性的劝说和抑制无能为力；它们是非政治的，是克劳塞维茨完全没有考虑在内的。

然而，做出努力企图缔造和平，这一事实本身就标志着文明对战争态度的深刻变化。努力媾和的动机不是出于政治利益的算计，而是出于对战争造成的结果的深恶痛绝。媾和的驱动力是人道主义的感情。虽然人道主义者一贯反对战争，但是人道主义过去从未被一个大国宣布为外交政策的主要原则，可今天美国这样做了。人道主义过去从未得到过有效的超国家组织的推动，但近来联合国正是这样做的。人道主义过去也从未像现在这样，获得众多并无相关利益的国家的实际支持，这些国家如今通过向冲突地区派遣部队去维持和平或缔造和平来表现它们对人道主义原则的支持。布什总统宣布新的世界秩序已经来临，也许有些操之过急。然而，全世界打击残酷战乱的决心已经清晰可见。这样的决心如果能维持下去，就是20世纪发生的各种可怕事件产生的最能给人带来希望的结果。

若是不小心，文化转变的概念很容易让人产生误判。社会发生了一系列良性变化，如生活水平的改善、识字率的提高、医疗科学的进步、社会福利的扩大等等，但期冀人的行为因此改善的希望一次又一次地破灭，使人觉得也许世界上不可能出现真正有效的反战运动。然而，深远的文化变革确实是有可能发生的，而且有案可查。如美国政治学家约翰·米勒（John Mueller）指出的：

> 奴隶制是人类历史初期的产物，许多人一度以为它是生活的一个基本事实。但在1788—1888年间，奴隶制基本上被废除了……它的消亡在目前看起来是永久性的。同样，其他古老的传统，如用人做祭品、杀婴和决斗，似乎也都自行消亡或被废除了。可以说，战争，至少发达世界中的战争，正沿着同样的轨迹发展。[62]

必须指出，米勒不相信人天生有暴力倾向，这是行为科学中争议最激烈的一个问题，大多数军事历史学家都谨慎地不去碰它。然而，首先要同意米勒的这个观点，才能注意到有证据说明人类如有别的选择会避免战争，并且相信此类证据。

我是相信这样的证据的。我这一生读了大量关于战争的材料，和军人相处交谈过，访问过战争发生的地方，观察过战争产生的结果。在我看来，战争在人类的眼中已不再是解决争端和问题的可取的或有效的手段，更不是理性的手段。这不只是单纯的理想主义。人类有能力逐渐把大规模普遍行为的成本和收益联系起来。自从有了关于人类行为的记录以来，大部分时间内，人们或者是通过亲身经历，或者是经由推断，都明显认为战争的收益大于成本。现在计算的结果反了过来，成本明显超过了收益。有些成本是物质的。军费的猛增就连富国的预算也经受不起，穷国则为了强军而牺牲了经济发展的机会。真正打起仗来，人的生命的成本就更高。富国知道这个代价太高，所以彼此不会打仗。和富国打仗的穷国则无异以卵击石，必然战败受辱。穷国彼此作战，或发生内战，其结果是毁了自己，甚至毁掉使它们战后赖以复原的社会结构。战争真正成了灾祸，正如疾病在人类历史的大部分时间内一直是灾祸一样。疾病的灾祸几乎仅在我们这一代人的时间内就基本上被扫除了，当然，疾病没人喜欢，战争却有人支持，但现在对战争的支持也只是口头上的。必须认识到，要建立不给战争立足之地的世界政治经济，需要一种新的文化来管理人与人之间的关系。既然我们所了解的大部分文化都浸淫着武士的精神，所以文化上的改变需要与过去决裂，完全没有先例可循。然而，将来可能发生的战争给世界带来的威胁也是没有先例的。循着人类文化过去好勇斗狠的轨迹找出未来可能通往和平安宁的道路，这就是本书的主题。

插曲 1：对作战的限制

我们期盼将来战争会受到理性的限制，但不应因此误以为过去发动战争时可以随心所欲。很久以前，高层的政治和道德制度就企图对发动战争和战争中的行为做出法律和道德上的限制。然而，对开战最重要的限制往往是人的意志或能力所无法控制的因素。它们属于苏军总参谋部所谓“永久性作战因素”的范畴。这类因素，如天气、气候、季节、地形、植被等，总是会影响作战，经常会限制战争的行为，有时甚至会使作战成为不可能。其他因素可松散地归类为“偶然性因素”，包括供应、给养、宿营、装备等方面的困难；它们在人类历史上的许多时期严重限制了作战的广度、烈度和长度。随着财富的增加和技术的发展，这类因素有些变得不再重要，或者被克服了，比如士兵的口粮现在几乎可以保存无限长的时间而不坏，但没有一个因素可以说完全得到了消除。今天，如何保证战场上部队的给养、住宿和运输仍然是指挥官最先需要解决的最主要、最持久的问题。

也许最能显示“永久性”和“偶然性”因素对进攻或防御作战的范围和激烈程度的限制的莫过于海上作战。人在陆地上可以动拳头打架，但在水面上哪怕是动手打架，也需要能浮起来的平台。由于人造的平台易于朽坏，所以我们只能猜测，有意建造的平台在人类历史上出现的时间相对较晚。已发现的平台最早只能追溯到公元前6315年。鉴于哪怕是造最简单的木筏或独木舟都需要费很大力气，可能还需要众人合作，可以假定，从人最早开始使用骨制和石制工具到造出船来，中间经过了一段十分漫长的时期。[1]

专门的战舰，或哪怕只是适于作战的船只，到较晚的时间才出现。它们建造起来耗资巨大，还需要专门训练的船员来操作。因此，建造和操作这类船只需要相当多的可支配财富，可能需要统治者动用财政结余。如果说最早的海上作战是海盗抢劫，不是出于政治动机的话，必须记住，即使是海盗也需要资金才能从事海盗行为。初期建立海军可能是为了打击海盗，但也可能不是；统治者维持船队最初或许是因为可以用它们沿河或沿海岸运输军队或物资。不过根据其定义，海军舰队比单艘的船花费大得多。无论怎么看，水上作战都比陆上作战贵得多。

使人无法随心所欲地在水上作战的限制因素不只是费用，还有天气和船身推进力不足的问题。风力是不用花钱的，现有最早的一幅关于海上战争的壁画描绘的是公元前 1186 年法老拉美西斯三世的战士和“海上民族”（Sea People）在尼罗河三角洲的战斗；在那幅壁画上，埃及人乘坐的就是挂帆的船。[2] 然而，在火炮发明之前，帆船作为作战平台并不合适，因为操纵风帆意味着无法逼到离敌人较近的距离，使火药发明之前的武器得以发挥作用。桨船更容易操纵，作战双方可以使用剑或长矛互相格斗。桨船还有一个好处：它装上攻坚用的撞角，桨手全力划船，对准敌船的船身一侧撞去，真的可以把敌船撞沉；而结实的木制帆船尽管经受得住这种撞击，但做不到高速撞沉对方。对帆船来说，风小了速度上不去，风大了海面波涛汹涌，哪个不想翻船的船长都不会冒险出海。

尽管桨船作为战船有着严重的缺陷，但自公元前 2000 年开始，在地中海占统治地位的历代富国担负得起人力的费用，因此桨船成为大炮发明之前，在地中海这种被陆地包围的水面上作战的标准。但是，这种船天气不好的时候不能出海，所以基本上只有夏天才能用。更麻烦的是，它一次只能离开供给港几天的时间，因为为了使船能够高速行进，去撞击敌船，船上必须配备人数众多的桨手，而这种便于在水中高速前进的船，其船身狭长低矮，没有多少空间储存食物和饮用水。的确，后来桨船出了内海，北欧海盗学会了建造深龙骨船，又学会了看星星识别方向，于是开始用它在内海之外的海洋上进行抢劫，活动范围远至离他们大本营几百英里的沿海和河流，所到之处留下一片恐怖、破坏和死亡。不过，北欧海盗猖獗的时期，国家的力量还很薄弱，尤其是在海上；而且无论如何，海盗还是得靠风把他们狭长的快速战船驶近没有防卫的海岸边，划桨只作为辅助。

因此，正如约翰·吉尔马丁（John Guilmartin）在他对地中海海战的精辟分析中所指出的，桨帆船从来不是独立的战争工具，而是陆上军队的延伸，或更准确地说，是陆上军队的伙伴。[3]桨帆船舰队靠岸的一侧通常和陆上军队靠海的一侧遥相呼应。舰队的目的是把敌人沿岸的阵地与敌方的海军隔开，使其孤立无援，而陆上军队则携带给养送到可以给舰队补给的地点。这种共生的关系说明了为什么从公元前 480 年的萨拉米斯（Salamis）海战到 1571 年的勒班陀（Lepanto）之战，地中海发生的大型海战都是在可以看得见陆地的海上进行的。可是，自从 16 世纪大型配炮帆船开始称霸海洋后，大部分海战的战场仍然是看得见陆地，或离陆地很近的海上。这是为什么呢？指挥帆船舰队的最伟大的海军元帅纳尔逊赢得的战役中有两次——尼罗河战役和哥本哈根战役——打赢了靠岸停泊的舰队，第三次是特拉法尔加战役，战场离西班牙海岸只有 25 英里。大型帆船通常在靠岸边的地方作战，这与它们的耐久力没有关系。木制的军舰与桨船不同，可以装载够用好几个月的物资和淡水，所以，早在 1502 年，葡萄牙的舰只就绕过好望角，在印度西海岸击败了当地统治者的舰队。17 世纪 50 年代，克伦威尔的海军元帅布莱克可以到英国没有基地的地中海打仗；到了下个世纪中叶，英国和法国在离本土 6 个月航行距离的印度东海岸的海域进行过激烈的海战。然而，尽管这些舰队远离了自己的基地，但它们作战的地方仍然都在沿岸海域。

造成这种情况的原因有几个。一个原因是，天气不好不能进行帆船作战（一个例外是 1759 年 11 月在大西洋的基伯龙湾冒着强风进行的海战），而海岸边的波浪比公海上要小。另一个原因是，海战的目的主要是争夺从港口进入公海的航道、保护沿海岸航行的船只、防御侵略，而这些活动都集中在离海岸较近的地方。第三个原因是，全凭视觉联络的大型帆船在茫茫大海上很难互相找到。哪怕是一连串的大帆船列队而驶，它们彼此相隔也不能超过 20 英里。纳尔逊在 1798 年的尼罗河战役中发现，交战双方的舰队一不留神彼此就找不到了。1747 年在距阿申特岛 200 英里处发生的第二次菲尼斯泰尔战役和 1794 年在离阿申特岛 400 英里的大西洋深处“光荣的六月一日”海战是两次罕见的真正深海作战，两次都是在英法两国之间进行的。值得注意的是，在这两次海战中，法国舰队都有运输给养的船队随行，运输船多达 130 余艘，浩浩荡荡，极易追踪，目标比起法国军舰自己航行来大多了。

后来，蒸汽取代风帆成为驱动船只的动力，可能有人会以为这下军舰可以不必再那么依靠陆地了，因为即使一丝风都没有，蒸汽舰船照样可以航行；帆船在狂风大作时必须收帆并关闭炮眼，蒸汽舰船却仍然是稳定的炮台。然而，矛盾的是，蒸汽船反而回到了桨船那种依赖后勤支持的状态，活动范围比起大型帆船来大大缩小。

原因是，直到最近采用油燃料之前，蒸汽船使用的燃料是煤，耗煤量非常之大。比如，1906 年下水的“无畏号”战列舰煤舱里的储煤只够它以 20 节的速度航行 5 天，所以蒸汽船离不开岸上的煤库。[4] 海上霸主英国在大型帆船的时代就在世界各地建起了基地网，所以它有条件在各大洋派驻舰队，因为舰只可以在各地几百个码头装煤。即便如此，那些舰队也无法跨越大洋，只能在当地游弋。没有这样的基地网的国家要么完全无法投射海军力量，要么得靠盟国的善意帮助。1904—1905 年间，俄国在与英国关系的低谷期、把波罗的海舰队派往远东的时候，每一艘军舰的甲板上都堆满了煤；在法属殖民地各港口间航行期间，甲板上小山一样的煤堆把大炮都挡住了。

另一重矛盾是，烧煤的舰队虽然理论上可以跨洋航行（蒸汽船两天能航行 500 英里），但实际上打仗仍然在海岸附近。部分原因是它们仍然受到同样的战略因素的制约，而且它们与之前的大型帆船一样，在无线电发明以前在公海上等于是瞎子；它们的视线真正得到扩展要等到配备无线电的舰载飞机的时代。因此，第一次世界大战中的所有海战都是在离岸 100 英里之内的水域进行的。第二次世界大战也是同样的情形，尽管那时已经发明了雷达、航空母舰和远程巡逻潜艇，人类也掌握了海上补给的技术。对此，归根结底的解释是，大海实在太辽阔了，舰队面对一望无际的深海只能望洋兴叹。美国飞机在中途岛炸沉日本的航空母舰是世界史上屈指可数的一次真正大洋作战，那次靠的是精明的推测才找到日本的舰只；最终于 1941 年 5 月在布雷斯特附近沉没的德国“俾斯麦号”战列舰曾两度摆脱英国舰队的追踪；而盟国的护航舰和升出水面的德国潜艇在大西洋中部的海战之所以发生，是因为巨大缓慢的商船队目标大得异乎寻常。海上风暴也严重妨碍侦察敌踪，比如，日本人就利用了大型气候锋面来掩护他们1941年12月向珍珠港的进发。另外，远距离和近距离武器装备的使用一直难以协调。鉴于此，可以设想海洋也许在今后很长一段时间内都将继续是人迹罕至的神秘王国。

已经发生过的事情则是肯定无误的，无须设想。地球表面70%被水覆盖，大部分水面是开放的海洋，多数大规模海战只发生在这片水面的一小部分。如果我们套用克里西名著的标题——“世界上15场决定性的战役”——把“决定性”定义为“具有持久的、超出地方范围的意义”，也列出15场决定性海战的话，可能就是下面这个单子：

萨拉米斯海战，公元前480年：击败了波斯对希腊的入侵；

勒班陀海战，1571年：遏止了穆斯林向西地中海的推进；

无敌舰队海战，1588年：挫败了西班牙对信奉新教的英格兰和荷兰的进攻；

基伯龙湾战役，1759年：确保了英国与法国在北美和印度争霸中的成功；

弗吉尼亚海角战役，1781年：保证了美国殖民者的胜利；

坎普尔顿海战，1797年：永远消除了荷兰与英国在海军方面的竞争；

尼罗河战役，1798年：重挫了拿破仑企图统治地中海两岸并重启对印度的争夺的野心；

哥本哈根海战，1801年：成就了英国在欧洲北部水域的霸业；

特拉法尔加海战，1805 年：终于摧毁了拿破仑的海军力量；

纳瓦里诺海战，1827 年：昭示了奥斯曼帝国在欧洲的解体；

对马海战，1905 年：确立了日本对中国和北太平洋的霸权；

日德兰海战，1916 年：粉碎了德国建立远洋海军的梦想；

中途岛战役，1942 年：阻止了日本控制西太平洋的企图；

三月护航编队战役[1]，1943 年：迫使德国潜艇退出了大西洋的战斗；

莱特湾海战，1944 年：确立了美国对日本帝国海军无可争议的优势。

以上是对所选的战役意义的简要总结。这个单子特别值得注意的——虽然专家也许有不同意见——是这些海战大多集中发生于地图上的几块地方。比如，坎普尔顿、哥本哈根和日德兰这三场海战的战场彼此相隔不到 300 英里；萨拉米斯、勒班陀和纳瓦里诺三场海战都发生在伯罗奔尼撒附近，战场相距顶多 100 英里，虽然萨拉米斯海战和纳瓦里诺海战在时间上相差 2300 年。无敌舰队战役、基伯龙湾海战和特拉法尔加海战发生的地点都离西经 5 度线不到 100 英里，都在北纬 50 度到 30 度之间，这在地球上算是相对很小的一块地方——且大多为陆地。1781 年后，弗吉尼亚海角多次发生海战；对马海峡在 1905 年之前也是战事频仍，主要是蒙古人在 1274—1281 年间对日本发动的进攻；而发生尼罗河战役的水域沿岸自从法

[1] 1943 年 3 月 16 日至 19 日，德国 U 艇编队截击英国护航编队 HX229-SU22，致使英国海军舰船损失超过 50 万吨位。这次战役是德国潜艇战取得的最后一次胜利。之后盟军提高了反潜作战技术，到 1943 年 5 月，U 艇编队损失惨重，被迫退出大西洋作战区域。——编者注

老时代就一直是海战的多发地。因此，在此列举的 15 场决定性海战中，只有两场——中途岛战役和三月护航编队战役——是在远离陆地、先前从未发生过战事的水域进行的。

同样，世界上大部分陆地上也没有发生过战争。冻原、沙漠、热带雨林和大山对士兵和对旅人一样严酷；应该说对士兵更严酷，因为士兵携带的东西更累赘。军事手册里可能载有关于“沙漠战”“山地战”或“丛林战”的内容，但事实是，企图在没有水源、没有道路的地方作战是违背自然的；那些地方真正发生过的军事行动通常不是作战，而是装备精良而又昂贵的特种兵的小规模交火。第二次世界大战期间，隆美尔和蒙哥马利的沙漠军团从未远离过北非的海岸；日本于 1941 年 12 月到 1942 年 1 月期间征服丛林茂密的马来亚，靠的是殖民地时期修建得极好的公路和沿岸便于登陆的“钩状岬”；中国在 1962 年与印度的边界冲突中收复了一部分高山地带，战斗发生在海拔 16 000 英尺[1]以上，中国军队事先在西藏高原适应了一年的时间，而印度的军队中许多人刚从平原调上来，患了高山病，无法作战。

总的算起来，全世界 6000 万平方英里的陆地中，70%都太高、太冷或太缺水，无法开展军事行动。北极和南极明白地显示了地理条件的影响。南极洲大陆由于难以到达，也因为极端的气候条件，几千年来从未发生过战事，尽管有几个国家对它有领土要求，而且据说冰层下覆盖着非常宝贵的矿物资源。自从 1959 年《南极洲条约》签署之后，所有的领土要求都被搁置，整个大陆被宣布为非军事区。

[1] 1 英尺 = 0.3048 米。——编者注

相比之下，北极没有实现非军事化，它表面的冰层下常有核潜艇游弋。但是，冬天可达三个月的漫长极夜、冬季的严寒，以及缺乏任何有价值的资源，这些因素决定了北极不太可能发生战争。在极地地区，陆上发生过的最北边的军事事件是德国和同盟国在1940—1943年间的小规模交火，目的是争夺设在格陵兰岛东岸，接近北纬80度的斯匹次卑尔根的气象站；交火中双方各有伤亡，但是，在恶劣天气的侵袭下，他们有时为求生存不得不互相帮助。[5]除了这样的特殊情况外，即使在条件适宜行军打仗的地方，激烈的军事活动也只集中于其中的一小块儿。战斗不仅在距离相近的地方反复发生，比利时北部的“欧洲战场”就是这样一个地方，意大利北部位于曼图亚、维罗纳、佩斯基耶拉和莱尼亚诺之间的“四边形”是另一个，而且自古以来战争经常发生在同一个地点。

最引人注意的例子是土耳其欧洲部分的阿德里安堡（Hadrianopolis），现名埃迪尔内。那里共发生过有记录的15次战斗或封锁，第一次发生在324年，最后一次在1913年7月。[6][1]

---

[1] 第一次阿德里安堡战争是自西而来的古罗马君士坦丁大帝和自东而来与他争夺帝位的李锡尼之间的战争；发生在378年的第二次阿德里安堡战争是历史上的一次大灾难，瓦林斯皇帝和古罗马雄师最后的部队在渡过多瑙河入侵罗马帝国的哥特人手中遭到惨败（哥特人自己则是在逃离闯入大草原的匈奴骑兵）；在718年爆发的第三次阿德里安堡战争中，新近兴起的保加利亚人击败了企图从后面攻占君士坦丁堡的穆斯林军队——这个结果对基督教的欧洲至关重要；第四次、第五次和第六次阿德里安堡战争分别发生在813年、914年和1003年，都是保加利亚人向君士坦丁堡发起的攻击；1094年的第七次阿德里安堡战争是拜占庭帝国的一位皇帝和皇位争夺者的作战；在1205年的第八次阿德里安堡战争中，保加利亚人打败了自封为拜占庭皇帝的十字军首领鲍德温和丹多洛总督（他家在威尼斯的府邸现在成了那个城市最贵的酒店）；1254年的第九次阿德里安堡战争以复辟的拜占庭王室打败保加利亚王国而告终；1255年的第十次阿德里安堡战争是拜占庭帝国的内斗；在1355年的第十一次阿德里安堡战争中，拜占庭打败了巴尔干新兴的军事强国塞尔维亚；1365年前后的第十二次阿德里安堡战争标志着奥斯曼帝国从小亚细亚向欧洲进军的阶段性胜利；奥斯曼帝国的权力得到巩固后，一直没有再发生战争，直到1829年的第十三次阿德里安堡战争，俄国军队从奥斯曼帝国手中抢走了阿德里安堡；最后两次阿德里安堡战争都发生在1913年，阿德里安堡先是被塞尔维亚人和保加利亚人从奥斯曼土耳其那里夺走，后来又被夺了回去。——译者注

埃迪尔内从来不是，现在也仍然不是大城市；人口一直没有超过10万。它之所以成为世界上最经常的兵家所争之地，不是因为它的财富或规模，而是因为它独特的地理位置。它位于三条大河的交汇处，这些大河的河谷提供了四通八达的通道——向西到马其顿的山区，向西北接保加利亚，向北则直达黑海岸边，而且它们流经欧洲最东南角的唯一开阔的平原，最后注入海洋。平原的另一边屹立着君士坦丁堡（伊斯坦布尔）这座宏伟的城市，君士坦丁堡由君士坦丁大帝亲自选址定都，因为它位于欧亚两大陆分野处的博斯普鲁斯海峡边，最是易守难攻。因此，从战略角度来看，阿德里安堡和君士坦丁堡是姐妹城市，共同监视着黑海和地中海之间，以及南欧和小亚细亚之间的动静。因为君士坦丁堡无法从海上攻破，自从5世纪初修建了狄奥多西城墙之后更是固若金汤，于是，所有自小亚细亚来侵略南欧的入侵者都不得不在君士坦丁堡后侧的平原登陆；从黑海以北而来的入侵者由于陆地上喀尔巴阡山脉的阻拦，只能沿黑海西岸行进，结果也来到阿德里安堡的平原；君士坦丁堡在1204年遭十字军洗劫之前，是古罗马衰落以后西方世界最富庶的地方，对它一直垂涎三尺的欧洲入侵者在前来的路上也必须经过同一个平原。简而言之，阿德里安堡是地理学家所谓的亚欧陆桥的欧洲一端，亚洲有两条主要通道沿此陆桥进入欧洲，每当有大军沿任何一条通道自东向西或自西向东行进时，阿德里安堡即不可避免地成为战争之地；在这种情况下，这个城市从未能够发展起来也就不足为奇了。

很少有别的地方像阿德里安堡那样如此明白地显示永久性和偶然性因素对战事的影响，然而，自古以来，这些因素的影响在大部分军事活动密集的地区都或多或少地有迹可循。宽阔的河流、巍峨的山岳、茂密的森林形成了“天然边界”，随着时间的推移，政治边界也逐渐与之吻合；两者之间的空当为大军行进提供了通道。然而，过了这样的空当之后，哪怕没有明显可见的障碍，军队也很少能随心所欲地行动。即使没有堡垒要塞，只要修建有道路和桥梁，地理就成了一种微妙的重要因素，气候和季节则可以进一步加大它的作用。所以，在德国 1940 年对法国发动的突袭中，看起来好像打先锋的坦克冲破了阿登森林和默兹河的屏障后，就任意地横冲直撞，但实际上，它们的前进路线紧沿 43 号国家公路，而这条公路大部分又是沿着公元前 1 世纪恺撒征服高卢后不久古罗马人修建的道路而铺设的。[7] 古罗马人和后人建造公路时都顺应地形依势修建，因此可以推断，德军的坦克指挥官无论怎样自以为能够到处畅行无阻，实际上都在遵守着法国北部 10 000 年前冰川消退后留下的地表形状的古老规定。

研究一下德军闪电进攻法国一年后对苏联的入侵，同样可以看到自然法则的决定性作用。苏联西部似乎可以让侵略军，特别是机械化的侵略军任意驰骋。从苏联 1941 年的边界到 600 英里之外的列宁格勒（圣彼得堡）、莫斯科和基辅，一路上一马平川，没有一处高于 150 米的高地，而且这片几乎没有森林的广袤平原上的河流基本上都是东西流向，与侵略军的前进路线相平行，没有拦路的河流。应该没有，也的确没有任何固体的障碍阻拦侵略大军的前进。然而，在苏联中部，奔流着从苏联注入黑海和波罗的海的两条最大的河流——第聂伯河和尼曼河；它们的源头有许多支流，共同形成了普里佩特沼泽地，方圆 40 000 平方英里，对军事行动是一大障碍，德军的参谋人员甚至把军情地图上标志着它位置的地方称为“国防军之空洞”（Wehrmacht hole），意思是那里没有任何得力的德军部队。结果，它成了苏联游击队袭扰德军后方的主要根据地。虽然游击队的行动不见得多么有效，但随着德军前线日益向东推进，苏联游击队使德军始终感到如芒在背。

“国防军之空洞”虽然是苏联战场上永久性的特点，但对德军的行动影响不大。真正多次严重影响德军行动的是遍布作战前线各处、由春天融雪和秋季阴雨造成的季节性沼泽。大草原一年两度发生这种地面泥浆，苏联人把它叫作“沼泽期”（rasputitsa）；每值发生，军事行动都被迫完全陷于停顿达一个月之久。沃罗涅日前线的苏军指挥官戈利科夫的一个下属问他，到 1943 年 3 月，反攻能否打到第聂伯一线，他答道：“离第聂伯河有 200 ~ 230 英里，还有 30 ~ 35 天春季沼泽期就要到了。你自己去想吧。”[8] 不可避免的结论是，融雪季节的到来会赶在苏军的前面，所以无法把第聂伯战线从德国人手中夺回来。事实也的确如此。不过，德军才是最受沼泽期妨碍的一方。1941 年春，沼泽期持续的时间特别长，迫使德军把入侵的时间拖过了关键的几个星期；那年秋天的沼泽期也很长，结果延后了德军向莫斯科的挺进。霜冻可以恢复大草原地面承受重量的能力，但那年冬天霜冻开始得晚，把德军的坦克生生陷在远离莫斯科的泥沼地里，无法按预定时间攻陷苏联的首都。尼古拉一世曾说，1 月和 2 月是“（俄罗斯）两位可靠的将军”[9]；事实证明，1941 年 3 月和 10 月的沼泽期是更得力的将军，可能就是它们在那年使苏联免于灭顶之灾。

至此讨论过的内容应如何总结呢？有一点很清楚，“永久运作”的因素和偶然性因素的汇合，包括气候、植被、地形和人对自然地貌的改变，在墨卡托投影的世界地图上画出了一条区分军事区和非

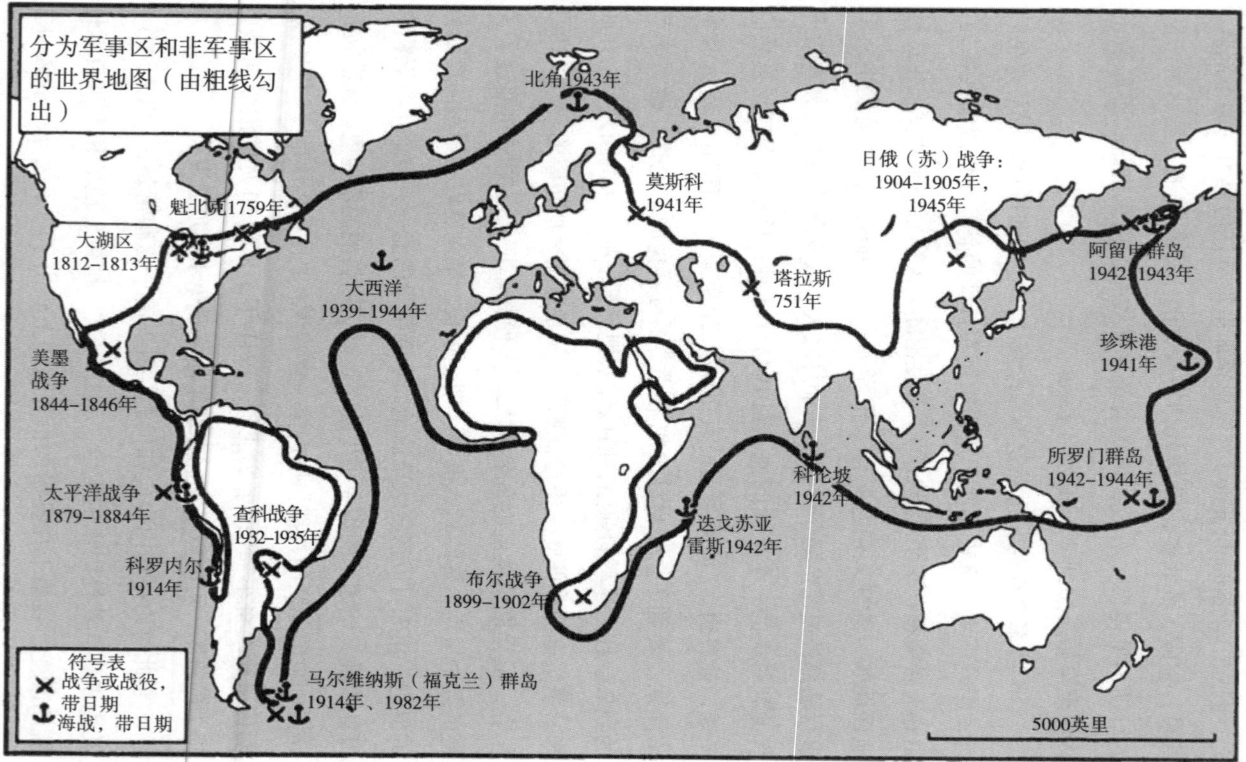
分为军事区和非军事区的世界地图（由粗线勾出）
北角1943年
莫斯科
1941年
日俄（苏）战争：
1904–1905年，
1945年
魁北克1759年
大湖区
1812–1813年
塔拉斯
751年
阿留申群岛
1942–1943年
大西洋
1939–1944年
美墨
战争
1844–1846年
珍珠港
1941年
所罗门群岛
1942–1944年
科伦坡
1942年
太平洋战争
1879–1884年
查科战争
1932–1935年
迭戈苏亚
雷斯1942年
科罗内尔
1914年
布尔战争
1899–1902年
符号表
战争或战役，带日期
海战，带日期
马尔维纳斯（福克兰）群岛
1914年、1982年
5000英里

军事区的明确界限，非军事区的面积比军事区大得多。有组织的密集战斗长期以来一直在地球上一条不规则的狭长地带内进行，这条地带位于北纬10度到55度之间，从北美的密西西比河谷到西太平洋的菲律宾及其外围岛屿，或者说从格林尼治以西90度到东经135度。《泰晤士世界地图册》把植被分为16类，包括（在清除土地用于农业生产之前）混合林、阔叶林、地中海灌木林和热带旱林。[10]如果画一条线，把北半球这4个植被区以及它们之间的陆上和海上通道圈起来，即可看到，历史上几乎所有的战争都是在这个圈子之内发生的，很少有在圈外发生的情况。如果按月份来看具体地方发生的战斗，会发现某个地方的战争通常集中于某个季节。不同的地方由于气温的高低、降雨的多少和收获的时间不同，发生战争的季节也各不相同。举例来说，看一下历次阿德里安堡战争，前三次各自发生在7月、8月和7月；后三次发生在8月、3月和7月。即使在巴尔干南部，3月打仗也太早了些，因为那时河流因融雪水量极大，但其他的日期都是在地中海收获季节刚刚结束后，正是打仗的好时机。

那么，在考虑到季节这个变量的情况下，有组织的战争发生的地区是否和地理学家所谓的"首选土地"相吻合呢？"首选土地"指砍伐林木最容易、种植粮食产量最高的土地。简而言之，战争在地图上看起来是否仅仅是为了争夺农田呢？大型战斗需要财富的支撑，而直到最近，密集的农业是人类活动中最能持久产生大量回报的活动；从这个角度来看，上述说法有一定道理。另一方面，农人争夺起田地和用水权来寸步不让，被首领召集去打仗也颇耐苦战，但普遍观察证明，他们也同样坚持自己的生活方式，我行我素，毫不变通，不到迫不得已绝不放弃自己的牲畜和田地。马克思认为农民"不可救药"，意思是他认为农民固守土地，不可能把农民召入他希望建立的革命队伍，借他们的力量推翻资本主义秩序。[11] 毛泽东却不这么看。维克托·戴维斯·汉森（Victor Davis Hanson）在对古希腊战争史富有惊人创见的研究中令人信服地证明，是古希腊城邦的小农发明了西方人所信奉和实施的"决战"概念。不过，马克思的观点也有道理。农民的确死守着田地和村庄，不肯离开故土，也的确总是只顾自己那点儿抱怨和不满，本能地抗拒应召去距首选土地十分遥远、接近荒野地带的边界处打仗，不管打仗的理由是多么充分。

应当指出，在同文同教的农耕人民之间，大规模战争很少发生。另一方面，在地球温带地区，耕地和非耕地之间的界线经常是耗费巨大人力物力修建起来的长长的壁垒。有罗马人在苏格兰高地脚下修建的安东尼长城；有罗马时期在德意志修建的把耕地和森林隔开的筑有堡垒的边界线；有保护土地肥沃的马格里布不受撒哈拉匪徒袭击的非洲工事（fossatum Africae）；有罗马人沿约旦河及底格里斯–幼发拉底河的源头修建的"叙利亚"要塞——该要塞由碉堡和军用公路组成，是耕地和沙漠之间的界线；有俄国人为抵御从大草原来的匪徒而修建的从里海到阿尔泰山，长达 2000 英里的"碉堡线"（cherta）；有在克罗地亚把萨瓦河与德拉瓦河流经的平原与南面土耳其人控制的山区隔开的哈布斯堡军事边界；最重要的是中国的长城，建造它是为了阻止草原的游牧民族染指长江和黄河地区引水灌溉的农田。它的规模如此宏大，历朝历代不断增修，至今考古学家仍未了解它的全貌。[12]

这些壁垒森严的边界显示出肥沃耕地上的富有者和土壤太贫瘠、气候太寒冷或太干旱，因而无法垦殖的土地上的匮乏者之间的根本性紧张关系。然而，不能因为这种紧张关系就错误地以为重大战争的目的仅仅是为了抢夺财产。人类打仗的动机要复杂得多。以耕作为生的同一民族的人也互相作战，有时还非常凶狠；来自肥沃区以外荒原的物资匮乏的民族也许只是为了理念而战，比如，虽然追随穆罕默德的阿拉伯人大肆抢掠，但驱使他们四处征战的不是卑下的物欲，而是扩张伊斯兰世界的雄心。马其顿的亚历山大大帝这位最伟大的征服者已经稳坐了希腊各城邦统治者的宝座，但他仍继续征战不休。他洗劫了波斯帝国似乎不为别的，就是为了高兴。蒙古人征服的地盘比亚历山大还要广阔，但他们攻陷了国家后根本没有能力巩固胜利成果：亚历山大逝世300年后，他的6位将军的后裔仍统治着中亚的大夏，而成吉思汗和他的继承人建立的政权却没有一个维持到一个世纪以上。鞑靼人帖木儿号称是蒙古人的后裔，而且是大名鼎鼎的成吉思汗的后裔，他似乎对他夺取的富饶土地丝毫不加珍惜，而是如同刀耕火种的农夫，把土地大肆蹂躏一番后随即扔在身后。

这里指出匮乏者经常对他们夺来的东西不善加利用，但这并非否定战争通常是单向的——从贫瘠的土地向富庶的土地发起，很少有反向的情况。这不仅是因为匮乏的土地不值得争夺，也是因为在那里作战十分困难，有时完全不可能。沙漠、草原、森林、山区这些威廉·麦克尼尔所谓“缺粮区”的穷人彼此之间打起仗来毫不留情，自从有了关于有组织作战的记录以来，这些骁勇善战的人就一直待价而沽，富国也对其趋之若鹜。如胡萨尔轻骑兵（hussar）、枪骑兵（uhlan）、猎兵（jäger）这类具有异国风情的团名在一些欧洲国家军队中骄傲地保留至今，在阅兵式上仍然穿戴着像熊皮帽、饰有盘花纽扣的上装、格子花呢短裙和狮皮围裙这些野蛮人的服饰。然而，正是因为穷人贫穷，所以他们的战争在范围和烈度上都相当有限。他们只有在闯入富庶的地区后，才有可能积聚足够的粮食给养以进一步向纵深挺进，最终征服整个地区。所以农耕社会才花费大量的人力物力加强边界防御，把来犯之敌挡在外面，不让他们肆虐。

因此，"永久性"和"偶然性"因素对战争产生影响的深层原因极其复杂。作战的人不能不受限制地为所欲为，尽管作战本身就突破了常规和世故的审慎对人的行为的正常限制。战争总是有限的，这不是人的选择，而是由大自然所决定的。李尔王在怒骂敌人时，可以威胁说："我要做出一些使全世界惊怖的事情来，虽然我现在还不知道我要怎么做"。然而，其他身陷困境的君主发现，这个世界上让人惊怖的事情不是那么容易做得成的。财力可能不够，天气可能变坏，季节会更替，朋友和同盟的意志可能减弱，人性本身可能无法接受争斗带来的苦难。

无论如何，人性中女性的那一半对战争的态度十分矛盾。女人有时是引起战争的原因，有时则被用作战争的借口——抢妻是原始社会冲突的一个主要原因，有时也是挑唆极端暴力的煽动者——麦克白夫人的类型众人皆知。女人作为战士的母亲也可以是铁石心肠，宁肯承受失子之痛，也不愿忍受懦夫儿子生还的耻辱。[13] 而且，女人可以成为激情洋溢的战争领导者，通过男性对女性特质的反应这一十分复杂的化学过程，女性领导人在男性下属心中激起的高度忠诚和自我牺牲的精神是男性领导人难以企及的。[14]不过，除少数例外，战争是世界各地的女性一直置身事外的一项人类活动。女人指望男人保护她们免遭危险，当男人没有履行保护者的责任时对他们痛加责备。女人参军入伍，照顾伤员，男人去打仗后担起耕种田地和放养牲畜的活计，甚至挖掘由男人来守卫的战壕，在工厂里为男人生产武器。然而，女人不参加作战。女人之间很少动手，而且从未在军事意义上和男人动过手。如果说战争自古就有，是全人类的普遍现象的话，那么现在就必须加上一条最重要的限制：它完全是男性的活动。

第2章

石

Stone

人为什么打仗？

人为什么打仗？石器时代的人打仗吗？还是说早期的人不具侵略性？关于这些问题，人，包括女人，以笔墨为武器酣战不休。这些人是社会学家和行为学家，不是军事历史学家，因为后者很少关心他们所记录的活动的起源。军事历史学家若肯花时间思考一下人为什么彼此杀戮，也许能成为更好的历史学家。社会学家和行为学家别无选择，因为他们研究的对象就是人和社会。然而，大部分时间中，大部分人都是为了共同的利益而合作的。合作必定是正常的行为，个中原因需要做些解释，但道理并不深奥，因为明眼人一看便知，合作对大家有利。因此，如果不发生背离合作原则的事情，社会学家和行为学家就无事可做。他们提出的理论就只能是人所共知、可以预见的，那样的理论没有人会感兴趣，也不值得阐述。他们需要解释的是个人和人群行为的不可预见性，特别是暴力行为的不可预见性。暴力的个人是对群体内合作的主要威胁，暴力的群体则是造成社会动乱的主要原因。

对个人和群体行为的研究方向不同，但有一个共同之处，那也是辩论最终总是回归的一点：人到底是本性暴力还是人的暴力潜能是由物质因素激发出来的？人具有暴力潜能这一点无可置疑，哪怕只是因为他有牙能咬，有脚能踢。持后一种意见的人大致归为“物质论者”，他们认为自己的观点完胜自然论者。自然论者一致反对物质论者，但内部又分歧严重。少数人坚持认为，人天生暴力；虽然那些人大都不肯承认，但实际上他们的论点与笃信人的堕落和原罪理论的基督教神学家的思想如出一辙。多数人不同意这种意见。他们认为，暴力的行为要么是有问题的个人的举动，要么是对某种挑衅或刺激的反应；由此可以推论，如果能找出导致暴力的引信，加以平抚或予以去除，人类交往中就再也不会出现暴力。自然论内部这两派之间的辩论十分激烈。1986 年 5 月在塞维利亚大学的一次会议上，与会的多数人发表了一篇声明，声明采取了联合国教科文组织关于种族声明的格式，斩钉截铁地谴责了人天生暴力的理论。塞维利亚声明共有 5 条，每一条都以“……在科学上是不正确的”这样的字句开头，完全是不容辩驳的架势。这 5 条谴责了所有认为人天性暴力的论点，并逐条予以否认和批驳。那些论点是：“我们从我们的动物祖先那里继承了作战的倾向”，“战争或任何其他的暴力行为是人类遗传的天性”，“在人类进化中，侵略性行为比其他行为更适应物竞天择的过程”，“人类的大脑是‘暴力的’”，最后是“战争是由‘本能’或任何其他单一的动机引起的”[1]。

塞维利亚声明获得了重量级的支持，比如，美国人类学学会就接受了它。但是，对一个外行人来说，如果他知道战争自古就有，知道像新几内亚的高地人那样仍生活在“石器时代”的人好战尚武，也意识到自己的暴力冲动，却缺乏遗传学和神经学的知识，无法确定谁对谁错的话，这份声明并不能帮他解惑。不过，自然论内部两派的辩论正如自然论者和物质论者的辩论一样重要，甚至具有根本性的意义。当今的人类历史阶段是一个使人充满希望的时代：裁军得到了有效的执行，人道主义也被采纳为世界事务的原则。外行人自然希望塞维利亚声明的发起者是正确的，这也会使他自己感到安慰。过去两个世纪间，人类在改善物质生活方面取得了空前的成功，物质论对人类有组织暴力的解释因此得到大力支持。人们期望在基本上打败了疾病、匮乏和愚昧，并且减轻了体力劳动的艰辛后，能继续努力，最终也许能消灭战争。那样的话，战争自石器时代以来的历史就只有古文物学家感兴趣了，如同对世界的探索或牛顿之前的科学一样，与我们的日常生活没有关系。但如果塞维利亚声明的作者错了，如果他们对自然论者关于人类暴力理论的谴责不过是他们乐观的一厢情愿，那么物质论者的解释也就错了，而我们这个（20）世纪末关于告别战争的希望则完全是水中月镜中花。那就需要对自然论者的悲观派和乐观派各自的观点有一个清楚的了解。

战争与人性

对暴力和人性的科学研究主要集中于人大脑中一个叫作边缘系统的部位，科学家——可能是先入为主地——认为那是人的“侵略性的所在”。这个部位在大脑中部下方，包含三个细胞群，称为下丘脑、隔膜和杏仁核。它们中间的任何一个细胞群受到破坏或电流刺激时，都会导致主体行为的改变。比如，如果雄性老鼠下丘脑的一部分遭到破坏，它们的侵略性行为就会减少，并完全丧生性能力，而若是对它们的下丘脑进行电流刺激，则会增强它们的侵略性——

虽然“受到刺激的动物只攻击（地位较低的）同类，这说明选择攻击对象的决定是由大脑的另一个部分控制的”。[2]这里提到地位较低的动物十分重要，因为人们很早就观察到，群居动物内部有“啄序”，这个名称是从家禽的等级制衍生而来的。动物根据这个等级制排列尊卑。猴子的杏仁核若是受损，可能会减少对“新奇事物”的畏惧，因此增加对这类事物的侵略性行为，但会增加对其他猴子的畏惧，因此降低自己在猴群中的地位。

神经学家谨慎地得出结论说，对恐惧、厌恶或威胁的反应表现为侵略性同时也是防卫性的行为，其来源是大脑边缘系统。但他们也强调，这一系统与最先也最全面地处理感官信息的脑前垂体这一大脑中“更高”的部分之间有着十分复杂的关系。据A. J. 赫伯特（A. J. Herbert）说，脑前垂体似乎是负责“管控和使用侵略性行为”的器官，因为研究表明，人的脑前垂体受损后，可能会引起“无法控制的侵略性行为的爆发……事后也没有悔恨之意”。[3]基本上，神经学家发现，侵略是大脑下半部的功能，受上半部的控制。但大脑的不同部分如何沟通呢？有两种手段，一是化学传导，一是激素。科学家发现，减少一种叫作血清素的化学物质会导致侵略性的增加；他们猜测，可能有一种肽引导着血清素的流动。然而，他们没有找到这样一种肽，血清素的水平也很少发生变化。相比之下，内分泌腺产生的激素易于分辨，男性睾丸中分泌的睾丸素与侵略性行为有着紧密的联系，睾丸素浓度不同的人表现很不一样。把它注入人的体内后，无论是男人还是女人的侵略性都会增加。但另一方面，把它注入哺乳期的雌鼠体内会减少它们对雄性的侵略性行为，而刺激它们母性保护性行为的完全是另外一种激素。总的来说，男性体内的睾丸素水平高导致男性特征的增强，而侵略性正是男性特征之一；然而，睾丸素水平低与缺乏勇气或好斗的精神并无关系。这方面的证据包括以勇敢著称的太监侍卫和拜占庭帝国战功赫赫的太监将军纳尔西斯。最后，科学家强调，激素的效果通常受形势的调节；也就是说，无论对动物还是对人来说，对风险的计算都会抵消所谓的本能反应。

简而言之，神经学家尚未成功地确定大脑是如何触发或控制侵略性行为的。另一方面，在显示环境和“对侵略性的选择”之间的相互关系方面，遗传学取得了一定的成功。自从达尔文在1858年首次提出自然选择的理论以来，许多学科的学者都一直企图为它提供一个无可置疑的科学基础。达尔文原著的基础仅仅是对不同物种的外部观察。他根据观察提出，最适应周围环境的个体存活到成年的可能性较大，在成年期也更容易活下去，而且它们的后代因为继承了它们的特点，也会比适应性较弱者的后代存活率更高，这些一代代继承下来的特点最终将在整个物种中成为主导特点。达尔文理论的革命性在于，他认为这个进程是机械性的。他认为，上一代只能向后代遗传自己所继承的特点，不能像他的同代人拉马克所说的，遗传自己获取的特点。至于这些特点如何通过我们所谓生物突变的过程发生变化以更好地适应环境，达尔文无法提出解释。至于产生了众多不同物种的初级有机体是如何发生突变的，这个问题至今仍然无解。

然而，突变是可以观察得到的现象，向着侵略性的突变是其中的一种形式，而侵略性显然是可能会增加存活概率的遗传特征。如果生命是一场斗争，那么最能抵御敌对环境的就可能活得最长，生出最多的有抵抗力的后代。理查德·道金斯（Richard Dawkins）最近写了一本很受欢迎的书《自私的基因》，书中说这一过程不仅是遗传的结果，也是基因本身的作用。[4]而且，用基因做的实验表明，具有某种基因的实验室动物确实比别的动物侵略性更强，这种侵略性也代代相传。遗传学家也找出了与过分的侵略性相联系的一些罕见的基因组成，其中最出名的是男人的XYY染色体：大约1000个男人中有一个人基因中有两个Y染色体，而不是正常的一个Y染色体，有XYY染色体的男人中暴力罪犯所占的比例稍高。[5]

然而，基因变异不能解释关于任何动物，包括人，在其环境中的侵略倾向的问题，从在实验室的环境中繁殖的动物身上得来的证据更无法提供解答。无论突变是如何发生的，通过突变来成功实现适应都是对环境的反应。虽然新的基因工程学有可能在基因遗传中造成“定点突变”，繁殖出完全没有侵略性的物种，但是，要确保它们的生存，就必须让它们永远待在没有任何威胁的环境中。自然世界中不存在这样的环境，也无法创造这样的环境。即使进化出了完全没有侵略性的人，生活在完全友好的环境中，他们仍然得杀死造成疾病的低等生物、携带病菌的昆虫和小动物，以及同他们争夺食物的吃庄稼的大动物。难以想象完全没有侵略性的生物如何对环境进行必要的控制。

显然，支持和反对“人天生具有侵略性”这一论点的人都把话说得过于绝对。反对派完全罔顾常识。观察表明，动物杀死别的物种，同类之间也互相争斗；有些物种的雄性争斗至死方休。要想否认侵略性是人遗传的一部分，就必须否认人和动物世界中所有其他物种的基因方面的联系——现在只有严格的神造论者才持这种立场。支持派也太过分，虽然是由于不同的原因。一个原因是他们通常把侵略性的范围定得太广。他们的一个重要学派把定义为“想获得或重得具体物品，或地位，或参加有利活动的机会”的“手段性的或特定的侵略行为”与“主要为惹恼或伤害另一个人”的“敌意的或戏弄性的侵略行为”区分开来，这是没有争议的，但他们还提出了“被其他人的行动挑起”的“防卫性或反应性侵略行为”。[6]侵略和自卫之间当然有着逻辑上的分别，即使那些人可以表明所有被他们归在侵略之下的三种行为都源自大脑的同一个部位，这个分别也依然成立。主张人天生具有侵略性的人不分青红皂白，把自卫也算作侵略行为，这说明他们没有对大脑除边缘系统以外的其他部分对行为的调节作用予以足够的重视。有人说过，“所有显现出侵略性行为的动物都带有一些基因来减轻此类行为的表现程度”。这样，侵略的冲动就有了制约；制约或是来自对风险的计算，或是来自对逃走机会的估量；这就是“或打或逃”这一众所周知的行为模式的来源，而人类减轻侵略性行为的能力特别突出。[7]因此，看来科学家迄今为止只是找出了自古就有的感情和反应，并把它们分了类。的确，我们现在知道，恐惧和愤怒产生于大脑下部的神经元，是由察觉到威胁的大脑上部刺激产生的。这两个神经部分通过化学物质和激素相互联系，某些遗传基因先天决定对事物反应的暴力程度。但科学无法预知个人什么时候会表现出暴力。科学也不能解释为什么一些个人结为团体去和别人作战。对这一代表着战争根源的现象，我们只能转向心理学、行为学和人类学去寻找解释。

战争与人类学家

弗洛伊德为关于侵略的一种理论提供了心理学的基础，他起初认为侵略性是因为性冲动受自我的挫败造成的。在第一次世界大战中，弗洛伊德的两个儿子表现出色，但战争的惨象使弗洛伊德深受震撼，他在战后对人的侵略性的看法因此更趋悲观。[8]他写给爱因斯坦的一封著名信件后来发表了，题为“为什么要打仗？”；他在信中直言不讳地指出，“人的内心深处有对仇恨和破坏的渴望”，并提出，打消这种渴望的唯一希望就是培养起“对未来战争理由充足的恐惧”。弗洛伊德的追随者把他这些话总结为“死亡本能”的理论，主要适用于个人。在《图腾与禁忌》（1913年出版）中，弗洛伊德提出的群体侵略的理论大量借鉴了文学性人类学。他提出，社会的基本单位是父权制家庭，家庭内部的关系由于性张力而错综复杂。作为家长的父亲对家庭中的女人有绝对的性权力，因此逼得性欲得不到满足的儿子们杀死父亲并把他吃掉。后来，深受负罪感折磨的儿子们规定乱伦为非法或禁忌，并建立了异（家）族通婚的制度——即只能与家庭之外的人结婚；结果造成了偷妻、强奸及其引起的家族间、后来是部落间的宿仇这一系列可能的后果。这方面的例子在对原始社会的研究中不胜枚举。

《图腾与禁忌》是弗洛伊德凭想象写出来的。后来出现的把心理学理论与对动物行为的研究相结合的新学科——行为学——对群体侵略提出了更为严谨的解释。作为这一学科基础的“领地”理念来自诺贝尔获奖者康拉德·洛伦茨，他通过观察野外和人为控制的环境中的动物，提出侵略是一种自然的“驱动力”，其能量来自有机体本身，当受到适当的“释放因”的刺激时即会“发泄”出来。然而，在他看来，同一物种的大多数动物都有能力安抚同类的侵略性的发泄，一般表现为服从或让步。他认为，人起初也有同样的行为；但在人学会了制造狩猎武器后，人口开始大量繁衍，于是不得不杀死别人来保护自己的一块地盘。使用武器使杀人者在感情上与被杀者“拉开了距离”，也使得服从的本能因此退化。他认为，人就是在这个过程中逐渐从为了生存而捕杀其他物种的狩猎者转变为同类相残的凶手。[9]

罗伯特·阿德利对洛伦茨的领地说做了进一步的阐述，对于个人的侵略性如何变为群体的侵略性进行了推断。他说，人发现结伙打猎比个人行动更加有效；他们像任何捕猎动物适应环境一样，学会了在共同的领地上合作狩猎；于是，合作狩猎成了社会组织的基础，也提供了抗击闯入领地的其他人的动力。[10] 在阿德利的狩猎理论基础上，罗宾·福克斯和莱昂内尔·蒂格为男性为什么在社会关系中占领导地位提出了一种解释。他们说，狩猎的小组必须全部是男性，不仅是因为男性比较强壮，而且也因为小组中若是有女性会分散男性对狩猎活动的专注；因为狩猎小组为了高效率行动必须接受单一的领导，而且人类生活有好几千年的时间一直主要靠这样的狩猎小组维持，所以后来具有侵略性的男性领导就成了一切社会组织的特质。[11]

洛伦茨、阿德利、蒂格和福克斯的理论都吸收了人类行为和动物行为科学家的许多研究成果，但社会科学中最古老的学科——人类学——的学者却对他们的理论冷淡以对。人类学是人种学的延伸，而人种学则是在至今尚存的“原始”人的生活环境中对他们的研究；

人类学企图在人种学的基础上为文明社会的起源和性质找出解释。像拉蒂夫和蒂莫尼埃这样的早期人种学家在18世纪就认识到，战争是他们所研究的社会的固有特点，他们对于美洲印第安人的研究提供了对“原始”战争弥足珍贵的描述。[12]19世纪，达尔文理论的支持者和反对者涉足人种学，把描述性人种学变成了人类学，于是产生了时至今日仍然把社会科学家分为两大阵营的“先天遗传说对后天培养说”的大论战。先天对后天的论战是达尔文的表亲弗朗西斯·多尔顿在1874年发起的。论战开始不久，战争这个题目就被剔出了研究的范围。这是后天派干的，他们依照典型的19世纪的思路，一心要证明人的高级机能能够主导他低层次的本性，理智将使人树立合作性更强的社会形式，于是大力推动，把人类学研究的重点转到了政治机构的起源上。他们说，其起源要到家庭、家族和部落里去找，而不能只研究它们的对外关系（战争就是一种对外关系）。先天派中有一部分人笃信竞争是造成改变的手段，因此得名“社会达尔文主义者”。他们不同意后天派的观点，但他们不是主流，而是被挤到了边缘。[13]后天派设法把讨论引到了他们心目中的关键问题上，即原始社会中的亲族关系；他们认为一切更高级、更复杂的非血缘关系都是从中发展而来的。

亲族关系涉及父母、子女、兄弟姐妹以及旁系血亲的关系。这样的关系公认早在国家形成以前就已存在。同样得到公认的是，家庭和国家是两种不同的组织。问题在于如何表明国家是从家庭发展而来的，家庭关系是否决定了国家间的关系。后天派本质上自由开明的理论需要有证据表明一个国家内的关系可以通过理性选择来确立，通过法律形式来固定。因此，人类学就必须提出原始社会的例子，表明在这样的社会里，亲族关系的格式正是后来现代自由国家中政治关系的写照。有很多具有可塑性的证据存在，特别是有证据表明原始人使用神话和仪式作为手段来加强亲族的纽带，避免诉诸暴力；后天培养派遂抓住这类证据大做文章。事实上，到19世纪末，人类学家的大部分精力不是花在辩论亲族关系是否是人类关系的根源上面，而是用来辩论他们视为人类组织模式的创造性文化是同时在不同的地方自行发展起来的，还是从一个发源地传播到其他地方的——后一种理论叫作“传播论”。

这种对起源的寻求不会有任何结果，因为必须承认，即便是能够找到的最原始的社会也不是存在于原始状态中的。比起古时的原始状态，一切都已经发生了演变，或由于与外界的接触而出现了变化，无论这种接触是如何微不足道。人类学家徒然地花大力气进行这场实质上无果的辩论，到了20世纪初被从德国移民美国的弗朗茨·博厄斯断然叫停；他指出，寻求起源是白费力气。他说，人类学家如果研究的范围够广，就会发现文化是自我延续的。既然延续与理性无关，所以在不同文化中爬梳寻找，企图为某个流行的现代政治形式提供证据，无异于缘木求鱼。人应该在各种各样的文化形式中自由选择，采纳最适合自己的形式。[14]

这一学术理念后来得名“文化决定论”，很快大行其道，这在很大程度上要归功于博厄斯的助手露丝·本尼迪克特（Ruth Benedict）在1934年出版的著作《文化模式》（又译为《文化的类型》）。即使算上詹姆斯·弗雷泽爵士（Sir James Fraser）的《金枝》（11卷，1890—1915年出版）因展示了人类神话的普遍性而引起的广泛注意，《文化模式》也应被视为最有影响力的人类学著作。本尼迪克特提出，存在着两种主要的文化形式，阿波罗模式和狄俄尼索斯模式；前者威权，后者宽容。然而，狄俄尼索斯模式的概念早在博厄斯一个年轻的学生玛格丽特·米德于1925年游历了南太平洋后就引起了许多人的注意。米德在《萨摩亚人的成年》中报告说，她发现了一个完美和谐的社会；亲族关系的纽带减弱到几乎不可见，父母的权威在大家庭的温情中消失于无形，孩子们并不争强好胜，人们不知暴力为何物。

无论女权主义者、进步教育理论者和道德相对论者是否意识到这一点，《萨摩亚人的成年》至今仍然是他们的圭臬之作。文化决定论对博厄斯在盎格鲁-撒克逊世界中的同行也产生了深刻的影响，却是由于另外一个原因。英国人借大英帝国领土广袤之便，得以在世界上许多地方进行实地研究，因此成为人种学领域的执牛耳者。他们接受文化决定论的主旨，但不喜欢它在立论方面的不够精确；他们尤其不满的是，文化决定论拒绝承认，在决定采取何种文化时，人性和人的物质需求可能与自由选择是同等重要的因素。于是，在另一个会讲德文的移民布罗尼斯瓦夫·马林诺夫斯基的影响下，他们提出了另一种称为"结构功能主义"的理论，[15]马林诺夫斯基初次进行实地研究也是在南太平洋，但他比米德早10年。这一理论佶屈聱牙的名字反映了两种理论的融合。第一种是进化论和达尔文主义，它认为任何社会形式都是对周围环境"适应"——这是典型达尔文主义的用语——的一种功能。举个浅陋的例子："临时性"（刀耕火种）耕作者采用那种看起来低效无益的谋生方式，是因为他们身处森林之中，土壤贫瘠，但地广人稀。因此，用砍刀清除出一片林子，种植番薯，养猪，收成一两季后就拔营移往别处，这样做是有道理的。然而，这样的社会之所以能保持对周围环境的“适应”，依靠的是它们的文化结构。这样的文化结构初看起来似乎简单，但据在这样的社会中生活过相当长一段时间的人种学家所知，它其实可能复杂得令人吃惊。

结构功能主义者对社会的分析比文化决定论者精细入微得多。不过，他们为显示结构如何支持功能而收集的原材料最终还是落入两个现已众所周知的范畴——神话和亲族关系。关于两者之间的相互关系，学术界的辩论一直延续到第二次世界大战之后，使用的措辞越来越复杂，使外行人越来越摸不着头脑。“二战”后，一位天才横溢的法国人克洛德·列维-斯特劳斯（Claude Lévi-Strauss）又给辩论加了一把火，他提出结构比功能重要得多，而且言之成理，很能服人。列维-斯特劳斯从弗洛伊德最喜欢的禁忌的概念入手，给它提供了人类学的基础，这是心理分析学家一直未能做到的。他说，在原始社会中确实存在着以神话作为根据的对乱伦的禁忌；回避这一禁忌的办法是在家庭、部落等单位之间互相交换，女人则是用于交换的最宝贵的商品。交换制度平抚了愤怒和不满，为了避免乱伦交换女人更是使所有人皆大欢喜。[17]

在人类学中，寻求对社会如何保持稳定、如何自我维系的解释压倒了所有从其他角度的研究。人类学家知道争夺女人是原始人冲突的主要原因，但他们不肯去研究这种冲突造成的后果，即战争。这是有悖常理的。列维-斯特劳斯撰著的时候，刚刚发生过世界历史上最残酷的战争；一些主要的人类学家，包括那一代英国人类学家中杰出的爱德华·埃文斯-普里查德（E. E. Evans-Pritchard），都参加了那场战争。埃文斯-普里查德在 1941 年甚至在埃塞俄比亚率领一支由部落成员组成的队伍和意大利人打过仗，那些部落成员对原来统治他们的意大利人令人发指的报复使他终生都无法释怀。[18] 无论如何，两次世界大战的性质，特别是第一次世界大战中壕堑战那种病态的程式性的特点，都亟须人类学家的调查研究。人类学家却对此需求视而不见。

造成上述情况的部分原因也许是美国人类学家哈里·特尼–海伊（Harry Turney-High）在 1949 年出版的《原始战争》这本书。特尼–海伊看到其他人类学家一致不肯承认战争是人类学的重要研究课题，不耐烦之下写出了这本有意冒当时理论之大不韪的著作。他和同代的许多人类学家一样，田野考察是在美洲的原住民社会中做的，而有些美洲原住民是人种学家所见过的最好战的群体。然而，1942 年，特尼–海伊离开大学参了军；他运气很好，被分配到行将永远消失的骑兵部队。一个受过教育、有想象力的人接触到战马和骑兵的武器，思绪一定会回到人与动物世界关系的初始之际；和特尼–海伊同时期，曾在德国最后的骑兵团中服过役的亚历山大·施塔尔贝格（Alexander Stalberg）写道："只有和一队骑兵一起纵马驰骋过，才能体验马群的迷人，因为马是本能的群体动物。"[19] 特尼–海伊骑马挥剑的经历开阔了他的眼界，使他看到了专业人种学家关于早期战争的几乎所有著作中都存在的不足。

（他在其著作中开宗明义地写道）社会学家总是把战争与战争的工具混为一谈，这种冥顽不化到了惊人的地步，更有甚者，他们的著作显示出……他们连军事历史的简单内容都一无所知……二等国家军队里的一个尉级军官比起大多数分析人类社会的学者来，头脑都更清楚。[20]

特尼-海伊说得对。有一次，我在和一位名声卓著、管理着世界上最丰富的武器和甲胄收藏的负责人谈话时不经意地提到，在火药时代，外科医生从战场上负伤的伤员身上清除出来的碎片大部分都是他身边战友破碎的骨头和牙齿。他听到这话，脸上显出厌恶的表情。后来，我的脑海中经常会浮现出他那时的表情。他对作为物品的武器熟稔于心，却从未想过那些武器对使用它们的士兵的身体所产生的效果。特尼-海伊指出："由于这种非作战者的态度，博物馆收藏了几百箱来自世界各地的武器，都分了类，标了展品号，其实对那些武器完全不懂。"[21] 他决心使他的同行了解他们所研究的人民生活中黑暗暴力的一面，认识到那些人在仪式上佩带的武器是用来砸碎骨头、刺穿皮肉的，明白据说可永久维持亲族关系平衡的交换机制一旦打破所带来的致命后果。

特尼-海伊不否认有些原始人处于"前军事"阶段。他甚至愿意承认，有些人如果没有外部作用，会很乐意选择像玛格丽特·米德看到的萨摩亚人那样的和平有益的生活方式。[22] 然而，他坚持认为，战争是自古以来的普遍现象，例外少而又少；他不断向其他的人类学家强调这一点，不遗余力，毫不留情。

> 人种学家孜孜不倦地把一切物质和精神的文化现象尽力予以描述、分类和整理。他也毫不犹豫地长篇大论地讨论战争，因为战争是人最重要的一个非物质的情结。但对于"这个群体如何作战"这个核心问题，他却避而不谈。做田野考察的人对蛋糕上的糖霜层了解得巨细无遗，却忽视了蛋糕本身。[23]

特尼-海伊这位当过骑兵的人类学家引用了大量关于群体如何交战的人种学记录。他一支笔大开大阖，从波利尼西亚到亚马孙河盆地，从祖鲁兰到印第安人居住的北美大平原，从接近北极的广阔冻原到西非的森林，详尽介绍了这些地方的原始社会折磨战俘、吃人肉、割取敌人的头皮、砍掉敌人的首级作战利品、把人开膛破腹用作祭品等血淋淋的做法。他分析了几十个不同社会中作战的确切性质，描述了新赫布里底岛上的人指派勇士在对垒的两军面前表演仪式性的决斗；北美的帕帕戈印第安人部落的酋长在战斗中指定某些人做"杀手"，并命令其他人负责保护杀手；阿西尼博因印第安人推举做梦打败了宿敌的族人领导作战；易洛魁印第安人则设有战场督察，抓住作战中企图开小差逃跑的人，迫使他们担负起作战的责任。他不厌其烦地详细记录下投枪、弓箭、棍棒和刀剑在人的肉体上造成的创伤。为避免哪位胆小的同行畏缩不肯设想燧石矛头的功能，他指出，燧石矛头的直接后裔就是刺刀。据他指称，历史上死在这一类武器下的人比死在任何其他手工制品下的人都多。[24]

特尼-海伊的目的却不止于向其他人类学家显示原始人也残忍嗜杀的证据。他根据所展示的证据提出了一个令人痛苦的关键问题。他说，人种学家致力于研究的社会大部分存在于"军事的地平线下"，而只有当它们将来升起到这个地平线以上的时候，这些社会才算是进入了现代时代。他因此对文化决定论者、结构功能主义者和列维-斯特劳斯的追随者（列维-斯特劳斯的开创性著作《亲属关系的初级结构》也是1949年出版的）一并提出了挑战。特尼-海伊大胆宣称，研究对不同文化系统的自由选择、对生境的结构性适应，或对传说的交换制度的管理，企图借此来寻找自由国家的起源，完全是白费力气。他坚称，原始社会注定会永远停留在那个水平。只有当一个社会从原始战争转向他所谓的真正战争（有时他称其为文明战争）之后，国家才能出现。以此推论，只有当国家出现之后，才能对它的性质做出选择，无论是神权制、君主制、贵族制，还是民主制。他断言，从原始到现代的关键测试是“有军官的军队的兴起”。[25]

既然特尼-海伊开篇伊始就把大多数其他人类学家的智力贬到尉级军官以下，也就难怪同行们对他的著作不理不睬。特尼-海伊的著作1971年出版第二版时，为该书撰写前言的戴维·拉帕波特把其他人类学家的反应说成是“‘整齐划一地拒绝’承认有创见的论点”。[26]其实原因很简单。人类学家知道受了侮辱，所以对侮辱他们的人集体予以漠视。如果特尼-海伊的著作在今天出版的话，也许理智的人都会对其置之不理。特尼-海伊是不可救药的克劳塞维茨主义者，他对一个社会军事地位的衡量标准是看它作战是否取得了胜利，即是否征服了土地和解除了敌人的武装。在核时代（特尼-海伊的著作是在苏联第一颗原子弹爆炸之前写的）要争取克劳塞维茨式的胜利，即使对最心如铁石的战略分析家来说，也是非常值得怀疑的目标，恐怕没有多少人会拥护特尼-海伊在40年前提出的“文明战争”的原汁原味的概念。但无论如何，特尼-海伊在他那个时代给他的专业出了个难题。人类学家对无国家的社会赞美不置，他们去那里做田野考察却要靠国家出资，战争是如何把无国家的社会变为国家的，这就是特尼-海伊坚持要人类学家思考的问题，得不到回答誓不罢休。

这个问题确实得到了回答——不过那是以后的事了。外部事件的压力迫使人类学家在研究原始人的时候，不单单看他们馈赠礼物或创造神话的行为，也开始注意他们作战的行为。这类外部事件造成压力最大的地方是美国，不单因为美国是核大国，是越南战争主要的交战方，也因为在1945年后的年代里，美国逐渐成了人类学研究的中心。人种学的田野考察越来越讲究科学，费用奇高，多数学者只能找资金雄厚的美国大学寻求资助。此外，反对核军备竞赛和反越战最激烈的美国大学生开始向这些以探索人类行为最深层、最古老的奥秘为使命的学者提出如下永恒的问题：什么使人打仗？人是否天生好战？有没有过没有战争的社会？还有这样的社会存在吗？现代社会能否实现永远的和平？如果不能的话，为什么不能？

20世纪50年代期间，学术杂志上只刊出过5篇关于战争的人类学论文。[27]但自60年代起，这样的论文纷至沓来。1964年，人类学耆宿玛格丽特·米德发表了一篇题为“战争只是臆造”的文章，向文化决定论者发出了战斗动员令。[28]新一代的人类学家觉得事情恐怕没有那么简单。他们在研究中受到了各种新理论的影响。其中一个是数学的博弈论。按照这种理论，任何利益冲突中所有可能的选项各有一个数值，数值最高的“战略”就是最成功的。博弈论的倡导者坚称，它的运作是人所意识不到的，所以，人不一定知道博弈正在展开；做出了最多正确选择的人得以幸存，这就是他们得到的“报偿”。[29]博弈论其实不过是企图为达尔文的自然选择理论提供一个量化的基础，然而，它在智力上的新颖吸引了一批支持者。其他人对生态学发生了兴趣，这个新兴的学科研究的是人口与他们的生存环境的关系；年轻的人类学家很快意识到，生态学的有些概念，如把某个地区的人口限制在它的可消费资源能够承受的范围内的“承受能力”的概念，对他们很有价值。消费意味着人口增长，人口增长导致竞争，竞争引起冲突，一环套一环。竞争本身是造成战争的原因吗？还是说战争由于其降低人口或把战败者逐出冲突区的“功能”，自己就是原因？

围绕着“起源”和“功能”这两个已经被研究得烂熟的概念的寻寻觅觅本来可能会长久进行下去，但两件事改变了寻觅的步伐和方向。首先，美国人类学学会在1967年的年会上安排了一次专门讨论战争的座谈会，终于接受了特尼-海伊18年前提出的“原始”战争与“真正”的，或“文明”的，或——用今天的词来说——“现代”的战争之间的区分。[30]第二件事是自20世纪60年代起，一群默然接受了特尼-海伊理论的人类学家在做田野考察时，开始从他的角度观察原始人的作战情况，他们回来后发表了自己的调查结果。当然，对所观察到的现象如何解释言人人殊。然而，他们确实研究了使用原始武器的作战者，而最初的战争肯定是用投枪、棍棒和弓箭这样的原始武器进行的。至于这样的武器是简单的木头制品，还是加上了骨制或石制的尖头，还是说人类之间的打斗只有当发明了冶金术后才成为战争的形式，这些问题并没有定论。然而，就连对人类社会形式的性质由技术决定这一观点最彻底的反对者都不能否认，投枪和棍棒，甚至弓箭，对人在战斗中彼此造成的伤害起了限制的作用，特别是因为它们限制了可以造成伤害的距离。因此，当今时代仍然用投枪、棍棒和弓箭作战的人的战争至少能够使我们对早期战斗的性质获得一定的了解。战斗是战争的核心，是把人大批残害或杀死的行为，是把战争与仅是敌对状态区分开来的活动，是“人是善还是恶”这个伦理道德要点的源头。是人选择了战争还是人别无选择只能作战？年轻的人类学家在努力寻找对特尼–海伊提出的关键问题——“这个群体如何作战？”——的答案之时，提出了第一批可靠的观察结果，使我们稍窥用原始武器进行的战斗的性质，至少在那些情况中，也对战争如何开始有了一定的了解。现在让我们看一看他们的研究报告。这里选择的案例研究是按发展阶段排列的，先从最原始的战争形式开始。

几个原始部族和他们的战争

雅诺马马人

雅诺马马人的部落共有约 10 000 人，居住在巴西和委内瑞拉的交界处、奥里诺科河源头方圆40 000平方英里的茂密的热带森林里。1964 年，拿破仑 · 沙尼翁（Napoleon Chagnon）到了那里，成为第一个接触雅诺马马人的外来人。沙尼翁在他们中间待了 16 个月，那时他们几乎从未见过现代世界的物品。雅诺马马人是临时性（刀耕火种）耕种部族，他们在森林里砍出一片园地种植芭蕉；一旦土壤的肥力减弱，就再开垦新的园地。每个村庄有 40~250 人，都是近亲；各村庄之间步行约一天的距离，但如果邻村是敌人，距离就远一些；敌对行为常有发生，经常会造成迁徙。典型的情况是小村子迁离较大的敌村，靠近强大的友村。

雅诺马马人被称为“凶猛的人”，他们的行为的确极为暴烈；他们崇尚凶狠（waiteri），男人以此为荣，整个村子也通过表现凶狠来警告别的村子，让它们知道，谁若胆敢前来攻击是以身犯险。男孩从小就玩凶猛的游戏，以此培养暴烈的性格，他们长大后对女人非常凶狠。虽然无论是交换还是战斗，所谋求的首要目标都是女人，但男人得到了女人后却对她们极尽虐待。他们殴打女人，用火烧伤她们，发怒时甚至会用箭射她们，而勃然大怒经常是为了表现凶狠而装出来的；妻妾无处寻求保护，除非村子里有自己的兄弟，能比折磨她们的男人更凶狠。

尽管雅诺马马人崇尚凶狠，但村民一年中盼望的大事是村子间飨宴的季节。雨季期间，村民在田地里操劳；旱季到来时，他们就准备宴请邻近村子的村民，或前去赴宴。贸易使不同的村落间建立了信任，由此产生了一起宴欢的主意。虽然雅诺马马人的物质文化极为粗陋，只能生产吊床、黏土罐、弓箭和篮子等物品，但不同的村子生产不同的东西，彼此互通有无。宴会上宾主尽欢还可能导致最重要的交换，即女人的交换。

交换女人虽然能缓和雅诺马马人个人之间和村子之间的凶猛好斗，但并不能避免暴力行为的爆发。男人经常企图引诱别人的妻妾，这就引发了村内的暴力，可能会造成一群人离开村子自立，与原来的村子为敌。两个村子间如果一直互相交换女人，较大的村子可能会对较小的村子多要少给。如果一个女人被丈夫虐待太甚，她娘家村子的亲戚可能会要求把她放回来。

在这类情况下，“凶猛的人”就转向暴力。雅诺马马人的暴力通常采取程式化的形式。普遍认为，原始人之间的战斗基本上是程式性的，虽然这种意见不无道理，但需对其做出仔细的界定。无论如何，雅诺马马人之间的暴力的确是按照精心计算的程度逐步升级的；第一级是拳击胸口的对决，下一级是棍棒打斗，然后是使用投枪的攻击，最后是村子间的突袭战。

拳击胸口的对决通常发生在村子间的宴会上，“总是发生在不同村子的成员之间，起因或者是一方嘲笑另一方胆小，或者是一方对货物、食物或女人的贸易提出了过分的要求。”[31] 程序一成不变：宴会上的人先服下致幻药品，好培养战斗情绪，然后，一个人站出来，挺起胸膛。对方村子的代表接受挑战，走上前来抓住他，重重地一拳打在他的胸口。被打的人通常不还手，因为要表现自己的硬气，可能被打了 4 拳以后才要求还手。双方就这么你一轮我一轮地打下去，直到一方败倒为止；如双方都疼得打不下去了，就改为互打两胁，那样通常很快就能分出胜负；因为很容易就能把人打得喘不上气来，谁先喘不上气谁就输了。如果对决是事先安排好的，对决结束后双方互相拥抱，一起唱歌，发誓永为朋友。

棍棒打斗通常没有事先安排，是自然发生的，比拳击胸口的对决更凶狠，但仍然是程式性的。“起因通常是通奸或怀疑通奸。”[32] 原告扛着一根 10 英尺长的竿子来到村子中心——可能就是他自己的村子——对犯事人大声辱骂。如果被骂的人接受他的挑战，他就把扛着的竿子埋在地里，自己背靠竿子，等待对方打他的脑袋。他只要挨了一下打，就可以还击了。这样的打斗很快就能见血，一旦见血，单打独斗就变成了群殴混战，双方助威的人都挥舞着棍棒参战。这样的打斗真有可能造成死伤，因为挑战者的棍棒头是削尖了的——说明他不是闹着玩儿的——可能会把人扎个对穿。到这个时候，村里的族长就拿着弓来干预了，威胁说谁要是不住手就给他一箭。不过，有时在这样的打斗中会有人因伤而亡，那么伤人的人必须逃去另一个村子；如果打斗是在两村之间进行的，攻击的一方就会撤退。但两种情况都会引发突袭战。

沙尼翁认为突袭就是雅诺马马人的“战争”，但又描述了处于突袭和拳击胸口对决之间的一个阶段——投枪战。他住在雅诺马马人中间做田野考察期间只发生过一次投枪战。一个小村子族长的妹妹被丈夫虐待得太惨了，于是族长把她接了回来，可是在和她夫家人的棍棒战中被打败了。小村子遂和别人结盟，联手向对方发起攻击。他们投掷出“一阵投枪雨”，成功地把那个大村子的人赶出了他们的家，还跟在逃跑的人后面紧紧追击。可是大村子的人卷土重来，这次轮到攻击者转身逃跑，跑了几英里后发生了第二次标枪战。“在似乎就要战得性起的时候”，双方都偃旗息鼓，就此罢战。战斗中有几个人受了伤，一个人后来因伤势过重死去。

那两个村子后来都互相突袭过对方。沙尼翁认为突袭比投枪战更接近战争，因为雅诺马马人突袭的目的就是杀人，至于如何杀，有时甚至连杀什么人，他们都不在乎。典型的做法是埋伏在作为突袭目标的村子外面等待毫无防范的受害者出现，他可能“正在洗澡、打水或如厕”。突袭者杀死受害人后就跑。逃跑组织得非常严密，有一层层的后卫；这样做很有必要，因为突袭会引起对方的突袭。这种互相突袭的格式有可能导致沙尼翁心目中最终的敌对行为——欺骗性的宴会：交战双方中的一个村子说服第三个村子邀请另一方赴宴，然后在宴会期间发动突袭。大开杀戒后，将被杀者的女人作为战利品分配给胜利者。

沙尼翁把雅诺马马人的作战方式解释为对周围环境的文化层面的反应。他说，雅诺马马人作战绝不是为了争夺土地，因为作战获胜的村子从不占领失败方的地盘；他们作战的目的是要强调他所谓的“主权”，其衡量的标准是一个村子是否有能力防止另一个村子抢走本村的女人或确立以有利条件获得女人的权力。所以他们才要显示“凶狠”，目的是未雨绸缪，威慑打算诱拐女人、偷走妻子或发动突袭的人。

雅诺马马人对非雅诺马马人的邻居却是另一种行为，近几年来，他们成功地扩张了本族地盘，几乎灭绝了一个部落。这种对他人名副其实的凶狠来自雅诺马马人的一个信念，认为“他们是地球上最早、最好、最出色的人”，所有其他人都不如他们纯种优良。[33]“敌人”基本上指与本族没有婚姻联系的人，因为雅诺马马人虽然只要足够“凶狠”就能抢到很多女人，但还是遵守预防乱伦的亲族规则。然而，亲族关系并不是特别强大，有亲族关系的群体之间照样经常打仗。沙尼翁提出，他们打仗是为了抢夺女人。原始人杀死女婴是家常便饭，而雅诺马马人杀死女婴则是为增加“凶狠”的男性的数量，好抢夺女人，就这样周而复始，永无停歇。

沙尼翁自从初次接触雅诺马马人之后，对他们战争的功能的看法发生了改变。现在，他倾向于视其为——用新达尔文主义的词语来说——“为成功繁殖而做的选择”：杀人越多，能抢到的女人就越多，自己的后代也就越多。[34]但是，客观地看，似乎所有理论都能在他的叙述中找到依据。战争无疑起了控制人口的作用：他研究的三个有婚姻关系的群体中，死去的男性有 24%是战死的；这符合生态学家的理论。亲族关系的相对薄弱在结构主义者眼中具有重要意义，他们可以说，战争是由于没有礼尚往来。结构功能主义者会认为战争和利用神话来支持战争的做法证明了雅诺马马人的文化是对他们周围环境的完美适应。行为学家则可把“凶狠”作为证据来支持他们的观点，即人内心有暴力的冲动，需不断寻找发泄的机会。

军事历史学家最感兴趣的是雅诺马马人战斗的外部因素。他们抓住一个观察到的事实，即人会感到畏惧，这种畏惧随着武器致命性的提高而增加；以此为出发点，他们会强调雅诺马马人战斗时精心安排的程式，可能会把沙尼翁排列的冲突等级颠倒过来。客观地看，沙尼翁眼中代表战争最高级表现的“突袭”和“欺骗性宴会”若是发生在有公法管理的社会中，不过是谋杀的行为。另一方面，拳击胸口的对决、棍棒打斗和投枪战更接近程式化的冲突，它们的规则反映出对所涉危险的理解：首先是只让少数对决的人遭遇受伤的可能；其次是明白如果不限制对武器的选择，打斗可能迅速升级为大规模暴力，所以才规定，除挑战者外，他人不得使用尖头木棒，也知道如果在近距离使用投枪这类致命性武器，同样会引发混战。

简言之，雅诺马马人似乎本能地明白克劳塞维茨的意思，甚至更进了一步。有亲族关系的群体如果愿意，可能会发动决战来一劳永逸地确定享受“主权”的等级制。然而，这样做有一个危险：一旦他们“实际的”，也就是程式性的战争升级为“真正的”战争，他们就可能遭遇灭顶之灾。为了谨慎起见，他们采用了局部打斗的格式；大部分打斗都是程式性的，有些人会在打斗中丧命，但多数人可以活下来，哪怕只是为了接着打下去。

马林人

人种学家关于原始社会的所有发现中，最令军事历史学家感兴趣的莫过于程式性战斗，一个重要的原因是我们所了解的“文明的”战争中也明显可见程式的痕迹。然而，对程式性战斗的描写通常都太过笼统，潜台词似乎是说程式的力量十分强大，结果把战斗变成了无害的游戏。下面引用的这一段是一位文献学家对原始战争的描述，他的描述反映了多种多样的群体状况，但主要是以新几内亚山民的战争为基础的：

> 对阵战……有 200 ~ 2000 人参加，战场是事先定好的，在交战双方边界的一块荒地上。两军各由来自几个结盟村子的武士组成，通常彼此因婚姻的缘故有亲戚关系。尽管参战的武士人数众多，但几乎没有什么军事行动，只是进行了几十场个人间的对决。每个武士都对对手大声辱骂，并向他投掷投枪或发射箭矢。避开箭矢的敏捷身手引起一片喝彩，年轻的武士趾高气扬地在阵前昂首阔步。女人常常前来观战，还唱歌或为她们的男人加油。女人还把敌人射过来的箭捡起来，交给丈夫，好让他们再射向敌人。人口较为稠密的先进部落经常会进行这样的对阵战。比如，亚马孙河流域没有这样的战争，但在人口密度比它高 10 倍的新几内亚高地，这种战争却是司空见惯……尽管参加对阵战的武士阵容强大，但是基本上没有人死亡。由于两军相隔很远，原始武器又效率低下，再加上年轻武士动作灵活，可以轻易地躲避箭矢，所以很少有一击而中的情况。如果有人受了重伤或被杀死了，通常那天就休战。[35]

这段描述的某些内容是没有争议的，比如，在出现密集队形和标准化武器之前，所有战斗都是个人之间的对决；死伤率低的确是程式化战斗的一个特点；实例说明，即使是“文明的”战争通常也会以熟悉的地方作为战场，哪怕只是因为地理条件有限，很难找到能摆下双方大军的宽阔地方。尽管如此，这段描述仍是理想化的想象，原始的雅诺马马人的战争残酷的一面就是证明。它提供了一个极佳的范例，可用来对比一下公众对程式化作战的印象和它其实更为复杂的现实。

安德鲁·瓦伊达（Andrew Vayda）在 1962—1963 年间和 1966 年对马林人做了实地研究，马林人当时大约有 7000 人，生活在新几内亚中部横跨俾斯麦山脉林木繁茂的山脊上一块 190 平方英里的地区。他们以在森林“园地”里种薯类为生，为使土地休耕经常迁移，另外还养猪、打猎、采集野果，过着典型的“刀耕火种”的生活。人口密度相当高，每平方英里 100 多人——比雅诺马马人高多了。他们的社会单位是家族群（cluster of clans），据说成员都是同一个祖先的后裔，妻子则是从外面来的。家族群的大小在 200 ~ 850 人之间，每个家族群在从集水区分出来的一条河流沿岸处占有一块种植区。边界地带人口较稀，有些家族的土地上有原始森林，里面是未开垦的土地，因此比较幸运。山下土壤贫瘠，只有到接近海岸的地方，人口才又趋稠密，但那些人讲的是完全不同的语言。在 20 世纪 40 年代以前，马林人没有金属，他们最好的工具和武器都是石头做的。[36]

然而，马林人的物质文化比雅诺马马人高级，这反映在他们战争的性质上。除了木制的弓箭和投枪外，他们还有用磨光的石头制成的斧头和木制大盾牌。他们用这些武器作战，战争有仔细规定的不同阶段，马林人对此都非常清楚。他们把第一阶段称为“小事”战斗，第二阶段称为“真的”战斗，第三和第四阶段各自称为“突袭”和“群战”，但并不一定代表着战斗逐渐升级。

按照瓦伊达的描述，“小事”战斗最接近普遍认为是典型原始战争的无害的程式性战斗。

> 在这样的战斗中，武士们每天早上从家中来到交战双方土地边界上事先定好的战场。对阵双方的距离要近到弓箭可以射到的程度。战士们带着一人高、约 2.5 英尺宽的木制盾牌做保护。有时，他们把盾牌立在地上，从后面跳出来向敌人射箭，然后马上躲回盾牌后面。有些人从盾牌后冲出来向敌人挑衅，引得敌人向自己射箭，以显示自己的勇敢。每天的战斗结束后，大家各回各家。虽然这类小型的弓箭战有时能持续几天，甚至几星期的时间，但很少造成死亡或重伤。[37]

“真的”战斗在战术和使用的武器上都与“小事”战斗不同。战场上用的是斧头和投枪，两军接近到武器可以够得着的距离。后方的弓箭手不断放箭，前线的战士手持盾牌互相格斗，偶尔会和弓箭手换位休息一下；如果有哪个战士没有力气了，也可以到一边去歇一会儿。有时，前线作战的某人可能会被射出的箭或投掷的投枪打倒；在这种情况下，如果敌人及时发起冲锋，这个人就可能死于敌人的斧头或投枪之下。然而，伤亡仍然较为罕见，战斗会拖好几天。

> 每天早上，如果需要打仗，强壮的男人……在村子附近集合，然后一起前往战场去打仗，女人则留在家里做日常的园地劳动和家务事。在战争期间，男人并不每天都作战。下雨的时

> 候，双方都待在家里；有时双方同意停战一天，好重新给盾牌涂颜料，举行伤亡人员需要的仪式，或干脆在家休息。有时停战期可长达三个星期，其间双方暂停作战，男人好腾出空来开垦新园地。[38]

这些对现代人来说难以理解的程式其实与特洛伊城墙下的战斗大同小异。但有时作战双方互相射过最后一轮箭后，战争就虎头蛇尾地结束了。然而，如果来自一个家族群的作战方一心要杀死另一个家族群的人或毁坏他们的居住区，那么战争就可能进入更血腥的“群战”阶段。在战争升级的层次上，“突袭”虽然意在杀人，但范围有限，所以似乎应与“真的”战斗同级。群战则是由“真的”战斗引发，会造成大批人员死亡，不只是男人，也包括女人和孩子，失败者只能仓皇逃离家园。

瓦伊达尽力对马林人的战争做了必要的详细解释。他说，在一段和平时期内，一些恶行和劣迹积累到一定程度，需要算账的时候，就会爆发“小事”战。要报复的行为可能只是出言不逊，也可能是谋杀这样的严重罪行，还包括这两极之间的强奸、劫持，或怀疑施用魔法等一系列行为。“小事”战的目的有两个，一是试探对方的军事力量，二是为了谈判。战斗中，调解人在一旁大声呼喊，要求双方握手言和。调解人常常是交战一方的盟友，每当要打仗时，都要寻求这样的盟友。调解人提供中立的意见，但也证明一方有额外的力量，特别是当对方坚持进行“真的”战斗的时候。

打过“真的”战斗后，双方通常维持各不相让的僵持局面；“突袭”也可能产生同样的结果。然而，“群战”却一般会造成战败方逃离家园，他们的房屋和园地被毁。因此，它是关于谁更强大、谁能侵占邻居土地的终极考验，这在一个缺少土地的社会中是十分重要的标准。这么看来，马林人的作战动机是“生态性”的——战斗的结果是土地从弱者向强者手中的再分配。但瓦伊达指出，马林人的战争也具有与此相矛盾的重要特点。一个是胜利的一方很少占领失败方的全部，甚至是部分的土地，因为害怕遗留在那里的邪恶魔法会带来危险。另一个是作战的时机总是和一个家族群准备祭祀祖先，请求祖先保佑他们作战胜利的时间相吻合。

在这样的祭祀中，要杀死并吃掉与家族群人员的数目同样多的成年猪。养大这么多猪需要大约 10 年的时间，所以战斗也只是大约每 10 年才爆发一次；奇怪的是，只有到 10 年期快结束的时候，邻近的家族群才开始做出会引发战争的彼此冒犯和彼此伤害的行为。如果没有用祭品来祭祀祖先的魂灵就贸然打仗，一定必败无疑；另一方面，养很多猪却没有借口吃掉它们，那养猪就失去了意义。瓦伊达注意到，在马林人上次长期作战期间，他们的人口密度其实正在下降，这就对他自己提出的马林人打仗是因为缺少土地的解释提出了质疑。也许他们打仗仅仅是出于习惯，甚至只是为了好玩，而不是为了人类学理论能够提出的任何原因。

当然，说战争是好玩儿很容易流于浅薄。然而，研究骑兵的历史学家就非常重视作战中的“玩耍”因素，因为回顾历史，任何对于战斗“起源”的探寻都不可避免地带我们回到人作为狩猎者的早期生活中去。作为运动的狩猎所使用的武器，以及游戏玩耍用的玩具都来源于靠打猎维生者所用的工具。人开始从事农业活动以后，哪怕是最粗放的农业，都可以不必再每天为糊口而追踪和杀死动物。

在此情况下，早期文化中的狩猎、运动、游戏，甚至战争就必定在心理上取得了同等的意义；在我们今天的文化中，前三项仍然有着同等的心理意义。从这个角度来看，再考虑到他们所掌握的武器，马林人的战争具有强烈的游戏或玩乐的因素也就不足为奇了。一群人挥舞着木头投枪和石斧与另一群人对打，至于他们的武器仅仅是使别人受伤还是真的能置人于死地，关键不在于那些武器固有的致命性，而在于作战者的意图。马林人的战争值得我们注意的不是它的“原始”，而是它的先进。在一个没有审美方面成就的社会中，战争在个人层面上一定大大满足了个人对自我表现、自我展示和竞争的需求，甚至可以说它使人的侵略性得以“发泄”——如果我们接受那种理论的话。在群体层面上，战争是一个媒介，可借以向敌方表示己方对违背睦邻关系行为的严重不满，并警告敌方，如果认识不到己方在力量上的优势将会给他们带来何等不利的后果；这种力量的优势一开始就象征性地展示出来，意图不在升级冲突，而在外交谈判。

军事历史学家最感兴趣的一定是马林人的武器的特点。用特尼-海伊一针见血的话说，被人“分了类，（但）不被理解”的石斧和骨制的箭头显示了人类残忍血腥的过去。现代人看到一块块经过巧妙凿削的燧石，脑海中马上就浮现出破裂的颅骨和砸碎的脊椎的画面。很可能我们的史前祖先确实不顾自己的生命安全，给敌人造成了这样的伤害。然而，我们对马林人的了解显示，使用石器时代武器的人不一定对自己的生存毫不关心。只有近距离使用才能致命的武器并不因此迫使使用它们的人一定要近距离作战，就此妄下结论等于对人的行为采取“技术决定论”的看法，而马林人采用的谨慎、小心、拖延的战术证明这种看法是错误的。如果马林人表现出不愿意进行决战，如果他们表现出他们不认为打仗的目的一定是要在战场上取得明确的胜利，那么就可以设想，处于类似物质文化水平的其他民族也有同样的想法。我们在继续思考史前时期的人如何使用木制、石制和骨制的武器时，应当铭记这一点。

毛利人

把研究战争的目光从居于新几内亚山地、社会组织十分简单的人群转向波利尼西亚人在南太平洋星罗棋布的岛屿中最大聚居地的中心——新西兰岛上等级分明、由神权统治的酋长国，这是迈出的一大步，不仅跨越了时间和文化，而且跨越了人类学家之间意见的鸿沟。他们存在深刻分歧的问题是：从原始向现代演进应经过哪些阶段。

经典人类学的观点是，史前人类社会的演变历经群体、部落、酋长制和早期国家这几个阶段。根据这样的分类，群体的定义是一小组人。成员们知道，或至少相信，他们彼此有血缘关系。这是生活在父权统治下，胆小羞怯的狩猎者或采集者的典型的社会组织形式，南非的布须曼人就属于这一种。部落成员通常相信他们共有一个祖先，彼此之间主要靠语言和文化联系在一起，不一定接受某人做领导，虽然可能对父系或母系的权威有一定的承认，通常还有神话作为支撑；按照人类学理论，部落倾向于平等主义。[39] 但酋长制是分等级的，通常是神权性质的；创始人据说是神的后裔，社会成员按照与他的血缘关系的远近分为三六九等。今天世界上大多数人民所属的国家据说都是从酋长制发展而来的。人类学家使用马克斯·韦伯著名的分类法，以合法性的依据来区分酋长制和国家，前者的合法性依靠“传统的”（少数情况中是“魅力的”）规范，后者依靠“法理的”规范。[40]

对外行人来说，最近出现了一个好消息：有些人类学家采用了一种更简单的分类法，只把前国家的社会分为“平等型”和“等级型”两种。[41] 这一改变尚未得到普遍接受。它之所以出现，是因为人种学家发现，他们在世界的一些偏远地方，如山区、森林、沙漠和半沙漠区，找到的组织简单的社会是由逃离强邻压迫的难民所组成的；逃难、分散、经济困苦和颠沛流离使得他们的神话和权威系统力量减弱，因而造成社会结构的退化。有些人坚信，国家出现前的社会是由人们根据自己的文化建立起来的，或者是为适应周围环境而形成的。对于他们来说，这种解释听起来很不顺耳，但他们的那种人类学理论已逐渐没落。[42] 不过，别的人也觉得这种解释难以接受，因为它高度强调战争的作用，特别是把战争的动机严格归纳为争夺稀少的资源。[43]

马林人的社会与国家没有丝毫相似之处（有些人认为雅诺马马人的社会是可遇而不可求的纯粹的原生态），但新西兰毛利人的社会却和国家十分接近，如果只看他们建设大型公共工程和进行远距离大规模作战能力的话。毛利人肯定不缺食物，尽管他们在新西兰定居的前 600~800 年中就灭绝了 18 种鸟类，包括恐鸟这种无翼大鸟。[44] 另一方面，造成岛屿间移民的主要原因是人口密度的逐渐增加；当扩大生产、杀婴、“旅行”和战争都无法减轻人口压力的时候，就会导致整群人被逐。公元 800 年左右来到新西兰的波利尼西亚人可能是像北欧海盗那样的“航海者”，是敢于冒险的年轻男子，像挪威航海探险家莱夫·埃里克松（Leif Ericksson）那样没有土地，向南方寻求自己的文兰[1]；也可能是被原来岛上的某个酋长打败的散兵游勇；也可能是被抛弃的人，误打误撞，幸运地来到新西兰。[45]无论他们是怎么来的，他们都带来了波利尼西亚人的生活方式以及他们的制度、神话中从天神传下来的酋长制、社会等级和军事技能。他们还带来了岛屿生活的用品，包括木制的武器；他们的长矛和棍棒边缘镶着磨利的贝壳、珊瑚、骨头或石片，足以致命。毛利人使用这样的武器，在新西兰宽阔的北岛和南岛上进行的战争与铁器时代，甚至火药时代的国家统治者进行的战争相差无几。

波利尼西亚酋长的权力有两个来源：一个是他的神力，即他作为祭司在人和神之间保持沟通的职责；一个是禁忌，即他把大地果实的一部分和神给予的水用于祭神的权力。祭神的方式可能是举行仪式性的宴会，也可能是呈献祭品，还可能是建造寺庙，但都必定需要向人民征税，还经常要人民出劳役。在比较简单、更加平等的社会中，酋长的职责本来只是给人治病、出主意、做领导，但一旦涉及祭神和征税，酋长就可以要求增加权力，甚至迫使大家接受他权力的扩张。岛上的人口增多后，需要扩大生产，波利尼西亚酋长因此而有权要求大家共同劳动来种田、捕鱼，甚至修建灌溉工程。如果人口压力导致了战争，酋长的权力就进一步加大，如果他享有勇士的名声，别人就更是只能听从他的指挥。[46]

根据一种可信的说法，新西兰毛利人的酋长制社会发现，为了减轻人口压力，通过打仗抢夺邻居的土地要比砍伐原始森林更容易。

---

[1] 文兰（Vinland），北欧维京人对埃里克松在公元1000年左右发现的北美大陆的一部分的称呼。——译者注

当欧洲人在19世纪40年代到达新西兰时，那里的原始森林还基本上原封未动。酋长可以发动战争，因为他能要求手下的人参战，能提供作战需要的物资，能调动像独木舟船队这样的长途运输工具。如果他们会要政治手腕，还能动员起群众对敌人的仇恨。

毛利人的战争格式千篇一律。战争的起因总是为了复仇，有时派突袭队杀死敌方的一个人就心满意足，有时这还不够。毛利人打起仗来可以非常残酷。先召开一次大会，“激烈控诉敌人的罪行”，唱战歌，展示武器，然后就出发去打仗。如果在开阔地上和敌人遭遇，成功地冲乱了敌人的队列，接下来的混战是十分可怕的：

> 这些跑得飞快的战士只有一个目的……就是不停地往前追，对一个敌人只打一下，把他打倒，好让后面的人追上结果了他。在敌人溃败的时候，一个跑得快的强壮战士经常可以用轻矛把十来个人刺成重伤，以确保他们会被后面的人追上杀死。[47]

若非有两方面的限制，毛利人的这种战术很可能把他们自己杀绝了种。在物质方面，毛利人的战斗转向了对碉堡的攻防。毛利人总数在10万~30万之间，分为40个部落。目前至少发现了4000座毛利人的碉堡，这些坚固而众多的碉堡证明了部落酋长有权力组织集体劳动，也显示了他们的文化在政治上是多么发达。在军事上，碉堡使得毛利人幸免了他们之间的战争可能产生的最坏结果。这些碉堡通常建在山顶，带有很大的储粮库，哪怕地里的庄稼被敌人抢了，人们也能活下来。碉堡还有坚固的栅栏和深壕高墙。既然毛利人显然没有打围城战的装备，所以只要坚守碉堡，即可将来犯的敌人挡在外面，直到他们的作战物资耗竭。[48]

毛利人战争的另一个限制是文化方面的——他们的战争目的极为简单。人类学家认为，毛利人打仗的目的是强者吞并弱者的土地。但他们会把打死的敌人吃掉（留着首级做战利品）。这样，人种学对毛利人研究的这一发现和人类学家关于他们行为深层次目的的结论之间就出现了分歧，这一分歧是学术界争论得最激烈的问题之一。对军事历史学家来说，毛利人的军事文化显然是复仇文化。男孩子从小受的教育就是绝不能原谅别人对自己的侮辱，对抢劫或谋杀这样的行为更是要以牙还牙。毛利人记起仇来有时可以记好几代，只有当把敌人杀死，把他的身体吃掉，首级挂在村子碉堡的栅栏上以示侮辱，才算是报了仇。这种复仇战不是一命偿一命，哪怕报复时杀死的敌人不如过去己方被他们杀的人多，但只要吃掉敌人，把他或他们的首级割下，宿仇就得报了。[49]

这又是一个例子，说明哪怕是最野蛮的文化道德规范都可能产生限制战士彼此伤害的矛盾效果。文化方面的限制再加上碉堡提供的物质方面的保护，产生的最终结果就是确保了毛利人的酋长制社会没有为了征服全岛而发明出比棍棒和长矛更先进的武器。火枪到来后，几个毛利人的酋长制社会以惊人的速度迅即发展为国家，但那是另一回事了。与此同时，在哥伦布到达之前的美洲，有一个比毛利人的社会发达且复杂得多的社会，它发动克劳塞维茨式决战的可能性大得多，但它的文化道德规范以更加引人注意的方式限制了这种可能性。

阿兹特克人

在哥伦布到达之前的北美洲和中美洲，有些民族的战争其残酷程度在世界上无与伦比。特尼-海伊认为，南太平洋的美拉尼西亚人在“简单残酷”方面居于首位，但没有证据支持或反驳此一观点；他还认为南美洲的一些民族是吃人肉吃得最多的（他是早期提出吃人肉是缺乏蛋白质所致这一理论的人，这一论点后来得到了很多人的支持，但现在支持开始减弱）。[50]然而，他们都不像一些大平原印第安人和阿兹特克人那样，先对俘虏施加仪式性的酷刑，之后可能还会把他们吃掉。特尼-海伊叙述道：

> 波尼人的斯基迪（Skidi Pawnee）部落每次突袭时都争取抓住敌方的一个美貌女子，然后把这个姑娘交给地位很高的一家波尼人收养。她惊讶地发现那家对她比对自己的女儿照顾得还精心。她成了受尽宠爱的心肝宝贝。然而，一天深夜，她忽然被粗暴地抓起来，剥光衣服，有半边身子从头到脚被木炭涂黑。这样，她变成了日夜交接的象征。然后，她被吊在两根木柱之间……就在神圣的启明星升起的时刻，她的养父必须用箭射穿她的心脏。然后轮到祭司射箭。到仪式完成时，她的尸体已经被射得千疮百孔。这种祈仰启明星的仪式对波尼人的福祉至关重要，能保佑他们诸事成功，尤其是农业。[51]

接触过休伦人的一位耶稣会传教士描述了1637年他见到的一次更令人毛骨悚然的杀人仪式，是休伦人对他们抓到的一个塞内卡俘虏施行的。这个俘虏本来也该由一个酋长收养，但因为他带着伤，所以被拒绝了。酋长把他判处火刑后带到议事厅，抓住他的人们大吃大喝完毕，就开始了一整夜对他的折磨。休伦人的酋长命令他唱他自己部落的战歌，同时宣布将如何分配他的尸体，然后，“他开始围着火一圈一圈地跑，所有人都在他经过自己身边时（用燃烧的木条）烧他，他的惨号简直不像是人的声音，整个屋子都充满了他的惨叫和别人的呼喊。有些人用火烧他，有些人抓住他的手把他的手指掰断，还有人把小棍捅进他的耳朵”。但是，当他昏倒后，他被“温柔地唤醒”，折磨他的人给他吃东西，像对亲人一样对他说话，而他对这些烧焦了他皮肉的人也以同样的语气回答，并一直“喘着气断断续续地唱着他的战歌”。到拂晓时分，他尚有神智的时候，他们把他带到外面，捆在柱子上，用烧红的斧头烙他，直到他死去。然后，他的尸体被切开，按酋长宣布的分配办法分给众人。[52]

有报告说，在阿尔及利亚战争中，法国伞兵对俘虏的穆斯林士兵拷打逼供后，会轻轻地拍他，安慰他，但这种行为与休伦人的仪式不可相提并论。法国伞兵的拷打有实际目的，但休伦人和他们的俘虏是彼此心领神会的同伴，他们共同履行的惨烈仪式是不了解他们神话系统的人所完全无法理解的。那个塞内卡人被折磨至死的那天夜里的种种可怕的行为在文化历史学家因加·克伦迪农（Inga Clendi-nnen）的一本书的序言中又被提及。她那部杰出的著作重现了墨西哥中部阿兹特克人的道德规范。对阿兹特克人来说，用人做祭品是出于宗教必需，战争是获得活人祭品的主要手段。战争的俘虏，像那位勇敢的塞内卡人一样，虽然死前要经受长时间难熬的痛苦，但他们自己虔诚地相信那种仪式。阿兹特克人是勇猛异常的武

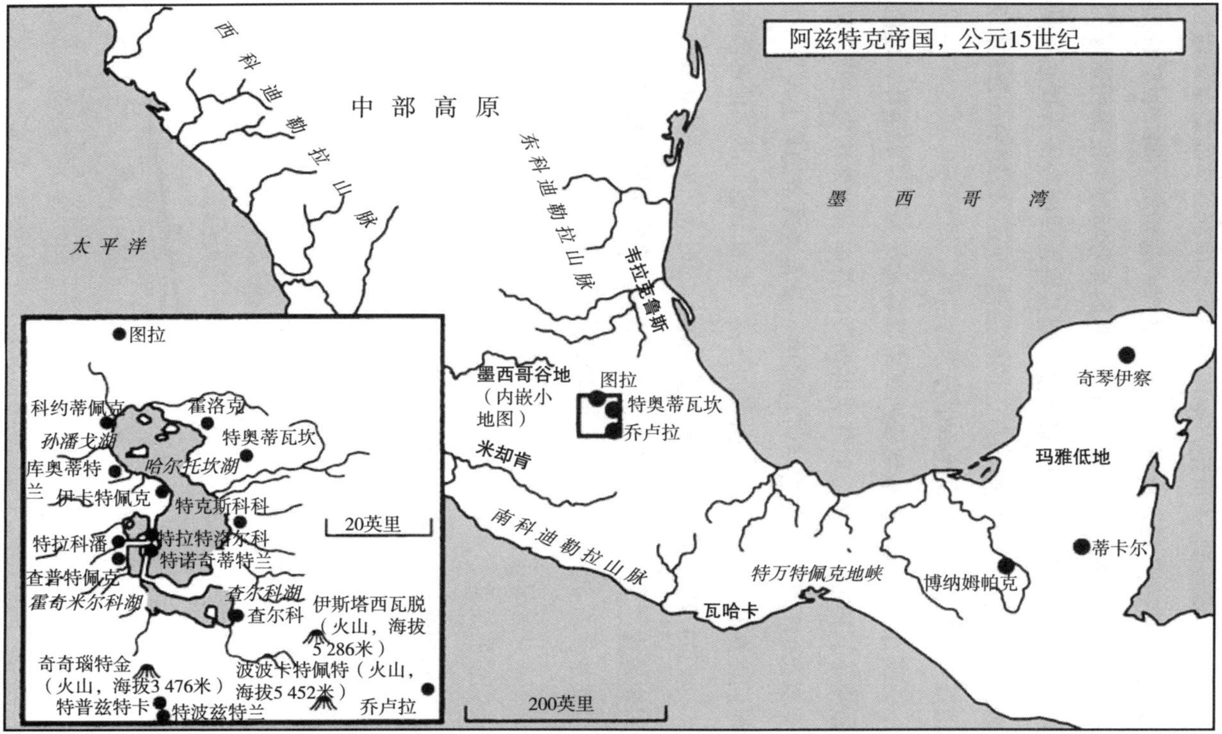
阿兹特克帝国，公元15世纪
西科迪勒拉山脉
中部高原
东科迪勒拉山脉
墨西哥湾
太平洋
韦拉克鲁斯
墨西哥谷地
（内嵌小
地图）
图拉
特奥蒂瓦坎
乔卢拉
米却肯
南科迪勒拉山脉
瓦哈卡
特万特佩克地峡
博纳姆帕克
玛雅低地
奇琴伊察
蒂卡尔
200英里
图拉
科约蒂佩克
霍洛克
孙潘戈湖
特奥蒂瓦坎
库奥蒂特
兰
哈尔托坎湖
伊卡特佩克
特克斯科科
20英里
特拉科潘
特拉特洛尔科
特诺奇蒂特兰
查普特佩克
查尔科湖
霍奇米尔科湖
查尔科
伊斯塔西瓦脱
（火山，海拔
5 286米）
奇奇瑙特金
（火山，海拔3 476米）
波波卡特佩特（火山，
海拔5 452米）
特普兹特卡
特波兹特兰
乔卢拉

士，从13世纪到16世纪，他们是墨西哥中部谷地的霸主，建立了在出现文字和金属之前所有文化中最辉煌的物质文明；目眩神迷的西班牙征服者报告说，阿兹特克文明的光彩超过了祖国西班牙的文明。然而，对军事历史学家来说，阿兹特克文明令人着迷之处是阿兹特克人通过宗教信仰给自己的作战能力设立的异乎寻常的限制，以及宗教信仰对战士在战争中行为的制约。

阿兹特克人起初来到墨西哥中部谷地是为了寻求生计，地位比较卑下。他们先是靠勇敢善战得到当时谷中三大部落之一的特帕尼克部落的重用，又在特斯科科湖中一个人迹未至的岛上定居下来。他们逐渐壮大，成了一个强大的部落。臣服于他们的其他部落被纳入他们的帝国，敢于抵抗者则受到他们的讨伐。阿兹特克人的军队组织极为严密，装备也极为精良，这是高度官僚化文化的特点；战士通常分为8000人一队，帝国修造有若干条彼此平行、宽阔平坦的道路，几队战士可以沿这些道路以每天12英里的速度同时行军，战士们带的给养够8天作战之用。[53]

阿兹特克人有克劳塞维茨意义上的“战略”。R. 哈辛（R. Hassing）写道：

> （他们开始打仗时）先是炫耀武力，双方派出同等数量的战士近身格斗，以显示高超的武艺。如果这不足以吓退对方，使其投降的话，战斗的激烈程度就开始增加。更多的人投入战斗，武器的使用也有所升级……比如开始使用弓箭……这样的战斗持续不断，把危险的敌军拖住，使他们动弹不得，逐渐消耗他们的人数，而人数更多的阿兹特克军队最终一定能打赢。同时，

> 阿兹特克人在别的地方得以继续前进……逐渐把敌人包围起来，直到切断他们获得外部支持的渠道，彻底打败敌人。[54]

克伦迪农对阿兹特克人战争的描述却复杂得多。阿兹特克人的社会等级森严——用人类学的术语来说是“分级的”。分级不是简单地按年龄大小，而是按地位高低。最下面的是不幸落到经济结构底层的奴隶；奴隶上面是平民，包括普通的务农者、工匠和城乡商人；再上面是贵族；贵族以上是祭司；最顶层是国王。然而，所有男性生来都有可能做武士，都要去他们所属城区的训练学校受训，这种学校叫作卡尔普利（calpulli），是半俱乐部、半修道院、半行会性质的组织；谁都有机会在受训中脱颖而出，获得高级武士的地位。有几个受训生最后能升为祭司；大多数人毕业后就进入日常生活的各种行业，不过一旦发生战争，他们仍然有义务参战；少数来自军功卓著的显贵家庭的孩子则注定要继承家族的从军传统。国王是从战争领导人之中选出来的。

然而，国王不是武士，也不是祭司。祭司是他身边的谋士，也管理着他每日那些令人毛骨悚然的例行活动。但国王也不是神，虽然人们相信他具有一定的神力。他即位时，献给他的赞词让人不寒而栗，称他为“我们的主人、我们的行刑人、我们的敌人”；这是关于他对子民权力的准确写照，他的子民中有些买来的婴儿或奴隶注定要成为他主持的仪式上血淋淋的祭品。[55]对国王身份最恰当的定位是：他是为诸神所用的凡人，必须向诸神献上血淋淋的祭品以换取诸神慈悲地掌控万物的节奏，尤其是每天太阳的升起，那是决定阿兹特克人生存下去的关键。然而，仅靠阿兹特克人自己无法提供足够的达到祭祀要求的活人祭品，必须通过打仗去抢夺活人祭品。

阿兹特克人战争的重点是对阵战，两军之间距离很近。但是，他们的战斗在我们看来非常奇怪，因为战斗的形式高度程式化，双方都接受战斗的守则。阿兹特克人能制作精美的黄金制品，但没有铁或青铜。他们作战时使用弓箭、投枪和能把投枪投得更远的名为阿特拉特尔（atlatl）的杠杆。最受欢迎的武器是木剑，剑刃上镶有黑曜石片或燧石片，能使人受伤，但不会致命。武士身穿用棉花缝制、可以挡箭的“铠甲”（后来西班牙人和阿兹特克人作战时也采用了棉花“铠甲”，因为他们发现他们的铁制护心甲在墨西哥不仅穿着太热，而且没有必要），手持圆形小盾牌；目的是靠近敌人，从盾牌下猛击敌人的腿，把他打倒。[56]

阿兹特克的军队和阿兹特克社会一样等级分明。大多数在战场上争抢位置的武士是刚从训练学校毕业的新生，他们分成小组来实地学习如何抓俘虏。上级命令他们听从有经验的武士的指挥，而那些有经验的武士是按照他们过去在战斗中所抓到的俘虏数目评级的，抓到了 7 个俘虏的被评为最高级。这样的武士在作战时两人一组，穿的武士服是最耀眼的；如果一对战友中有一个人战死，另一个人回头逃跑，那么逃跑的人就会被别的战友杀死。这样的武士被称为阿兹特克战争中的“狂暴者”，他们在战场上为别人树立勇敢无畏的榜样，可以允许他们粗暴无礼。而在阿兹特克人井然有序的城市生活中，对粗暴的行为举止则是绝不容忍的。

然而，“伟大的武士是孤独的猎人”，他“在战斗的烟尘和混乱中寻找与自己同级，最好是更高级的对手”（研究古典文献和中世纪著作的学者从关于英勇的、具有骑士风度的战斗中一定看得出这一道德规范的体现）。

> 他们喜欢二人对决的方式……（对决者的）目的是把对方打倒，最常用的方法是猛击对方的腿部——砍断他的腿筋，或击伤他的膝盖——以便把他扑倒在地予以制服……只需抓住俘虏的一撮头发……即可使他就范，虽然通常都用绳索把俘虏捆起来带到阵地后方去。

在阿兹特克人的战争中，抓获俘虏至关重要。如果一个人把自己抓到的俘虏送给另一个一无所获的战友，以帮助他升级，这对赠受双方而言都是死罪。[57]

战斗开始先是互相放箭，以造成混乱，使个人间的对决得以趁乱进行；战斗结束后，俘虏被带回伟大的特诺奇蒂特兰城。得胜的军队解散各干各的——优胜的武士回家养精蓄锐，准备迎接下一次恶战；中级的武士也许光荣退役，去官僚机构中任职；那些经过两三次战斗都没能抓住一个俘虏的人则被逐出武士的行列，沦为挑夫，到处找活儿，这是阿兹特克社会的最底层。对俘虏来说，他们的苦难才刚刚开始。

阿兹特克人如果作战取胜后接着进行征剿，所抓到的俘虏有可能数以千计；一次，帝国治下的瓦斯特克人（Huaxtecs）发起叛乱，叛乱平息后大约有 20 000 名俘虏被带到首都，为新建的一座金字塔神庙献祭。俘虏们被押着爬到金字塔顶，在那里他们的心会被剖出来。有的俘虏和买来的或进贡的奴隶养在一起，用于一年 4 次的重要节日的祭祀。在第一个节日——剥皮之宴（Tlacaxipeualiztli）——

上杀死的人是精心挑选出来的，他们被俘的方式和被处死的形式都必须体现阿兹特克战争的形式和理念。这种军事往来一招一式都有固定的格式。阿兹特克和邻近的部落都讲纳瓦特尔语，他们之间的“花之战”，或称“花一样的战斗”，专门就是为了抓获最高武士阶级的成员，因为只有他们才配做祭品。战斗是事先安排好的，俘虏的命运也早已注定。[58]

每个武士训练学校抓到的俘虏中，每400人中可能有一个被选中“剥皮”。在处死他之前的准备时期，他被奉为贵宾，“俘获他的人和热心追随俘获者的年轻人经常来看望他，给他戴上各种装饰，欣赏他的样子”，不过也“嘲笑”他，提醒他别忘了自己的可怕命运。节日那天到来时，祭司们前呼后拥地用绳子牵着他来到行刑石前，给他配戴武器，让他准备好经受死前的折磨；这块石头安在一个高出地面的平台上，以便公众围观。[59]他站在石头上，围攻他的4个武士在石头下，所以他在高度上占有优势；他有4个投掷用的棍子，用来投打攻击他的人，主要武器不过是一把武士剑，剑刃处镶的不是燧石片，而是羽毛。

> 受害者站在高出对手的地方，不再受战场上禁止杀人的规矩的约束，能够随心所欲地挥舞沉重的棍子击打对手的头。在（阿兹特克）武士这一边，他们的目标简直太容易到手了。他们可以像在战场上一样，用木剑往受害者的膝盖或脚踝处狠打一记，把他打倒。但这么一来，仪式就结束了，他们表现的机会也没有了，所以一定要忍住，不能一剑就把他撂倒。在这种观者如潮的公开场面中，他们最想做的是展示自己使用武器的高

超技巧：在精心延长的表演中，用手中木剑上镶的薄刃一点儿一点儿地轻轻割破受害者的身体，让他血流满身（这整个过程称为“剥皮”），直至受害者……因力气用尽和失血过多而倒地不起。

最后杀死他的方式是劈开他的胸膛，把仍在跳动的心脏从胸腔里扯出来。[60]

俘获他的人不参加对他的凌迟，而是在行刑石下面观看。不过，一旦受害者的头被砍掉——以后会把他的头盖骨陈列在神庙中——俘获他的人就喝掉受害人的血，把尸体带回家去。到家后，他把四肢砍下来，按祭祀的要求分给别人，把躯干的皮剥掉，然后看着他的家人吃用玉米糊做成的祭餐，上面摆着一块那死去的武士的肉，边吃边悲叹他们自己的年轻武士可能会遭到同样的命运。在这笼罩着愁云惨雾的“宴会”中，俘获受害者的人脱下他色彩斑斓的武士装，像死去的俘虏一样，用白垩涂满身体，还戴上受害者戴过的羽毛。

在等待献祭期间，俘获者把受害者称为“亲爱的儿子”，受害者也叫他“亲爱的父亲”。他还派一位“叔叔”在“剥皮”仪式期间服侍受害者。祭餐之后，俘获者又换了装。他经常穿上从死者身上剥下的皮，还把皮借给“那些请求沾些荣耀的人”穿，直到皮和上面连着的肉块腐烂糟朽。这是对“我们被剥皮的主”的最后的礼赞。那被剥皮的人在死前的 4 天中，每天都要排练一次将在行刑石上演出的仪式，每次都象征性地把他的心脏从胸膛里挖出来。在他生命的最后一夜，他和他“亲爱的父亲”一起守夜；时辰一到，被带到行刑石前；在轮到自己以前，观看排在前面的活人祭品与攻击者做必败的搏斗。

克伦迪农推测，受害者之所以能够在无以言状的痛苦中坚持战斗，是因为他相信，“如果他死得壮烈，他的名字将永世流传，他将在家乡的勇士集会厅里受到赞颂”。这与欧洲的史诗有足够的相同之处，使我们至少在心理上可以理解武士的某些行为。这方面的例子包括：奠边府被攻陷后，越盟的人要求比雅尔上校在他们的摄影机前走过，他却答道：“我宁肯死”；第二次世界大战期间，新加坡陷落后，一位在第一次世界大战中曾获得维多利亚十字勋章的澳大利亚老兵说：“我绝不投降。”他带着手榴弹孤身一人向日本军队的阵地走去，壮士一去不复返。这样的心理因素不足以解释战士在战场上作为一个群体的行为。对认为战争有物质目的，人命的损失必须与这个目的成比例的现代人来说，这种慷慨赴死的理由太过单薄。但因加·克伦迪农的意见是，阿兹特克人的战争归根结底并不涉及物质目的。阿兹特克人认为，他们是传说中墨西哥中部谷地文明的创始人托尔特克人的后裔，他们的使命是恢复托尔特克帝国的辉煌。他们达到了这个目标，但他们是在诸神的引导下做到的，而且他们需要诸神的帮助来维持帝国的辉煌；神要求他们献祭，任何有价值的东西都可以，哪怕是价值微小的东西，但神最想要的是人的生命。所以，虽然阿兹特克人努力“在附近的城镇索取……尽可能多的贡品（作为证据）证明那里的人默认……（他们）自称为托尔特克后裔的合法性”，但更为重要的是要那些人明确表现出内心对这个宣称的接受，而这种接受的外部表现就是合作履行诸神要求的血腥的祭祀仪式。阿兹特克人想要的是邻近的部落承认他们“关于他们本身和他们的命运的叙述”。[61]

他们的命运要求他们不停地取悦严厉而又嗜血的神明，这与任何现代的世界观都格格不入，所以很容易把阿兹特克人的战争视为反常的战争，与我们心目中任何理性的战略或战术系统毫无关系。然而，那是因为在我们看来，保证安全与相信上天对凡间事务的干预是两码事。阿兹特克人的看法正好相反：只有通过不停地满足神明的需要，才能使神明不致降怒于人。结果，他们的战争就受到了战争目的的限制，这个目的就是抓获俘虏，其中有些俘虏会自愿地参加对自己的谋杀仪式；一个更加引人注意的结果是，阿兹特克人最好的武器是为了伤人而非杀人所设计的。

关于对阿兹特克人战争的叙述要加一点重要的说明：它只叙述了阿兹特克人力量巅峰时期的战争情况，没有介绍他们在达到这一地位之前的作战方式。那时他们很可能像所有征服者一贯所做的那样，把敌人杀得鸡犬不留。“花之战”这样的制度属于一个不仅非常先进，而且具有强大自信的社会。它不怕把战争仪式化，因为它的边境上没有觊觎其权威的挑战者。它也是一个十分富裕的社会，能够用几千名俘虏做祭品来履行如此浪费的仪式，而不必把他们投入生产性劳动，或当作奴隶卖往别处。中美洲的玛雅人修建的纪念碑在规模和质量上都超过了阿兹特克人，但他们的做法似乎刚好相反。他们只用抓住的贵族做祭品，让其他人做工，或把他们卖掉。玛雅人的做法和其他尚武民族的做法是一样的，他们打仗的重要收益通常是抢夺奴隶，有时这就是打仗的主要动机。[62]

作战的阿兹特克人是武士，不是士兵，即是说，他们是因在社会秩序中所占的地位而去作战，不是因为义务或报酬；他们作战用的武器是石制的。这两点进一步界定了他们的战争。阿兹特克人的战争无疑代表着冶金技术出现前战争最精妙的形式，也是最怪异的形式之一。但无论如何，它仍然和毛利人的战争同属一类，甚至也和马林人和雅诺马马人的战争同属一类，而不是发现了金属后以及更晚些时候建起了军队以后出现的战争。上述的四种战争都是近距离作战，武器的穿透力很弱，因此无须穿戴防止头部或躯干被刺穿的重实的甲胄。作战高度程式化，战争的起因和结束与现代人对战争的原因和结果的理解相去甚远。发动战争通常是为了报复和惩罚对方对自己的侮辱，一旦达到了神话的需要或神灵的要求，战争即告结束。这种因和果达不到特尼-海伊所谓的“军事地平线”以上。但战争到底是何时开始的？如何开始的？——还可以进一步大胆发问：战争是为何开始的？

战争的开始

我们计算“历史”上的时期，是以人开始有文字，或更准确地说，开始留下我们能够认得出的文字的时候为起点。最早留下文字的是苏美尔人，他们居住在现在的伊拉克，时间是公元前 3100 年左右。不过，他们所使用字符的前身的出现可能还要早 5000 年，那是约公元前 8000 年，正值人类在一些条件较好的地方脱离狩猎采集的生活方式，开始转向农耕文明的时候。

现代人类——智人（*homo sapiens sapiens*）——当然比苏美尔人出现得早多了。他的人科祖先，即在体型、姿势和能力上看得出和他有关系的动物，则又更古老得多。我们与他们在时间上的距离很难说有任何意义。历史学家 J. M. 罗伯茨（J. M. Roberts）曾试图把文字出现前的漫长历史以较为直观的方式展现出来。他说，如果把耶稣诞生作为 20 分钟前发生的事，苏美尔人出现比那早 40 分钟；西欧确认出现“具有现代生理特点的人”发生在那之前五六个小时；“具有某些人类特征的动物”则是距现在两到三周之前出现的。[63]

战争史自有文字起开始有所记录，但史前的战争也不可忽视。关于人，包括“猿人”，对自己的同类是否暴力相向这个问题，史前史学家和人类学家一样，意见严重对立。对这场辩论最好敬而远之，但我们至少要知道他们在争些什么。可以说，辩论的启端是男女两性社会作用的分别。作为人类祖先的南方古猿（*Australopithecus*）可能早在 500 万年前就出现了，它们留下的可以确认的踪迹可追溯到 150 万年前。它们似乎是在一个地方找到食物后，再把食物拿到另一个地方去吃，也许吃东西的地方是它们的栖身之地；而且它们肯定做出并使用了第一个工具——一块经粗糙砍削的边缘尖利的石头。在坦桑尼亚的奥杜瓦伊峡谷发掘出了为挖出骨髓和脑子而砸碎的动物骨骼。

有一种说法是，生育后尚在哺乳期的灵长类动物通常随配偶到处游荡，但南方古猿的后代失去了长时间吊在妈妈身上的能力，于是母子只能留在后面，进食地因此成为南方古猿的家，由雄性把食物带回家来吃。在约 40 万年前从南方古猿进化而来的直立人（*homo erectus*）身上，这一倾向进一步加强。直立人的大脑容量增加，头部自然长大许多，但出生前胎儿的身体却没有相应长大。结果，直立人的婴儿出生后处于发育不完全状态的时间比南方古猿长得多，迫使母亲必须待在进食地；雌性直立人的骨架为适应怀孕时胎儿的大头所发生的变化使她不再适合去很远的地方寻找食物。一说雌性就是在这个进化阶段不再有发情期，即只在一定时间内可以受孕这一其他哺乳动物都具有的生理现象，而是在任何时候都对雄性有吸引力；她们因此更有可能被选作长期的配偶，自己也愿意挑选长期的配偶，并避免与有血缘关系的近亲发生性关系，她们的配偶也不允许这种事情发生。可以肯定，失去发情期使雌性从发情期的疯狂中解脱出来，因此得以小心照顾她发育不全的大头婴儿，使他 / 她能够长大。

无论如何，这个说法为家庭单位的发展、它对栖息处和运送食物的需要，以及它内部的亲密关系提供了一种解释。据罗伯茨说，“建造的住处（用树枝搭成的茅棚，有时有 50 英尺长，地上铺着石板或兽皮）、最早砍削过的木头、第一把木投枪和最早的容器——一个木碗”，这些直立人留下的遗物展示了他的家庭生活，或许也能从中看出他的社会生活的蛛丝马迹。[64] 当然，在那个时候，直立人不仅采集可食用的根茎、树叶、果实、昆虫，而且也猎捕大小哺乳动物，因为气候的大幅度变化造成各种动物长途迁徙经过广阔的地域，植物也随着冰川的前进或后退而蓬勃生长或枯萎干缩。

这样的气候变化相隔时间很长。在持续了 100 万年并在 1 万年前刚刚结束的冰期中，一共有 4 次间冰期；其间许多小的类人猿群体一定因适应不了环境而灭绝。然而，有些群体适应了环境，学会了用火，还学会铺设陷阱来捕猎大型哺乳动物，这也许需要集体的合作。一次捕猎就能为许多同伴提供食物。估计捕猎小组采取的办法是合力驱赶大象、犀牛或猛犸象，使它们坠落山崖或陷入沼泽，因此摔死或淹死，或在早期人原始武器的打击下受伤而死。[65]

迄今发现的最早的石头工具不是用于追击的武器，因此肯定不是作战用的。南方古猿的石头工具是手握的卵石，粗粗地砍削出尖利的刃。砍削会产生石片，特别是砍削燧石的时候，而人早就发现燧石是最好用的工具。一旦人发现石块和石片都非常有用，就开始有意地制作这两种工具。随着技能日益增加，他学会了打磨石器，后来又用骨头的一端作为击打的工具，做出比较大的夹子，里面夹上长刀片，有时刀片的两边都磨得非常锋利。这是他用来狩猎的武器，还有用来投掷或穿刺的矛头和用来砍割动物尸体的斧头。在考古发掘地就发现了从 1 万 ~1.5 万年前旧石器时代尾声留下来的制作精细的工具。

人类与大动物搏斗的几十万年是充满暴力的时代。在意大利的阿里纳坎迪德（Arene Candide）洞穴里发现了一具年轻人的骨骸，他死于至少 10 000 年前的旧石器时代末期。他下颚骨的一部分、锁骨、肩胛骨和股骨上部都被一头大型野兽撕咬掉了，可能是一头熊，被逼到了狩猎人挖好的陷坑里，也许陷坑是利用原有的地形设置的。那个年轻人被野兽咬伤时还活着，因为他的尸体得到了小心的掩埋，还给身体上破损的地方用黏土或黄赭石涂上了一层作为整容。[66] 死者也许是在一次猎熊活动中不幸丧生的。在的里雅斯特发现的一头熊的头骨上扎着一块燧石片，经鉴定，那个头骨是 10 万年前上一次冰期时代的。这说明智人的祖先尼安德特人已经学会把刀锋以锐角安装在把手上，在近距离全力一击，力量足以打碎颅骨。[67] 在德国的石勒苏益格-荷尔斯泰因出土了一具同时期的大象骸骨，其肋骨处发现了一个用紫杉木做成的矛头；在巴勒斯坦出土的一具尼安德特人骨架的髋骨十分清楚地显示出被矛尖刺过的痕迹。

这一切都说明人作为狩猎者，既勇猛强悍又技巧娴熟。史前史学家布勒伊（Breuil）和洛捷（Lautier）认为：

> 他和动物之间（不存在）巨大的鸿沟。他们之间的纽带尚未切断，人对生活在他周围，和他一样捕猎找食的动物仍然有亲近感……他仍然保留着后来被文明钝化了的动物能力——行动迅疾，视觉、听觉和嗅觉高度发达，极为强悍，对猎物的行为习性了解得详尽无遗，娴熟地使用粗陋的武器使其达到最大的效果。[68]

当然，这些是古今战士的共同素质，现代军事院校的特种兵训练班花大力气，不惜重金，目的就是使学员重新获得这些素质。现代的士兵要学习在野外捕猎生存，但史前的猎人和别的人作战吗？证据少之又少，而且经常相互矛盾。

带有矛伤的尼安德特人的髋骨根本不能当作证据，因为那有可能是在捕猎小组围猎的一团混乱中被别人失手误伤的；用过武器的人都知道，身旁的人手中的武器最危险。约35 000年前上次冰期接近尾声时开始出现的令人惊叹的洞穴艺术中，有没有显示狩猎文化中人残忍对待同类的图像呢？那时，智人已成为地球上唯一的人类。他们出现的时间比洞穴壁画才早大约5000年，但他们很快就把尼安德特人取代，史前史学家对此尚未提出任何可信的解释。世界各地的考古现场发现了几千处洞穴壁画，而当时人类的总数还不到100万。在最古老的可能是35 000年前画成的130幅壁画中，有人或类人的动物的形象。有人认为，这些壁画中画的是死去或正在死去的人；还有人认为那些虔敬地描绘出来的形象上带有矛尖、投枪或箭头的图形。另有人持不同意见，认为显示人形的大多数壁画呈现的都是和平的景象，看似箭头的图形则可能有“性含意”，或只是无意义的线条。[69]

无论如何，旧石器时代的人尚未发明弓箭。[70]然而，在10 000年前新石器时代开始时，发生了“一场武器技术的革命……出现了4种强大得惊人的新武器……弓箭、投石索、匕首……和狼牙棒”。后三种是在已有武器的基础上的改进：狼牙棒来自棍棒，匕首来自矛尖，投石索来自流星锤——那是一条两头安有包着兽皮的石块的皮绳，待把鹿或野牛赶到无路可走的时候，扔出去绊住它的腿。[71]投枪的杠杆——梭镖投射器——可能也是投石索的前身之一，因为它们的原理是一样的。然而，弓箭是货真价实的新发明。可以视其为第一架机器，因为它利用活动的零件，把肌肉力量转变为机械力量。新石器时代的人是怎么想到这个主意的，我们只能猜测，但我们知道，弓箭一旦被发明出来，马上就传播开了；至于他们为什么要发明弓箭，很可能是与最后的冰川逐渐消退有关。温带气候变暖完全改变了猎物行动和迁徙的模式，原来肯定能找到猎物的古代深海沉积区域现在不在猎物的行动路线上了，而且，气候变暖使动物有了更广阔的游荡觅食的空间，这迫使猎人和狩猎群体想办法在较远的距离放倒转眼就会逃走的猎物。

最初的弓叫作单体弓，就是一整块木头，通常是一截小树，不像后来通常用树木的边材和心材做成的复合弓和大弓那样富有弹性，因此不如后来的弓射程远、力量大。然而，即使是简单形式的弓也改变了人和动物世界的关系。人狩猎时不再需要接近猎物，杀死猎物时不必冒着生命危险近距离接触它。从那时起，人可以远距离猎杀动物。洛伦茨和阿德里这样的行为学家从中看到了人与自然世界以及他的同类关系中一个新的道德范畴的开启。学会射箭的人是否也是第一批战士呢？

从新石器时代的洞穴壁画中，可以看到似乎是描绘弓箭手互相冲突的画面。阿瑟·费里尔（Arthur Ferrill）声称，他从西班牙黎凡特的洞穴壁画中看到了战场战术的雏形；壁画中武士们在头领后面列队而站，成排放箭，在一个他称为“四人军”和“三人军”遭遇的场面中，甚至还有迂回的行动。从我们对雅诺马马人（他们会用弓，但不会砍削石头武器）和马林人的了解中，可以清楚地看到，列队、放箭和迂回都可以理解为展示武力的行为。比如，雅诺马马人的首领在冲突开始向着危险方向发展的时候，就拿出弓来威胁挥舞棍棒打斗的双方。马林人在“小事”战争和“真的”战争中都从后方放箭，但距离很远，不会给人造成伤害。壁画上“四人军”和“三人军”的箭手相距咫尺，但那与其说是现实，不如说是壁画画家的处理方法。

即使把新石器时代的弓箭手视为现代世界中仍然幸存的狩猎群落的原型，也不能就此认为他们具有突出的武士素质；说他们爱好和平也太过武断。研究现存原始部落的人种学家大力主张，狩猎-采集的生活方式与一种令人钦佩的和平的社会守则相适应，甚至可能对其有促进的作用。南非卡拉哈里沙漠中的桑人（布须曼人）被一致认为是温良谦恭的模范，居住在马来西亚丛林深处的塞迈族也是温和的榜样。[72] 然而，若是根据现存狩猎群落的特点逆向推论我们共同祖先的行为，会出现一个问题，那就是现存群落的人也许和石器时代的人截然不同。比如，塞迈族除了打猎，还辅以耕种，那可是在洞穴壁画的时代根本不存在的谋生手段；而布须曼人毫无疑问被“边缘化”了：他们被放养牲畜的班图人排挤到了现在贫瘠的居住地，也许他们退让不争的习惯是因为不敢引起凶狠邻居的注意而养成的。

以狩猎群体为中心的社会的道德规范可能在合作和对抗之间摇摆不定。作为伟大的白人猎手典型的弗雷德里克·塞卢斯（Frederick Selous，1851—1917）19世纪80年代在现在的津巴布韦打猎时，发现随行的人群急剧扩大，几乎失去控制，因为盼望吃肉的当地人会尾随神枪手猎人以图分一杯羹。反过来，人种学家注意到，如果一个猎人老是没有斩获，他在狩猎群体中的权威就会急剧下降，原来靠他打猎养活的人甚至会骑到他的头上。同样，彼此相邻的群落可能会或者根据动物的迁徙模式，或者按肥年和瘦年交替的规律分享狩猎的机会；但他们也可能不管那些，紧紧守护自己的狩猎场，好像那是自己的私产一样，并对敢于越界狩猎的外人痛下杀手。早期对洞穴壁画做出解读的胡戈·奥伯迈尔（Hugo Obermaier）认为其中一幅显示了石器时代的人正在保卫自己的领地。[73] 埃及学家对在上埃及杰贝萨哈巴考古现场无人不知的第117号坑里的内容也持同样的看法，F·温多夫（F. Wendorf）注意到，墓穴中出土的59具骨架中，许多显示生前受过伤。

> 骨架同110件物品直接相连，几乎所有物品所处的位置都表示它们是投射物的尖刺或矛尖，刺入了身体。这些物品不是

> 殉葬品。许多位于脊椎附近，其他常见的位置有胸腔、下腹部、手臂和头部。有几件是在颅骨内部发现的，其中有两件仍嵌在（颅骨底部的）蝶骨上。它们的位置表明，它们是从下颚以下的部位进入颅腔的。[74]

因为那些骨架几乎是男女各一半，骨头伤处没有愈合的痕迹，说明受伤后即刻死去，所以，得出的一个结论是，死者死于狩猎群体之间争夺领地的打斗，可能是冰期尾声气候不稳定在努比亚地区造成突发性干旱引起的。

费里尔猜想，“这个考古现场可能给我们提供了关于史前战争的第一组大批的骨骸证据”。[75]然而，也可能不是。另一位学者提出，这些尸体可能是在不同的时间被掩埋的。他们也许和杀死他们的人属于完全不同的文化，因为尼罗河河谷上游是新石器时代的大熔炉；那样的话，就完全不能用来说明石器时代狩猎者的凶猛好战。还有未经仔细研究的第四个可能性，即这些坟墓的确揭示了狩猎者之间作战的证据，但那是和雅诺马马人及马林人的“突袭”或“群战”同类的活动。受害者既有男性也有女性，这一点可以作为这一种解释的佐证；费里尔所谓的“过分杀戮”是另一个佐证。“过分杀戮”在这里指对同一个人的多次伤害——在一个年轻女性的骨架里，发现了 21 个箭头或矛头。马林人打“群战”就是要不分男女老幼，把他们所攻击的村子里的人杀得鸡犬不留；如果死者的伤使人猜想可能当时发生了大屠杀，那不正是人类多少世纪以来在许多地方干过的事吗？瑞典哥得兰岛有一个合葬地，里面埋着 1361 年维斯比战役中丧生的 2000 具遗体。发掘时最令人毛骨悚然的发现是许多遗体遭到了极为严重的残害，典型的是胫部多次受到剑伤，只有当人已经无法动弹的时候才有可能用剑砍成那样的伤。不过，我前面说过，“突袭”和“群战”都不应真正算作战争行为。它们都存在于“军事的地平线下”，应被视为大规模谋杀，而不是战争中的战斗。如果 117 号坑里的死者和攻击他们的人像最初的发掘者设想的那样，都来自狩猎文化，如果那些死者都是在同一时间被杀的，那么这种可怕的结果就进一步加强了这样的观点，即新石器时代的猎人充其量只是原始的战士，他们所属的群体没有专门的军人阶层，也没有“现代”的战争概念。他们无疑经常打斗，也伏击、突袭别人，可能还打“群战”；但几乎可以肯定，他们并没有组织起来去征服别人，或占领别人的地盘。

然而，史前时期的努比亚和现在一样，位于肥沃和贫瘠土地的交会处，当时生活在那里的人可能为我们了解“原始的”战争最终如何变为“真正的”或“现代的”或“文明的”战争提供了钥匙。对 117 号坑出土物的另一个解释是，它们不是狩猎群体争夺狩猎场的打斗的遗物，而是代表着迥然不同的两种经济之间的冲突。上一个冰期结束后发生的气候变暖，使上尼罗河河谷特别有利于石器时代的人转向更加稳定的新生活方式。考古发现的石制工具表明，那里的居民已经开始收割野草，把打下来的草籽磨成面；还有更加细微的迹象表明他们至少也开始试图驯化牲畜，并放养这些他们赖以生存的动物。[76]那个时代的人正摇摆于放牧和农业这两种改变了人与其生活环境的关系的活动之间。狩猎者和采集者注重地盘，放牧者依靠牧场和牲畜的饮水处，耕作者需要土地。一旦人期望他在特定地方投入的周期性活动能产生定期回报，无论这样的活动是照顾产羔的母羊、放牧牲畜、播种，还是收获，他都很快会发展出权利感和占有感。对贸然进入他投入了时间和力气的地方的人，他必定会同样迅速地发展出使用者和占有者对篡夺者和侵入者的敌意。固定的期望会导致固定的反应。放牧和农业活动会引发战争，农业尤甚。这也是对 117 号坑出土物的一种解释。有人建议说，也许那时发生了气候剧变这一地球暖化时的经常现象，迫使一群狩猎者或采集者回头向尼罗河方向移动，结果与在同一地盘的初期牧民或农民发生了冲突。至于埋葬的人属于哪个群体，我们就不得而知了。

狩猎者使用起武器来应该比较得心应手。J. M. 罗伯茨说："我们可以猜想，贵族这个概念最初的一点儿模糊的影子应该是来自狩猎–采集者作为更古老的社会秩序的代表，对被束缚在农地上的定居者的压制（他们一定屡屡得手）。"[77] 狩猎权总是掌握在比耕作者地位更高的人手中，垄断狩猎权的贵族对胆敢偷猎的人严惩不贷，废除贵族的狩猎权经常是造反者的主要要求，这种情况放之四海而皆准。然而，狩猎–采集者后来一直处于衰落之中，到了封建时代，据称是他们的后代，顶着像"伟大的猎鹰人""森林之王"或"马背上的主人"这类称号的贵族才开始对封建领地上的村民和在农田里干活的孩子作威作福。与此同时，在生态环境适宜人类居住的地区，受时代潮流眷顾的是那些通过劳动改变大地的人，而不是那些只满足于掠取大地果实的人。农业代表着未来。

从冰川消退到苏美尔地区文字的出现中间隔了 7000 年。其间在世界上的五六个地区，包括底格里斯河和幼发拉底河河谷、尼罗河流域、印度河流域和黄河流域，人虽然仍在使用石制工具，但经过多次尝试和失败，慢慢地摸索着学会了清理土地、耕种和收获的技术；这些地方进而成为伟大文明的中心。当然，人并非从冰期的生活方式一跃而进入精耕细作的文明。历史学家基本上一致认为，人先是把合群的动物聚拢在一起——有证据表明，早在公元前9000年，伊拉克北部就开始了放牧的活动；也可以清楚地看到人从有系统地采摘野生谷物渐渐发展到种植谷物，最后是选择良种。然而，历史学家不能达成一致意见的是：人类第一批农业定居点是在哪里建立，如何建立的。这也难怪，因为现有的证据少得可怜。早期提出的推断是，第一批农业定居点建立于近东地区河谷的高地，因为那里比谷地干燥，宜于健康，使用刀耕火种的方法可以在树林中清理出肥沃的耕地。[78] 支持这一理论的证据有同一时期出现的一种新的石制工具，用沉重的玄武岩或花岗岩做成，还经过仔细打磨，它们就是新石器时代漂亮的“抛光”石斧和石锛。一些历史学家提出了“新石器时代革命”的说法，认为农业的需求促发了制作工具的新技术，也可能是因为有了新工具，人遂得以在森林里开辟耕地。可以肯定的是，砍削而成的燧石工具奈何不了大树，而沉重的抛光石斧则几乎多大的树都可以砍倒。然而，这种理论简洁干脆的技术决定论没能维持多久，尽管它提出了我们新石器时代的祖先向农业转型的更加简洁干脆的模式，说他们从肥沃新月地带的山坡迁移到大河的冲积平原上，从刀耕火种转为在因潮汐而异常肥沃的低地上按季节耕作。

确实发生了这样的迁移，但在很早的时候，可能早在公元前9000年，人类又找到了一种全然不同的农业生活模式。在位于海平面600英尺以下干旱贫瘠的约旦山谷中的耶利哥，考古学家发现了公元前7000年一个城镇的遗址。这个城镇面积达8英亩[1]，有2000或3000名居民，他们靠耕作周围绿洲的肥沃土地为生；他们的小麦和大麦的种子是从别处引进的，他们制造工具使用的黑曜岩也是别处来的。在现代土耳其的恰塔尔休于发现了只比耶利哥稍晚一点儿的一个大得多的城镇。它占地30英亩，居民有5000~7000人。他们的生活无论在组织方面还是水平方面都相当先进。在那里的考古发掘出土了多种多样的外来货物，应该是贸易得来的，也发现了同样种类繁多的当地手工制品，说明已经有了社会分工；最引人注意的是发现了灌溉系统的痕迹，说明那里的居民已经采用了原来以为只有大河河谷中大得多、晚得多的定居点才有的农耕形式。

对军事历史学家来说，具有关键意义的是这两个城镇的结构：恰塔尔休于最外围的房屋向外的墙壁都连成一片，没有窗户，入侵者即使在墙上打破一个洞，或打破房顶，他也“只能发现自己进入了一个房间，而没有进入城镇”。[79] 耶利哥更厉害，它的城墙底部厚达10英尺，有13英尺高，周长约700码。城墙根有一条凿岩而成的护城河，宽30英尺，深10英尺。墙内有一个瞭望塔，高出城墙15英尺，供瞭望警戒之用。而且，尽管它不像后来的棱堡那样向前突出，形成侧面，但仍然是占据制高点的作战平台。另外，耶利哥是石头建成的，不像恰塔尔休于是用土垒的，这表示耶利哥城的建造是一项组织严密的浩大工程，需几千小时的人工方能完成。恰塔尔休于的建筑形式也许只是为了应付偶尔的强盗或突袭者，但耶利哥城的建筑却是为了完全不同的目的：它包含了在火药发明之前

[1] 1英亩≈0.405公顷。——编者注

军事建筑的两大特点——幕墙和碉楼，还有火药发明后仍然使用的护城河，因此是一个名副其实的城堡，可以抵御除使用攻城器械进行的持久战以外的任何攻击。[80]

由于在 1952—1958 年间发现了耶利哥古城，学术界不得不全面重审关于密集农业、城市生活、长途贸易、等级制社会和战争何时开始的普遍假设。在此之前，人们认为这一切都发生在灌溉农业创立于美索不达米亚，以及据信是从那里传到埃及和印度之后，时间大约是公元前 3000 年之前。耶利哥的发现清楚地证明，至少在第一批伟大的帝国诞生很久以前，人类就开始受到了战争的骚扰。若是没有目的明确、组织严密、武器精良的敌人，建造城墙、塔楼和护城河又有什么意义呢？[81]

但是，在耶利哥和苏美尔之间的那段时期内，关于军事发展轨迹的证据寥寥。这也许是因为在一个仍然非常空旷的世界上，智人把精力主要用在了殖民上，彼此之间的冲突并不多。早在公元前 8000 年，欧洲就出现了务农的村庄。在土地较为肥沃的地区，农业以每年一英里的速度逐渐向西发展，公元前 4000 年左右到达了不列颠。在希腊的克里特岛和爱琴海沿岸，发现了公元前 6000 年的城市；保加利亚发现了公元前 5500 年发达的制陶业；到公元前 4500 年，布列塔尼的农民开始用巨石为祖先修建陵墓，这些陵墓至今仍巍然屹立。同期，印度次大陆各处出现了五六个不同的族裔群体，分散在各个居住点，过着新石器时代的生活。公元前 4000 年，中国北部和西北部黄河流经的肥沃的黄土高原上的新石器时代文化兴旺发达。只有非洲、大洋洲和美洲仍然完全是狩猎–采集群体的天下，他们的人数不多；不过大约公元前 1 万年，越过白令海峡从西伯利亚前来的美洲印第安人带来了旧世界的先进狩猎技术，在短短1000年的时间内就灭绝了美洲大陆上令人叹为观止的大型动物，如大野牛和三种猛犸象。

各地的人口密度仍然很低。虽然世界人口从公元前10 000年的500万~1000万上升到公元前3000年的1亿左右，但极为分散。狩猎-采集者每人需要1~4平方英里的地盘来满足生存的需要。农民养活自己和家人所需的土地少得多。比如，公元前1540年埃及埃赫那吞法老建立的阿玛纳城的人口密度以出产粮食的土地来算，大约为每平方英里500人。[82]当然，这是在富饶的尼罗河谷人工灌溉的园地里，而且无论如何已经到了新石器时代之后。从公元前6000年到前3000年期间，东欧分散的农业定居点每个不超过50或60户；在公元前第五个千年的莱茵兰地区，耕种者在森林里靠刀耕火种的方法维生，在一个地方居住一段时间后即随着耕种地的变更而迁走，以后再回来，但每个居住点的人数从未超过300~400人。[83]

在条件严酷但又地广人稀的环境中，人的好战性不可能很强。土地予取予求，只要肯迁徙几英里，烧掉一片树林，就唾手可得——19世纪芬兰贫穷的农民仍然采取这样的方法。另一方面，物资又非常匮乏，没有什么值得去抢的东西，除了刚刚收获了粮食之后，但抢了粮食后也运不走，因为没有载重或拉车的牲口，可能连盛粮食的容器都没有，因此使得抢掠的行为失去了任何意义。[84]只有当所抢的东西体积不大，自身价值又很高，才值得冒险进行抢劫，特别是暴力抢劫。货船符合这些标准，但公元前第四个千年时，还没有可供海盗抢劫的货船。农畜产品也是值得抢劫的东西，特别是如果储存在进退方便的地方的时候，最好是便于运输，如打成捆，或盛在罐子、麻袋或篮子里，或是成群的牲畜。当然，接下来，出产这些好东西的土地就成了抢夺的目标，尽管事实经常证明抢夺者没有能力管理他们抢来的土地。在近东和欧洲的人学会种田和开垦荒地的几千年里，只有一个生产大量盈余产品的地区具有能攻易撤的地形，暴露在抢劫者的虎视眈眈之下，那就是底格里斯河和幼发拉底河的下游冲积平原，研究古代历史的学者称其为苏美尔。苏美尔人给我们留下了关于有文字记录的人类文明初始期战争性质的第一批确凿证据，使我们得以辨认出“文明”战争的轮廓。

战争与文明

苏美尔人和阿兹特克人一样，在石器技术的限制内达到了文明的高度。然而，尽管他们很早就掌握了冶金技术，但他们无论是侵略他人还是抵御侵略，打仗时主要依靠的不是他们使用的工具，而是他们的组织能力。历史学家认为，苏美尔人大着胆子离开平原周围山区的山麓降雨区，即现在的叙利亚、土耳其和伊朗，先在伊拉克的冲积平原定居下来，并开始试着在没有树木的土地上种粮食、放养牲畜。底格里斯河和幼发拉底河这两条大河之间的美索不达米亚平原为定居者提供了得天独厚的条件。它土壤肥沃，每年两大河上游的雪山融化时造成的洪水还定期为它补充肥料。它地势平坦——210 英里内地势落差只有 112 英尺。它不需要清理，因为没有森林。作物生长期没有霜降，如果夏天日光太毒，则有取之不尽的水用来浇田。然而，正是水源的丰沛迫使早期定居者必须在种田时协同劳动，他们的劳动模式与那时欧洲大森林里独立的刀耕火种的种植者的劳动模式截然不同。洪水在冲积平原的有些地方形成了沼泽，但其他地方却因为没有雨而出现了干旱。要抽干沼泽地的水，灌溉干旱地区的土地，就需要挖水渠；不仅要挖渠，而且要事先规划水渠的路线；不仅要规划，而且要不断维修，因为每年洪水带来的淤泥都会堵塞水渠。于是，第一个“灌溉社会”应运而生。

古代史学者构建了一套复杂的灌溉社会（有些人称之为“水利社会”）的政治经济学学说，几乎完全建立在考古发现的基础之上。苏美尔人留下了埋在地下的巨大宝藏，有住房、神庙和城墙——大致按此一顺序建造；有制成品和贸易品；还有许多雕刻品和装满刻字泥版的巨大文件库，文件全是货物的收据、存单和分配记录，都是在神庙内发现的。根据这批记录，学者们提出了苏美尔文明发展的如下轨迹。

初期定居者组成了自给自足的小型社区。因为大河经常改道，所以引水灌溉的人们必须合作，按河道的改变把一套灌溉系统与另一套连接起来，社区的规模因此逐渐加大。负责组织连接灌溉系统、解决争端的任务落在了具备传统的祭司职能的人身上，因为每年洪水到来的时间和水量被认为是神的旨意（可能是过去没有的新神），所以具有与诸神沟通能力的祭司就逐渐获得了政治权力。此类祭司-王自然会利用他们的权力兴建神庙，既供他们自己居住，也做宗教中心；他们指挥劳动力修建神庙的权力进一步转变为规划灌溉系统和其他公共工程的权力。与此同时，神庙成了行政中心，因为出力修建公共工程的众多农夫的吃饭问题需要一个中心统筹解决。这个中心收集剩余农产品，并把它们分配给干活的工人的情况必须仔细记录下来。记录不同种类和不同数量的产品需要使用不同的符号，这些刻在泥版上的记录成了第一批书写符号的基础。

所以有人说，到公元前3000年左右，苏美尔人的灌溉社会建起了第一批城市，可以称其为城邦，由神权统治。灌溉耕种带来了空前的财富，播下一粒种子长出的谷穗有200颗谷粒，这财富为祭司-王所“拥有”并随意支配，他的权力即由此而来。祭司-王用盈余的财富支付神庙人员的薪酬，付卖身钱给卖身还债的奴隶，并出资进行由神庙统管的贸易：美索不达米亚平原缺少石材、金属和几乎所有种类的木头，这一切都必须从远方运来，以满足苏美尔人的基本需求；此外还要满足对奢侈品的欲望，在任何社会中，只要有一部分人不必从事日常劳动，很快就会出现这样的欲望。在苏美尔的考古发现中，有证据表明苏美尔人从很远的地方进口奢侈品，包括印度河谷的黄金、阿富汗的青金石、土耳其东南部的白银，还有阿拉伯海岸的紫铜。[85] 唯独没有证据显示有任何战争的迹象，至少在苏美尔城市向城邦发展的早期没有这样的证据。所知公元前第三个千年初始时期即已存在的13个城市都没有城墙，包括乌尔、乌鲁克和基什。那时的苏美尔文明似乎在祭司-王令人敬畏的权威统治之下没有内乱；可能由于没有利益冲突，城邦之间没有战争；也没有外来侵略，这要归因于围绕着这片富饶河谷的险峻的地貌，本来可能从西面的沙漠或东面的草原入侵的侵略者又没有机动的手段——骆驼和马都还没有被驯化。[86]

在苏美尔人建立城邦的那个千年，尼罗河和印度河的河谷地带也出现或即将出现类似的灌溉社会；后来高度依赖灌溉技术的中华文明和印度支那文明尚未发展到同等的经济水平。据说，印度河谷神权的兴起要归功于烧砖技术的发明。公元前第三个千年末期，当地人用烧制的砖建造起了大型排涝工程，规模之大，足够满足现已消失的哈拉帕城和摩亨约达罗城周边50万平方英里农田的需要。[87]但考古发掘才刚刚开始揭开古印度文明的层层秘密，相比之下，在埃及已经进行了一个多世纪有系统的考古发掘，使我们得以较早地、有一定把握地重现古埃及文明的肌理。

117号坑使我们注意到史前埃及的暴力情况。因为证据不足，无法确知从公元前1万年到约公元前3200年间埃及人的生活方式是否和平。就是在那段时间内，沿尼罗河的各个埃及人定居点在一个国王治下完成一统。不过，学者一致认为，孕育了古埃及文明的主要因素是尼罗河谷的特定环境，不是埃及内部发生的政治事件。埃塞俄比亚高地的塔纳湖每年春天季风过后都会发洪水，洪水带来的淤泥滋养了埃及的文明。每年洪水来临的时间不同，水量各异，这是古埃及人把他们的国王奉为神明的重要原因。直到公元前第四个千年之前，尼罗河沿岸600英里位于三角洲和第二瀑布之间的沙漠离河边还不像今天如此接近，河谷中的居民住在河岸的高处，耕畜兼顾。后来不知为何发生了干旱，迫使人口向洪泛区迁移。自那以后，埃及人就完全靠这片平原生活了。学者猜测，为了争夺对从沙漠边缘迁来的人口的控制，河谷中各定居点的头领打过一段时间的仗；后来，到公元前3100年，各个头领都归顺于一个统治者之下，此人被称为美尼斯，他把下埃及和上埃及——即三角洲和南部尼罗河——统一了起来，建立了王国，在历代法老的统治下，王国延续了近3000年。[88]

埃及的作战方式非常特别，几乎与埃及文明一样历史久远；它与苏美尔人以及后来雄霸美索不达米亚平原的政权的作战方式截然不同，突出的特点是技术落后，对外来威胁刻意地漠然处之。这两个特点皆产生于埃及独一无二的地理位置。即使在今天，入侵者要想进入埃及，除了穿过北面和南面的狭长走廊，没有其他通道。埃及以东尼罗河谷和红海之间寸草不生的高原宽达100英里，是天然的屏障；埃及以西的撒哈拉大沙漠对任何军队来说都是死地。初期的法老对努比亚发动征服战，消除了来自南方的威胁；到第十二王朝时（公元前1991—前1785年），他们在第一瀑布和第二瀑布之间修建了一系列堡垒，确保了那条边界上的安全；起初不存在来自北方的威胁，因为东地中海沿岸基本无人居住，仅有的少数居民也没有交通工具。[89] 在公元前第二个千年期间，北边的威胁开始显现出来，法老应对的办法是从孟斐斯向底比斯迁都，成立常备军，并利用三角洲复杂的地形做天然屏障。[90] 这一策略最终成功地抵御了北方的威胁。

在新王国（公元前1540—前1070年）成立常备军之前，古埃及人的战争很奇怪地一直非常老式。在争夺王位继承的内部战乱中，使用的武器"即使到了中王国时期，仍然是棍棒和燧石矛枪"。那个时期（公元前1991—前1785年），青铜武器已经在别处广泛使用，古埃及人自己先是制作紫铜武器，然后制作青铜武器，也有了几百年的历史。[91] 找不到原因来解释古埃及人为什么坚持使用过时了的技术，只能肯定他们确实是这样做的，因为他们留下的雕塑和壁画中许多对战争场面的描绘提供了证明。他们的士兵不穿铠甲，没有任何保护胸部和头部的甲胄，只拿着短盾牌就开赴战场；就连法老自己也只是到了新王国时期很晚的时候才有绘画和雕塑表明他穿上了甲胄。[92] 众所周知，没有护身甲的人会躲避带刃武器的打击，这是简单的生理反应（几千年后，沙卡非凡的，也许是独一无二的成就就是训练祖鲁战士迎着危险前进）；因此我们可以假设，直到中王国末期出现了来自不同文化的侵略者之前，古埃及人的作战都只是做姿态，甚至是程式化的。当然，金属的稀少也许是一个理由，但要解释在一个高度发达的文明中，武士的装备为什么比他们旧石器时代的祖先好不了多少，这个理由至多也只能是次要的。一个可能是，古埃及社会等级森严，国王的地位逐渐从祭司上升到神的高度，公共生活以至私人生活的各个方面几乎都受到仪式的规范；在这样的社会中，战斗也成了仪式的一部分。

有一个例子极能说明问题：约公元前3000年对第一位法老纳尔迈[1]的描绘和时隔几乎两千年后新王国的拉美西斯二世法老的画像都显示他们二人手举狼牙棒正要处死一个畏缩的俘虏；俘虏的坐态非常相似，法老的姿势则一模一样。93 即使考虑到埃及艺术源远流长的传统，两者的相似之处也不能等闲视之。它们描绘的可能都是战斗结束后真正杀死俘虏的情况，而不仅仅是象征性的表现。埃及文明很早就摈弃了活人祭献的做法，但很可能在战场上把它保留了下来，武士不穿铠甲可能是因为他们很少近身作战（我们已经看到，这是“原始”战争的特点）；一旦对方认输，就由一位伟大的武士——可以是法老自己——把受伤或被俘的敌方战士杀死献祭。94 也许它与阿兹特克人的“花之战”同属一类，古埃及人坚持使用如狼牙棒、短矛和单体弓这样的武器为这一推测提供了佐证，经过近1500年连续不断的法老统治后，这类原始武器几乎成了奇怪的文物。

[1] 纳尔迈即美尼斯。——编者注

埃及：中王国（约公元前2040—前1783年）和新王国（约公元前1560—前1085年）

同外来人打仗就绝不是仪式性的了。新王国即将建立时（公元前 1540 年）带领人民抗击侵略者、保护王国的法老“勇敢的塞格嫩拉”（Seqenenre the Brave）的木乃伊显示头部受到重创，可能是打了败仗时受的伤。[95] 但在那之前的 1400 年间，埃及人的生活方式千篇一律，几乎毫无变化；这么长的一段时间相当于现代英国人与不列颠处于古罗马统治之下那个世纪之间的时差，或今天的美国人与北美大陆还是一片无主荒地时代的间隔。古埃及人的生活围绕着洪水季、种植季和干旱季这 3 个季节展开；统治他们的国王是他们敬奉的 2000 个神灵中主要的一位；他们除灌溉和种田之外，把剩余的时间和劳力都用来建造和装饰雄伟壮观、至今无出其右的宫殿、庙宇和陵墓，这对他们来说是进入来世的必需。这个秩序井然的世界取得了具有深远广大之美的艺术成就，尽管它的艺术创造使处于创造过程底层的人——凿石工和纤夫——经受了巨大的苦难。在这样的世界中，战争的作用一定是低下的、微不足道的。“归根结底，王位出自力量，”一位分析家如是说，但那种力量的表现在性质上也许与克劳塞维茨所理解的力量完全不同，也许只是因某位国王明显地无力行使职能而引发的程式化的交锋，那只是把权威移交到另一个能力较强的人手中的一场壮观的群体活动。[96] 在这 1400 年间，埃及人民世世代代按固定的模式生活，14 个世纪一成不变；他们很可能幸免了后来其他地方、其他民族所经历的实际的战争。[97]

苏美尔人就没这么幸运了。底格里斯河和幼发拉底河之间的两河平原与尼罗河流域不同，没有抵御外来侵略的地理屏障，苏美尔人自己可能就是从别的地方迁移来的；另外也没有中央政府的管辖。埃及的统治者只要能堵住尼罗河谷的两头，就可以在整个尼罗河流域称王称霸。美索不达米亚平原的两条大河经常改道，而且东北方的高地不仅不能做屏障，反而成了制高点，沿两大河支流的河谷很容易就能到达苏美尔人定居的富饶的洪泛区。这一地理形势造成的政治结果显而易见：苏美尔各城邦很早就开始因边界、水源和放牧权争夺不休，而这一切又都受变化无常的洪水的影响。苏美尔国王的权威也很早就遭到了那些自山区而来，自己建起了城市的移民的挑战。结果，在公元前3100—前2300年之间，苏美尔人的战争日趋频繁，最终导致军事领袖取代了祭司-王的地位，实现了军事专业化，加快了用以制造武器的冶金术的发展，可能战争的激烈程度也增强到了可以称为“战役”的程度。

当然，这些都是推测，是根据只鳞片羽的证据拼凑出来的；那些证据包括城市遗址的城墙、考古发现的金属武器和头盔、泥版书上频繁出现的“战役”的字眼儿、可能是把战俘作为奴隶来买卖的记录、统治者的头衔中代表祭司的前缀“en”逐渐改为了代表强人的“lugal”，等等。[98]特别重要的是有证据表明，北方闪米特族的阿卡德人逐渐进入了美索不达米亚，在平原上建立了自己的城邦，经过了几世纪同苏美尔城邦的冲突后，诞生了世界上第一个帝王——阿卡德的萨尔贡。

有人说，公元前2700年苏美尔乌鲁克城邦国王吉尔伽美什的史诗证明，苏美尔首次进行了长途作战。他那次军事行动似乎是为了去山里运回雪松——“我将伐倒雪松。我将永立威名！我将……向披甲的武士发令”——并杀死雪松生长地的国王。[99]然而，很难想象他怎么能长距离运输大量的雪松，所以不能以他的史诗为证来确认那时发生过长途战争或存在长途贸易。但无论如何，乌鲁克城的城墙似乎就是在吉尔伽美什时期建立起来的，城墙周长超过 5 英里，说明了他调动劳动力的力量，而在那以后的 200 年里，关于真正战争的确凿证据越来越多。[100] 所谓的“鹫碑”（Vulture stele）雕刻着拉格什国王安纳吐姆二世打败后来强大的波斯王国的早期居民埃兰人的场面；他的士兵头戴金属帽盔，6 人一排列成队伍。[101] 同一时期的“乌尔的旗帜”（Standard of Ur）显示了装备类似的士兵。他们身穿斗篷和带流苏的短裙，上面似乎缀有金属片以加强保护。有些学者说那就是铠甲的原型，虽然看起来效果一定很差。在前面领头的战士驾着 4 匹马拉的四轮车。在乌尔城的“死亡坑”进行的发掘找到了似乎是戴在皮帽子外面的金属头盔。[102]

头盔是铜制的。铜是人类学会使用的第一种非贵重金属，因为很容易找到大量天然形成的铜锭，而且纯度相对较高。铜在军事上用处不大，用铜片做的铠甲一刺就穿，用铜锻造的武器也很快就会卷刃。[103] 然而，有些天然铜矿石里含有锡，人在公元前第四个千年知道了金属可以熔化后，逐渐发展出把普通的铜和稀有的锡合在一起炼出青铜的技术。到公元前第三个千年，这一技术已非常普及，美索不达米亚的锻工不断地发明出各种我们至今仍在使用的金属加工技术，包括熔化矿石、浇铸、制造合金和焊接。[104] 合金和浇铸的最早产品是安柄斧头，把木头斧柄紧紧地安在青铜斧头的榫眼里，在孔武有力的武士手中，就成了具有强大打击力的锋利而又耐久的武器。铜（希腊语为 khalkos）和石头（希腊语为 lithos）共存的“红铜”（chalcolithic）时代很快被青铜时代所取代，这证明了一条几乎是四海皆准的规律，即只要获得了必要的手段和材料，先进的技术马上就会淘汰落后的技术。炼制青铜的一项必要材料是锡，它数量稀少且产地集中。美索不达米亚只有一种叫锡石的矿石，在河滩里可以找到；这种矿石纯度不高，杂质很多；但很快就从里海海岸，可能甚至从中欧，源源不断地运来了高纯度的锡矿石。等阿卡德（Akkad，古闪米特人居住的城邦，尚未被考古学家发现）的萨尔贡在公元前2340年左右成为美索不达米亚的统治者时，青铜已成为征服者的武器，萨尔贡就特别喜欢青铜。

我们关于苏美尔历史的主要知识来源是“苏美尔王表”。对它的研究表明，萨尔贡统治的时期是从公元前2340—前2284年，一说他在位56年。可以肯定，他对邻近的城邦以及邻近的民族发动了一系列战争——记录显示共34场——最后在大致是今天伊拉克的疆界内建立了自己的帝国。他即位后第11年，率军在叙利亚、黎巴嫩和南部土耳其各地转战，甚至远征地中海。一段铭文说他的军队有5400名士兵。这支军队一定因必须四处灭火而疲于奔命，因为苏美尔人多次起来反叛这个外来的闪族统治者；萨尔贡自称为“四极漫游者”，四极指的就是宇宙。看起来他倒的确是名副其实。

萨尔贡的孙子纳拉姆辛（Naram-Sin，公元前2260—前2223年在位）给自己封了个皇帝派头十足的称号，叫“四方之王”。据说他把战场开辟到了美索不达米亚平原与北波斯之间的扎格罗斯山脉。到他即位时，尽管还需要保卫帝国的边疆，但帝国的根基已经稳固，成为中东最重要的一支力量。它的财富使它疆界以外的掠夺者垂涎三尺，蠢蠢欲动。不过，它文明中的有些内容在掠夺者中间也扎下了根，部分是通过战争传播的，另外也要归功于贸易。结果，“到约公元前2000年时……美索不达米亚周围建起了一系列卫星文明，或原始文明”。这些文明获得了军事手段后，古提人、胡利安人、加喜特人，一波又一波的征服者你方唱罢我登场，在后来1000年间对大平原的征服战中各领风骚。在从高地杀到平原的过程中，那些民族就已经开始向另一种经济生活过渡。他们改进了放牧，使用驴、牛、马这些饲养的牲口做行军打仗的脚力，并发展出在靠雨水灌溉的土地上种植粮食的技术，生产了足够的粮食盈余，使他们开始过上文明的生活。[105]

帝国内部和边界地区的人都使用某些共同的军事装备，具有某些共同的特性，也掌握某些共同的技术。他们丢弃了石头武器，转用青铜武器，并开始配备金属的铠甲；弓箭的使用日益普遍，如果对一座描绘纳拉姆辛的石雕解读没错的话，他们在公元前第二个千年中期可能就已造出了力量强大的复合弓；他们熟悉建筑碉堡的技术，也学会了围城战的一些战术，如攻城和攀城；至少在美索不达米亚，人民支持统治者花钱维持一支军队，可以随时投入作战；也许还要用一部分收入来制造标准化的武器；既然他们发动过远距离战争，他们一定具备了起码的后勤能力，至少能保证他们的人马在敌人地盘内打仗那几天的粮草之需；最为重要的是，他们学会了通过悉心照料和择优配种来改良马的品种，而大草原的人在公元前第四个千年就开始驯养野马了。[106]与此同时，战车也大为改进，原来的四轮变为双轮。新型战车配上改良了的马真正实现了作战革命，使富饶稳定、安土重迁的河谷文明遭遇外面虎视眈眈的牧马民族的威胁。公元前第二个千年结束后，那些牧马民族驾着战车汹汹而来，把文明的发展掀离了原来的轨道，无论是在美索不达米亚、埃及、印度河谷，还是在任何其他文明扎根的地方。

插曲 2：防御工事

驾驭战车的人是人类历史上第一批所向披靡的侵略者。侵略反过来刺激了防卫，尽管有时两者的力量并不对等。在和平的文明已经开始蓬勃发展的世界中，战车御者和在他们之后的骑马民族的到来造成了巨大的变化。在我们审视他们造成了何种变化之前，应当研究一下富饶土地的居民为保护自己从大自然那里收获的果实不受抢劫蹂躏，采取了什么办法。

耶利哥的考古发现证明，第一批农耕者有办法保护家园不受敌人侵犯，但敌人到底是谁却无从得知。他们是定期来犯，以抢夺存粮为目标的强盗吗？还是自己想种田，觊觎耶利哥的田地和永久水源的人？或者只是以烧杀抢掠为乐的匪徒？第一种情况的可能性最大。惯于野外生活的人很少愿意安顿下来种田，也不知道怎么种。另外，虽然历史上不乏无意义的破坏行为，但抢劫的人一般都明白，靠抢别人收获的粮食为生比简单地抢劫掠夺好处更大。如果在耶利哥发生的是第一种情况的话，那么也许就不能仅把耶利哥的城墙和塔楼视为防御工事的三种形式中的第一种——避难所，而也应把它们看作防御工事的第二种形式——据点。

据点不仅是躲避攻击的安全藏身地，而且是积极防卫的中心；防守者在里面可以免遭突然袭击，也不会被敌方兵力上的优势所压倒，还可以以据点为基地，冲出去打退进攻者，把自己的利益所系地区控制在手中。据点与周边的环境有着共生的关系。避难所仅能提供短期的安全，只有当敌人无法久留或只找容易的目标下手的时候才有用。最好的例子是中世纪时期在法国东南部普罗旺斯海岸边的陡峭悬崖上修建的“山顶之城”，那是用以躲避海盗来袭的。[1]相比之下，据点所在地区必须有足够的物产，平时能养活一个军营的人，自身也要足够坚固、足够宽大，一旦有敌来犯，能装得下全军营的战士，给他们提供给养和保护。因此，建造者必须拿捏好分寸，不能为了省钱或轻敌而把据点建得太小，但又不能建得太大，造成人手不足，无法全面守卫据点的局面。派出十字军进行东征的那些王国就总是招不到足够的兵士去守碉堡，特别是在它们开始衰落之后。

据点和避难所的分别还在于它们各自的特点。避难所只要足够坚固，使攻击者感到要攻下它太费力气，因此知难而退就行了；住在用栅栏围起来的村子里的马林人或躲在山顶堡垒中的毛利人不会遭到“突袭”或“群战”，因为他们的敌人没有围城的器械，也没有足够的给养，无法长时间在外作战。[2]据点一般只有较为先进富庶的社会才修得起，有的敌人自带粮草或能保证供给，并使用攻城器械，作为据点的城堡必须顶得住敌人的攻击。因此，据点墙内应当有水源，特别是如果建立据点的一个目的是保护牲畜的时候，另外当然还应有仓库和居住的地方。[3]至为重要的是，它必须为守军提供积极防御的条件——要有能控制战场局面的作战平台以及坚实的城门，一俟时机合适，即可打开城门发动反击。

在火药发明之前，所有对据点的进攻都必须近距离进行。顾名思义，登城这种借云梯攀上城墙的最简单的攻击属于近距离进攻，但后来工兵行话中的“有计划围城”，即挖陷坑、使用攻城槌或投石机、建起攻城的高台等等，这些也都必须在近距离内进行。首先需要指出，用投石机常常费力不讨好，厚实的城墙能够轻而易举地

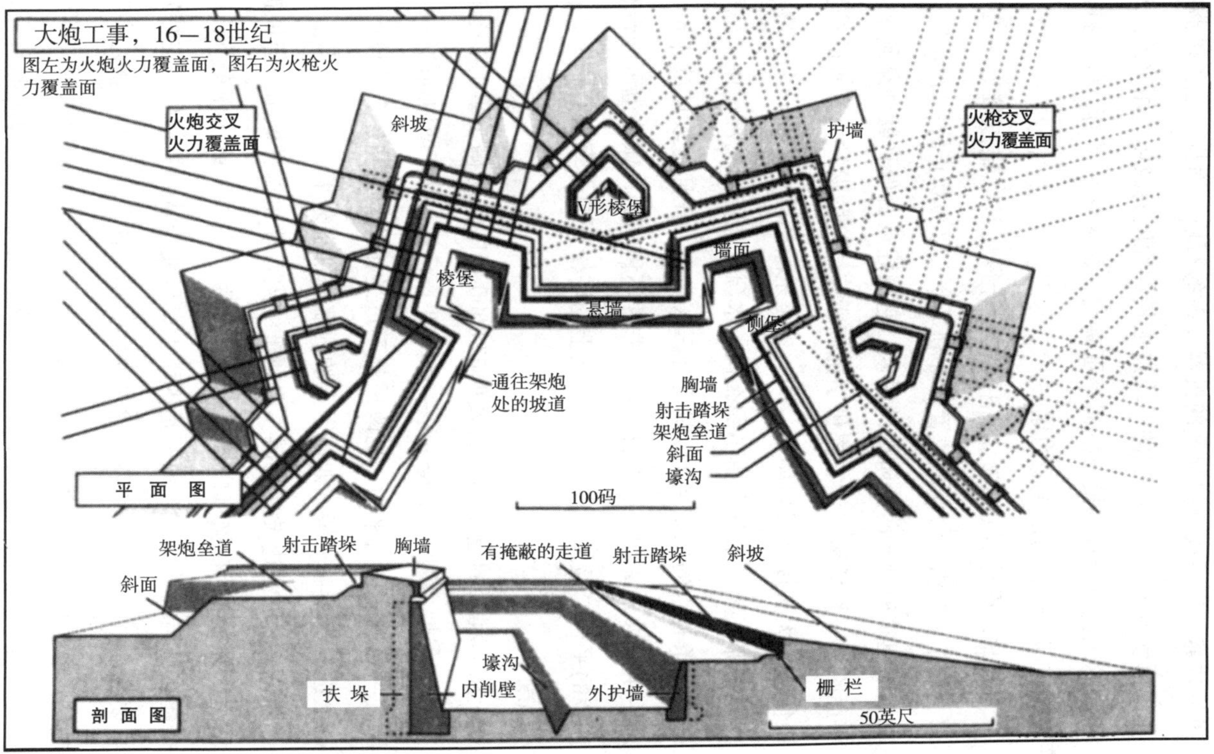
大炮工事，16—18世纪
图左为火炮火力覆盖面，图右为火枪火力覆盖面
火炮交叉火力覆盖面
斜坡
火枪交叉火力覆盖面
护墙
V形棱堡
墙面
棱堡
悬墙
侧堡
通往架炮处的坡道
胸墙
射击踏垛
架炮垒道
斜面
壕沟
平面图
100码
架炮垒道
射击踏垛
胸墙
有掩蔽的走道
射击踏垛
斜坡
斜面
壕沟
扶垛
内削壁
外护墙
栅栏
剖面图
50英尺

承受依靠平衡重或反扭弹簧的机器发射的石块。而且，这类机器的投掷角度也无法使所投掷的石块造成最大程度的破坏；用火药发射的炮弹比过去所有的投石机器都更高明，因为它是平射，可以打击城墙底部，最容易使城墙坍塌。

因此，设计者总是力图把据点设计得使敌人难以接近城墙底部，给守军提供优势作战位置。耶利哥令人叹为观止的一个特点是，在城堡建筑尚处于萌芽阶段的时候，它的建造者似乎就预见到了它将面临的一切危险，为它提供了抵御所有危险的保护。无水的护城壕使敌人无法接近城墙墙根，同时也是杀敌的场所（在一个土壤渗透力不那么强、水蒸发得不那么快、水源更加充沛的环境中，也可以挖一条有水的护城河）。城墙有三人多高，任何想攻城的人都必须使用云梯，站在云梯上打斗可是非常不稳当的；城墙也可能带有作战的平台。最后，高踞于城墙之上的塔楼更使守军居高临下，占尽优势。

从耶利哥的建立到火药发明的8000年间，防御工事的3个特点——城墙、壕沟、塔楼——一直保留了下来，没有增加新的特点。原则一旦确立，后来的一切改进都不过是在耶利哥建造者的设计基础上进一步精益求精，如在据点的内墙外加盖外墙，称为“多层防护墙”；沿壕沟边设置障碍（耶利哥的人可能也这样做了，但证据已湮没无存）；在据点内再盖碉堡，称为“主楼”或“堡垒”；塔楼建在城墙的外墙上，而不是内墙上，以便于从侧翼作战；在特别重要的地区，据点之外还修建单独的工事。这些工事本身就是小型据点，它们的目的是为大据点守门，或占据可能会被敌人利用的一切有利地形。然而，总的来说，后来修建城堡的工程师对耶利哥的设计的改进并不比后来的印刷商对古登堡的《圣经》的改进更多。

据点通常由小型主权政体修造，或者是主权政体分裂后的产物；在中央权威尚未建立，或虽然存在但自顾不暇，或业已崩溃的时候，据点就会大量涌现。古希腊人在现代土耳其和西西里海岸上修建据点来保护他们在殖民早期建立的各个商业定居点；诺曼人在英格兰大兴土木。从1066年到1154年间，诺曼人可能建造了900座大小不一的据点，小的用1000个人工日就能造好，大的则需要24 000个人工日。修造这些据点的目的是要加强诺曼人对盎格鲁–撒克逊人的统治。[4]罗马人在“撒克逊海岸”建造的据点，如里卡尔弗城堡和佩文西城堡，为的是不让条顿海盗趁罗马帝国在公元4世纪力量衰退之机来进犯英格兰东南方的海岸线。[5]不过，撒克逊海岸的城堡其实不是单独的据点，而是防御工事的第三种形式——战略防御——的组成部分。有的战略防御是连绵不断的，哈德良长城在维护良好的时候就是一个这样的例子，但更经常的是在防线上建立单个的据点，如果敌人发动全线攻击，可以彼此呼应配合，御敌于防线之外。战略防御的性质决定了它耗资巨大，无论是修建，还是维护和驻防，都所费不赀；它是社会富饶和政治发达的标志。

苏美尔各个高墙深壕的城邦被萨尔贡收归中央控制之下后，可以说形成了一套战略防御体系，不过这套体系不是有意计划建成，而是逐渐自然形成的。第一套有计划修建的战略防御体系似乎是古埃及第十二王朝的法老自公元前1991年起修造的努比亚碉堡线。这条碉堡线最终完成后，沿尼罗河从第一瀑布到第四瀑布绵延250英里，两边的尼罗河和沙漠尽在掌握之中，各个碉堡之间也许是通过烽火信号守望相助。考古发现再次证明，那里的工事设计已经具备了战略防御的所有要素；后人只是因循了这些要素，并未添加任何新东西。最早建立的碉堡坐落在第一瀑布附近，那里的河谷地方宽阔，可供人务农为生；建造碉堡就是为了保护农田，并扼守大河。埃及人进入野蛮的努比亚和狭窄得多的上尼罗河地区之后，也在那些地方修建了碉堡，这些后来的碉堡主要用于军事用途。留存下来的文字记录表明，尼罗河上游的碉堡是作为真正的军事前沿而设计的。辛努塞尔特三世（Senusret Ⅲ）法老立了一座自己的雕像，并立碑写道："我比祖先向南航行得更远，划定了边界。我扩大了祖辈留下的疆土。我的儿子谁若能维持这片疆土……他就是我的儿子，是天潢贵胄……但谁若丢掉这片疆土，不肯为它而战，他就不是我的儿子。"这段铭文是在塞姆纳的一座碉堡里发现的，时间是公元前1820年。辛努塞尔特自立的雕像没有找到，但在同一座碉堡里发现了把他作为神来供奉的雕像，时间估计为公元前1479—前1426年间。这清楚地证明，他的子孙后代铭记住了他要他们保住他赢来的土地的告诫。[6]

古埃及人在努比亚的边疆政策成了后来各处帝国的样板。塞姆纳建造了3座碉堡，在河的两岸形成掎角之势，还修建了水渠从河中引水；碉堡面向陆地的一面修了几英里长的泥砖墙保护向南的道路。3个碉堡都设有很大的谷仓，其中两个谷仓的储量足以供应数百人一年的口粮；存粮也许靠位于阿斯库特的后方供应中心来补充，那是一座岛上堡垒，显然就是为了储存粮食而建的。另一段铭文说明了守军的职责："防止努比亚人由此……向北方去，无论是步行还是乘船，也防止他们赶着牲口经过此地。去伊肯从事贸易或递送官方信件的努比亚人不在此例。"在碉堡前方的地带，一支由努比亚的沙漠民族麦加人组成的埃及沙漠巡逻队定期进行巡逻。（在底比斯发现的写在莎草纸上的《塞姆纳快讯》上登载有一份典型的沙漠巡逻报告："派去巡逻沙漠边缘的巡逻队……回来后向我报告说：'我们发现了一队32个人和3头驴。'"）在印度西北边境作过战的英国军人对埃及人此一做法必定有所会心。英国人也采用了和古埃及人一样的做法，他们在印度设有行政区，里面驻守重兵保护区内的居民；另外有前方区，区内建有纯用于军事目的的碉堡，里面驻扎着军队；再往前是"部落"区，在"部落"区内，英国人只管保护道路，管理周边地方的责任则交给部落民兵，如开伯尔步枪团（Khyber Rifles）和托契侦察队（Tochi Scouts），可那些民兵与这一整套复杂的防御结构要防备的人属于同一族群。

耶利哥城和第二瀑布碉堡的蓝图在世界各地一直沿用下来，这并不值得惊奇；就连它们建成得那么早也应是意料中事。人一旦开始琢磨把有限的几个建筑和城镇规划的要素纳入自卫体系，就必然会造出耶利哥或塞姆纳碉堡群；同样，人一旦认识到，要想控制文明和野蛮世界之间的边界地区，最好的办法莫过于收买边境另一边的人，利用心理因素把偷猎者变为猎场看守人，也会马上把这个办法付诸实施，所以才有了麦加巡逻队和开伯尔步枪团。

然而，若是以为耶利哥和塞姆纳城防的基础原理传播得既远且快，那就大错特错了。当时的耶利哥人民生活富裕，第十二王朝的法老更是财力雄厚。但直到进入公元前第二个千年很久之后，其他的地方仍是地广人稀、民生艰难。到了公元前第一个千年，带有城防的居住点才普及开来。考古学家在旧士麦那发现了一座建有防御工事的希腊居住点，它建于公元前9世纪，外面围有防御墙，还用凿好的石块建起了棱堡；在西班牙的萨拉戈萨和波兰的比斯库平这样相距遥远的地方都发现了公元前6世纪建造的有围墙的居住点。[7]山顶城堡在英国屡见不鲜，称为“铁器时代要塞”，现已发现了2000处；在欧洲的东南部，类似的山顶城堡可能早在公元前3世纪即开始建造了，不过到了公元前1世纪才真正推广开来。[8]它们到底是早期的城镇，还是临时避难所？什么样的政治条件促成了它们的修建？对这些问题，历史学家众说纷纭，莫衷一是。它们也许和毛利人的堡垒一样，由社会的部落化所促成，因为比邻而居的群体要保护自己可搬动的货物免遭抢劫；可是对此我们无法肯定。我们只知道，防御工事在公元前第一个千年期间从欧洲的东南部传到北部，同时，随着希腊人和腓尼基人离开家园驾船到别处去建立贸易殖民地，地中海和黑海沿岸也出现了带防御工事的港口。防御工事无疑是随着贸易传播的。研究史前城市的著名学者斯图亚特·皮戈特（Stuaart Piggott）就提出，在地中海沿岸带有防御工事的港口和法兰西以及德意志内陆的山头要塞之间，有一条重要的双向贸易通道，向北方运去的货品有酒、丝、象牙（甚至还有猿猴和孔雀——史前时期，阿尔斯特的一个国王就得到了一只巴巴里猴子），运回来的物品则是琥珀、裘皮、皮革、腌肉和奴隶。[9]

到公元前第一个千年，在地球的温带地区，防御工事已经是星罗棋布。中国早期的城镇是没有围墙的。黄土平原上缺少树木，所以就连建造城墙的基本材料都付诸阙如。但是，商朝建立了最早的中央政权时（约公元前1600—前1046年），中国出现了夯土城墙；有意思的是，商朝的表意文字中代表城的符号“邑”是一个堡垒加一个跪伏的人形，说明碉堡在中国和在别的地方一样，既是防御工

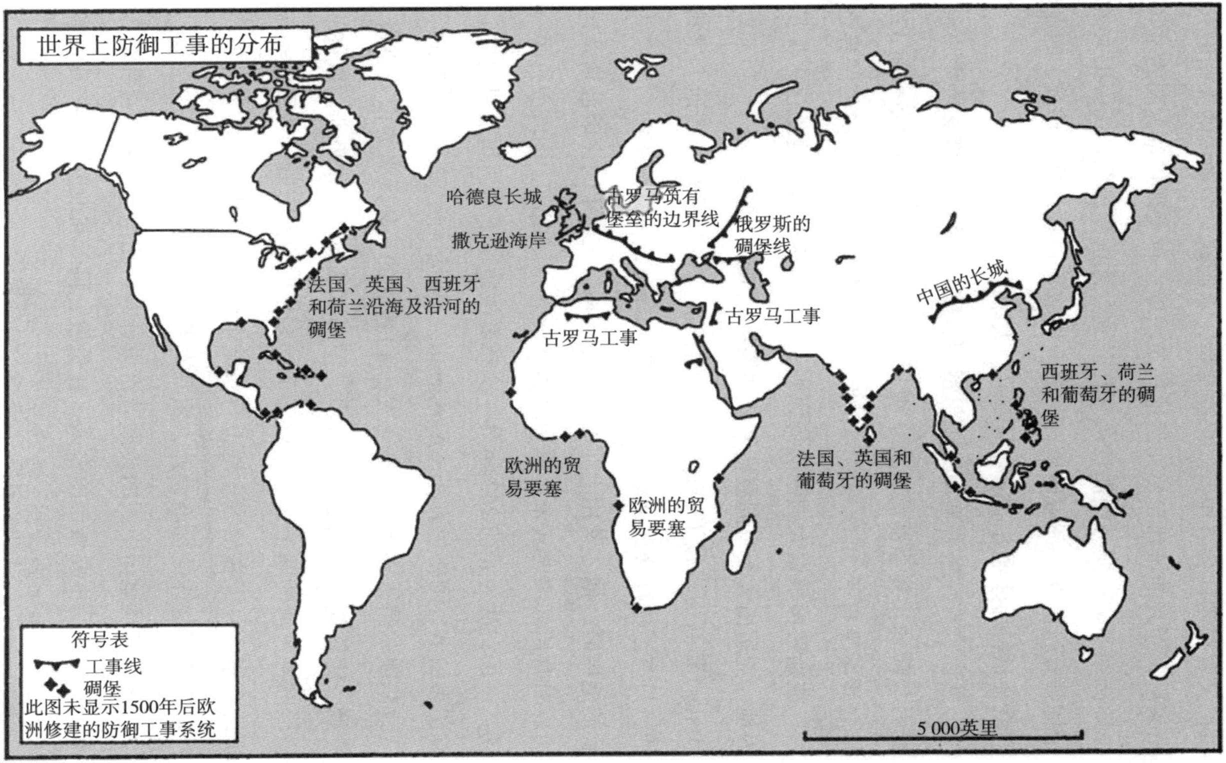
世界上防御工事的分布
哈德良长城
撒克逊海岸
古罗马筑有堡垒的边界线
俄罗斯的碉堡线
中国的长城
法国、英国、西班牙和荷兰沿海及沿河的碉堡
古罗马工事
古罗马工事
西班牙、荷兰和葡萄牙的碉堡
欧洲的贸易要塞
欧洲的贸易要塞
法国、英国和葡萄牙的碉堡
符号表
工事线
碉堡
此图未显示1500年后欧洲修建的防御工事系统
5 000英里

事，又有控制社会之用。[10] 在古希腊，米诺斯文明崩溃的黑暗时代结束后，新兴的城邦自然而然地高筑城墙；位于现代意大利的城邦也如法炮制，古罗马当然也是一样。到公元前 4 世纪，亚历山大大帝挥师穿过波斯去征服印度时，只要在有居民点的地方作战，军师们就会预料那些地方一定有据点阻拦大军的前进。

然而，有一条普遍原则仍然适用，即众多的据点意味着中央权威力量薄弱，甚至荡然无存。亚历山大大帝在公元前 335—前 325 年之间至少打了 20 次围城战，但没有一次是在波斯帝国的国界之内；波斯帝国根据大国的防御原则，通过集中防卫边缘地区来保护内地。亚历山大大帝同波斯军队在格拉尼卡斯（Granicus）、伊苏斯（Issus）和高加米拉（Gaugamela）的三次战役都是在开阔地上进行的。只有当他征服波斯后，进入波斯和印度之间四分五裂、各自为政的地区时，他才又用上了公元前 334—前 332 年间突破波斯帝国边界时常用的围城战术。古罗马人在建立帝国期间，围城战打了一场又一场；从公元前 262 年第一次布匿战争拿下西西里最早建立防御工事的港口阿格里真托（Agrigento），到公元前 52 年，恺撒的军队攻陷凯尔特人在阿莱西亚（Alesia）建立的一处巨大的山顶要塞，推翻了维钦托利（Vercingetorix）。罗马军队在从阿尔卑斯山挺进苏格兰和莱茵河的路上，沿途留下了许多长方形的军营。罗马的士兵训练有素，每天在敌方土地上行军结束时，都按照标准的设计安营扎寨。按照这样的标准设计，罗马军营的周围有 4 个门，中央有一块广场，奇怪地与中国的典型城市设计非常相似，也成为被罗马人所征服地区的主要城市的模式：在伦敦、科隆和维也纳这些现代城市的中心，地下都留有古罗马方形军营的遗址。

不过，在实现了平定安宁的罗马帝国内部，征服者没有建造工事："大多数高卢城市起初都是开放的居住点，没有设防。"[11] 此即"罗马统治下的和平"（Pax Romana）的含义——开放的城市、安全的道路、西欧广大地区形成大一统。当然，这种和平需靠别处建造的防御工事来保障，但究竟是如何保障的，却是撰写罗马史时最有争议的问题之一。古罗马帝国边境地区的防御工事是实实在在、人所共见的，最明显的是哈德良长城中段。标志着罗马人挺进不列颠北部纵深的安东尼长城的遗址也仍然隐约可见。至于莱茵河和多瑙河沿岸的边墙，摩洛哥、阿尔及利亚、突尼斯和利比亚沙漠边缘的非洲战壕，以及从亚喀巴湾和红海北部一直延伸到幼发拉底河和底格里斯河源头的叙利亚边墙，至今尚可看到它们残存的部分。这些防御工事是有些现代历史学家心目中的"合理边境"，还是仅仅标志着古罗马军队的有效控制线？古罗马军队在地中海经济的边缘地区往来征战，防止动乱势力坐大；这类势力有些是地方性的，有些却构成战略性的威胁。爱德华·勒特韦克（Edward Luttwak）在《罗马帝国的大战略》一书中令人信服地论证说，古罗马人像在印度的英国人一样，明确地知道哪些地方能够防卫，哪些地方防卫不了。虽然在实际防卫的过程中，他们必须根据自己的能力采取不同的方法——首先靠强大的中央军队，其次靠有力的地方防卫，再次是两者并用，不过最后一种办法的效果并不令人满意。[12] 反对勒特韦克这一论点的人认为，罗马人并没有如此全面一致的战略，尤其是在东部边境地区。比如本杰明·伊萨克（Benjamin Isaac）认为，罗马对波斯和安息长期以来一直采取侵略性的政策，因此，东部的防御工事应视为供罗马远征军使用的保险的交通线；C. R. 惠特克

（C. R. Whittaker）则认为，许多边境地区动乱不断，古罗马建造的防御工事，如同古埃及人在努比亚的碉堡或 1954—1962 年法国人在阿尔及利亚战争期间建造的工事（莫里斯防线），是为了挡住匪寇，不让他们骚扰和平的农耕者。[13]

可以肯定，几乎在任何地方，只要建立起了中央权威，就必然会建造战略防御。其中有简单的，如把盎格鲁-撒克逊人居住的英格兰和凯尔特人居住的威尔士分隔开来的奥法堤，不过在它那个时代，它一定是一项浩大的举措，为挖土而耗费的人工日不下好几万个；也有像中国的长城那样时至今日仍然神秘未解的复杂工程。较难确定的是这些防御的具体职能，因为它们的职能各不相同，无法笼而统之。哈布斯堡帝国和奥斯曼帝国接壤处的军事防线（krajina）肯定是为了阻隔土耳其人的，但建造这样的防线意味着土耳其的力量强于奥地利，虽然哈布斯堡帝国的历史更加久远。相比之下，18 世纪 60 年代为保护不列颠南部和东部海岸的港口而花费巨资修建的一连串碉堡（到 1867 年，有 76 座碉堡完成或在建）是对法国威胁这一幽灵的反应，可能它证明了英国人本能地对铁甲舰艇不放心，不相信它们能提供有效防卫，而他们对木头墙这方面的能力倒一直深信不疑。[14] 路易十四沿法国东部边界建起的碉堡链是侵略用的工具，借以一步步地把法国的力量延伸到哈布斯堡的土地上；俄国的沙皇从 16 世纪开始逐渐向东部大草原纵深修建的一连串由临时性碉堡组成的碉堡线（cherta）更是如此。沙皇此举是为了把大草原上的游牧民族挤到乌拉尔山以南，为俄国人开辟一条去西伯利亚定居的通道。然而，要延长碉堡线，必须有哥萨克人的帮助；哥萨克人尽管不太热心，但还是提供了帮助，可他们没有意识到，碉堡线的一个职能就是把他们的自由居住区纳入莫斯科的控制之下。[15]

与弗雷德里克·杰克逊·特纳（Frederick Jackson Turner）并列为最伟大的边疆历史学家的欧文·拉铁摩尔（Owen Lattimore）认为，这种半防御、半压迫的作用正是中国长城的写照。特纳在他1893年向美国历史学会提交的著名论文中指出，美国不断移动扩展的边疆使任何愿意西进的人都能得到免费的土地，在形成美国人充满乐观、活力和好奇心的民族性中发挥了决定性的作用，也决定了美国这个伟大的民主国家能够继续保持它的特性。与其形成对比的是，拉铁摩尔说中国的长城是在各方面都完全不同的另一种边境。它确实移动过，先是把诸侯为保护自己的地盘而建起的各段城墙连接起来，最后，在公元前3世纪的秦朝，长城沿着灌溉的农田和由河谷和草原组成的牧区之间的界线确定了下来。然而，拉铁摩尔认为，秦朝和以后的历朝历代都掌握不好长城的合适位置；有时它向北推进，把黄河河套地区的鄂尔多斯高原收入怀抱，有时又放弃那块地方；长城西部直伸向青藏高原，那一带的长城多有加建和改建；最终，把所有的分支都算上，长城全长达到了4000英里。[16]拉铁摩尔说，所有这些起伏变化与其说见证了王朝力量的兴衰，不如说是对一个理想目标的追求。中国的历代皇帝确实想在适于耕种的土地和只适宜游牧民族放牧的草场之间建立“合理的”边界。然而，这样的界线并不存在，因为这两种土地之间不仅存在着一个混合生态区，而且这个地区随着广袤的欧亚大陆纵深的气候变化造成的干旱或湿润的条件而不断移动。朝廷把汉族农民迁往边境地区垦荒，企图改造生态环境，结果却是好心办坏事（Schlimmbesserung）。迁去的移民，特别是落户在黄河河套地区的农民，在气候转旱时也被迫转而从事游牧，结果更壮大了一波又一波攻击长城的马背上的人群；骑马民族的进攻也使得边疆地区官员为使祖祖辈辈居住在中间区的半游牧民族实现汉化所费的心力付诸东流。[17]

在这样的情况下，中国人一直保留着自古以来把农田和农户隔在外面的城墙也就不足为奇了。在王朝强大的盛世，城是朝廷行政的中心；在外族入侵的乱世，城仍然牢牢保存着帝国的传统，而征服者也总是被中华帝国的传统所驯服，最终实现汉化。城墙和长城一起，被正确地视为文明的象征，仅在明朝期间（1368—1644年）就完成了对500座城池的城墙的大修。[18]然而，无论是城墙还是长城，都不过是帝国制度的道具，而中华帝国的根本力量在于中国人关于恰当社会秩序的哲学信念。这样的信念之所以维持不坠，不是因为它们被自上而下推广到了全社会——它们基本上只是士绅和官宦阶级专有的文化财产，而是因为入主中原的异族人数较少，并且由于他们所属的草原社会经常在边境地区与中华文明有所接触，他们在不知不觉间已经有了微妙的汉化倾向。从这个意义上说，长城本身就是推广文明的工具；它是一片隔膜，强大的思想透过它流向外面，教化着不断想冲进来的野蛮人。

西方古典文明就没有这么幸运了。罗马人与中国人不同，野蛮人对他们的攻击从来没有停过，而在那些野蛮人中，直接或间接地接触到罗马文明的人太少，不足以维持文明对他们的影响。从公元3世纪中期起，随着蛮族日益频繁地深入高卢抢劫掠夺，省级官员开始用围墙把内地的城镇保护起来；然而，即使到了5世纪，也还只有48%的城镇建起了城墙。在意大利的波河河谷以南，只有罗马有城墙。[19]沿北海、英吉利海峡和大西洋的海岸修建了碉堡链，莱茵河和多瑙河沿岸的边墙也得到了加固。但这些前线防御一旦被突破，整个西罗马帝国就成了俎上之肉，任人宰割。罗马帝国完结后建立起来的蛮族王国起初不需要建筑城防，恐怕它们也根本不知道怎么建。斯堪的纳维亚的海盗、阿拉伯人、中亚大草原来的人——这些完全没有受过罗马文明影响的外来者在历次入侵中长驱直入，没有任何战略防御的阻拦，进入内地也不必攻坚，因为基本上没有碉堡。难怪查理曼大帝把欧洲重建为一个泛欧洲国家的巨大努力都消磨在了对付这些野蛮人的攻击上面。

最后，西欧又重新建起了防御工事，但中国皇帝若是看到其建造的模式，一定会大惊失色。1100—1300 年间，贸易出现了复兴，这个难以解释的现象可能应该归因于同样令人百思不得其解的欧洲人口的增长，从约 4000 万增加到约 6000 万。人口增长造成了城镇生活的复苏，而城镇则通过货币经济的增长获得了用来保护自己免遭外来危险的资金。比如，比萨在 1155 年花两个月绕城挖了一条渠，第二年又建起了带有瞭望塔的城墙。然而，新修了城墙的城镇不是利用自己的坚固防御来拱卫皇家的权威，而是借此向皇家要求各种权利和自由；比萨建造城墙是对神圣罗马帝国皇帝腓特烈·巴巴罗萨（Frederick Barbarosa）的反抗。[20] 与此同时，一个会使中国皇帝更为坐立不安的现象是，西欧各地称霸一方的强人开始大肆兴建防御工事。开始只是简单的堑壕，自 10 世纪起，出现了气势更大的护堤，最后是真正的石头碉堡。有些碉堡的主人是国王或他的亲信大臣，但慢慢地，大多数碉堡都成为抗拒君命的逆臣或狂妄自大的野心家修建的非法（“有违君臣等级”）建筑。那些人声称，他们修建碉堡是因为邪恶的北欧海盗，或阿瓦尔人，或马扎尔人来势汹汹，所以他们需要安全的地方来驻扎战马和战士。事实上，在既没有战略防御，也没有强有力的中央权威的欧洲，他们因势成事，称霸一方。

北欧海盗入侵前，法国的普瓦图地区只有3座城堡，到11世纪，城堡数目增加到39座；10世纪前，曼恩地区一座城堡也没有，到1100年就冒出了62座；别的地方也是同样的情形。如此大规模的建造最终抵销了碉堡给它的主人在地方权力斗争中带来的优势。[21]每一个强人都拥兵自重，结果反而谁也当不成霸主，更遑论与中央政府合力抗击外侮，只落得地方战争烽烟处处。按照规矩，建造防御工事需要国王发放的执照；至于没有执照的工事，国王的大臣只要有机会就予以拆除。然而，建造城堡可以很快——100个人10天内就能垒起一道小护堤，但一旦建立起来，如果主人拒不听令，攻陷并拆除城堡就困难得多。[22]面对坚固的城堡，所有攻城的手段都显得渺小无力，这个真理自从耶利哥建成直到火药发明之前，一直颠扑不破。

在美索不达米亚和埃及的考古挖掘中，出土了描绘围城战的图画和雕像，还有攻城器械及手段，包括攻城槌、云梯、攻城塔车和地道，使历史学家惊叹不已。关于希腊围城战的文字叙述表明，早在公元前398—前397年，就出现了最早的投掷器——弩炮。[23]对攻城槌最早的描绘是在埃及出土的、刻在公元前1900年的一座雕像上。那个攻城槌看上去非常单薄，但上面似乎有顶棚保护；对云梯的描绘还要早500年。在美索不达米亚出土了一座约公元前883—前859年的宫殿，墙上的浮雕描绘了一个安装在带轮架子上的攻城槌，比埃及雕像中的那个威武多了，另外还有一个工兵挖墙的场景。

在美索不达米亚还出土了另一个公元前745—前727年间的浮雕，上面雕有一架攻城塔车；到那个时候，人已经学会了建造坡道、填满护城壕、借塔车攀上城墙墙头；为向城堞上守军放箭的弓箭手提供保护的大型盾牌显然也已成为围城器械之一。历史记载中还提到火烧城门，甚至烧毁碉堡的内部设施；另外，在可以做到的情况下切断水源，当然还有断粮，这些也都是标准的围城战术。[24]

因此，火药发明前的一切围城手段都是公元前2400—前397年之间发明的。除了断粮，没有一个手段能十拿九稳地，或哪怕是相对有效地，攻破城池。据古典战略家波利比乌斯说，围城战最有可能速战速决的情况是守军自满懈怠，突然袭击以攻其不备。还有一个办法是收买变节者，比如，1098年十字军攻克安条克，靠的就是安条克城里有人变节；许多其他城堡的陷落也都是因为出了内奸。[25]没有这些，围城战会持续好几个月，除非攻城者能找出城防的薄弱环节或设法制造薄弱环节。1204年，敌军是利用一条用于排出粪便的没人守卫的厕所下水道攻陷了盖亚尔堡的；1215年，约翰国王围攻罗切斯特城堡时，用在城墙下挖沟再用火攻的办法——用了40头猪的猪油——弄塌了城堡的东南角，但城堡最终陷落还是因为守军断了粮；那次围城持续了50天，是在那之前以及后来的相当一段时间内英格兰最大的围城战。[26]

1099年十字军只用一架攻城塔车即攻陷耶路撒冷是一个例外，其中部分的原因是守军力量薄弱，部分的原因是攻城者的宗教狂热。总的来说，火药发明之前，只要城中物资储备充足，围城战中占优势的总是守方；而且，中世纪西方的围城战有一条规矩：攻守双方事先就时限达成协议。时限一到，如果守方没有援军来突破包围，城里的人就可以开城离开，攻方保证他们毫发无损。[27] 由于攻城的军队自身也可能粮食不继，更有可能因营房恶劣的卫生条件而生病，所以这样的协定对任何守军来说都是明智的选择。

因此，在火药发明之前的任何时期，如果因存在着关于攻城手段或器械的描绘，就认为它们在“战争的艺术”中发挥了重要作用，对此种论点我们应抱以极度的保留。对战争的艺术描绘总是突出可能的和耸人听闻的因素，而并非写实；从这个角度看来，埃及和亚述的壁画和浮雕中对王师攻城胜利的描绘并不是对实际情况的可靠再现，正如大卫和格罗为拿破仑所画的英雄肖像不是对他在战场上指挥作战情景的真实描绘；描绘战争的艺术作品和过分的夸大之间只有一步之遥，自从第一个征战的国王命宫廷画家为他画像以来即一直如此。防御工事以及所有攻破它们的行动都是描绘战争的艺术家所喜欢的题材，他们对攻守双方互动的错误描绘很可能严重歪曲了我们对火药发明前防守战的理解。

这段关于防御工事的插曲可总结为以下几点：在火药发明之前，高墙深壕、粮草充足的防御工事一直很难攻陷；这样的防御工事也许是战略防御的一部分，但经常是对中央权威的违逆，或者是威吓自由民或农民的手段——这个问题以后会进一步探讨；战略防御从来难以与自然边境相吻合，它的建造、维护、供应和驻守耗资巨大，它的力量归根结底在于它所保护的国家的意志和能力。建起防御工事希望就此一劳永逸“是徒劳之举”。

第3章

肉

Meat

当驾驭战车的武士前来推翻国王，自立王朝的时候，城堡还寥寥无几，仅有的几座也不堪一击。约公元前 17 世纪，属于闪族的希克索斯人开始由尼罗河三角洲进入埃及，很快就在孟斐斯建立了自己的首都。稍后，由汉穆拉比在公元前 1792 年开始统治的美索不达米亚遭到了来自位于现代伊拉克和伊朗之间的北方山区入侵者的侵扰；到公元前 1525 年，那些入侵者似乎成了这块古老的两河平原的霸主。不久之后，来自伊朗东部大草原，属于印欧语系的雅利安人驾着战车进入印度河河谷，完全摧毁了那里的文明。最后，约公元前 1400 年，可能也是起源于伊朗大草原的武士驱车来到中国北方，靠着他们高超的军事技术和有城墙保护的营地制度创立了中国第一个中央政权——商朝。

从战车的采用到战车御者征服欧亚文明的各个中心，这 300 年的时间是世界历史上最非同寻常的一段。它是怎么发生的呢？促成它的有很多技术上的发展，包括冶金、木活、鞣皮和制革，以及对皮胶和动物的骨和筋的利用，但最重要的是对野马的驯化和改良。即使在人的旅行工具改为汽车和火车的今天，马仍然使人热血沸腾，为之挥金如土。世界上的富豪以拥有纯种马来炫富。赛马是“王者的运动”，笃信共和政制的亿万富翁为它一掷万金；但要说拿出大部分身家在某匹马身上下注冒险一搏，没有几个国王或百万富翁比得上自信那匹马能赢的普通人。在赛马场上，最穷的人感到自己可以和最富的人平起平坐，因为如俗话所说，“动物能把所有人都耍了”。一匹马无论受到怎样的照拂，无论血缘多么纯正，都有可能因不舒服或闹脾气而使它的主人大失所望；反之，一匹名不见经传的马却可能力排众难坚持到底，使它的骑手、驯马师、养马师和主人一夜成名，让上千名卑微的赌马人满心欢喜，使赌注经纪人荷包失血。现代世界中的纯种马不可小觑，名马甚至比多数政治家都出名。最伟大的纯种马有如皇室：人们专门远道而来看它们比赛；它们后代的血统得到仔细的记录，同确定波旁王室或哈布斯堡王室后代的正宗血统一样一丝不苟。可以说，良马即王者。怪不得最早的一批良马造就了国王。

驾驭战车的武士

智人最初遇到的马非常可怜，是被捕猎的食物。在美洲，现代家马（*equus caballus*）的祖先——马科动物（*equus*）——被冰期结束时进入新大陆的美洲印第安人杀绝了种。在旧世界，冰期过后森林再度生长起来，马因此被挤出欧洲，来到没有树木的大草原上；那里的人先是猎杀它们，后来驯养它们做食物。在黑海以北第聂伯河上所谓“斯托格山（Srednij Stog）文化”的居民点，从公元前第四个千年的村庄遗址中挖掘出来的骨头大部分显然都是被驯化了的马的骨头。[1] 石器时代的人吃马肉，而不驾马或骑马，是因为那时的马背部不够有力，承受不了一个成年男子的重量，而人也尚未设计出可以套在马身上拉动的车。无论如何，人和马的关系都十分复杂。拿狗来说，虽然狗是群体动物，但一只狗似乎很容易和一个人建立关系，狗跟随主人可能在 12 000 年前就开始了；而如果人想和某一匹马建立“相互关系”，就必须先把那匹马与马群分开，再单独予以驯服。

而且，石器时代的人没有理由认为马比其他马科动物更加有用。我们现在知道，其他的马科动物，如到处都有的驴、蒙古的蒙古野驴、西藏高原的藏野驴、西印度的印度野驴，以及美索不达米亚和土耳其的中亚野驴，由于遗传的原因，不可能经配种繁殖为体型更大、身材更壮、速度更快的物种。早期的家马外貌酷似现仍存在的普氏野马和直到 19 世纪仍奔驰在中亚大草原上的欧洲野马；而它们在毛色、大小和体型上又与驴、蒙古野驴和中亚野驴十分相像。基因分析表明，家马有 64 组染色体，与有 66 组染色体的普氏野马、有 62 组染色体的驴和有 56 组染色体的蒙古野驴各不相同；然而，在石器时代的人看来，它们之间没有什么分别。[2] 家马尤其与欧洲野马难分难辨，都是短腿、粗颈、圆肚、鼓脸、硬鬃；欧洲野马现已灭绝，此前一切改进它的外貌或体质的企图显然都没有成功。

开始时，人用来拉车和骑乘的动物是牛，可能还有驯鹿，似乎根本没有想过用马或其他马科动物。公元前第四个千年时，耕作务农的人发现，家养的公牛阉割后变得十分温顺，可以套上原来靠人力拉的犁在田里干活；在树木稀少的大草原或冲积平原上，用耕畜拉雪橇最自然不过了。后来，又给雪橇加上了固定的滚筒，从滚筒进步到安装在固定轮轴上的轮子应该不是难事，因为制陶工人已经在使用轮子了。[3] 在苏美尔的乌鲁克城出土的公元前第四个千年期间的一套石壁画显示了从雪橇到带轮雪橇顺理成章的发展。公元前第三个千年的一幅著名壁画叫作“乌尔的旗帜”，里面有一辆由4匹中亚野驴拉的四轮车，那是战场上国王的乘辇，也是他置放武器的平台，上有斧头、剑和矛。这种车用的由两块木头制成的车轮是从最早的实心车轮进化而来的。我们可以假设，苏美尔人发现用中亚野驴拉车比牛更好——中亚野驴跑得更快，也更有精神。

然而，中亚野驴虽然体型稍大，腿稍长一些，但它毕竟是驴，而小时候养过驴子做宠物的人都知道，这种可爱的动物有很大的缺点。它的犟脾气让主人毫无办法；它忍耐疼痛的能力很强，因此鞭子、马刺和嚼子对它作用不大；它只有后臀部能够承重，因此不能在它的背部前方“控骑”；它只有两种步态——走和跑，走起来比人走得还慢，跑起来飞快，刹不住。驴子的这些特点无论怎么配种都没能改变，所以它和蒙古野驴只能做些粗活儿。作为负重动物，驴子的远途跋涉能力和载货能力都非常有限；作为坐骑，它则是最后的选择。

因此，公元前第二个千年开始时，驯化的马开始从肉用转为拉车之用，这应在意料之中。野生的小马体型各不相同，石器时代的小母马肩部离地才有12个手宽（一手宽等于4英寸[1]），但较大的公马的高度可以超过15个手宽。[4]牧人通过畜牧绵羊、山羊和牛已经掌握了初步的配种技术，用这种技术来改良马的品种自然是顺理成章。然而，改良品种可能不会马上奏效。选择性配种的动物生出的头几代通常体型会变小，所以这样配种生出来的马反而不适合当

[1] 1英寸=2.54厘米。——编者注

坐骑，拖曳力更是大大降低。[5]此外，利用马来拉车还有一个过去没有的问题。驴子的拖曳力虽然不大，但使用穿过鼻箍的缰绳很容易控制它，它不会拼命地挣肩轭，因为那样会勒得它不舒服；温顺的公牛只需轻轻一挥鞭子，就会拉着连在它突出的双肩上所套的轭架上的车向前走。但是，要控制活泼得多的马，只能用给它戴嚼子的方法——关于马嚼的最好设计，养马的人至今仍争论不休；马的肩部太窄，轭架套不住，而在颈部套缰绳又会压迫它的气管。过了很久，人才逐渐发现，套马的正确方式是给它戴胸带——这个办法是中国人发明的——或者是给它的脖子套上有软垫的颈圈。在找到正确的方式之前，人驭马套马的方法其实是彼此矛盾的：为了指示它前进的方向，或要它改变速度，勒着马嘴把马头拉得向后仰起，这样很容易使马呼吸困难，速度因之放慢。

因此，上套的马不适合拉沉重的车子，也不适合拉公元前第二个千年开始在欧洲出现的深耕犁。[6]这意味着马拉的车需要尽量轻便，于是双轮车应运而生。历史学家斯图亚特·皮戈特（Stuart Pigott）在一篇引人入胜并极具说服力的文章中提到了关于交通工具的古今一同、四海皆准的心理，即快速漂亮的车子能提高车主的社会地位，无疑也能增加对异性的吸引力。他认为，从埃及到美索不达米亚，使用带辐条车轮的双轮轻便战车几乎同时突然出现，这是一种“技术的共通”。

> 新的因素是由新动力提供的速度，而古时的小马要达到高速，车就必须轻便，马也要比过去更有耐久力。用结构工程学的概念来看，实心车轮的牛车可视为缓慢、沉重、用木材建成

的压缩结构，而战车则是快速、轻便的木质结构，与弯木轮辋（车轮的部分）和车架合为一体。

如皮戈特指出的，这种战车的出现不可能不产生革命性的效果，哪怕只是心理上的效果："人类陆上运动的速度一下子提高了近10倍，从牛车的每小时2英里到每小时20英里，现代仿制的埃及古战车用两匹小马拉着轻而易举就能达到这个速度，因为战车加上挽具一共才重75磅[1]。"（在此值得一提：直到两个世纪前，把偕美女驾车出游视为人生一大乐趣的约翰逊博士还认为，人体能承受的速度不超过每小时25英里。）

然而，战车的效果绝不仅仅是心理上的。它导致了战车武士这个群体的诞生。这些人武艺高强、能攻善战，只有他们能驾驭高度专门化、造价极为昂贵的战车，也只有他们会用与其相配的武器，如复合弓。在他们下面附属着一大群专业人员，如马夫、鞍工、车轮维修工、细木工、弓箭匠等等；要保持战车和马匹处于良好状态，这些人不可或缺。

这些战车御者是从哪里来的呢？绝对不是从西欧的大森林中来的，尽管那里有几块地方可能还有野马存在；西欧的森林对战车来说是一大障碍，那里御车贵族的出现因此至少推迟了500年。他们也不是从两河冲积平原来的，因为那里没有马。干燥、树木稀少、四通八达的中亚大草原无疑是野马的家乡，但尽管大草原除了春秋两季的沼泽期以外非常适合车辆通行，它却奇缺金属和木材这两项

[1] 1磅=0.4536千克。——编者注

制造战车的必要物资，因此也不应该是战车的发源地。这样，通过排除法，关于战车和御车武士起源于大草原和文明的两河平原交界地区的说法看起来是比较可信的。

人们普遍认为，公元前第二个千年期间，一个讲印欧语系语言、强悍好战的“战斧”民族从大草原西部迁移而来，征服了“大西洋沿岸用巨石建造房屋的和平民族”。历史学家威廉·麦克尼尔（William McNeill）在这一观点的基础上进一步提出，一群掌握金属制作技术的人向“战斧”民族出售了战车这种造价昂贵但所向披靡的装备技术，使他们得以打败并统治了欧洲石器时代的人民；这群金属匠人自己也迁离了本土，不过是朝着相反的方向，从美索不达米亚迁向北部伊朗的大草原边缘。

> 从公元前第四个千年开始，这个高原上水源比较充足的地方就聚集了一个个农耕群落；公元前第二个千年期间，那里的农业活动可能得到了进一步的发展。在这些农耕定居点之间和周围的草原上居住着野蛮的游牧民族，他们在语言上与西部大草原的好战民族非常接近。这些牧人通过与农耕群落的接触，日益受到来自遥远的美索不达米亚文化中心的影响。在这种情况下，距公元前1700年之前不久，文明的技术和野蛮的力量似乎发生了至关重要的聚合。[7]

这个聚合就是战车的发明或完善。

为什么战车御者或作为他们直接或间接的前身的游牧民族比他们以狩猎为生的老祖宗和耕地种田的邻居更加好战呢？要回答这个

问题，需要考虑一些神经脆弱的人听了害怕的因素，都与人如何杀死或豢养其他的哺乳动物有关。毋庸赘言，农耕活动降低了人的饮食中肉类所占的比例；我们知道，人转向谷物生产必然会减少蛋白质的摄入，因为耕作者把土地用来种庄稼，而不是做牧场；另一个众所周知的事实是，种植者想把家畜多养几年，或是为了多挤奶，或是想让它们长得再大些后再宰杀，或是要用它们耕田，他们不急于一等家畜长大就马上宰了吃肉。结果，务农的耕作者不懂得如何把屠宰的动物分肌劈理，即使想杀死奔跑敏捷的年轻动物，也抓不住它们。原始的狩猎者虽然无疑屠宰的技术一流，但同样缺少捕杀的技能；他们注重的主要是追踪和围困猎物，不是如何精确地发出致命的一击。

另一方面，牧民学习宰杀动物和选择宰杀对象是理所当然的。他们对放牧的绵羊和山羊绝不感情用事；对他们来说，牲畜不过是长着蹄子的食物而已，它们提供奶和奶制品，包括黄油、凝乳、乳清、酸奶、发酵乳饮品和奶酪，但主要是提供肉，可能还有血。不清楚古时候大草原上的游牧民族是否像东非的牧民那样从牲畜身上放血，但似乎有这个可能；他们肯定分批轮流宰杀每年出生的幼畜和年老的成畜，再加上受伤的、畸形的或生病的牲畜。这样的宰杀要求在杀死动物时尽量少破坏尸体及其宝贵的血液和内脏，也要尽量不引起畜群的骚动。干净利落地一击致命，这是牧民的一个主要技能。他们从屠宰的经验中获得的解剖知识无疑也帮助提高了这一技能；畜群中大部分雄性都需要去势，这是学习切割的又一个机会；接生羊羔和照顾畜群所需的粗略的兽医手术技巧也都有助于提高切割技能。

牧民在与文明世界安分守己的农民作战时如此冷血、如此善战，究其原因，他们管理畜群的经验和屠宰的技能起了同等重要的作用。因此，牧民和农民的战斗也许和雅诺马马人及马林人的试探和拖延的战术无甚不同，也许还加上了程式性的内容。即使存在专业的武士阶层，这一猜测仍然站得住脚；由于没有铠甲和真正致命的武器，所以尼罗河王国在战斗中仍然沿袭了“原始”的习惯，苏美尔人的装备也并不比古埃及人的高明多少。在这样的技术条件下，打起仗来必然战线松散、纪律涣散，战场上战士容易扎堆，像畜群一样。然而，管理畜群是游牧民族的拿手。他们知道何时把一大群牲畜分成易于控制的不同小组，如何绕到侧翼来阻挡牲畜的后退，如何把四散的牲畜拢成一群，如何孤立头畜，如何胁迫大群的牲畜听从指挥，如何杀死选定的几头牲畜却不惊扰畜群，使之继续处于控制之下。

历史上后来描述的所有放牧民族的作战方法都显示了同一种模式。诚然，欧洲和中国作家笔下的匈奴人、突厥人和蒙古人从驾驭战车进步到了骑马作战，他们的战术因此更加有效，但他们作战方法的要素并未改变。作家们写道，这些人并不组建战线，或执意进攻。他们的办法是以松散的半月形队形接近敌人，从侧翼包抄机动力不强的敌人。一旦遇到强烈的抵抗，他们就撤后，意在诱使敌人冲锋追击，打乱编队。只有当在战斗中稳占上风的时候，他们才与敌人开展近身搏斗；搏斗中他们使用锋利的带刃武器砍杀，经常会砍掉敌人的首级或四肢；他们对敌人的武器轻蔑不顾，只穿戴最起码的护身甲。为占到优势，他们使用复合弓这个强大得令人恐惧的武器从远距离发射一阵阵箭雨，使敌人肝胆俱丧。公元 4 世纪的阿米亚诺斯·马尔塞来努斯（Ammianus Marcellinus）写道："战斗中，他们狂叫着成群扑向敌人。遇到反抗后，他们散开，但又以同样的速度卷土重来，任何挡路的东西都被踏碎踢翻……他们从极为遥远的距离外放箭的技能无与伦比，箭头是削尖的骨头，和铁一样尖利致命。"[8]

直至今日，学者们仍就复合弓出现的时间争论不休。如果对一块苏美尔的石碑解释正确的话，也许早在公元前第三个千年时，人就开始使用复合弓了；到公元前第二个千年，复合弓的存在已是不争的事实，因为现存于卢浮宫的公元前1400年的一个金碗上明明白白地刻有它特有的洋葱形或"反曲"形状——那是我们所熟悉的"丘比特的弓"的形状，在华托和布歇笔下，法国的廷臣被丘比特的箭射中后个个神魂颠倒。[9]复合弓不可能一下子出现，它的结构十分复杂，和战车一样，一定经过了几十年，甚至几世纪的多次改进，才最后定型。它在公元前第二个千年达到完善后，直到19世纪被更好的武器取代之前从未有过变化（最后使用它做战争武器的是满洲旗兵）。它包括一段细木条，或由几层木头压成的木条，外侧（"弓背"）用胶粘上一段有弹性的动物筋，内侧（"弓腹"）粘上成条的可压缩的动物角，通常是野牛角。胶用熬化的牛筋和牛皮做成，加上少量用鱼骨和鱼皮熬制的浆汁，涂上后可能需要"一年多的时间才能干透，涂抹时必须严格控制温度和湿度……制胶和上胶需要很高的技巧，经常成为一种神秘的、半宗教的仪式"。[10]

制作复合弓首先要准备好五块普通的或叠压的木条——一块中央把手、两块延伸柄、两块弓端。把它们粘在一起形成木头"骨架"，然后用蒸汽熏压成弧状，以后安弓弦就安在翘起的两端。下面要把蒸汽蒸过的成条的角粘在“弓腹”上。接下来把弓弯成圆形，把翘起的两端对起来捆牢，在“弓背”粘上动物的筋。然后就让它慢慢地“醒”，只有当它的一切部件都牢牢地成为一体后，才解开捆住它的绳子，给它上弓弦。给放松了捆绑的复合弓安弓弦需要很大的力气和技巧；弓的“拉力”通常以“磅”计算，一张复合弓的拉力可以达到150磅，而用一根小树做的简单弓或“单体弓”的拉力就弱得多了。

长弓的拉力和复合弓不相上下。到中世纪末，西欧的制弓匠学会了使用把树木的心材和边材合在一起的材料来制弓；它的原理也是利用弹力和压缩力的互相作用，箭手拉开弓时积蓄了压缩力，手指一松即释放了所积蓄的能量，使箭飞射出去。然而，长弓的缺点也正在于它太大了，只能由步兵的弓箭手使用。复合弓比较短小，安好弦后只有从人的头顶到腰部那么长，因此最适合在战车上或在马上使用。复合弓的箭比长弓的箭轻，最理想的重量是1盎司[1]，但仍能达到300码的射程（记录表明，依惯性飞行时飞得更远），准确度也很高，100码开外就能穿透铠甲。箭轻反而更好，牧民武士可以携带大量的箭——箭囊里能装50枝箭，通过向敌人发射箭雨使其无还手之力，因此而赢得战争。

战车弓箭手或马上弓箭手的简单装备3000多年来一成不变。最核心的是弓、箭和放箭时保护拇指皮肤的扳指儿；重要的配件有箭囊和弓盒，用来保护弓箭不受温度和湿度变化的影响（温度和湿度都会降低弓箭的射程和准头）。这种装备在对复合弓箭手的最早描

[1] 1盎司=28.3495克。——编者注

绘中可以看到，今天在伊斯坦布尔的托普卡比宫展览的18世纪奥斯曼苏丹王王室宝器大部分都是复合弓装备。[11] 马背上的人的世界中还有许多其他东西也一成不变，包括帐篷、地毡、炊事用具、服装和游牧民族的简单家具。游牧的牧民把东西装在箱子里，把两个箱子用绳子连起来，一边一个驮在牲口背上，他们使用的锅和烧水壶是圆底的，便于摞在网篮里；突厥人用作战鼓的铜鼓其实就是在游牧民族用的大锅口上绷上皮子做成的。

除了装备和对动物习性的熟悉，随时可以拔营出发也是战车武士善于侵略性作战的原因。一切战争都需要运动，但对习惯定居的人来说，哪怕是短距离的运动也困难重重。他们的装备笨重难移；他们缺少可随时征用的运输手段，尤其是拉车的牲畜，因为田里的活计也需要牲畜；人和牲口的口粮都散碎而不易运输。习惯定居的人受不了露宿，但又没有帐篷；天气不好时，他们要躲避雨雪，没有防水的衣服；吃饭要定时，还要做熟。农民比工匠能吃苦，希腊人认为，农民因为从事叫作“ponos”的辛苦农活，所以锻炼得最适合打仗；但即使是农民和游牧的牧民相比也太娇气。[12] 牧人总是在运动中，吃喝要抓时间，无论刮风下雨都在路上，只需要最起码的生存条件。他的全部财产一声令下即可马上打包，他的口粮随着他拔营起寨逐水草而行。即使是特别受上天眷顾，冬夏有固定草场，可以按季节赶着畜群迁移的牧民也比定居的农民能吃苦得多。在贫瘠的大草原上，古时候各个游牧部落必须为了不多的几块牧场你争我夺，练成了世界上最强悍的民族。

美国汉学家欧文·拉铁摩尔在1926—1927年间沿着公元前第二个千年那些把战车带到中国的人可能走过的路，穿越了印度和中国之间1700英里的不毛之地；古人一路走来，经过一个个绿洲，花了几代人的时间。拉铁摩尔回忆说，和他一起旅行的大篷车队的人变成了游牧者：

> 他们许多敬神的仪式和自保的禁忌不仅传自蒙古人，而且也是出于游牧民族最原始的本能。他们努力讨好安抚各种精灵神怪。在这片光秃秃的无主土地上，危机四伏、资源稀少；他们这些到处游荡的野蛮人无时无刻不提心吊胆，而精灵神怪就暗地里跟在他们后面，藏在他们的帐篷附近。从在第一个营地搭起帐篷开始……火和水就有了特别的意义。每当在一个新地方架起帐篷后，烧好的第一壶水和做好的第一锅饭都必须拿一点儿扔到帐篷外。

即使大篷车队的食物和水味道很差，难以下咽，也不能破了这个规矩。

> 我们黎明起身，先……用最粗糙的茶梗、茶叶和茶末煮茶……在煮好的茶里放入炒过的橡子面或炒小米搅拌成稀糊糊喝下去。小米看起来像是鸟食，实际上也是用来喂鸟的。中午时分，我们吃一天中唯一一次真正的饭，是用半熟的面团做成的。我们自带面粉，每天都做同样的面团。在面粉里加水，揉成面团，然后揪成小疙瘩或切成粗面条……我们之所以喝那么多茶，是因为水不好。未经烧开的水绝不能喝……我们在各地都是从井里打水，各地的井水都含有很多盐、碱，我想还有多

种矿物盐。有时水咸得简直没法儿喝，有时苦味很大。最糟糕的水……是稠的，几乎发黏，又苦又涩，难喝得要命。[13]

拉铁摩尔遇到的游牧民族在喝茶和吃面粉这类生活习惯上也许与公元前第二个千年的游牧民族有所不同，但在其他方面，他们的生活方式恐怕没有多少选择的余地，都同样受制于大自然的无边威力、多变难测和极端严酷。对任何能缓解如此艰苦的生活条件的事物，人一定都趋之若骛。我们应从这个角度来考虑战车和复合弓这两个了不起的物品为什么起源于文明世界和游牧世界的交界处，至于它们如何起源，也许不必过分费力追究。

战车的基本部件，即轮子、车身、轴杆和金属配件，是文明的产物，因为它们的前身是为做农活和造房子所用的比较笨重的工具。至于是谁改善了这些部件，造出了可长途驱驰的轻便战车，考古学家至今仍各执一词，但他们没有讨论的问题是，战车是做什么用的。[14]要找出这个问题的答案，可以看一看人把战车用于何种用途：当然用它来打仗，但也用它来打猎。战车不怕路面的崎岖，猎人可以凭借它用复合弓射杀猎物，许多埃及和美索不达米亚的出土文物都有这样的描绘；中国周朝的诗歌也表明战车是打猎用的车辆。[15]

既然如此，战车和复合弓之所以同时出现，也许是因为它们满足了牧人的一个关键需要——为他提供了比奔跑更快的驱赶畜群的手段，也使他的机动性大为增加，能追上狼、熊和大型猫科动物等骚扰畜群的捕猎动物，或至少与它们相去不远。对用复合弓猎狼的猎人来说，战车绝对是出色的平台。猎人在战车上准确射杀跑动的猎物并不比以后的人骑在马上射猎更难，可能反而比较容易。后来，定居民族看到马背上的民族一面纵马驰骋，一面放下马缰拿起弓来一箭射倒猎物，不禁啧啧称奇。约翰·吉尔马丁说，他们有这种本领是因为“大草原上的游牧民族花（无穷无尽的）时间……放牧守护牲畜，因此他们必须一直骑在马上，但没有别的事做……除了不断练习射箭……大草原上，人和动物都是动态的，无论是为了找食还是为了别的目的去射猎，目标都在不断的运动之中，所以需要经常练习射箭才有可能一箭中的。”16 如果把这段话里的“骑在马上”改为“驾驭战车”，意思仍然不变，解释也同样有理。

接近公元前第二个千年中期时，学会了制造和使用战车以及复合弓的人发现，他们若是用原来为对抗攻击畜群的捕猎动物所采取的强悍手段来攻击定居民族，可以所向无敌；他们是怎么发现这一点的就不得而知了。侵略者驾着战车从高地冲到宽阔的大平原上，打得美索不达米亚人和埃及人死伤累累，他们自己却毫发无损。面对成群没有铠甲的步兵，他们只在 100～200 码开外围攻，每辆战车的人员——一个驭车手加一个弓箭手——每分钟就可能射死 6 个人。10 辆战车作战 10 分钟能造成 500 人以上的伤亡，这对当时人数不多的军队来说相当于索姆河战役的损失。[1] 面对这样不可战胜的强敌，被侵略的一方只有两个选择：或四散逃跑，或认输投降。对驾车来袭的侵略者来说，无论对方是逃是降，他们都能抓住众多的俘虏，然后可能很快就把那些俘虏当作奴隶卖出去。

普遍认为，大草原和文明社会之间最初的互相渗透是由长途商贩促成的。他们带着布匹、廉价的首饰和加工过的金属去和野蛮

[1] 索姆河战役是第一次世界大战中规模最大的一次会战，也是最惨烈的一次阵地战，双方伤亡人数达 130 万。——译者注

人交换他们能提供的有价值的物品，包括毛皮、锡，还有奴隶。无人知晓奴隶贸易是如何开始的。对习惯于成群驱赶四脚动物的游牧民族来说，这应该是很自然的事；特别是当牧民聚在一起庆祝节日的时候，外面的人也趁机携带货物前来，如拉铁摩尔所指出的，这种聚会“常常会变为集市”，而这样的集市可能就是最初的奴隶市场。[17] 如果牧民学会了抓获奴隶，然后把他们运到大草原的聚会点去出售，那么就可以设想，他们后来从高原挥师前去征服平原时，已经熟谙于抢夺奴隶和管理奴隶，并能够通过依附于他们的奴隶阶层对被他们征服的人民实施权威。

也许这就是为什么那些强悍的入侵者虽然人数不多，却不仅打败了比他们多得多的对手，而且还维持了一段时期对被侵略者的统治。驾驭战车的统治者也是奴隶主，这一点似乎是无可辩驳的。当然，战车出现之前，美索不达米亚和埃及就有了奴隶制，但驾驭战车的征服者可能进一步加强了奴隶制，特别是奴隶贸易。奴隶制传入欧洲可能是由来自小亚细亚的迈锡尼人带来的，但他们迁移到欧洲时并没有带来战车，到了公元前第二个千年中期才开始使用战车；同时，战车突然成为中东人作战的主要装备。[18] 中国的奴隶制始于商朝，而根据《梨俱吠陀》，印度河谷的战车征服者确立了奴隶制，成为后来种姓制的基础。

战车的迅速推广不应令人吃惊。当时可能出现了战车工业和战车市场，犹如今天的高科技军火工业和军火市场。新独立的第三世界国家花硬通货从中购买所谓的“尖端”武器，还认为买的那些轻便和易于运输的武器完全物有所值。战车技术一旦完善，复制起来应该不难，运输和出售更是容易；埃及的一幅约公元前1170年的浅浮雕显示一个人扛着一辆战车，复制的战车重量还不到100磅，这样看起来，浮雕里的人肩扛战车并非什么了不起的本领。战车的销路这么好，各地的工匠只要掌握必要的技术，必定争相生产。实际上，这一销路好、价钱高的产品生产的限制因素不是缺乏技术或原材料，而是缺少合适的马匹。拉战车的马必须经过千挑万选和严格训练。所知最早的马匹训练在公元前13世纪和12世纪的一批美索不达米亚文件中就有记载，如果其中关于驭马术的复杂词汇可作为依据的话，很早就开始训练马匹的花样骑术动作了；那时与现在一样，年轻的马儿顽劣难驯，无论以什么语言写下的叙述均证明了这一点。[19]

至于谁是第一批驾驭着战车征服其他民族的人，可以从语言中寻找线索。入侵埃及的希克索斯人发源于阿拉伯沙漠北部边缘的半肥沃地区，讲的是一种闪米特语言。[20]分裂并推翻了汉穆拉比的美索不达米亚帝国的胡里安人和加喜特人来自底格里斯河和幼发拉底河发源地带，那里至今仍是世界上民族组成最复杂的地区之一；加喜特人的语言无法确定，属于小亚细亚语系，而在今天的土耳其建立了帝国的胡里安人讲一种印欧语言。入侵印度的雅利安人也讲印欧语言；在中国建立了商朝的驭车民族可能来自伊朗北部——也许是阿尔泰山中伊朗文明初具雏形的中心地带。[21]

驭车霸主的身份模糊难定，这正表示了他们的主要特点：他们是破坏者，不是创造者，他们后来实现了文明靠的是采纳被他们征服的人民的礼仪、制度和宗教，而并未发展出自己的文明。美索不达米亚的汉穆拉比帝国成立于乱世之中。当时，叫作古提人和埃兰人的边民到处捣乱，弄得天下不宁。汉穆拉比帝国重掌了萨尔贡曾经行使的权威，再建了与萨尔贡时代相似的官僚制度和专业军队，以巴比伦为中心统治着整个帝国。然而，这个阿摩利人帝国的军队仍然是步兵，当公元前 17 世纪驾着战车的加喜特人和胡里安人冲破了帝国的边界大举来犯的时候，帝国的步兵完全抵挡不住。入侵埃及的希克索斯人虽然实际上成了埃及北部的统治者，但他们首先自己实现了埃及化，把埃及的一位神明奉为国神，还采纳了法老的行政方法。商朝似乎也采纳了中国北部原有的一种文化，没有带来自己的文化。铭文显示，商朝统治者善于驾车狩猎，用复合弓猎杀老虎和大角牛这类大动物；他们用活人献祭，可能是用奴隶，可能也用战俘。出土的墓葬品表明，只有他们有权使用青铜制品，他们治下的农民仍然使用石制工具。最终，在公元前 1050—前 1025 年间，商朝被南方一个本地的王朝——周朝——推翻。周朝的人是从另一个来源学会了使用马匹和战车的。

驭车者在世界各地的暴政都很短命。似乎只有驭车入侵并统治了印度河文明的雅利安人不是因内乱垮台的，但是，有些学者认为，佛教和耆那教的兴起就是当地人民对雅利安人设立的种姓制度暴政的反应。约公元前 1567 年，埃及新王国的创始人阿摩西斯（Amosis）重振法老的雄风，把希克索斯人赶出了埃及。其他的驭车民族，如安纳托利亚——即现代土耳其——的赫梯人和现代希腊的迈锡尼人都是在公元前 1200 年前后被弗里吉亚人和多利安人这两个希腊北部的民族推翻的。可能正是迈锡尼人摧毁了克里特岛上的米诺斯文明，也是他们给了荷马创作描述特洛伊战争的史诗的灵感。然而，意义最为重大的是，美索不达米亚当地的人民在亚述乌巴列（Ashuruballit）国王的领导下，于公元前 1365 年左右打赢了反抗赫梯人统治者的旷日持久的战争，重新建起了他们古老的帝国，因其首都亚述尔城而得名亚述帝国。

我们对亚述人的印象来自在尼尼微和尼姆鲁德出土的精美无比的皇家艺术。从出土的艺术形象来看，亚述人似乎是驭车的民族。他们的国王和贵族肯定是驾驭战车的熟手，埃及新王国的法老后来也学会了驭车。然而，他们的祖先却不会驾车。必须看到，武士统治古老的神权国家产生的最重要、最持久、最凶险的结果是文明世界中国王作用的改变。古王国和中王国时期的埃及人很少打仗，就连萨尔贡的常备军队比起后来的亚述军队来，也如同一群乱哄哄的没头苍蝇。亚述人和埃及人从驭车民族那里学到了大规模作战的技巧和行为守则，各自在自己的势力范围内成了霸主。新王国的法老驱走了希克索斯人。在后来的年代里，埃及的军队乘胜前进，把埃及的边界远远扩展过尼罗河，一直延伸到叙利亚北部的高地。美索不达米亚的千里沃土缺乏天然屏障，四周强敌环伺、虎视眈眈，这使美索不达米亚文明永远如芒在背。亚述人赶走了胡里安人以后，主动出击，逐渐扩大了他们这个世界上第一个多民族帝国的版图，包括入了今天的阿拉伯半岛、伊朗、土耳其，以及现代叙利亚和以色列的全部领土，因而解决了这个一直困扰着美索不达米亚文明的问题。所以说，战车造就了好战的国家。战车本身也成为作战军队的核心。

战车和亚述

公元前 8 世纪，亚述的军队已成为睥睨六合的劲旅；它的一些特点为后来其他的帝国所竞相仿效，有些甚至流传至今。首先是后勤安排，包括给养库、运输队、架桥队。亚述军队是第一支名副其实的远程军队，能到离基地300英里远的地方去打仗，行军的速度直到内燃机车出现之前无人能及。

亚述人不把钱花在铺路上，那样做没有多大意义，因为气候极为干燥，下起雨来却又雨势凶猛，会把没有铺柏油的道砟冲走。但是，全国建有四通八达的皇家公路网，考古学家发掘出了大量的泥版，上面用楔形文字记录着土地登记的信息，里面经常提到皇家公路，以其作为田地的地界。[22] 军队的骑兵沿着这些公路能够以每天30英里的速度前进。即使对现代的军队来说，这个速度也是不慢的。当然，在中央平原以外的地方，或进入敌人的地盘后，道路的条件就差了，需要工兵在上山时或过山口时修筑道路。方便时还利用水运，虽然底格里斯河和幼发拉底河都不利于航行，因为水下有暗礁，而且不同季节的水流变化很大。公元前7世纪初，西拿基立（Sennacherib）带着叙利亚的造船工人到尼尼微建造船只，准备对现代伊朗南部的埃兰用兵。他显然想要地中海航行的那种海船，但美索不达米亚河边的造船工人没有那个技术。船造好后，由腓尼基海员操舟沿底格里斯河前行，到船无法再往前航行的时候，用人力拉入一条通往幼发拉底河的运河，从那里驶入波斯湾，在那里装上士兵和马匹，去埃兰登陆。[23]

军需品、各种战争材料、战车和马匹储存在大仓库中，称为“ekal masharti”，意思是“列兵之宫”。公元前7世纪的亚述国王以撒哈顿（Esarhaddon）说，尼尼微的列兵之宫的建造者是“在我之前的国王……为军营提供必要物资，照料马匹、骡子，管理战车、作战装备和战利品”；它的“地方不够大，没法训练马匹和练习驾

萨尔贡二世统治下的亚述帝国，公元前710—前705年

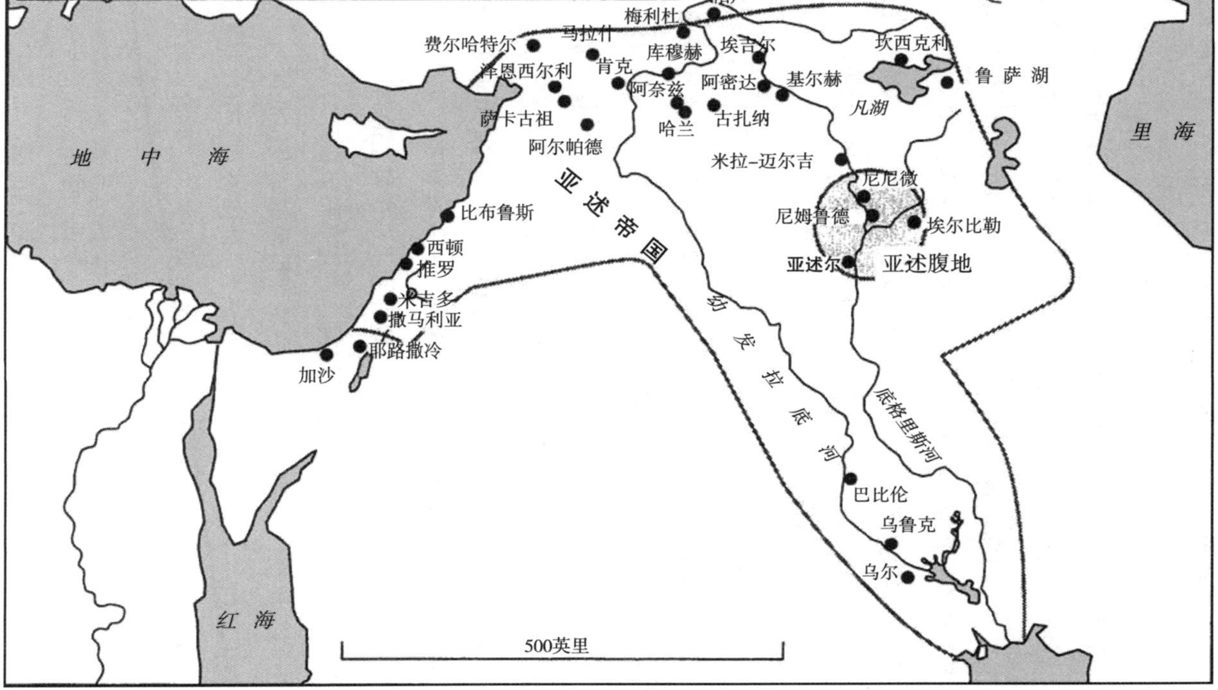

车”。无从得知军队开往战场时携带多少干粮，亚述人似乎主要靠在敌人的土地上抢粮。[24]公元前714年，萨尔贡二世对北方强国乌拉尔图（Urartu）作战时，记录下他向一个被攻克的敌方碉堡送去了“谷物、油和酒”，但公元前703年，他的儿子西拿基立在美索不达米亚南部对迦勒底人作战时，却“让战士们吃光他们椰枣园里结的枣子和他们平原上的庄稼”。当时和后来一样，大军每到一处，都把敌人的粮食吃光，吃不下的就运走，然后毁掉敌人的土地。萨尔贡二世在对乌拉尔图的最后一次战斗中，破坏了灌溉水渠，抢劫了粮仓，砍倒了果树。

萨尔贡如此穷凶极恶，也许是因为仗打得很艰难；他的部队“无数次翻越大山”，“军心动摇，有哗变之虞。我无法减轻他们的疲惫，没有水让他们解渴”。作战地区在扎格罗斯山脉以北的凡湖和乌尔米耶湖之间的崎岖地带，那里至今仍被认为是大部队难以穿越的地区。就是在如此险峻的地方，亚述的工兵展示了他们的非凡身手。萨尔贡记录说，在乌拉尔图战争中，“我给我的工兵配发了坚硬的铜（可能是青铜）镐，用来砸石头就像砸石灰岩那么容易，他们把陡峭的悬崖峭壁刨成碎块，铺了一条好走的路”。亚述军队走水路更是得心应手。几世纪前，亚述拿西拔在对南边总是寻衅滋事的巴比伦作战时，“在哈里迪城那里渡过幼发拉底河……乘坐着我做的船——是我一路运来的皮船”。时至今日，伊拉克人还在用这样的皮船，它们可能是吹胀的单个羊皮筏子，但更有可能是叫作“克勒克”（kelek）的筏子——用木板做成筏面，下面安着好几个充气的羊皮囊。亚述军还用芦苇做船，今天，生活在底格里斯河和幼发拉底河交汇处沼泽区的阿拉伯人仍在用芦苇船。亚述时期的浅浮雕显示了用芦苇船把拆散了的战车运过河流的景象。

亚述人的军事组织也具备了后来帝国军队的特点。首先，亚述帝国似乎是第一个征募士兵没有民族歧视的强国。它推行残酷无情的人口政策，为了确保国内安全，把有异心的人赶出家乡，强行迁移到遥远的地方，正如奥斯曼帝国后来所做的那样；但与此同时，它又很乐意把治下的各族人民以及战俘召入行伍，只要他们对帝国忠心不二。把这些不同的人黏合在一起的是语言和共同的宗教：亚述人信奉一种原始的一神教，主神叫阿舒尔；他们的官方语言向其他语言开放，接纳其他语言的词汇，允许它们与官方语言同时使用，以利沟通。另外，像后来罗马帝国的情形一样，亚述帝国治下不同民族的人在军队中常常是主力军的附属军团，使用自己特有的武器，如投石索或弓箭。他们可能也在围城战中做工兵，在亚述的艺术作品中可以看到他们攻打城墙的墙基、挖坑道、建造围城兵营，或使用围城器械。亚述人特别善于攻城。西拿基立攻打耶路撒冷的希西家（Hezekiah）的战争在《圣经·旧约》的《列王纪（下）》第 18 章中有所记载；据西拿基立的描述，“（他）不服从我的管辖。我下令建造路坡把攻城槌推上来，用步兵进攻，挖坑道，打破城墙，还动用了攻城塔车，就这样围攻并拿下了他的 46 个筑有高墙的城，还有周围数不清的村庄……至于他本人，我把他关在耶路撒冷他自己的王城里，像笼子里的鸟”。希西家没有做到宁死不屈，低头投降了，同意向西拿基立称臣纳贡。[25]

尽管亚述的军队具备了帝国军队的许多特点，但它内心仍然是一支驾驭战车的军队。公元前 691 年，西拿基立在和埃兰人作战时，让他的宫廷史官记录下他如何“用标枪和弓箭穿透敌军战士”。

> 埃兰国王的大将军和他的一干贵族……被我像宰羊一样割断喉管……我训练有素的骏马奔驰腾跃，踏入他们的血流成的河；我的战车轮子溅满了鲜血和污秽。我杀得敌人尸横遍野……（有一些）套着马的战车，驭车人在激烈的战斗中丧了命，所以没有人驾驭；那些马不停地（在战场上）跑来跑去……至于（埃兰人的盟友）迦勒底人的那些酋长，我的猛攻把他们吓坏了，以为见了魔鬼。他们丢弃了帐篷，拼命逃跑，脚下踩着他们自己士兵的尸体……（恐慌中）他们吓得在战车里屎尿齐流。[26]

如此逼真的细节说明，这是场你死我活的战斗；起因可能是埃兰人阻挡了西拿基立的军队去往底格里斯河的通路，因而像西拿基立的书记官指出的，也切断了他们的水源；如后来的事实经常证明的那样，这类情况下的战斗不是可打可不打，而是非打不可。然而，萨尔贡和乌拉尔图的最后一次战斗却表示出了一丝骑士品质：乌拉尔图的国王鲁萨给亚述人下了战书。

驾驭战车的大人物和后来的骑士一样，可能已经想到，他们之间的争吵最好通过二人对决来解决，步兵和其他的随从遵命在后方大致组成战斗线；如果战胜了，就由他们抢夺战利品；如果失败了，也由他们来承担后果。中国周朝的驭车武士明显有一套骑士的行为守则，记录表明周朝之后的春秋时期也是如此。公元前638年，在楚宋两国的一次交战中，宋襄公的作战大臣两次请命趁敌人尚未结阵之机发动攻击，理由非常合理，因为“彼众我寡”，但宋襄公拒绝了他的请求。在宋军兵败，宋襄公自己也受了伤后，他为自己的决定做出了这样的辩解："君子不重伤，不擒二毛……寡人虽亡国之余，不鼓不成列。"在驾驭战车的中国贵族的思想中，君子不为的其他做法包括在敌人逃跑中战车出了毛病时乘人之危（君子甚至可能会帮助他）、打伤国君、乘敌国国丧期间和出现内乱时发动进攻。[27]

宋国后来的另一次战争中发生的一件事最好地说明了君子交战的行为：宋国公子的对手箭上了弦，射出后没有射中，但宋国公子还没来得及搭箭，对方已经又搭上了一支箭。宋国公子大呼："僭先匪待，小人之为也。"（也就是说不是君子）。对手遂停手等他射箭，结果被他一箭射死。[28]

这些规矩适用于决斗或者勇士之间的仪式性对抗。这样的对决需要事先做好安排。用战车进行的战斗似乎是可以事先安排的。乌拉尔图对亚述下战书挑战；春秋时代的中国人鄙视突然袭击，打仗时通常事先派使者安排好时间和地点；他们还要求耕田时给战车留出行动的地方，有很多铭文记载需要在战斗前填满水井和灶坑，以便让战车通过。即使在现代战斗中，如果需要武器的较量，也得准备战场；关于战场上的某些行为，法律上有明文规定，如必须标明雷区。古时候，后勤方面的困难经常是难以逾越的，把一支军队运到另一支军队左近要费九牛二虎之力，连续一两天在同一个地方给一支军队供应膳食简直难于登天。在这样的情况下，自然应该整平战场，使武士的战车得以行动自如。公元前331年，亚历山大大帝在底格里斯河附近的高加米拉战场大败波斯人。他的对手——波斯国王大流士——不仅在开战前把战场弄得平平整整，而且还开了3条战车用的"跑道"。还应指出，亚历山大的手下曾恳求他趁夜偷袭，但被亚历山大拒绝；理由是如果打输了，他会蒙羞；即使打赢了，也胜之不武。

当亚历山大骑着他的名驹布塞弗勒斯打败了大流士时，战车作战已经有了将近 1500 年的历史，并逐渐开始过时；只有处于文明世界边缘的人，如反抗罗马入侵的不列颠人，还仍然将其作为战争的利器。然而，尽管战车流行了这么多年，但是我们并不清楚地了解它的性质；古史学家就战车的用途各执一词。比如，顾立雅（Herrlee Glessner Creel）教授认为，战车在中国人的战斗中是一个“机动的制高点”，他还引用奥本海默（Oppenheimer）、威尔逊（Wilson）和格特鲁德·史密斯（Gertrude Smith）几位教授的话，说战车在埃及用作指挥所，在美索不达米亚和希腊用作战场运输工具；另一方面，M. I. 芬利（M. I. Finley）教授则认为，荷马把战车描述为去参加战斗的“出租车”，那是他自己那个时代的做法，而《伊利亚特》中的人物在他们的时代采用的作战方法是不同的。[29]

芬利的意见很有道理。宫廷艺术可能会渲染胜利，也可能会以古物为象征借古颂今，但它的性质决定它不能有嘲讽之意。所以，当骑士阶层的思想和服饰在维多利亚时代再度流行时，绘画中的女王丈夫身着甲胄看起来很自然，但若是把希特勒画得跨马披甲就太荒谬可笑了。[30] 显然，埃及的法老、亚述的国王和波斯的皇帝不认为自己被描绘为从战车上用复合弓射箭有什么可笑。他们的宫廷艺术家也许夸张了主上在战斗中的表现，但如果这些大人物希望被表现为驭车箭手的话，就可以推断，从公元前 1700 年左右战车出现到约 1000 年后它让位于骑兵，御车射箭在很长一段时间内是赢得战争的主要手段。

前面已经说过，最初使用战车的武士的优势在于他突然间极大地提高了在战场上行动的速度，在于他的复合弓可以远距离致人死命，也在于他的文化把杀戮视为理所当然。所有这些优势随着时间的推移都逐渐销蚀。对一种新武器的熟悉并不会导致轻蔑，但会激发反措施。遭到战车攻击的民族自己也获得了战车；不驾车作战的人学会了专打敌人拉车的马，组成防战车的列阵，使用防箭的盾牌，利用崎岖的地形使战车无法驰骋。尽管如此，既然对敌的两军将领都认为驭车作战是大出风头的事，双方就一定有默契，务必使战车在战斗中有用武之地。我们已经看到，程式或仪式在人类关于作战方式的概念中根深蒂固，只是因为到了后来，打仗一定要分出你死我活，作战方才不再遵守程序和仪式，但战争并非从来是必须打得你死我活的。

有记载的第一场战车战发生在公元前1469年巴勒斯坦北部的米吉多（Megiddo）。这场在埃及法老图特摩斯三世（Thutmose III）带领的军队和由希克索斯人领导的反埃及联盟的军队之间的战争几乎没有流血即告结束。米吉多一般也算作历史上我们知道日期、地点、作战双方和战斗情况的第一次战役。当时刚刚即位的图特摩斯三世积极推行埃及的新战略，对侵入他的尼罗河王国的外来人予以迎头痛击。他召集起军队，以每天10～15英里的速度——这是很快的行军速度——沿地中海海岸前进，然后经过加沙开进叙利亚边界的山区。敌人似乎觉得险峻的地形会阻拦他的来袭。通过大山有三条路可到达米吉多城；法老不顾劝阻，选择了最难走的一条，理由是可以攻敌之不备。大军走了三天，最后一天用来经过还不到两辆战车并行宽度的一个山口。那天晚上，图特摩斯三世在米吉多前面的平原上扎了营，第二天早上即布阵准备战斗。敌人也到了，但当他们看到埃及军队的两翼一直延伸到山谷的两边，法老在阵地中央的战车上亲临指挥的时候，一下子被埃及军队的气势镇住了，士气涣散，惊慌地向后方的米吉多城逃去。图特摩斯下令追击，但他的士兵在追击的路上停下来抢劫敌人留下的帐篷，结果让敌方的两支主力逃入了米吉多城。埃及人围着城修了一道壁垒，防止援军到来，但筑有高墙的米吉多城里有充足的水源，所以与埃及人对峙了整整 7 个月。这场战斗中只杀敌 83 人，活捉 340 人；然而，逃进城中的败军没有重整旗鼓，被围困的反埃及联盟的各位国王最终开城投降，把自己的孩子送出去做人质，并哀求法老"让他们呼吸生命的空气"。[31]

埃及人这次胜利最宝贵的战利品是马匹，共缴获了 2041 匹战马；既然他们那时可能依然要进口纯种马，所以这些马匹一定是对他们战车部队的重要补充。没有记录表明米吉多战役中双方各投入了多少辆战车。但 200 年后的公元前 1294 年，拉美西斯二世在叙利亚南部奥龙特斯河边的卡迭石击败赫梯人的军队时，埃及军队似乎有 50 辆战车和 5000 名士兵；拉美西斯二世继承了新王国咄咄逼人的政策，在远离尼罗河三角洲的埃及战略势力范围的边缘主动挑起战争。一说赫梯人军队的规模大得多，有 2500 辆战车。这一定是夸大其词，若使用那么多战车会使战线长达 8000 码；但埃及的一幅描绘此次战争的浅浮雕显示了 52 辆战车，表明投入的战车数量相当多。[32]

关于赫梯人是否使用复合弓有些疑问。出土文物显示，他们的战车武士通常是矛手，这可能说明了埃及人为什么能够在卡迭石幸免失败。无论如何，在米吉多和卡迭石，战车作战尚未达到公元前

8 世纪亚述帝国最强大时那么发达的程度。武器系统需要很长的时间才能被完全吸收，系统越复杂，时间越长。战车这个武器系统十分复杂，不仅包括战车本身，而且包括复合弓、马匹及其所有配套设备，而对被驭车的统治者征服的人民来说，这些都是他们所不熟悉的。若说埃及人和赫梯人驭车都不熟练，战车的潜力要等到以后亚述人发展起他们的战术时才得到充分发挥，那也一点儿不令人吃惊。到亚述人的时代，战车很可能像萨尔贡和西拿基立的书记官描述的那样，成了震惊恐吓敌人的武器。训练有素的马匹在驭手的驾驭下拉着战车疾冲而来，车上的箭手射出阵阵箭雨；战车成队行动，驭手训练有素，彼此呼应，两军战车之间的战斗一定就像我们现在的装甲车作战，谁能把对方的战车多破坏几辆，谁就打赢了战斗，而不幸地或愚蠢地挡了路的步兵则像谷糠一样被四处抛开。

战马

在战车最辉煌的时候，这个武器系统中的一个部分脱颖而出，那就是马。一说是亚述人促成了这一革命。具有讽刺意味的是，正是这一革命导致了亚述帝国的垮台。

自从公元前第二个千年以来，文明世界就开始骑马。公元前 1350 年的埃及艺术就有骑马的形象，公元前 12 世纪的浮雕显示了骑马的战士，有一幅浮雕描绘了骑在马上的战士在卡迭石战役中作战的情景。[33] 然而，他们都不是骑兵。他们骑的马是光背，没有马鞍和马镫，他们骑马的位置靠后，接近马臀，不是前控的位置。这说明那时马的背部还不够强壮，使人无法采取现代的骑姿。然而，到了公元前 8 世纪，亚述人通过择优配种繁殖出了一种由肩部承重，使骑马人的位置得以前移的马匹；马和骑手之间也发展出了足够的配合，人可以在马奔驰之中开弓射箭。不过这种配合，或称骑术，仍不够默契，人还是不能放开缰绳；一幅亚述的浅浮雕显示骑兵两人一组，一个人用复合弓射箭，另一个自己骑着马，还帮射箭的战友拉着缰绳。如威廉·麦克尼尔所说，这其实是没有战车的战车作战。[34]

不过，大草原上的人骑马的历史可能比文明世界还要久远；在马背上射箭的做法可能从亚述人那里又流传回了大草原，被那里骑术更精良的人学到了手。我们知道，直到萨尔贡二世统治时期，马匹仍然由大草原供应；大草原的人每年把未经驯服的马驹抓住驯养好，然后卖给亚述。骑射技术反向流动完全是有可能的。[35]

无论如何，亚述帝国的消亡是由于公元前 7 世纪末一个叫作斯基泰的骑马民族的入侵。斯基泰人来自伊朗，他们的起源地可能远至中亚东部的阿尔泰山。他们好像是跟着另一个也是来自伊朗的骑马民族辛梅里安人后面而来的。辛梅里安人大约在公元前 690 年侵入小亚细亚，横行霸道，搅得天下大乱。斯基泰人到来时，亚述帝国的边境上正强敌环伺——北面是巴勒斯坦，南面是表面上称臣的巴比伦，东面则是伊朗的米底人。这些威胁本来可能可以抵挡得住，亚述过去也曾应付过类似的情况。然而，公元前 612 年，斯基泰人和米底人及巴比伦联手围攻名城尼尼微并取得了成功。两年后，亚述帝国的最后一位国王在哈兰大战斯基泰人和巴比伦人的联盟，虽然有埃及的帮助，但依然败北。公元前 605 年，亚述帝国落入了巴比伦的掌控之中。

巴比伦很快又亡于波斯之手，波斯是世界文明中心的最后一个大帝国，但它的力量不在于任何先进的军事技术，打仗归根结底还是靠战车。虽然招募了步兵雇佣军，还训练了波斯贵族做骑兵，但波斯皇帝打仗时用的仍然是战车武士；当波斯皇帝大流士遇到了掌握革命性军事手段的敌人时，就完全没有招架之力。大流士的帝国落到了亚历山大继任者的手中，亚历山大大帝去世一个多世纪的时间内，他创立的军事制度一直保护着帝国的安全，尽管基础不太稳固。但是，在把大草原与喜马拉雅山和高加索之间的农耕土地分隔开来，长达 1500 英里的边界线上，战车战术和亚历山大的欧洲战术都抵挡不住气势汹汹的骑马民族，文明世界在他们面前不堪一击。所以，公元前 7 世纪第一批侵入美索不达米亚的斯基泰人预示了后来 2000 年的袭击、抢劫、掠奴、杀戮，有时还有征服。在中东、印度、中国和欧洲这些文明地区的外缘，这样的袭扰循环往复、连续不断。这些对文明地区外缘的不停攻击对文明地区内里的性质产生了深远的影响，甚至可以说，大草原的游牧民族是军事史上最重要，也是最凶狠的力量。无辜地被他们用来作恶的工具是皮毛粗糙的小马的后代，从人在伏尔加河畔养殖这样的小马做食物到斯基泰马匪的出现，仅仅过了几十代人的时间。

大草原上的骑马民族

什么是大草原？对生活在温带的定居者来说，大草原指的是地图上北起北冰洋，南到喜马拉雅山，东达中国阡陌纵横的河谷，西至普里佩特（Pripet）沼泽和喀尔巴阡山脉的辽阔空间。在文明人的心目中，大草原是一片单调的空阔，连气候都没有变化，它的植被稀少而单一，山脉、河流、湖泊、森林都付之阙如，人迹罕至，如同无水的大洋。

这个印象大谬不然。现代世界中，大草原西部建起了俄罗斯和乌克兰的城市，居民数以百万计；但即使在人类开始在大草原西部的伏尔加河、顿河、顿涅茨河和第聂伯河这些伟大河流的岸边扎根居住之前，经过这片荒野的旅行者就注意到，它在气候和地形上可分为几个明显不同的地区。地理学家一般认为分三个地区：从北太平洋延伸到大西洋的北角的泰加（taiga）群落或北方针叶林；东起中国的长城，西抵伊朗的盐碱沼泽的宽阔沙漠带；夹在两者之间的真正草原。

泰加群落险恶难行，那里气候严酷——雅库茨克附近的地层常年结冻，冻土层深达446英尺；鄂毕河、叶尼塞河、勒拿河和阿穆尔河[1]这几条大河从高原流入北冰洋，岸边居住的人以捕鱼狩猎为生，他们藏在大森林里，行踪隐秘，只有生活在东西伯利亚和阿穆尔河流域的通古斯人在历史上有记载，主要是因为他们是在17世纪夺取了中国皇帝宝座的满族的祖先。

沙漠带的地貌是这样的：

> 没有一条河流入大海，不是消失在沙漠之中，就是注入盐碱沼泽。戈壁沙漠荒芜凄凉，绵延1200英里，极目望去只见滚滚的黄沙、岩石和沙砾；传说沙漠里妖魔横行、鬼哭狼嚎，对

[1] 中国境内叫黑龙江。——译者注

此较为可信的解释是被狂风吹得到处滚动的沙丘会发出声音。

植被只有低矮的灌木和草一样的苇棵；气候非常极端；冬春两季常刮寒冷刺骨的沙尘暴；很少下雨，但一场阵雨过后，沙漠上立即会迸现出一片片生机勃勃的绿色植物。塔克拉玛干沙漠和戈壁滩一样，只是面积稍小而已，夏天的尘暴刮得人喘不过气来，只有冬天才有可能穿行。卡维尔盐漠，又称波斯沙漠，宽 800 英里，里面盐沼比沙子多，但也点缀着块块绿洲。

按照威廉·麦克尼尔的理论，这些绿洲就是印欧的战车驭者前往中国的落脚点。

真正的大草原是一长条草地，3000 英里长，平均 500 英里宽，北临近北极区，南抵沙漠和高山，东端是中国的河谷，西面接上了通往中东和欧洲的肥沃土地的道路。

这是一片没有树木的草场，是山脉之间一块长草的平原，不适合耕种，除非费工费钱解决灌溉问题，但作为放牧牛羊的牧场则最理想不过，因为阿尔泰亚高山带的山谷提供了肥美的牧场。植被主要是茂密的青草；地表有的地方是沙砾，也有的地方是盐碱或壤土；气候严酷，冬天时地势高的草原上严寒凛冽（阿尔泰山中一年有 200 天气温在冰点以下），但空气干燥，因此可以忍受，这些地区的牧羊人经常极为长寿。[36]

地理学家把大草原分为高草原和低草原，以从喜马拉雅山脉延伸出来的帕米尔高原为界，东面为高，西面为低。因此，“坡度”

是向西倾斜的，越往西，牧场越好，所以引得人们向欧洲和中东迁移。然而，在历史上，大量的迁移却是向着相反的方向；阿尔泰山以南大草原中心地带的准噶尔山口是通往中国平原的天然通道，比西进的道路容易——若是往西可以向左或向右绕过高加索山，或穿过里海和咸海之间，或从黑海北边进入阿德里安堡走廊，但所有这些通道都比较狭窄，易守难攻。

我们所知第一批来自大草原的斯基泰人可能是从阿尔泰山出发，沿着草原的斜坡向西去攻打亚述。后来的人中，突厥人肯定是来自阿尔泰山的，他们的语言过去是，现在仍然是中亚的主要语言（哈萨克语、乌兹别克语、维吾尔语、吉尔吉斯语等语言都和突厥语有关系）；公元5世纪出现在罗马城外的匈奴人讲的语言属于突厥语系。相比之下，大草原上流传不广的蒙古语看来起源于贝加尔湖以北和阿尔泰山以东的森林区；满语，也叫通古斯满语，来自东西伯利亚。然而，一些最初的骑马民族，如最早的战车驭者，属于印欧语系，他们的语言后来发展为波斯语；当时的人使用的相关语言还有粟特语和吐火罗语，如今均已失传，另外一种语言是罗马人称为萨尔马提亚人的民族使用的语言。[37]

是什么吸引骑马的游牧民族走出了大草原？他们的作战行为不符合社会人类学家在其他社会中发现的任何格式。他们肯定不是“原始的战士”：从一开始，他们打仗就是为了赢，所以同族人的争吵或程式性的作战这类解释不适用于他们。争夺地盘的概念似乎也不合适，虽然游牧部落肯定对某些草场情有独钟，不愿意与别的部落分享，但游牧生活方式的一个突出特点是部落的组成时有变化，酋长经常换人，部落的解散和组合无法预料。可能最说得通的解释是生态学“承受能力”的概念。威廉·麦克尼尔令人信服地指出，突如其来的剧烈气候变化对大草原上的生活影响极大：温暖潮湿的季节中牧草肥美，人畜存活率都因而提高，但通常严酷天气会紧接而来，使大群的牲畜和人多的家庭生存无着。迁移到大草原的另一处于事无补，因为别处的人处境同样艰难，不欢迎外来的人。于是离开大草原就成了明显的逃生之路，外面的气候更加温和，还有农田生产的粮食可以救急。[38]

麦克尼尔自己也承认，这一解释有一处明显的缺陷，那就是游牧民族一旦认识到，好日子过后生活必定会变得十分艰难，就应该搬到大草原以外的地方去住；他们学会了骑马后，大草原就应该搬空了。在某种意义上说，确实发生了这样的事：大草原上活动范围最广的侵略民族——蒙古人和突厥人——建立了统治定居民族的帝国，迫使他们纳贡，因而使自己免于大草原上循环往复的饥馑。但是，游牧民族有一个嗜好：他们喜欢居无定所的生活方式，蔑视被绑在土地和耕牛上累死累活的农民。游牧者两头的好处都想占，既要享受定居者生产的舒适和奢侈，也不愿放弃马背上生活的自由，不愿放弃住帐篷营地、骑马打猎、按季节拔营迁徙的生活方式。

游牧的生活方式历久不衰，最好的体现莫过于伊斯坦布尔的奥斯曼土耳其苏丹时期的托普卡比宫。直到 19 世纪初，这个疆域从多瑙河直至印度洋的庞大帝国的统治者还保持着他们在大草原上的生活方式；托普卡比宫的花园里建有临时凉亭，凉亭的地面铺着地毯，苏丹就坐在地毯上的坐垫上，他身穿骑马人的束腰长袍和宽松的裤子，主要的宝器是马上武士的箭囊、弓盒和箭手的扳指儿。托普卡比宫虽然位于东罗马帝国的首都，但它仍然是一个游牧民族的营地，高官显贵的仪仗是马尾做的纛旗，门口就是马厩。

关于游牧民族作战的原因还有另一个解释，说是为了迫使文明地区和他们做生意。大草原上的人很早就学会了贸易，商人们对他们提供的商品——马匹，可能还有奴隶——争相购买，或用制成品来交换；5 世纪中期，匈奴人和罗马人讲和的一个条件就是要求把多瑙河边的一个市场“恢复旧制”，重新开放。[39] 自公元 2 世纪起，中国和中东之间开通了丝绸之路，两头商业的兴隆维持着这条路上络绎不绝的商旅，长达 1000 多年。这也说明，游牧者通常能够认识到，鼓励商人放心地带着货物经过他们的地盘比抢劫货物好处更大。然而，他们有时贪念一起，就把商业大利益抛在了脑后；商旅在途中被抢司空见惯，而且，当所求和所予之间存在着结构性不平衡的时候，强迫贸易是起不了作用的。大草原的人靠武力打开了与文明世界的贸易，但他们的物产实在太少，无法满足对方逐利的需要而成为自我维持的商业活动。正如 19 世纪英国人强人所难，一定要中国人买鸦片一样，以武力为后盾强行推销，必将导致卖方把自己的政治意志强加于不情不愿的买方。这样一来，卖方即使没有帝国主义之名，行的也是帝国主义之实。但无论如何，如此复杂的两部曲恐怕是早期的骑马民族没有能力做到的。

匈奴人

我们所知比较详细的第一批大草原上的人是在公元 5 世纪期间入侵罗马帝国的匈奴人。如果他们就是中国的匈奴人的话，那么他们早在公元 2 世纪就对统一的中国不断犯边骚扰，是汉朝的心腹大患。匈奴人的语言可能属于突厥语系，没有文字；他们的宗教是“简单的自然神崇拜”。他们可能有萨满，即能呼唤神灵，帮助神和人沟通的巫师；我们知道，迁到北美洲北部森林中居住的人也有萨满。匈奴人肯定使用骨卜法，根据羊肩胛骨上的痕迹预测未来。匈奴人非常重视预测未来。439 年，利托里奥斯（Litorius）在图卢兹战役开始前求神问卜，显然是为了麾下的匈奴雇佣军，他是所知最后一位奉行古老的泛神教仪式的罗马将军。[40] 匈奴人的社会制度比较简单，他们承认贵族的原则，阿提拉就非常自豪于自己的高贵出身；他们还蓄有数量不多的奴隶，但除此之外人人平等。

匈奴人贩卖奴隶，征战得胜后把大量被掳获的百姓当作奴隶出售；他们把家人活活拆散，在奴隶市场上分别出售给不同的主人，这种毫无人性的做法使得 5 世纪的基督徒作者为之震惊。[41] 匈奴人一旦在罗马帝国边远的省份站住了脚，就把出售奴隶当作了一种贸易，这可比贩卖马匹和动物皮毛利润高多了。他们还抓住军人或平民，勒索赎金，因此获得了大量的黄金。到后来，罗马帝国的皇帝也不得不向他们行贿：从 440 年到 450 年，罗马帝国东部的省份为换取和平，付给匈奴人 13 000 磅黄金，约合 6 吨。[42] 这类交易使人对马背上的民族离开大草原是因为要“逃离气候变化”或“推行贸易”的解释提出了怀疑。实情似乎简单得多：游牧民族身体上强壮、后勤上机动、文化上对流血司空见惯、道德上没有禁止杀生或奴役外人的宗教制约，对他们来说，打仗有利可图。

打仗抢夺土地是一回事，土地到手后能否维持却要另当别论。大自然似乎对游牧民族侵入定居民族土地的纵深设定了限制。游牧民族把灌溉的农田改为牧场，结果破坏了原有的自然体系，使土地迅速退化为既不能种田也不能放牧的荒地；如果土地原来是砍伐森林后清除出来的，那么一旦耕种的农民离开，就会很快再度变为林地。13 世纪奥斯曼土耳其人征服美索不达米亚后，就产生了灾难性的后果。[43] 因此，游牧民族的扩张只有在大草原和农耕地之间的边界地带才能维持，但这样的土地只能养活少数人。在远东，前来征服的游牧者本来已经相当汉化，虽然他们是统治者，但自己一下子就被中华文化同化了。在西方，由于宗教和文明的习俗，游牧者和农耕者之间泾渭分明，于是边界地区就成了永远的战场，必须靠武力才能占有并使用土地。

对阿提拉大帝手下的匈奴人来说，他们身处高卢的耕地和波河泛滥区的果园之中一定有些不知所措。食物虽然充足，但不是他们熟悉的种类，采集后不会自行生长。草不可能在一季之内就取代小麦或豆类。据说跟随阿提拉的匈奴人是赶着车、拖家带口前来的，但阿提拉不可能把羊群也带来，马匹也不可能带很多；他的传统经济基础一定留在了后面，可能止于下多瑙河河谷。公元 452 年，没有防卫的意大利半岛本是唾手可得，他却莫名其妙地偃旗息鼓而去，可能就是为了照顾留在后方的羊群和牛群。在那样的情况下撤回到草原在后勤上是合情合理的。当然，动摇了罗马帝国根基的不是他的后退，而是他的前进，还有在那之前的匈奴挺进东欧，而匈奴的进攻又引发了日耳曼部落在多瑙河前线的合力反击。大草原匈奴人的进犯引起的一系列反应清楚地显示出，骑马民族一旦走上战争之路会造成多大的乱象。

如果我们所说的匈奴人和公元 2 世纪危害中国的匈奴是同一民

族的话（这方面只有一件斯基泰的证据），从公元前 1 世纪到公元 371 年之间却没有任何关于他们的记载，我们只知道他们在 371 年发生的伏尔加河和顿河之间的塔内斯河（the Tanais River）战役中打败了伊朗的阿兰人；许多阿兰人加入了匈奴人，其他的跑到罗马的边界地区，成了雇佣骑兵。[44] 376 年，匈奴人从伏尔加河出发，去侵略第聂伯河和多瑙河罗马边界之间的哥特人。哥特人是各日耳曼部落中最咄咄逼人的，至少有一个世纪的时间一直袭扰罗马帝国的边界。哥特人的西部分支（西哥特人）占领了从公元 106 年到 275 年间原属罗马版图的达契亚省（现代匈牙利）。在帝国风雨飘摇的日子里，他们的首领和罗马皇帝分庭抗礼。等看到匈奴人的铁骑追得东哥特人亡命逃窜，西哥特人马上收起气焰，哀求罗马给予保护。罗马人虽准许他们渡过多瑙河，但满心的不情愿，帝国里的蛮族人已经太多了，紧接着东哥特人也随之而来。然而，地方官员对待他们极为恶劣，虽然准许他们入境的条件是要他们交出武器，但哥特人很快造出了别的武器，在多瑙河三角洲附近的威洛斯起来造反。罗马人本来可能会轻易取胜，但消息传来，说哥特人和扎营在多瑙河对岸的匈奴人结为了同盟，消息真假难辨，但足以使罗马人惊慌失措，退回到巴尔干的山中。

可能是由于哥特人的挑拨，现在罗马与德意志接壤的边界全线起火。年轻的西罗马帝国皇帝格拉提安（Gratianus）努力遏制莱茵河边的阿勒曼尼人，东罗马帝国皇帝瓦林斯（Valens）则召集起最精锐的部队迎战在希腊东部烧杀抢掠的哥特人。378 年 8 月 9 日，他在阿德里安堡外进攻哥特人加固的营地，在一场混战中受伤，死于接下来的屠杀之中。前不久（363 年），皇帝尤里安刚刚在和波斯人的战斗中丧生，现在又有一位皇帝阵亡，这对罗马是一记沉重的打击。不过阿德里安堡事件无法挽救的后果既不是对人心的打击，也不是物质上的损失，而是罗马军队被迫野蛮化，这是西哥特人作为不再叛乱的条件强迫东罗马帝国的新皇帝狄奥多西（Theodosius）接受的。罗马皇帝准许西哥特人进入帝国，在多瑙河以南定居（382年），并保留武器；作为交换，西哥特人不仅同意讲和，而且答应作为“联盟”盟友为皇帝作战。

“这个安排……严重违反了先例。”[45]罗马人像在他们之前的亚述人一样，有把蛮族人的队伍编入军队的传统，但人数不多，而且只作为专门兵种。随着罗马帝国面临的外部压力日益加大，军队中的蛮族人也逐渐增多；阿德里安堡大约有20 000名“罗马”哥特人，骑兵里有匈奴雇佣兵，还有其他骑马民族的人，但直至那时，罗马人一直掌握着领导权：无论是任命帝国官员做将军，还是晋升蛮族人担任受人艳羡、俸禄丰厚的高级军官，都要由罗马人决定。狄奥多西和哥特人达成的安排改变了这一切。自那以后，蛮族人的军队在帝国内自主行动，当帝国周边野蛮人的虎视眈眈造成了内部一次又一次的领导层危机的时候，蛮族人的首领依仗自己的实力支持这个或那个觊觎帝位的竞争者，造成了灾难性的经济和军事后果。

在这样的情况下，虽然狄奥多西成功地使帝国再成一统，但在他的平叛战争中，他让更多的哥特人进入了帝国。狄奥多西于395年去世后，阿拉里克（Alaric）麾下的西哥特军队给西部残存的帝国结构造成了无法挽回的损失。401年，阿拉里克从希腊的一个基地越过阿尔卑斯山入侵意大利，大肆烧杀抢掠，斯提利科这位罗马最后的伟大将领足足用了3年才平叛成功。战争尾声时，斯提利科的部队兵员奇缺，无力应对接踵而来的重大威胁。405年，有史以来最大的一群日耳曼蛮族人，包括汪达尔人、勃艮第人、斯瓦比亚人和哥特人，在拉达盖苏斯（Radagaisus）的领导下先渡过多瑙河，又越过阿尔卑斯山，来到波河河谷过冬。他们显然是被匈奴人从北部德意志赶过来的；匈奴人在大草原和欧洲森林区接壤的达契亚安下了家后，从那里挥师北上。斯提利科最终把拉达盖苏斯那群人包围在佛罗伦萨附近的一处地方，用断粮的办法迫使他们投降，把残余分子赶回阿尔卑斯山另一边的南德意志。这些部落从那里越过莱茵河，最终造成了整个高卢地区的野蛮化。

罗马很快就失去了对西部各省的控制，其中阿拉里克起了很大的作用。410年，他攻陷并洗劫了罗马，然后准备向南渡海去攻打罗马在非洲的领土，但还没有找到船只就一命呜呼。与此同时，匈奴人在409年一度入侵希腊，对东罗马帝国大兵压境。所幸有些匈奴人在重赏之下改换门庭，他们组成的雇佣军使“最后的罗马人”埃裘斯（Aëtius）得以在5世纪后1/4的时间内维持了帝国的权威。[46] 从424年起，他主要在高卢作战，成功地压制了条顿入侵者，使其不得寸进，尽管西班牙和罗马在非洲的领土在汪达尔人的攻击下几近分崩离析。433到450年间，埃裘斯在高卢戎马倥偬，几乎没有中断。

450年，他遇到了一个新挑战。20年来，东罗马帝国侧翼匈牙利的匈奴人俨然是独立的国家；他们一方面收取罗马皇帝的贡赋，另一方面却仍然袭扰罗马的领土，和条顿部落的首领合作互利。441年，他们在王侄阿提拉的领导下再次抢掠希腊；到447年，阿提拉兵临君士坦丁堡城下。450年，阿提拉转而用兵高卢，451年包围了奥尔良。匈奴人尚未掌握围城战的技巧，事实上，在蒙古人之前，任何马背上的民族都不善于围城战。阿提拉在奥尔良城墙外忙于攻城的时候，埃裘斯经过紧锣密鼓的接洽，聚集起一支由法兰克人、西哥特人、勃艮第人和阿兰人组成的大军，在特鲁瓦和沙隆之间香槟的开阔平原上与阿提拉展开战斗。

451年6月的沙隆之战被称为“历史性的决战”。交战双方都有条顿民族和骑马民族的人，埃裘斯麾下的阿兰人把阿提拉的匈奴人紧紧地牵制在对阵战中。当阿提拉发现埃裘斯利用匈奴军队被阿兰人拖住的时机正率军对他进行迂回包抄的时候，他藏身于车阵中，在箭雨的掩护下逃出包围圈，退回莱茵河。第二年，他从莱茵河进军意大利，逼得波河平原的人民逃难到后来成为威尼斯的小岛上去。传说教皇利奥一世不得不亲自造访阿提拉的帅帐，劝他不要攻打罗马。最后，阿提拉没有再往南走，而是同意让罗马用赎金赎回被他抓住的比较重要的俘虏，然后回师北撤。两年后，这位“上帝之鞭”身亡，匈奴帝国就此解体。

阿提拉决定离开意大利有客观环境的原因。意大利刚刚发生过饥荒，他的军队中又爆发了瘟疫，同时，一支东罗马帝国的军队渡过多瑙河直捣匈牙利。然而，这并不能解释为什么阿提拉死后匈奴帝国也随之崩溃，或为什么阿提拉的儿子们死后，匈奴人即从历史上消失了。一种说法是，匈奴人在罗马帝国边界地区居住期间，放弃了大草原上养成的习惯，采用了条顿人的作战方法，所以被吸收入了条顿人社会。[47] 一丝不苟地核实关于匈奴人的史料的门肯·赫尔芬（Maenchen Helfen）对这种说法不能苟同：“阿提拉的骑兵仍然是马上的弓箭手，和4世纪80年代沿瓦尔达尔河谷纵马进入希腊的马上弓箭手一样。”另一种解释说匈牙利平原不够大，无法维持匈奴人的骑兵所需要的大批马群。骑马的民族当然需要非常广阔的空间。13世纪穿越中亚的马可·波罗注意到，一个骑手可能会需要18匹马以供换乘。据估计匈牙利平原只能放养15万匹马，即使每个骑手只有10匹换乘的马，也不够阿提拉的骑兵使用。然而，这种计算方法没有考虑到，匈牙利平原的气候比大草原温和得多；气候温和意味着牧草更肥美，生长期更长。1914年，匈牙利按一人一马的比例组建了29 000人的骑兵队伍。虽然他们的马可能比阿提拉的马体型更大，并且马的饲料中有一部分是粮食，但是这些原因不足以解释每个骑手对战马的需求数不到之前的1/10。[48]匈奴人住在匈牙利平原的70年间，马群一定非常兴旺。阿提拉在450年挥师西进时，一定不缺战马。

另一方面，他带的很多战马很可能被驱驰至死，又不能及时补充。骑兵战中，如果战马得不到定期休息和喂养，会大批死亡。比如，在1899—1902年间的布尔战争中，虽然战区牧草丰富、气候良好，但英国军队参战的51.8万匹战马还是损失了34.7万匹。其中只有极小的一部分——不到2%——死于战斗当中，其余大多数都是死于劳累、疾病或营养不良，整个战争期间平均每天死亡336匹。[49]况且英国人有船只和车辆把战马运到南非，并在南非内部运输，阿提拉却没有这个条件。因此，从匈牙利一路赶来补充的马匹恐怕比他的骑兵正骑着的马状况好不了多少，侥幸活下来的马匹在回到草原的撤退途中又会死去不少。“上帝之鞭”为害最大的可能是他自己的军队。他似乎没有给他的两个儿子留下多少部队，他们一个死于同哥特人的战斗，一个在 469 年死于东罗马帝国的一位将军之手；他们的战死是我们关于匈奴人所知的最后的消息。[50]

骑马民族的兴起之路，453—1258 年

尽管匈奴人突然消失，但骑马民族自此登上了历史舞台。他们在下一个千年中一直是欧洲、中东和亚洲文明挥之不去的威胁。短短 1 500 年内，他们的力量飞速蹿升，而且，他们真正是世界上前所未见的新人。当然，在他们到来之前，军事力量作为原则已经确立，但它是政府及其治下定居人口的专有资源，并受经济条件的严格限制。

靠农业生产的剩余来供给，受步兵的行程和耐力限制的军队不可能长途征战，也没有这个必要，因为敌军和他们受到同样的制约。所以敌军也许在战斗中难以抵挡，但发动不了闪电战（Blitzkrieg）。

骑马民族则不同。阿提拉证明他能够在接连两次战争中把作战的中心——普鲁士军总参谋部的术语称其为“重心”（Schwerpunkt）——从前一次战争的法兰西东部转到后一次的意大利北部。两地之间的直线距离是 500 英里，但因为阿提拉是沿外缘行军，所以实际距离要远得多。过去从未有人试过这样的战略行动，也不可能做到。如此规模的行动自由是“骑兵革命”的核心。

骑兵作战在另一个意义上也不受限制。哥特人对自己所侵略的文明虽然仅有一知半解，但仍努力想继承或适应那个文明；骑马民族却完全没有这种意愿。他们也不想推翻别人的政权，自己取而代之，尽管阿提拉似乎曾考虑过迎娶西罗马帝国皇帝的女儿。他们要

的只是战利品，别的一概不感兴趣。他们打仗就是单纯地为了打仗，为了抢夺财物，为了战争的危险和刺激，也为了胜利所带来的动物性的满足。阿提拉死后800年，成吉思汗问跟随他征战的蒙古人什么是生命最大的乐趣，有人回答说是放鹰打猎，他说："你错了。人间至乐是追敌杀敌，夺走他们的全部财产，让他们的女人哭泣号叫，骑他的马，睡他的女人。"[51] 阿提拉可能会说同样的话，起码他实际上是这么做的。

所以，战马加上人的残忍改变了战争，使它开始成为"独立的事物"。自那以后就出现了"黩武主义"——随时可以打仗并从中获利的能力本身成了作战的原因。然而，黩武主义不适用于骑马民族，因为这个概念假设军队作为一种制度自成一体，凌驾于其他社会制度之上。阿提拉的匈奴人没有军民的区分，其他的骑马民族也同样没有，直到土耳其人皈依了伊斯兰教。对马背上的民族来说，身体健康的成年男子就是他们的军队，但不是特尼–海伊用以判断某个社会处于"军事地平线"之上或之下那种意义上的军队。无论采取何种衡量标准，所有从大草原杀来，征服了文明世界的骑马民族打的都是"绝对战争"。他们使用武力毫无克制，目的单一，不获全胜绝不罢休。然而，他们的战争没有克劳塞维茨意义上的政治目的，也没有改变文化的效果。他们的战争不是实现物质或社会进步的手段，正好相反，他们打仗是为了抢夺财富，目的是维持自从他们的祖先在马鞍上射出了第一支箭以来一成不变的生活方式。

根基仍留在大草原的骑马民族从未自觉自愿地改变过自己的习惯，顶多是他们的首领作为统治阶级融入了被他们征服的定居社会，但他们游牧民族的本质从未改变。就连伊斯兰化了的土耳其人也是一样，尽管他们于1453年占领了君士坦丁堡后，在帝国内保持了拜占庭的政府形式。我们已经看到，虽然马穆鲁克享有高度的自主权，但是他们一直保持了骑马民族的生活方式，同时享受着军事力量带来的所有财富和荣誉。此外，虽然骑马民族长期以来一直荼毒中国、中东和欧洲这些地方的边疆地区，但在大多数情况中，他们既没有找到安居谋生之路，也没能征服更先进的社会，坐上统治者的宝座。大草原的生活仍然是征战的生活，但战争之路行大不易，几乎周围的所有国家都拼死抵抗，务使大草原上的人不能寸进。先前对他们放松警惕的教训实在太惨痛了。

匈奴人消失后，欧洲或中东的文明社会没有再接触过非常强悍的骑马民族。最重要的一群是嚈哒人（Ephthalite），即所谓的白匈奴；他们似乎曾经住在遥远的中国边缘，被那里的匈奴人赶到了波斯北方的边界地区。[52] 嚈哒人至少有过一次对波斯的大胜，部分的原因是波斯把全部精力都用在了与拜占庭帝国的全面战争上面；但567年，嚈哒人被波斯人击败，转头向东逃窜，似乎进入了信奉印度教的印度，成为后来的拉其普特（Rajput）武士阶层的源头。

与此同时，拜占庭正抵御着由于大草原腹地永不停息的部落之争而被排挤到西方的各个骑马民族。这些民族包括保加利亚人和阿瓦尔人，前者是被后者逼得向西而来的，而后者又是受日益强大的突厥人驱赶。保加利亚人最终定居在巴尔干，一直作乱不止，直到被奥斯曼帝国收服。阿瓦尔人迁徙到匈牙利，在那里大肆破坏；虽然他们偶尔与拜占庭结盟，却在626年围困了君士坦丁堡；在波斯人的帮助下，他们差一点儿就破了城。那次他们被击退了，但继续为害一方，直到8世纪被查理曼大帝消灭。在他们之后来了马扎尔人，他们是最后一个从大草原移居中欧的骑马民族。

然而，如果阿瓦尔人就是5世纪初和中国北方的北魏反目的柔然人，那么他们被赶往西边之前，可能已经学会了对帝国作战。北魏人是汉化了的草原民族，3世纪汉朝终结，中国的统一解体后，他们获得了对长江以北地区的统治权。他们崛起的那一段时期天下大乱、群雄并起，称为“五胡十六国”时期（304—439年）。不过，到了386年，北魏即脱颖而出成为强国，开始重新统一中国北方。在此过程中，他们和戈壁沙漠以北的柔然人起了冲突，把柔然人赶出了他们的地盘。此间北魏得到了隶属柔然、负责制作铁器的一个群体的帮助，那些人就是突厥人。突厥人和柔然人不久前刚刚结怨：突厥人帮助他们的柔然主人荡平了另一个隶属部落的叛乱后，突厥酋长要求迎娶柔然王的女儿作为犒赏，却被拒绝了。北魏人提出愿意将一位贵族公主嫁给他，于是，突厥人和北魏联手向柔然人开战，打得他们大败。突厥人占了柔然的地盘，他们的酋长自称“可汗”或“汗”，后来大多数草原统治者都采用这个称号。

突厥可汗和他的后继者创建了一个伟大的帝国。他们是“第一个建立起如此辽阔的帝国的蛮族人，他们的帝国在不同的地方与当时4个伟大的文明接壤：中国、印度、波斯和拜占庭。”[53] 到563年，他们推进到波斯东面边界的乌浒河，和波斯人一起对战嚈哒人。567年，突厥汗王室点密（Istemi）获得了嚈哒人的一部分土地作为他应得的一份战利品。第二年，拜占庭皇帝查士丁二世不仅接见了室点密派去的特使，而且派遣自己的特使跋山涉水去大草原的中心觐见室点密，足见他的举足轻重。不幸，突厥帝国内部因争权夺利起了内讧，这是骑马民族无法祛除的积弊，也是造成他们杂乱无章的政体解体的主要原因。在这段内讧时期，突厥人东部的大片领土被中国的唐朝夺走；到659年，唐朝的势力范围已经延伸到乌浒河。同时，突厥人在西面又遇强敌；新的敌人自西向东挺进大草原，所向披靡，力图与中国人争夺中亚的控制权。在随后的世纪中，争夺大草原中心地带的斗争爆发为751年在现代的吉尔吉斯斯坦的怛罗斯之战（又称塔拉斯河战役）；也就是在那个世纪期间，突厥帝国被推翻。[54] 这个新的敌人是阿拉伯人。

阿拉伯人和马穆鲁克

阿拉伯人不是马背上的民族，不过他们很快将成为骑马民族在文明世界中的主要雇主。哪怕只是为了这个原因，他们也值得军事历史学家仔细研究，但研究阿拉伯人的理由比这多得多。首先，突厥人与他们遭遇之时，他们刚刚完成了历史上最大的一次征服战。那场战争使阿拉伯半岛深处沙漠中一个默默无闻的部落一跃成为中东大部以及整个北非和西班牙的霸主。他们动摇了拜占庭帝国的根基，摧毁了波斯，建立了自己的帝国。他们以如此迅疾的速度夺取了如此广袤的土地，只有亚历山大大帝这位历史上第一位远程征服者可以与之相比。另外，阿拉伯人征服异族的模式新颖，所向归心。虽然后来他们内部反目，但最初的帝国是一个团结的整体，并且很快就投身于和平的事业。阿拉伯统治者是伟大的建设者、生活的美化者，也是文学和科学的赞助者。阿拉伯人与后来被他们招募入伍的骑马民族不同，致力于摆脱战争生涯、拥抱文明、培养精密优雅的思想和行为方式，成就斐然，令人惊叹。

除此之外，他们作为征战的民族之所以出类拔萃，是因为他们不仅改造了自己，而且改造了战争本身。在他们之前也曾发生过军事革命，战车和战马是最突出的例子。亚述人建立了军事官僚的原则，罗马人在这个基础上将其进一步完善。以后我们会看到，希腊人发展了对阵战的技术，让步兵杀个你死我活。阿拉伯人则给战争注入了一股全新的力量——思想的力量。的确，意识形态过去在战争中也起过作用。公元前4世纪，雅典的伊索克拉底呼吁希腊人对波斯发动“圣战”，他的呼吁就暗含了保卫自由的思想。[55] 383年，在狄奥多西皇帝和哥特人的斗争中，罗马的提米斯久斯（Themistius）争论说，罗马的力量“不在护心甲和盾牌，也不在人海，而在理性”。[56] 犹太人的国王打仗是因为他与唯一的全能上帝立了约，而君士坦丁则借助十字架的形象在米尔维安大桥战役中打败了对手。然而，这些思想都不够有力或作用有限。虽然希腊人因自己的自由而自豪，蔑视薛西斯和大流士的子民，因为他们没有自由，但是，他们对波斯的仇恨归根结底是民族间的仇恨。当罗马军队已经高度野蛮化，大部分士兵是从来不知理性为何物的蛮族人的时候，诉诸理性显得苍白无力。当君士坦丁高呼以十字架的名义作战的时候，他连基督徒都还不是。以色列的国王在小型的地方战争中可能从《旧约》中汲取了力量，但相信《新约》的基督徒却为战争在道义上是否站得住脚这个问题而苦苦思索了好几个世纪。其实，关于打仗的人同时也可以是虔诚的教徒这个问题，基督徒从未达成过一致意见；做烈士的理想一直和战争必须师出有名的理念一样强烈，至今依然如此。阿拉伯人在征服世界的年代里没有这方面的约束。他们新生的宗教——伊斯兰教——崇尚冲突，教徒必须服从教义，并且有权对异教徒作战。伊斯兰教激励了阿拉伯人的征服战；伊斯兰的思想使阿拉伯人成为尚武的民族；伊斯兰教的创始人穆罕默德以身作则，教导阿拉伯人成为战士。

穆罕默德自己就是战士，在625年麦地那对麦加的战斗中负过伤。他不仅亲自参战，还提倡战争。632年他最后一次去麦加时规定说，尽管穆斯林皆为兄弟，不应彼此交战，但他们要向所有其他人开战，直到他们说“万物非主，唯有真主”。[57]穆斯林认为，《古兰经》是穆罕默德的弟子记下来的他的语录，里面对这个要求做了详尽的说明。穆罕默德比耶稣规定得更细，坚持说只要接受了真主的教诲，就成为一个共同体“乌玛”（ummah）的成员，彼此负有责任；所以，只是避免兄弟相互残杀是不够的：穆斯林有义务把自己收入的一部分用于慈善，帮助不那么幸运的穆斯林；他们也有责任维护彼此的良知。然而，在“乌玛”之外，义务就反了过来：“信道的人们啊！你们要讨伐邻近你们的不信道者。”[58]这不是强行要人皈依。愿意服从《古兰经》权威的非穆斯林完全有权得到保护，严格按理论来说，“乌玛”以外的和平的人民不应受到攻击。然而，实际上“乌玛”正与意指伊斯兰教控制地区的“敬神之家”相吻合，而在“乌玛”以外的地方必然就是伊斯兰教尚未控制的地区“战争之家”。从632年先知穆罕默德去世开始，伊斯兰就和“战争之家”起了冲突。

和“战争之家”的冲突很快变成了“圣战”。穆斯林军在“圣战”中百战百胜，那不是简单地因为有先知的教导做指引，尽管穆斯林战士异常骁勇。至少有两个其他原因可以解释他们早期的所向

上图：复活节岛上倒伏的石像，在欧洲航海家到来之前，岛上的波利尼西亚居民就通过战争摧毁了他们自己的文明

下图：14 世纪的一位马穆鲁克战士在练习马上作战法，这是草原骑兵最精湛的武艺

描绘 1798 年金字塔战役中埃及的马穆鲁克和拿破仑的军队作战场面的油画。崇尚个人主义的“马上作战法”在经过操练的火枪射击术面前败下阵来

卡尔·冯·克劳塞维茨（1780—1831），普鲁士将军和军事思想家。他的著作《战争论》自他逝世后基本上决定了西方世界关于战争的思想

1879 年战争中祖鲁战士手持长矛冲锋。他们在伊散德尔瓦纳赢得胜利后，被英军的火力消灭

《游击队员的母亲》，1943 年 S. 格拉西莫夫作。这幅社会主义现实主义的画作中的女主角怀着将来的游击队员，毫不畏惧地面对纳粹侵略者

日本武士。日本崇尚武士刀，19 世纪之前一直把火药革命拒之门外

奥匈帝国的山地步兵翻越朱利安阿尔卑斯山的一座高峰。在 1914—1918 年的战争中，在这片山中和喀尔巴阡山及孚日山脉一带进行了长时间的作战

1942 年春，德军步兵用人力把一辆摩托车拉过没有道路的大草原。季节性的“沼泽期”一年两度使苏联西部的军事行动陷于停顿

1941 年阿格海拉战役中德军非洲军团的一辆马克四型坦克。在大沙漠中的行动自由受到了后勤能力的限制

被西班牙征服后，南美洲当地艺术家描绘的身穿作战服装的阿兹特克战士

纳尔迈石板，描绘了上下埃及的统一者、据认为是第一位埃及法老（约公元前 3100 年）纳尔迈（美尼斯）正在处死一名战俘

迦勒底战役（公元前 7 世纪后期）中获胜的亚述人点数人头。这并非仪式，而是战争中新出现的残酷无情的证据

公元前 7 世纪亚述人乘战车猎杀长角牛。战车最初发明出来可能是用于狩猎的

1956 年出土，据估计于公元前 7000 年建立的耶利哥城城墙。城防还包括在岩石中挖凿而成的护城河和瞭望塔

中国北京附近的长城。这一战略防御工事随着历史的发展不断加长，以保护中华帝国不受大草原游牧民族的袭击

卡迪山崖附近哈德良长城的中心部位。它自公元 122 年开始修建，是保存得最好的罗马帝国的前沿防御工事

波特切斯特堡，这是诺曼人用石头修建的堡垒，位于撒克逊海岸边一座罗马城堡内，属于罗马帝国主要的防御系统

十字军最伟大的城堡——骑士城堡。基督教骑士面临的问题是为他们建造的城堡找到驻军

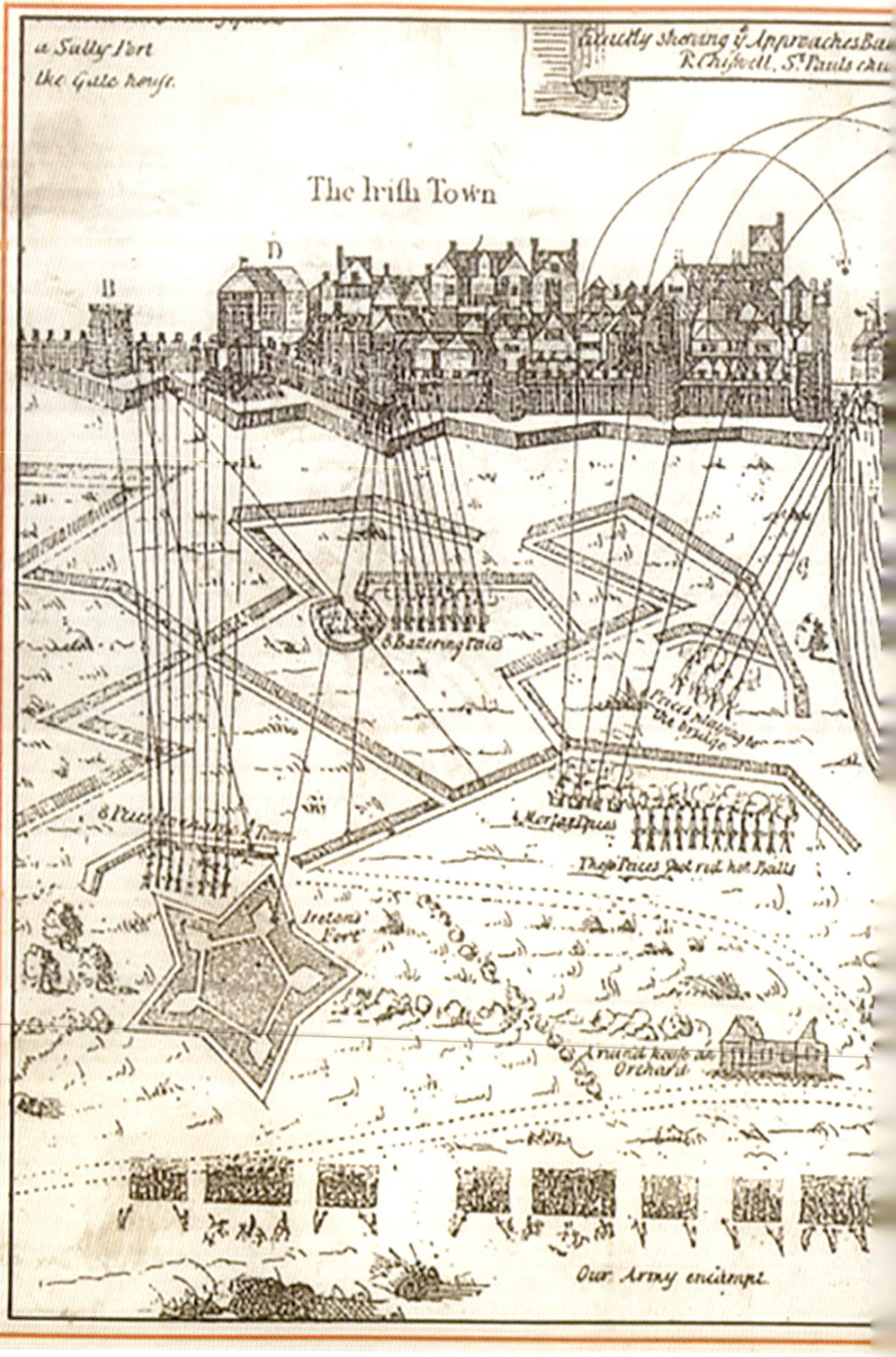
a Sally Port
the Gate house
The Irish Town
B
D
6 Battering Peeces
4 Morter Peeces
These Peeces shot red hot Balls
Iretons Fort
Orchard
Our Army encampt

1691 年利默里克之围。图中表明在建有瞭望塔的中世纪城墙上加建了“炮台”，还显示了围攻者修建的工事、平行堑壕和星状工事。我的布里奇曼祖先因在围城战中出了力，被赐予了附近的土地

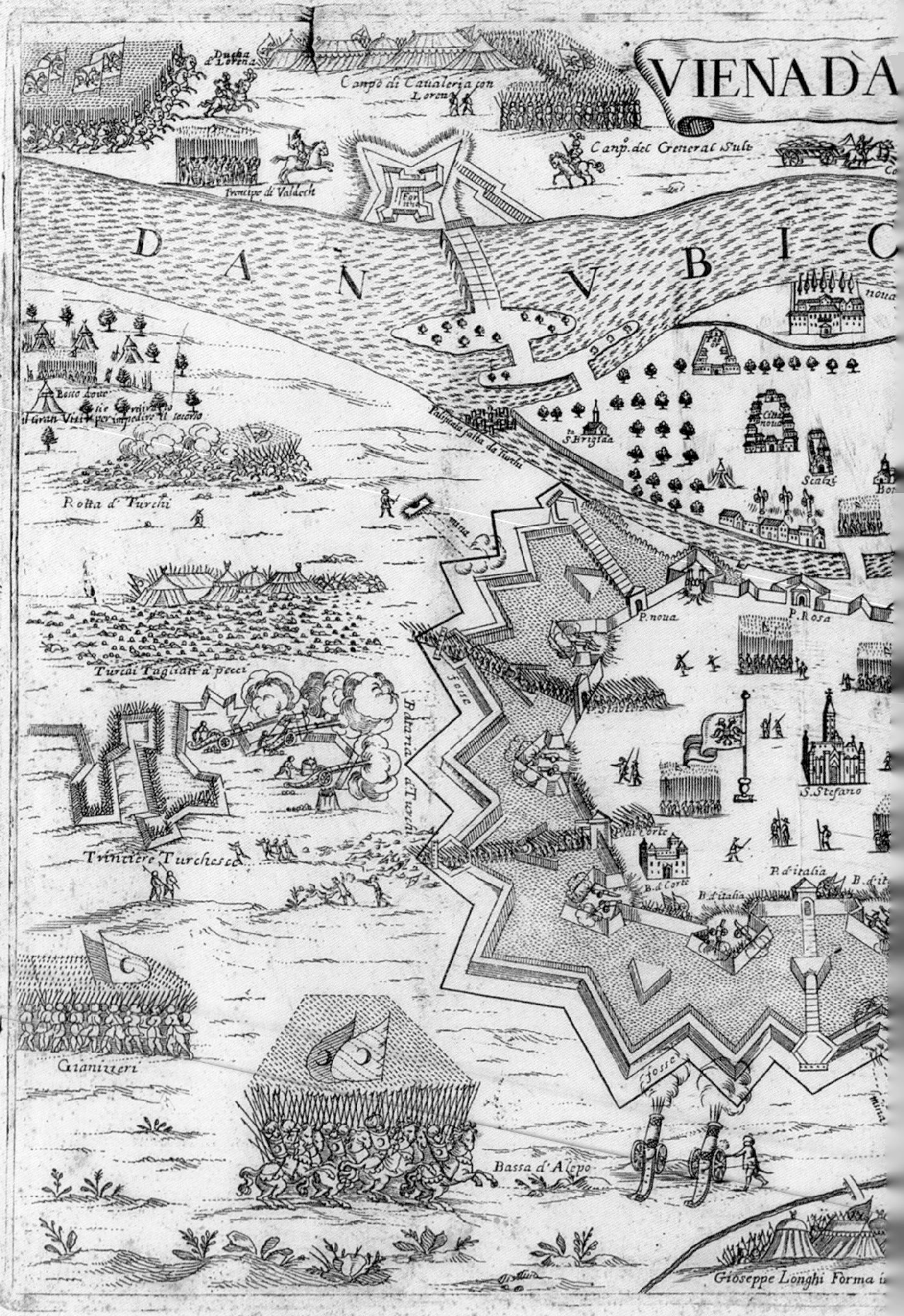

VIENA DA
Ducha d'Lorena
Campo di Caualeria con Lorena
Canp. del General Sult
Principe di Valdech
D A N V B I
noua
Pallisada fatta da Turchi
S. Brigida
Scalzi
Rotta d' Turchi
mina
P. noua
P. Rosa
Turcai Tagliati a pezzi
fosse
Bataria d'Turchi
S. Stefano
Trinciere Turchesce
Real Corte
B. d Corte
B. Italia
Gianizzeri
fosse
Bassa d'Alepo
mina
Gioseppe Longhi Forma i

1683 年维也纳之战。奥斯曼帝国军队围困维也纳两个月，图中表明了火炮的大规模使用

苏美尔王国的“乌尔的旗帜”，约公元前 2500 年。拉战车的是中亚野驴，不是马，战士披挂着原始的甲胄

撒缦以色三世统治期间（公元前 858—前 824 年）的亚述骑兵。他们没有马鞍，尚未学会前位骑马法

约公元前 650 年，亚述人骑着刚刚驯化的骆驼，采用了前控骑法

公元前 202 年的扎马之战中，罗马人战胜了汉尼拔率领的迦太基人。此次战斗中迦太基人动用了 80 头大象抵
御罗马骑兵的冲击，但仍不能挽回败局

公元前 333 年的伊苏斯战役中亚历山大大帝对阵波斯皇帝大流士。大流士乘战车被骑着布塞弗勒斯的亚历山大杀得落荒而逃，此画生动地显示了骑兵革命

萨尔马提亚骑兵，和与罗马和波斯为敌的斯基泰人是近亲。他穿的鱼鳞甲显示出向着锁子甲和铠甲的发展趋势

斯基泰人的黄金首饰。骑马射箭是斯基泰人的特长，故有“马上弓箭手”之称。他们发射的箭通过弦的张力和弓身的弹力双重加速，以至斯基泰弓的射程远达400步

大草原上的伊朗牧马人，公元前第一个千年。他们精巧的马上用具显示了他们对坐骑的娴熟掌握。里海一带出产的骨架纤细的马后来发展为阿拉伯马

马镫的使用：圣加仑诗篇中卡洛林帝国的骑兵手执长矛准备冲锋

奴隶兵：16 世纪奥斯曼帝国的禁卫军（Janissaries，“新军”的意思）在凡湖接受检阅；他们来自巴尔干地区基督徒家庭，从小被苏丹收为奴隶

战士：前方的佐阿夫兵是法国人，身穿北非部落人的服装，以示对 19 世纪欧洲军队中“原始战士”的敬意

雇佣兵：英国人约翰·霍克伍德，白色军团的指挥官，14 世纪受雇于佛罗伦萨、米兰和教皇国。此画为乌切洛于1436 年所作

应征士兵：第二次世界大战前夕，美国的征兵海报

常备军：在威尔基的画作《在村子里招兵》中，酒、甜言蜜语和国王的饷金诱惑着一个没有土地的佃农参加乔治三世的军队长期服役

公元前 8 世纪的希腊头盔。在铁取代青铜成为制造武器的原料很久以后，青铜仍然是最常用的护身材料

公元前 515 年的一个花瓶上显示的重装步兵准备战斗的景象。短兵相接时，盾牌护住腹部和大腿，以防被矛扎伤

受伤的步兵。他的盾尚未形成后来的碗状，后来的碗状盾牌还能用来从战场上抬走伤员，或战死者

方阵是大型的步兵阵法，常常用于部署战斗、行军甚至是扎营。他们集体行动，犹如一人

一艘罗马带桨战船驶往战场。它从希腊的三列桨船发展而来，船头安有冲槌，上层甲板有士兵把守

身穿锁子甲的十字军战士向穆斯林骑兵冲锋，14 世纪。实际上，中东的轻骑兵通常不肯直接交锋

15 世纪晚期对攀登攻城的描绘。士兵穿着铠甲，但工事里安有火炮

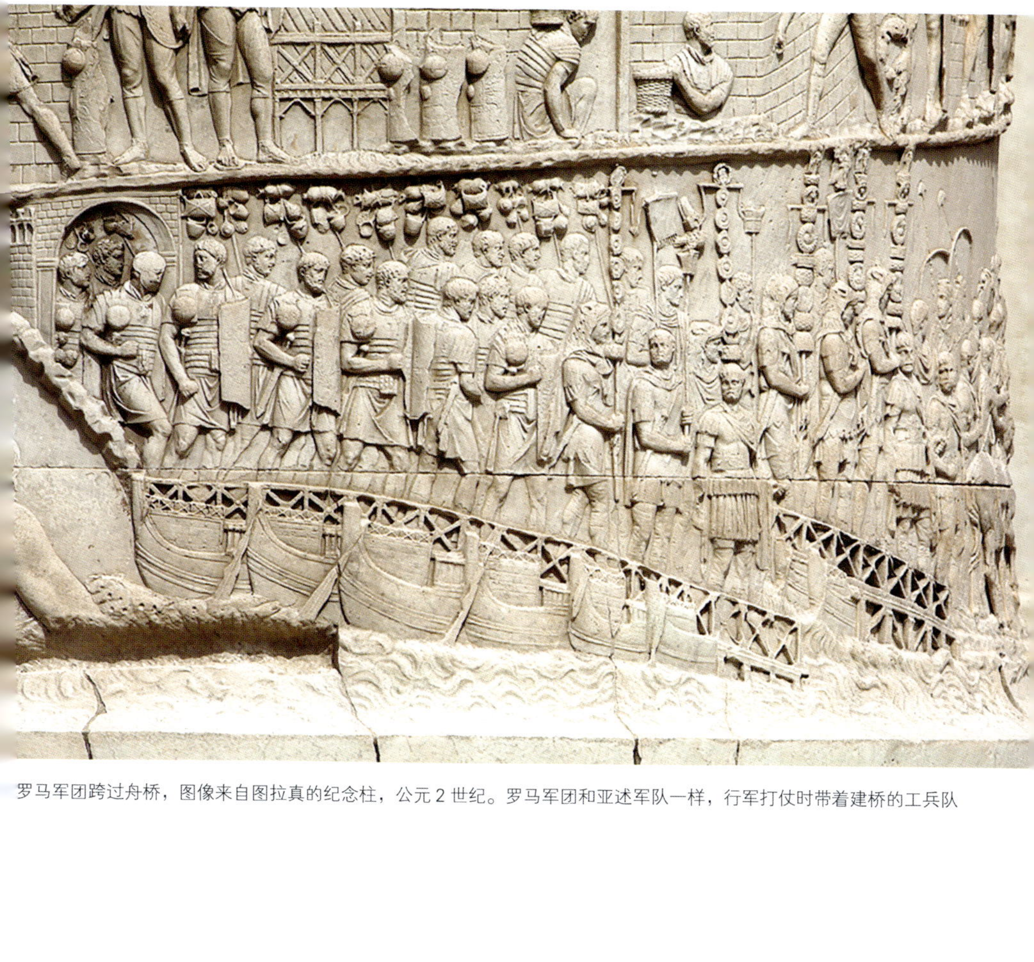

罗马军团跨过舟桥，图像来自图拉真的纪念柱，公元 2 世纪。罗马军团和亚述军队一样，行军打仗时带着建桥的工兵队

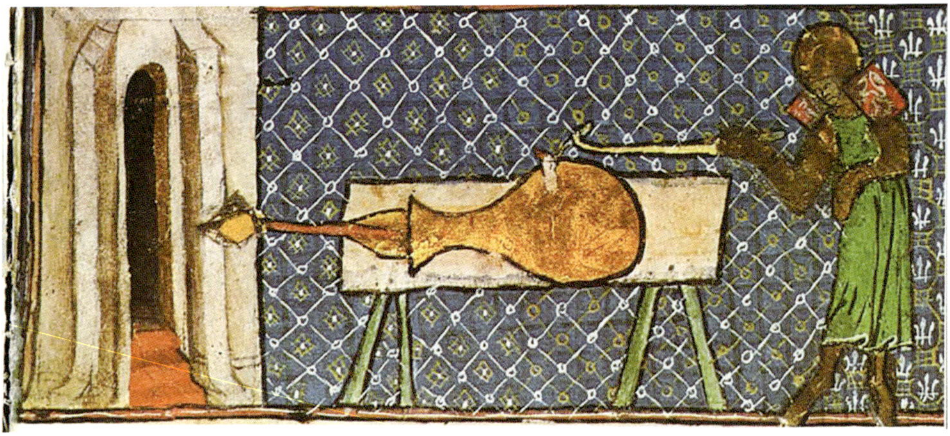

迄今为止所发现的对大炮的最早描绘，1326 年。炮手小心翼翼地把火绳杆伸向火门，说明对这种武器非常不熟悉

人和火药武器开始建立起亲密的关系，约 1400 年。一个世纪后，士兵就把枪扛上了肩

马耳他骑士（十字军的医务护理人员）的桨帆船与奥斯曼帝国的舰队作战，17 世纪初。这是在海上进行的“陆地战”

“太阳王”路易十四的旗舰“皇家太阳号”。此船于 1669 年在布雷斯特建造而成，装饰华贵，带有羽翼的女仆簇拥着船首的海马。直到 19 世纪 50 年代之前，这种从侧舷开炮的船一直是海军作战的主力

LE SOLEIL ROYAL

17 世纪的武器使用手册。士兵一步一步地按程序用枪对避免致命的事故至关重要

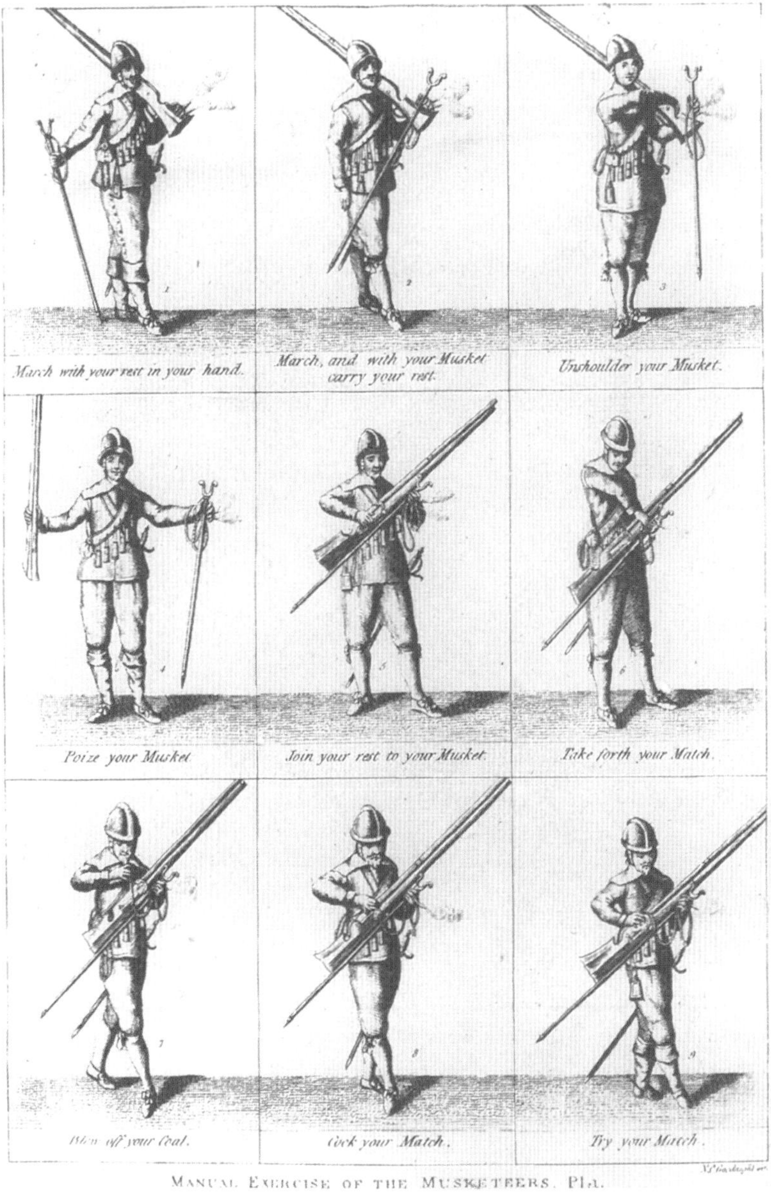

MANUAL EXERCISE OF THE MUSKETEERS. Pl.1.

工业的长足进步，彻底改变传统战争的形态：更先进进的枪炮带来更大的破坏力；军队以火车、汽船代步，精准地控制大型的远征军事行动……工业文明投入战争加速了杀戮的速度，人类进入铁血时代

1862 年 5 月 5 日，美国内战的威廉斯堡战役。尽管北方具有物质上的优势，但南方使用火枪，深挖战壕，在这场半岛上的战役中保全了里士满

1863 年 7 月摄于葛底斯堡的《收获死亡》。那些尸体是那样生动地反映了战争，看到这些照片简直就像亲临战场

19 世纪末的军工厂内景图，战场上男人使用的军火很多都是妇女制造的

索姆河边英军战壕中的哨兵，1916 年，他的战友们在睡觉。即使寻常的堑壕战也十分危险，令人筋疲力尽

闪电战中，德军容克 87 俯冲轰炸机如何向一辆坦克投弹。现代战场上，掌握制空权至关重要

1940 年，空中堡垒（B–17）和德军进行空中决战，拉烟是护卫战斗机喷出来的

广岛原子弹轰炸所造成的死亡人数为 20 万人，没有哪位军事思想家解释过核战争怎么可能是政治的继续

披靡。首先，在伊斯兰教中，虔诚和富裕并不冲突。基督把贫穷奉为神圣的理想，给他的追随者造成了无尽的道德困惑。相比之下，穆罕默德做过商人，深切地了解如果财富应用得当是多么有益；他期望伊斯兰社会能积累财富，把财富作为集体和个人行善的手段。他自己曾抢劫过麦加非穆斯林富商的车队，把抢来的财物用来推动自己的事业。圣战战士攻打拜占庭和波斯这些富庶的王国，就是学习他这个榜样。

第二，伊斯兰消除了在那之前战争所依据的两条原则——领土和亲族关系。伊斯兰不能有领土性，因为它的使命是让整个世界都归顺真主。伊斯兰一词的意思是服从，具有同一词根的“穆斯林”则意味着服从的人。只有当全部“战争之家”都被纳入“敬神之家”以后，伊斯兰的使命才算完成。到那个时候，所有人都成了穆斯林，也就都成了兄弟。实际上，第一批阿拉伯穆斯林仍然深陷于沙漠世界强大的宗族关系网中，对穆斯林皆兄弟的原则心存抗拒，所以，不属于他们部落的皈依者先要做一段时间的扈从（mawali）。[59]但是，伊斯兰教最终消除了种族和语言间的界限，这是它的辉煌成就之一，是任何其他帝国或宗教都从未做到的，而伊斯兰兼有帝国和宗教的特点。

在穆罕默德生命的最后几年，阿拉伯人在扩张伊斯兰边界的努力中还大大得益于另一个因素：他们要进攻的王国已经雄风不再。拜占庭为抵御北部边界上的阿瓦尔人已经耗尽力气；更使它大伤元气的是，它自7世纪初就一直纠缠在和波斯的一系列大战中的最后一次战争中（603—628年），这场战争使两个帝国都筋疲力尽。波斯曾是历史上的强国，但它夹在大草原和中东的沃土之间的地理位置一直是它的软肋。在马背上的民族兴起之前，波斯常常利用西边邻国的衰落或崩溃来扩张自己的帝国版图。1000年前，它遇到了亚历山大大帝这个手段和决心都无与伦比的对手，结果波斯的王朝被推翻，帝国的土地被亚历山大的将军瓜分。得到了波斯中心地区的塞琉古成功地维持了希腊的权力，却没能实现波斯社会的希腊化。他的帝国最终落到了源自中亚的另一个伊朗民族——帕提亚人——手中。虽然帕提亚人是骑马民族，是靠骑兵打败了塞琉古的步兵的，但是他们很快被文明同化了，建立了一个伟大的帝国。从公元前1世纪到公元3世纪初，他们是罗马东面的劲敌。波斯在和罗马的战争中经常获胜：在363年的战争中，罗马皇帝“背教者尤里安”在美索不达米亚阵亡，这个噩耗给罗马的打击几乎和15年后哥特人在阿德里安堡的胜利带来的打击一样巨大。但接连的战事耗竭了波斯的财富、人力和耐力，自那以后，波斯帝国应对大草原边界上游牧民族的骚扰日益力不从心。

因此，当633年一支阿拉伯军队入侵北部美索不达米亚时，波斯军队的力量已是大不如前；拜占庭也是一样。阿拉伯人兵行险着，对波斯和拜占庭同时发起进攻，虽然被迫在两条战线之间调动军队，但仍能维持战力；637年，在现代巴格达附近的卡迪西亚（Qadisiyah），阿拉伯人赢得了胜利，伊斯兰终于征服了波斯；这场胜利对阿拉伯世界意义十分重大，到了20世纪80年代，萨达姆·侯赛因在和伊朗的消耗战中还经常提到它。与此同时，其他的阿拉伯军队连续征服了叙利亚（636年）和埃及（642年），并沿地中海海岸西进，直指拜占庭帝国在北非的省份。674年，第五代哈里发或穆罕默德的“继承人”穆阿维叶（Mu'awiya）决定直接攻打君士坦丁堡。虽然阿拉伯人在677年放弃了攻城，但717年又卷土重来。那时，他们已经占领了整个北非（705年），进入了西班牙（711年），到达了比利牛斯山脉，并在不久后越过比利牛斯山脉入侵了法兰克。在东面，他们征服了阿富汗，对印度的西北部进行袭扰，吞并了安纳托利亚（现代的土耳其）的一部分。在北面，他们把最北的边界推到了高加索山脉，越过乌浒河进入河中地区；751年，他们在塔拉斯河同中国人进行了决战，争夺通往长城的丝绸之路上的重镇布卡拉和撒马尔罕。

阿拉伯人的胜利尤其令人震惊之处在于他们的军队并非精兵强将。虽然他们有几世纪在沙漠争斗的经历，但是他们并没有真正打过仗；他们倒真的是"原始作战者"，习惯的行为模式是突袭（ghazwa）。[60]他们的用兵之道也不特别高明，装备和作战技能更不占优势。阿拉伯马那时已经是威风凛凛的神骏，受尽宠爱，人经常用手给它们喂食；在外形上，阿拉伯马和大草原上的长毛小马简直不像是同一个物种，但它们数量很少。倒是有很多骆驼，单峰驼（产于阿拉伯半岛）和双峰驼（产于巴克特里亚）都在公元前第一个千年即已驯化，但尽管骆驼的耐力惊人，速度却比较慢，而且难以驾驭。[61]在战略上，阿拉伯军队靠骆驼穿越了文明世界的军队认为是无法穿越的地区，如神兵天降般出现在战场上；在战术上，骆驼在近距离作战中却用途有限。因此，阿拉伯人的办法是长途行军时骑骆驼，到了短兵相接的时候才改骑备用的马匹——卡迪西亚可能只有600匹马。[62]634年7月，阿拉伯名将哈立德（Khalid）就是用这个办法自美索不达米亚挥师巴勒斯坦，和他的战友阿慕尔（Amr）并肩作战，给了拜占庭军队以沉重的打击，赢得了艾季纳代因（Ainadain）这一重大战役的胜利。在战场上，阿拉伯军队选择可以藏身的自然地形做阵地，士兵下马后在自然掩体后面用复合弓作战；他们还通常选择便于逃入沙漠的地形。[63]

他们作战方式的这两个特点——依靠掩护和随时准备逃跑——是典型的“原始”特点；我们在前面已经看到，在希腊反抗土耳其的独立战争期间，这种行为使支持希腊独立的外国志愿者怒不可遏。这就引起了一个问题：如果阿拉伯人是“原始作战者”，那么为什么他们在与拜占庭和波斯军队的作战中如此成功？拜占庭和波斯的军队有组织有纪律，在任何军事分类中都应算作“正规”军。我们知道，这两个帝国经过彼此间旷日持久的战争，精力都几乎消耗殆尽。尽管如此，一般来说，原始的军队从长远来看必定输给正规军；骚扰是防御战的有效手段，但战争归根结底要靠进攻才能打赢，阿拉伯人在攻城略地的时代绝对是取进攻态势的。对此问题的答案只能在于伊斯兰教本身。伊斯兰教高度强调为信仰而战，它激励战士们在战场上奋不顾身。如果作战者坚信自己必胜，屡败屡战、愈挫愈勇，那么“原始”的战术就能成功。多少年之后的毛泽东也持这样的理念。他的战术首先就是“原始”的，只要战士们坚信最后的胜利属于他们，暂时的失利后撤他并不放在心上。毛泽东的战略的另一个支柱是赢得老百姓的民心。阿拉伯军队入侵的土地上居住着归化的阿拉伯人（musta'riba），他们虽然放弃了沙漠生活，但与道地的阿拉伯人有着强烈的文化认同感，在以伊斯兰的名义宣扬的兄弟关系理念的感召下积极支持阿拉伯军队，这对入侵的阿拉伯军队是一大帮助。[64]

然而，我们从马穆鲁克兴起的故事中看到，穆斯林不打穆斯林的禁令很早就被打破了，这最终导致后来的哈里发失去了军事上的权威，不再能控制打着哈里发的名义掌握实际统治权的武士，这也许是不可避免的；而那些实际掌握统治权的武士大多数是从大草原招募来的骑马民族的成员。前面已经解释过，"哈里发"这个称号的意思是先知穆罕默德的"继承者"，它意味着哈里发在世俗世界和宗教中都具有无上的权威。理论上，哈里发世俗和宗教的作用并行不悖，开始时也的确如此。那是因为早期的穆斯林是按部落定居在新的军事"营帐"城市中的——其中一个就是后来的开罗。他们的宗教生活由哈里发掌管，日常用度的开支则来自战争中抢来的财物或对异教徒的赋税。

伊斯兰教的传播使穆斯林人数大大增加，结果使部落的营帐生活无法继续维持。穆罕默德没有子嗣，这必然造成不同部落间在继承权问题上的意见分歧。关于第四代哈里发人选的争吵十分激烈，造成了伊斯兰社会的分裂，分为占多数的逊尼派和占少数的什叶派。根据最初用于分配战利品以推进圣战的军方名册（diwan），属于最初的阿拉伯部落的家庭一直领取生活津贴，[65] 这造成了后来皈依的穆斯林的不满，更加剧了伊斯兰社会的分裂。关于继承权的争端最终得到了解决，大马士革倭马亚王朝的哈里发因此得以进军西班牙和中亚，但不同派别的穆斯林之间的紧张并没有缓解。749 年，阿拔斯王朝的哈里发在内战中获胜后迁都巴格达；在阿拔斯王朝的统治下，伊斯兰世界终于恢复了稳定。阿拔斯王朝之所以得胜，部分是因为它承诺要消除最初的穆斯林和后来的皈依者之间的分别，这一分别就在于是否在军方名册上榜上有名。阿拔斯王朝确实废除了军方名册，在那之后，以穆罕默德继承者的名义当兵打仗不再像过去那样有利可图，但每当心怀不满的穆斯林想要抗拒哈里发的时候，也因宗教上的诸多顾虑而纠结不已。8 世纪至 9 世纪期间，哈里发经常遭到反抗，西班牙和摩洛哥就是在那段时间内分离出去，建立了自己的哈里发辖地的，它们声称与穆罕默德家族的关系更近。阿拔斯王朝失去了传统的部落支持，又无法把新皈依的教徒组成军队，因为他们认真遵守穆斯林不打穆斯林的禁令，于是只能去别处招兵。结果，给奴隶配备武器让他们去打仗本来是权宜之计，现在却成了妙招，甚至动用国家收入去招兵买马，为奴隶军队提供兵源。

一般认为穆塔绥姆哈里发（833—842 年在位）是穆斯林军事奴隶制的创始人。事实上，先知穆罕默德在世的时候就已经有奴隶兵和自由的穆斯林一起作战了，但他们来自四面八方，有的是穆斯林主人的侍从。[66] 阿拔斯王朝认识到，靠这种东拼西凑的招兵制度已经无法维持权力。穆塔绥姆于是向奴隶市场大举购买，他买的是最好的货色，也就是来自大草原边缘的突厥人；据说他的麾下网罗了 70 000 名突厥奴隶兵。[67] 如此大规模的奴隶军暂时缓解了哈里发挥之不去的军事难题，即如何在不使穆斯林兄弟相残的情况下遵循戒律（haram）的号召，建立无限的权威。然而，如何收服在帝国的中亚和北非边缘地区自行建立哈里发辖地的穆斯林，这个问题依然没有解决。要收服那些穆斯林，就必须为新建的奴隶军培养果敢坚定的领导人。奴隶军的领导人开始时全部来自布义德（Buyid）家族，这个家族一直顽强捍卫帝国的中亚边界，945 年甚至在巴格达地区建立了自己的哈里发辖地。然而，更能干的领导人却是来自布义德家族的对手，一个叫塞尔柱的突厥部族。1055 年，塞尔柱人打着逊尼派正统的旗号进入巴格达，推翻了什叶派的布义德王朝，宣布自己为哈里发的新任保护者。很快，他们被称为苏丹，意思是“握有权力的人”。

塞尔柱人皈依伊斯兰逊尼派被称为“意义深远的变化，与近 5 个世纪前克洛维率领法兰克人皈依基督教同样重要”。[68] 它后来导致了拜占庭帝国大部分亚洲领土的沦陷，使基督教面临危机，引发了十字军东征。塞尔柱部族到 960 年才全体皈依，这是伊斯兰传教士在大草原边缘地区努力的成绩。那个地区除了塞尔柱人外还有其他骑马的突厥部族，包括葛逻禄人、钦察人和吉尔吉斯人，大家正为争夺中亚的统治权而打作一团。葛逻禄人最终赢得胜利，成了阿富汗迦兹尼王朝的统治者，再后来又创立了最重要的马穆鲁克王国之一——德里的奴隶王国。[69] 然而，就连如此显赫的成绩与塞尔柱人相比都黯然失色。塞尔柱的突格里勒·贝格（Toghril Beg）、马利克·沙阿（Malik Shah）和阿尔普·阿尔斯兰（Alp Arslan）都骁勇善战。从 1080 年到 1090 年，马利克·沙阿在他的名臣尼扎姆·穆勒克（Nizam al-Mulk）的辅佐下，大大扩展了阿拔斯王朝在中亚的势力。阿尔普·阿尔斯兰朝着相反的方向，挥师高加索山中，于 1064 年攻陷了信奉基督教的亚美尼亚首都。接下来他继续在险峻的高加索山脉中挺进，占据了可直接威胁拜占庭帝国东部边境的有利位置。1071 年 8 月，他在曼齐刻尔克（Manzikert）遭遇了拜占庭的军队，打赢了一场对近东和欧洲未来的地缘政治影响非同小可的战斗，这场战斗使拜占庭在亚洲的领土变为“讲突厥语、信伊斯兰教的土地”——简称“土耳其”。[70]

阿拔斯王朝试图依赖奴隶军作战，因此产生了互相矛盾的结果。它通过延揽骑马的突厥民族为哈里发王朝所用而恢复了权位，但它倚重游牧民族的战士，尽管仍然保留了名义上的权威，但无意中放弃了管辖权，因此使伊斯兰的领导层与它的阿拉伯根基永远分隔开来。阿拔斯王朝继续在名义上掌握着统治权，其间一位励精图治的哈里发纳赛尔（al-Nasir，1180—1225 年在位）甚至似乎有希望能恢复王朝昔日的辉煌。然而，大错已经铸成。招募的奴隶兵傲慢自大、吃苦耐劳、聪明能干，但他们是异族人；他们后来不再愿意继续对主人唯命是从，于是利用自己的力量成了帝国的主人，而且非常聪明地想出了一个办法，维持了哈里发的尊严，但把实权尽收于己。

塞尔柱人的力量在 12 世纪末期开始走下坡路，但其他异族穆斯林沿着塞尔柱人开辟的道路前仆后继。在东面，塞尔柱人占领的土地落入了伽兹尼王朝和新出大草原的另一个突厥部族土库曼人的手中。在西面，来自伊朗北部山区的库尔德人萨拉丁（Salah el-Din）在抗击十字军的战斗中脱颖而出，成为护卫哈里发辖地的名将。我们前面看到，曼齐刻尔克一役把拜占庭的军队赶出了亚洲，吓得米海尔七世皇帝惊慌失措，顾不得基督教里东正教一支和拉丁一支之间长达几世纪的分裂不和，竟然向教皇求援。他的呼救石沉大海，很久后才产生了结果。1099 年，由来自法国、德意志、意大利和许多其他西方地区的基督教骑士组成的一支军队兵临耶路撒冷，攻陷了这座城市，在圣地巴勒斯坦建立了桥头堡。十字军打算据此落脚点发动战争，把原属基督教的东方从伊斯兰手中重新夺回来。随后，十字军王国和穆斯林军队进行了近一个世纪的旷日持久的战争，其间各有占上风的时候。1171 年，萨拉丁受命指挥在埃及的军队；在他的领导下，战局开始向着绝对有利于穆斯林一边的方向发展。接下来的 8 年里，尽管十字军多次企图扭转战局，但仍然节节败退，战至几乎无立足之地。萨拉丁发起的大反攻一路奏凯，穆斯林一方赢得最后的胜利似已成定局。然而，伊斯兰注意的方向错了。历代哈里发一心要解决西边的边界问题，却忽视了东边的安全。在东边，13 世纪初期，大草原上出现了一个原本未得到注意的新威胁。1220—1221 年，中亚和波斯的大部分地区落入了一个奇怪的骑马民族的手中；1243 年，现代属于土耳其的地方也遭到同样的命运。征服者不是穆斯林，打起仗来对敌人的凶残令人胆战心惊。1258 年，他们攻入巴格达，杀害了阿拔斯王朝的最后一位哈里发穆斯台绥姆（al-Muzt'asim）。这些征服者是蒙古人。

蒙古人

在蒙古人之前，多个马背上的民族都曾入侵过文明世界，但蒙古人征服的范围之广、速度之快无人能及，个中原因难以说清。无论如何，蒙古人确实超过了所有其他的骑马民族；古往今来任何一个民族都比不上他们那样驰骋万里，转战南北，征服统治了如此广阔的地域。1190 年，后称成吉思汗的铁木真开始统一蒙古的各个部落，自那时开始，到 1258 年他的孙子攻陷巴格达，蒙古人的铁骑席卷整个中国北部和西藏地区、朝鲜、中亚、波斯的花剌子模、高加索地区、突厥的安纳托利亚和俄罗斯的各个大公国，并袭扰印度北部；1237—1241 年，他们挥师波兰、匈牙利、东普鲁士和波希米亚，还向维也纳和威尼斯派遣了侦察部队。只是因成吉思汗的儿子兼继任者去世，死讯传来后，蒙古军队才撤离欧洲。在成吉思汗后来的继承人手下，蒙古人的地盘进一步扩大，囊括了整个中国。成吉思汗的孙子忽必烈在中国建立的元朝一直维持到14世纪末；他们还控制了缅甸和越南的部分土地，企图入侵日本和爪哇，但没有成功。他们也继续插手印度，成吉思汗的后裔巴布尔于1526年在那里建立了莫卧儿帝国。1876年维多利亚女王获得的印度女皇的称号即直接来自350年前蒙古人的帝国，也归根结底来自于成吉思汗的野心；1211年，在他首次离开大草原进行征战的前夕，他在帅帐中卜测了天意后出帐对众人宣布："上天答应我得胜。"[71]

然而，蒙古人的锋芒所向先是中国，不是印度，因为他们就住在中国的边上。自从公元前第一个千年中国秦朝实现统一之后，历代王朝就一直不堪黄河以北各族胡人的袭扰，甚至有时被他们夺得大统。为抵外侮，历朝历代建立起一套双重的制度。首先建造长城以为华夷之隔，并借边民之力防卫关内的土地；长城成形于秦朝，后又多次重建、改建和扩建，边民通过与中国的商人、官员和士兵的接触不可避免地受到了汉化影响，朝廷也经常奖赏他们的效力，如给他们提供保护或补贴，或赏赐土地（有时是长城以内的土地）。万一这条主要防线被突破，第二重防卫就是依靠高度发达的中华文明逐渐吸引同化侵略者。作为这一政策基础的"一系列假设都认定中华制度和文化高级优秀，为蛮族所深深仰慕；从未设想过蛮族也许不需要中华文化"。[72]

1000多年来，这一政策行之有效。中国虽然多次遭到侵略，甚至有时山河破碎、风雨飘摇，但是它从未完全受过异族的统治；成功夺得权力的外族人也确实总是通过文化上的同化和通婚而被吸收入中华文明。大乱经常继以大治，中央政权会重新建立。统治隋朝

（581—618 年）和它之后的唐朝（618—907 年）的贵族阶级其实是胡人，他们的祖先是自大草原而来，从公元 3—5 世纪造成中国分裂的突厥侵略者。但是，这两个朝代不仅加长加固了长城，而且还修建了浩大的公共工程，包括把黄河和长江水系的河流连接起来的大运河。尤其重要的是，这一切的执行并没有导致政权的军事化，这与罗马形成了鲜明的对比：罗马先是发生了军队的野蛮化，后来整个政体都沦为靠剑维持的武士王国。

虽然中国的宫廷和贵族尊重武艺和骑术，但是他们没有把军事领导能力和行政能力混为一谈。隋唐两朝期间，孙子首倡的渐进性军事战略开始扎根。孙子的理论建立在中国已有的一套思想和实践的基础之上，否则就不会那么容易地被接受。《孙子兵法》强调慎战、避险、不战而屈人之兵、以逸待劳（20 世纪毛泽东和胡志明的战略使战略家注意到了孙子的理论，也认识到所有这些概念都与克劳塞维茨的理论背道而驰），帮助中国人把军事和政治理论结合为一个智力上有机的整体。[73] 无论如何，渐进对隋朝和唐朝早期的中国军队都最为合适；当时实行府兵制，边境上还派驻非汉族、但已经汉化的戍边部队加强防卫。

8 世纪早期，唐朝的力量如日中天，取得了中国历代王朝史上空前绝后的成就。唐朝的物质和知识力量不断发展，特别是由于中国法师力宣佛法，超过印度人和锡兰人，成为在东亚和南亚推动佛教的主要力量，这使得大唐帝国的边界大为扩张，纳入了长城以北的大片地区、印度支那的部分地区，以及吐蕃（西藏）这个当时令人头疼的边境地区。然而，唐朝的成功恰恰成了它灭亡的根源。战场奏捷，武将因之地位煊赫，这也许是不可避免的；而武将大多是胡人，这就导致了文臣和武将之间的权力斗争，最终发生了755—763年的安史之乱，声势之大，甚至迫使皇帝逃出首都长安。继任皇帝依靠从吐蕃和北方胡人那里借兵才得以恢复权位。就是在此之前，唐朝的军队在751年的怛罗斯之战中刚刚大败于阿拉伯军，那是中东和远东争夺对中亚控制权的决定性的一战。怛罗斯之战中，唐军统帅是高句丽人，而755年安史之乱的头领安禄山是粟特人和突厥人的混血。用中国人的话来说，他们二人都是蛮夷。

非汉人再次插手中华帝国的事务为将来埋下了隐患。虽然自8世纪起，使用灌溉技术大大增加了水稻生产，中国的人口因此翻了一番，但是这主要集中于长江流域和华南地区。在北方，安史之乱造成千里饥荒、饿殍遍地；朝廷虚弱，大权旁落各个藩镇之手，招募的雇佣兵都是“无根游民和被有条件赦免的罪犯”。[74]就是从那时起，中国人对当兵深恶痛绝，这一观念一直持续到1949年人民解放军取得胜利。10世纪初，唐帝国的权威彻底崩溃；虽然建于960年的宋朝重建了统一，但是它没能收复西北方和北方被蒙古的契丹人和西伯利亚的女真人占领的土地（女真人即在17世纪征服中国的满洲人先祖）。同时，宋朝西部的省份又落入了西夏人的手中；西夏人又称党项人，是突厥、吐蕃和西伯利亚民族的混血。

所以，当1211年成吉思汗得到上天的保证，答应他得胜的时候，因强行派本族人到边区垦荒殖民的汉朝而得名的汉族中国正风雨飘摇。长城被异族人所把持，西部受到另一个异族的占领，宋朝的军队“冗员严重、效率低下，尽管几乎全部预算都用于军费”做雇佣兵的饷银，他们缺少战马，又没有了胡人附属部队的支持，因为朝廷已经不再掌握对边境草原的控制。[75]但是，这种情况仍然不能解释蒙古人为何能如此迅速地征服中国如此大片的土地，更无法说明他们在西方同样旋风式的摧枯拉朽。

无疑，成吉思汗本人的个性是很大的因素，同样重要的是他坚定不移地坚持蒙古人部落的风俗和对外人的偏见。蒙古人对性行为的道德要求十分严格：通奸双方都处以死刑，也不准抢夺女人。这一守则杜绝了由于抢妻而引发的争斗，这种争斗是原始社会特有的现象，造成的破坏极大。[76]然而，蒙古人，特别是成吉思汗，又动辄感到自己受了冒犯，报复起来从不手软；事实上，成吉思汗一生基本上就是报复的一生，蒙古人的战争可以视为得到无限放大的原始的复仇冲动。不过，他们很乐意利用外人的帮助，甚至在作战中使用外族部队；他们这样做也是不得已，1216 年蒙古人开始征服中国北方的第二阶段行动的时候，据估计他们的军队才有 23 000 人。[77]使西方人闻风丧胆的“蒙古”军队大部分是突厥人，而邻近蒙古的鞑靼人则是成吉思汗治下的子民（人们经常把蒙古人和鞑靼人弄混，民族语言学家费尽力气也没能澄清这一误会）。[78]

研究成吉思汗的学者对他先进的军事组织制度赞不绝口。他给手下的人提供“人尽其才的职业生涯”。他把军队分为合理的十人队、百人队和千人队，此举远远早于现代西方排、连、团的指挥制度，蒙古军队最终拥有了 95 支“千人队”。[79]这些无疑都很重要。成吉思汗除了近亲之外，任命指挥官时不考虑血统，只考虑表现，此举打破了部落行为的模式。然而，进行这些革新的蒙古民族只是一个很小的民族，人数太少，完全不足以征服多于他们数百倍的人口。大草原上任何骑马民族的人口都从未超过几十万，不过以征服的面积而论，他们谁也无法望蒙古人之项背；即使他们改善组织形式，恐怕也不可能像蒙古人那样能攻善战。这里面还有其他的因素。

这些因素中不包括先进的技术。蒙古人和匈奴人、突厥人，还有保留了遗传自他们大草原祖先对马匹的热爱的中国贵族一样，作战时只会骑马弯弓射箭；一说他们的军队中有披甲骑兵，但那是极不可能的。的确，蒙古人招募的外族士兵知道如何打围城战，可是，在火药发明之前，如果堡垒的守军拼死抵抗，打围城战就既费力又费时。既然蒙古人不像有人猜测的已经掌握了火药的应用——那时恐怕世界上还没有人会用火药——却仍然攻克了东方和西方的一系列要塞，包括河中地区的讹答剌（Otrar，1220 年），波斯的巴尔赫（Balkh）、梅尔夫（Merv）、赫拉特（Herat）和内沙布尔（Nishapur，1221 年）。还有西夏的都城兴庆（今银川，1226 年），那么我们只能认为，那里的守军未做抵抗就望风而逃了。[80] 值得注意的是，在唯一坚决抵抗蒙古人的波斯的玉龙杰赤城（Gurganj），围城战从 1220 年 10 月持续到 1221 年 4 月，正符合同时代西方封建领主对围城战所需时间的估计。

当时，蒙古人不可战胜的流言似乎传播甚广。我们知道，蒙古大军甫一开到，布卡拉和撒马尔罕即不战而降；在布卡拉，成吉思汗可能是为了呼唤阿提拉的神灵，在大清真寺的演讲中也自称为“上帝之鞭”。是什么造就了蒙古人战无不胜的名声？蒙古人学会了使用马镫，阿提拉的匈奴人当时还不会，但马镫已经普及了 500 年。蒙古人的马匹经过逐渐改良，比匈奴人的马品种更好；通过骑术的提高，他们可能可以驱养更大的马群，但这些本领突厥人也都有。成吉思汗和他的儿子们给族人规定了严格的纪律，他们的扎撒（yasa，意为法令）规定，战利品归集体所有，战斗中抛弃战友是死罪。这些法令所制裁的私吞财物和在危险面前临阵脱逃的行为正是“原始”战争的特点。我们也许可以因此把蒙古骑兵视为在“军事地平线”之上活动的军队，而不只是一股作战的匪帮。[81] 然而，这仍然解释不了其他民族如此畏惧他们的原因。

如果能够看到蒙古人的侵略并非遍地开花、同时出击，而其实是按部就班，从小处开始，每一步前进都严格计划、精心执行，那么就有了着眼之处。前面提到蒙古人非常重报复。确实，他们的第一场胜仗打的是钦察人，因为他们侮辱成吉思汗，要求他对他们行扈从之礼；第二次战争的敌人是花剌子模人，因为他们不顾道义，杀害了前来要求贸易的使者。然而，成吉思汗绝非乘怒兴师的莽夫；他和亚历山大大帝一样，迫切希望了解关于他要打击的敌人的情报，为此设有广泛的间谍网。他与亚历山大的另一个相似之处在于他也是冷静理性的战略家。在发兵攻打钦察人时，他决定不走穿越戈壁沙漠这条直接但难走的路，而是绕道走甘肃的河西走廊；这条路在长城以西，出准噶尔山口，是丝绸之路的延伸。走这条路需要首先打败西夏，成吉思汗视其为事前必须扫清的障碍。

他这样做非常有道理。当时许多骑马民族正你争我夺，都想重现6世纪突厥人在大草原上建起的统一帝国；西夏人，或称党项人，据说就是其中的一方。那些骑马民族之间没有正式宣战，外部世界对他们的争斗也浑然不知。“重建大草原统一帝国的企图是何时开始，如何开始的，都笼罩在神话和传说的迷雾中，再加上后来蒙古人自己对（成吉思汗的）生涯的添油加醋、极尽渲染。”[82] 据此解释，蒙古人卷入了这场争斗，最后成了他们语系各民族的公认领袖，后来的历史就是由他们来写的。这种说法说服力极强，因为如果接受这种说法，解释蒙古人如何兴起为世界强国这个问题所面临的最后一个，也是最主要的困难即迎刃而解。他们不再是“远离文明生活中心（并）几乎没有受到来自东亚和南亚城市的任何文化或宗教影响的”人民，而是参与了遍及整个大草原的斗争的一方；就是经过这场斗争，来自大草原外的军事纪律和军事组织的概念改变了他们的作战方法，尽管这些概念是通过间接迂回的方式传来的。[83]

这些概念大部分应该是起源于突厥，流入中国和中东，经修改调整后以新的形式又传回来。多少世纪期间，应该有不少已经汉化或皈依了伊斯兰教的突厥人回归大草原。有的是战功卓著衣锦还乡；有的是失意而归或走投无路；有的是待罪之身亡命天涯；有的是商旅的护卫；有的甚至是官方的使节。讲述自己过去打仗的故事别人总是爱听，了解外国作战技术的人到哪里都非常吃香。不能想象蒙古人在出发打仗之前对敌人一无所知，或没有从敌人那里学到任何东西。

他们学到的最重要的东西可能是抽象的：伊斯兰教给战争注入了思想的力量。值得注意的是，蒙古人最有可能了解或听说过的突厥人是伊斯兰的前线战士，是用剑传播《古兰经》的穆斯林英雄。据说成吉思汗本人坚信自己受命于天，按神的旨意行事，就此昭告他所有的追随者，要求巫师给予他支持，甚至宣扬一种原始的民族主义，称蒙古人是天选之族。[84]但更重要的是，他拒不接受伊斯兰教宣扬的温和的道德观。他掌握的作战工具，包括机动灵活的骑兵、能远距离杀敌的复合弓、穆斯林英雄战斗至死的准则、唯我独尊的部落文化的锐气等等，已经令人望而生畏，再加上成吉思汗的蒙古人信奉无情的泛神教，没有对陌生人慈悲或自身积德这类一神教或佛教的理念，他们战无不胜的声名远播也就并不令人惊奇了。他们的思想和他们的武器一道，是散布恐惧的工具，而他们带来的恐惧使人至今难以忘却。

骑马民族的衰落

但是到了最后，蒙古人和以前的匈奴人及突厥人一样，输在了骑马民族固有的弱点上，那就是他们征服了地方后没有能力建立永久的权力。成吉思汗具有高超的行政能力，但他的目的是攫取财富而不是稳定社会，是为了维持游牧生活而不是改变那种生活。他不能指定单独的一个继承人并为其确立合法性，连蒙古人都如此认为，更遑论他治下的其他民族。根据游牧民族的习惯，统治者所拥有的一切——领土、子民、畜群——都要在儿子中平分，成吉思汗 1227 年去世时就是这样做的。他的帝国被他的大妻孛儿帖所生的四个儿子瓜分了。根据传统，最小的儿子继承了祖传的土地，征服得来的领土则由其他儿子平分。后几代人期间，统治俄罗斯的蒙古人自家管自家事，但中亚和中国的蒙古人就王位的继承起了争端，导致成吉思汗的孙子之间爆发了内战。统治中亚的旭烈兀同意支持哥哥忽必烈得到成吉思汗曾拥有的大汗之位后，争端得到了解决，但蒙古中心地区的团结并没有恢复。忽必烈正忙于在中国作战，最终在中国建立了蒙古人的元朝，但那场战争占去了他的全部精力，并使追随他的蒙古人逐渐脱离了他们原来大草原的生活方式。与此同时，旭烈兀在争夺中亚的主导权，越来越深地卷入了东部和伊斯兰土地接壤地区的战事，最终投入了对哈里发辖地的战争。

回过头去，可以看到蒙古帝国的解体始自忽必烈把精力转向中国，但当时伊斯兰教属地和基督教的西方都没有意识到这一点；它们都正确地把蒙古帝国视为一支依然不可小觑的力量，但出发点正好相反。它们双方为争夺对圣地的控制权，已经打了一个半世纪的仗，胜负难分，此时旭烈兀带领蒙古人从中亚挥师前来的消息给一方带来了恐惧，给另一方带来的却是希望。

燃起希望的是东方拉丁王国的十字军。十字军对伊斯兰教来说，仅仅是一个“边境问题”，是众多此类问题中的一个，而自从十字军于 1099 年占领了耶路撒冷之后，也确实未能再前进一步。到 12 世纪，甚至连耶路撒冷也被萨拉丁收入囊中。萨拉丁大军过后，十字军只剩了叙利亚沿岸的几个飞地在苦苦支撑。然而，东征在西方引起的热情未有稍减，不断地有新鲜血液加入到十字军中来。到 13 世纪已经进行了 5 次“官方”的东征，还有不计其数的没能成行的远征和对基督教会在其他地方的敌人的讨伐。成立了强大的骑士社团，成员加入时要立下护教的誓言；派出东征部队的王国边界上建造了一系列坚固的堡垒供骑士们驻扎；“骑士行为”的准则进一步完善，传播到整个基督教欧洲的骑士阶层——这些都是十字军东征的结果。从 11 世纪到 13 世纪，西方贵族的精力几乎全部投入了战争，也是在此期间，骑士精神毫无疑问地成为西方军事文化中最重要的因素。国王愿意东征，没有土地的骑士也踊跃参加，希望在东方一举成名并大发横财，因此响应东征号召的人源源不断。到 13 世纪中期，旭烈兀的蒙古军队蓄势冲出中亚时，耶路撒冷已被收回，拉丁王国的完整也得到了恢复。十字军似乎时来运转，最初东征的希望再次燃起。然而，十字军过去希望破灭的次数太多了，没有人会把困境的暂时缓解误以为力量对比的改变。力量大的一方仍旧是伊斯兰，它似乎能够无限地动员自身的精神和物质资源来发动新的攻势。在单一战线的作战中，优势尽在伊斯兰一方。旭烈兀的蒙古军队从中亚开来的消息若是属实，十字军的敌人就有可能被迫两线作战，十字军自然希望这能使自己的处境因之改善。满怀希望的十字军甚至利用人们对神秘的骑马民族的名字弄不清楚的情况，编造出了一位名叫“祭司王约翰”（Prester John）的基督教国王，说他正从大草原深处飞驰前来拯救十字军。[85] 旭烈兀当然和“祭司王约翰”风马牛不相及，然而，十字军把他视为对他们敌人的威胁倒是没有错。伊斯兰一方听到蒙古人前来的消息懔然而惊，感到事情不妙，这也没有错。至于蒙古人到底有多可怕，它很快就会亲身领教。

萨拉丁在 12 世纪对十字军连战连捷，把伊斯兰实际的中心转移到了埃及和叙利亚，他的后代成了那里阿尤布王朝的统治者。然而，合法的阿拔斯哈里发辖地的王廷仍然在巴格达，正处于蒙古大军的来路之上。旭烈兀于 1256 年逐渐逼近，开始时没有引起警惕，因为蒙古人似乎针对的是暗杀团那个专以谋杀为目的的教派；旭烈兀摧毁了暗杀团的堡垒，大快人心，信奉基督教的亚美尼亚人甚至派了一支队伍加入蒙古人的行列。然而，1257 年，旭烈兀到了波斯，很快征服了这个帝国；到年底，他已经兵窥美索不达米亚。阿拔斯王朝的哈里发穆斯台绥姆吓得胆战心惊，但又不甘心服从蒙古人毫不通融的要求——投降或灭种。1258 年 1 月，旭烈兀从波斯渡过底格里斯河，轻而易举地击败了哈里发的军队，攻陷了巴格达。穆斯台绥姆被处以绞刑；这是大草原的做法，后来奥斯曼土耳其人在伊斯坦布尔的宫廷中，对争夺继承权的失败者采用了同样的处理方法。[86]

旭烈兀的手下还屠杀了巴格达的大量居民，尽管曾做过不杀的保证。此举与蒙古人的习惯大相径庭，也许是为了震慑立威。旭烈兀打到下一个目标，叙利亚的阿勒颇时，也进行了屠城，但那是因为阿勒颇的居民对蒙古大军的进攻进行了抵抗。大马士革和许多其他穆斯林城市的居民比较老实听话，于是幸免于难。十字军看到伊斯兰的势力节节败退，愈加坚信蒙古人助了他们一臂之力，甚至劝说最强大的十字军领导人波希蒙德（Bohemond）一度和蒙古人并肩作战。然而，蒙古大军逼近圣地之时，他们的头脑清醒了一些，退回了海岸边的要塞。他们趁旭烈兀被召回大草原参加推举大汗的时机，匆忙地与同样焦虑不安的埃及阿尤布王朝达成协议；尽管他们对在萨拉丁手下遭到惨败的耻辱仍然记忆犹新，但是他们还是允许埃及军队进入他们的领土，在阿卡附近安营扎寨，准备抗击由旭烈兀的下属乞忒不花指挥的蒙古大军。在等待蒙古人到来的期间，埃及军队的统帅巴伊巴尔斯（Baybars）甚至在十字军的宫廷受到了接见。

巴伊巴尔斯出身马穆鲁克，野心极大，在埃及时曾行使马穆鲁克的权力，弑杀苏丹，拥立另一位苏丹王。乞忒不花按例派遣使者要求十字军投降，但十字军却杀死了蒙古使者，也许此一决定就有巴伊巴尔斯的参与。这一公然蔑视的行为对睚眦必报的蒙古人来说“是可忍，孰不可忍”，使战争势在必行。于是战争发生了。蒙古军队从叙利亚的营地进入北部巴勒斯坦，1260 年 9 月 3 日在耶路撒冷北面的阿音札鲁特（歌利亚之泉）同古突兹苏丹（the sultan Qutuz）和巴伊巴尔斯指挥的埃及军队交上了手。只一个上午，蒙古人就被打败了，乞忒不花被俘后遭到杀害，残兵四散而逃，一去不回。

阿音札鲁特是蒙古人败绩的第一场阵地战，一时间在基督教和伊斯兰世界以及蒙古人当中都引起极大的轰动，至今仍是历史学家密切研究的题目。关于它的结果尚有争议：它是否拯救了近东，使之免于蒙古人的统治，还是说明蒙古大军已经达到了战略和后勤的极限？战斗中采取的战术也是历史学家争论不休的问题：是巴伊巴尔斯天纵英明、用兵如神？还是埃及军队仅仅以多取胜？一说蒙古人的马匹吃光了叙利亚的粮草，正如骑兵从大草原开进农耕土地后，当地牧草总是被过度消耗一样。这个说法确实有一定道理，而且旭烈兀离开中亚时似乎的确带走了很多部队。[87] 另一方面，最近的研究估计，乞忒不花手中仍然有 10 000 ~ 20 000 人。同时，现在认为，欧洲军队的人数可能被夸大了，它的马穆鲁克核心部队可能不超过 10 000 人，全部军队可能总数为 20 000 人。[88] 简言之，阿音札鲁特战役中，双方的兵力可能势均力敌；这次战役因而特别有意义，不仅因为它立即扭转了战局，而且因为它标志着一个组织成专业军队，有定居国家的收入做后盾的骑马民族打败了另一个仍然靠抢劫来供给、受部落的原始价值观和复仇心驱动的骑马民族。

我们已经提到过阿布·沙马的评语，说“值得注意的是（蒙古人）是被他们的同类击败打垮的”，他的意思是交战双方都有很多突厥人。确实，打仗的方法似乎遵循了大草原的传统，埃及军队先是前进迎击蒙古人，到要行动的时候假装撤退，把蒙古追兵引到有利于突然反击的地形。然而，似乎从苏丹古突兹高喊着“啊！伊斯兰！”投入混战的那一刻开始，战局才急转直下。这提醒了我们，马穆鲁克作为军事奴仆，服务于一个崇尚作战的宗教，他们的对手却没有共同的信仰。[89] 另一个极为重要的因素是巴伊巴尔斯手下的战士作战经验丰富，在马穆鲁克的军事学校中接受过无数次的操练，训练出了严格的纪律，连依然强悍的十字军都是他们的手下败将。即使不能说巴伊巴尔斯的马穆鲁克是现代意义上的军队，也应指出，当时他们的战术尚未僵化为后来面对奥斯曼军队的火枪时的老古董，对付蒙古人可说是游刃有余；现在回头看去，他们的胜利显示了受过训练的军队在同与自己势均力敌，但只依靠锐气和名声的对手作战中，训练带来的“附加值”。

阿音札鲁特一役后，蒙古人再没有对文明世界进行袭扰，别的骑马民族也偃旗息鼓。不过这么说似乎委屈了帖木儿（Taimur），他领着大军东征西讨（1381—1405 年），比成吉思汗更加令人畏惧，征服的地区也几乎和成吉思汗一样广阔。然而，帖木儿却完全没有成吉思汗的行政能力，所到之处尽成焦土，任何可能用来建设的基础都被他摧毁。[90]

帖木儿具有武士精神，他又叫跛腿帖木儿，因为早年一次负伤使他的一条腿残废了。他鼓励手下残酷无情地滥杀滥伤，是他的军队，而不是成吉思汗的军队，留下了骷髅堆成的高塔和金字塔。[91]然而，他似乎除了嗜血打仗以外别无所好。他不给士兵任何机会稍事喘息，享受胜利的果实，而是永远在寻找新的待征服的土地。他死去的时候，刚准备出发去中国，与恢复了汉人统治的明朝争夺忽必烈征服的土地。他的死讯传来，大草原边缘的各个文明都松了一口气。到 14 世纪末，蒙古伸展到大草原外的力量都被有效地剪除；只有印度除外，但那里蒙古人的政权伊斯兰化得十分厉害，即使延续下去，成吉思汗和帖木儿的祖源也已完全无法辨认。

那么，蒙古人留下了什么遗产呢？一位历史学家认为，最主要的是他们把突厥人赶到了中国、印度和中东这三个地方，对这些地区的军事历史影响深远。确实，成吉思汗把当时微不足道的奥斯曼部落赶向西方，启动了后来的一系列事件，破坏了近东当时已确立的秩序，代之以一直维持到20世纪的另一个秩序，使欧洲长期处于穆斯林进攻的威胁之下，从1453年君士坦丁堡陷落直到230年后维也纳解围。

然而，奥斯曼人通过和欧洲的密切接触，虽然被迫在大草原的闪电战和高垒深壕、重装步兵的静态战法之间做出折中，但他们从未做到把这两种互相独立的战法融为一体。他们建立了自己纪律严明的正规重装步兵，但它的基础是一种奴隶制度（土耳其禁卫军），最终像马穆鲁克制度一样陷入陈腐僵化；同时，他们又坚持亚细亚的生活方式，骑马的贵族冥顽不化，仍然保持着游牧民族无法无天的蛮横；到18世纪，这些安纳托利亚族长实际上已经独立于土耳其苏丹，拥兵自立。[92]

尽管如此，奥斯曼人还是努力使大草原的传统适应与城市和农耕文化的西方对抗时遇到的挑战，这正是骑马民族赋予战争的真正意义所在。对于他们为何无法征服草原以外的地方，或者征服后随即放弃了大草原的文化这个问题，从生态角度做出解释无疑是正确的。要在灌溉的耕地或自然林地长期维持牧场，得花很大的力气；维持牧场需要定居的人口，那些人口又需要农业来养活；而农业和放牧不能兼容。因此，坚持要放养大批战马的来犯者要么只能回到自己老家的环境中去，要么就得改变生活方式。我们看到，所有马背上的民族都是二选其一。然而，无论他们做出何种选择，他们的入侵都使当地的作战习惯发生了永久的改变。

马背上的民族和他们之前的战车武士一样，带来了长途奔袭这个令人耳目一新的作战概念。一旦战斗打响，他们在战场上也是以速度取胜——至少是步兵速度的5倍。他们因为有保护畜群、防御猛兽的经验，所以保留了狩猎者的精神，而这种精神在农耕人口中已经荡然无存，只有贵族除外。在对牲畜的管理中，无论是聚拢成群、驱赶买卖、淘汰老病，还是宰杀吃肉，他们都完全不动感情，就事论事；通过对付牲畜，他们学会了如何威吓、包抄、合围，最后从容地杀死大群徒步的人，甚至是技差一筹的骑马的人。原始的狩猎者对要猎取的动物有着同感共鸣的关系，对自己杀死的猎物怀着神秘的尊敬，他们与骑马民族的这些做法从根本上是格格不入的。骑马民族使用的主要武器复合弓本身就是用动物的筋骨做成的，对他们来说，从远距离射箭，与射杀的对象不仅在实际空间上拉开了距离，而且感情上无所挂碍；这已经成了他们的本能。

这种感情上的疏离是骑马民族犯下令定居者惊怖畏惧的残暴行为的根本原因。尽管如此，一段时间后，定居者自己也近墨者黑。发展到相当程度的文明仍然保有两个“原始”战争的特点，一是交战时的极端谨慎，一是程式和仪式在战斗中及战斗结束时的应用；骑马民族和这两个特点都不沾边。在敌方斗志旺盛的时候，他们通常会向后撤退，但那只是一记虚招，目的是把敌人诱离其选好的位置，乱其阵脚，好予以狠狠的反击，使其失去战斗力；与原始作战者不愿意动手交战的行为完全不同，骑马民族在战斗中杀起人来毫不手软。另外，他们作战没有任何程式或仪式的影子。他们打仗就是为了打赢，要速战速决、力求全胜，完全不在乎是否表现出了英雄气概。事实上，避免冒险可以说是游牧民族的规矩。成吉思汗年轻初露头角时曾受过箭伤，但他其实很胆小，后来指挥大军作战时自己从不在战场上露面。[93]西方的武士对游牧民族作战方法最迷惑不解的一点就是，在他们半月形的列阵中，主帅的位置不知在什么地方，因为他经常骑马躲在阵边不引人注意的地方；而亚历山大大帝或狮心王这样的西方统帅会自居于显眼的位置。

主帅骁勇在西方的军事概念中源远流长、根深蒂固。[94]骑马民族的所作所为也许没能使他们的敌手也学得不去冒险做英雄，但无疑使对方学到了不惜一切手段求胜的作战方式。军事历史学家克里斯托弗·达菲（Christopher Duffy）注意到，欧洲大陆上的战争逐渐出现了种族主义和专制主义的特点，先从东欧开始，慢慢扩展到其他地方。他把它归因于蒙古对“俄罗斯人的个性和俄罗斯制度的影响，（导致了）农民的野蛮化，无视人的尊严，价值观歪曲，特别崇拜凶狠、霸道和狡诈”。[95]大草原人的凶狠还借南边的一条通路传往欧洲，先是塞尔柱人进军安纳托利亚，然后是奥斯曼征服巴尔干；奥斯曼帝国边界上的战争几世纪以来都是欧洲最惨烈的战争。十字军和伊斯兰军队作战后，可能也把那种凶狠带回了欧洲。

若是把十字军东征看作伊斯兰圣战的对等，应该认识到，派遣十字军的那些拉丁王国直到遇见萨拉丁才真正遇到了敌手；萨拉丁则是伊斯兰全力应对大草原的威胁的产物，他由突厥奴隶兵组成的核心部队精于骑射这种猛烈的作战技能。东征的十字军把他们在东方学到的方法带回了欧洲，他们北征打击异教徒斯拉夫人的时候就可能应用了那些方法，而斯拉夫人同时也遭到了大草原民族从另一边的进攻；那些方法最终渗透到西班牙，收复失地运动（718—1492年）期间，基督教骑士在对穆斯林的作战中惨无人道。成吉思汗若地下有知，一定大为称许。极其残忍的作战方法在西班牙扎下了根，印加人和仍然奉行毫无实际用处的花之战仪式的阿兹特克人在西班牙征服者手中的悲惨遭遇，归根结底要追溯到成吉思汗，这样说并非不着边际的胡扯。

在与大草原骑马民族联系最紧密的中国，蒙古人的作战方式产生的影响也许最为持久。费正清提醒我们，中国比任何其他的伟大文明都更长久地保留了战争的原始仪式，包括占卜和作战前由主将显示勇力，[96]另外还包括其独特的民族因素，即被中国人奉为圭臬的儒家守则——“君子动口不动手”。[97]公元第一个千年期间入侵中国后被同化的突厥人也接受了这样的道德规范，尽管他们仍为自身娴熟掌握草原勇士的骑射技术而自豪。然而，中国被忽必烈征服后，为了推翻蒙古人，不得不进行暴力反抗，结果明朝的皇帝被迫建立起了比过去任何时候都更加专制的制度。明朝事实上实现了中国的军事化，建立了世袭的军人阶层；在明朝统治下，中国采取了唯一一次海外扩张的持续性行动，还以攻为守，对草原进行了最大规模的遏制；明朝在长城以北发动了5次大规模进剿，也重修了长城，使其成为我们今天看到的规模。为恢复华夏旧制而采取的军事行动产生了始料不及，而且是适得其反的结果：“赶走了蒙古元朝的明政权显得更为残暴，它采纳了元朝军事制度的某些特点，把全副精力用在应对蒙古军事力量东山再起的威胁上。”[98]

明朝的确应该绷紧对大草原蛮族人的警惕之弦，但具有讽刺意味的是，17世纪推翻了明朝的是新出现的威胁，不是蒙古人，而是蒙古人的宿敌满洲人。

严格来说，满洲人并非马背上的民族，因为他们在离开满洲挺进中原之前，就基本上定居下来，汉化程度已经相当高，商业活动也十分发达。但他们军队的核心是骑兵，他们把蒙古人借武力将中国的行政制度为己所用的手法运用得炉火纯青。

> 这不仅是军事层面，更是政治组织层面上的成就。秘诀在于游牧民族通过与边境地区的汉人接触合作，学会了一方面使用非汉人的暴烈的作战手段，另一方面通过可信任的汉人属从进行行政管理——也就是说学会了如何夺取权力以及如何保持和使用权力。[99]

不幸的是，满洲人从明朝手中夺取的权力是中国人关于理想政府的高度蒙古化的版本，满洲人把它全盘接受了下来。18 世纪清朝的皇帝中最好的一类是父亲式的暴君，对知识阶层降尊纡贵，弘扬艺术，推动贸易和银行业的兴起，并建立了中国农民所经历过的最温和的税赋制度。但这种宽厚的代价是“中央官僚制度的过分烦冗”。事无巨细都要请示北京，科举入仕的官员所受的教育“更使他们不敢越雷池一步”。[100] 这种繁文缛节扼杀了中国人与时俱进的能力。中华文明曾经是科学探索和技术革新的文明，但在满洲人统治下，所有旨在变革的企图，无论是在物质还是在知识方面，都被投以怀疑的眼光。同期，日本为了维护已有的社会秩序和本国统治阶级的地位而宣布技术变革为非法；在中国，身为外来统治者的满洲人为了维护自己的统治，对技术变革虽然没有明文禁止，但通通予以扼杀。日本的武士阶级后来终于认识到，他们只有接受西方的科学和工业才能有未来，但中国的满洲人和朝廷官员却没能做出向着现代化的跃进。我们可以找出很多理由来解释个中原因，但归根结底是由于满洲人是外来人，是从草原起家的征服者，他们的权力基础是他们的军事制度，所以他们不愿对其进行革新，宁肯任其过时僵化。军事史上最可怜可叹的莫过于 19 世纪的满洲八旗兵以卵击石，手持弓箭对抗欧洲侵略者的枪炮。

从长远来看，19 世纪对中国发动鸦片战争的欧洲人的战斗力是在很久之前、很远之外形成的，是他们的祖先在和满洲人骑马的祖先作战的过程中培养出来的。帝国主义时期欧洲军队效率的一个支柱是大草原以外建立的原则，即官僚组织的原则。它创立于苏美尔和亚述，经波斯传入马其顿、罗马和拜占庭，文艺复兴时期被从古典文献中发掘出来再次发扬光大。另一个支柱是注重对阵战，这是从希腊人那里流传下来的。所有其他的战术，如长途奔袭、战场上高速运动、高效的投掷技术、战车的应用，以及战马和战士之间的默契这最重要的一点，都来自大草原及其边界地区。甚至可以说，后来的突厥人和蒙古人借鉴了伊斯兰教对战争的革命性贡献，即战争超越了家庭、种族、领土或具体的政治形式等等方面的考虑，在此基础上提出了这样一种思想：战争可以是自动自发的，武士的生活自成一种文化。克劳塞维茨对他在 1812 年莫斯科战役中遇到的哥萨克人表现出来的“非军人”行为深恶痛绝，但那其实是这种文化的体现，尽管有所淡化，但仍清晰可辨。也许那种文化是“非军人”的，但它早在克劳塞维茨式的战略出现很久以前就开始为害世界了，而且还把残酷无情、暴烈凶狠、务求完胜的战争概念传输给了定居者。克劳塞维茨本人也深受其影响，尽管他那条理分明的头脑怎么也不会承认。

插曲 3：军队

克劳塞维茨看不到，哥萨克人的作战方法是另一种军事传统，因为他认为只有一种军事组织的形式是合理的、有价值的，那就是由国家负担军费的有组织有纪律的军队。他看不到，其他形式的军队可能照样会服务社会、保护社会，或者扩张势力——如果他们执此信条的话。他所知道的使用火药的军队在对缺乏训练或尽管受过训练，但力量较弱的敌军作战的时候，当然会百战百胜。他却没有料到，在后来的一个世纪中，那些军队履行他所宣扬的军队的天职，为追求战场上的胜利不断增强火力，结果却彼此逼成了僵局；他也没有料到，20 世纪期间“中国人的作战方式”会使受他的理论熏陶培养的西方军队及其指挥官遭受久战不决、伤亡惨重的耻辱。

但克劳塞维茨的眼前就有与他受训和服役中所熟悉的军团迥然不同的军事组织，各有其存在的合理性。哥萨克人是一个例子，另一个例子是俄国地主为骚扰撤退的拿破仑大军组建的由农奴组成的人民志愿民兵（opolchenie）。克劳塞维茨在提到“他们周围带武装的人群”时，无意中承认了人民志愿民兵在消灭拿破仑大军的士兵当中起到的作用。[1] 他自己就曾热切宣扬靠民兵力量来实现普鲁士的自由，他的著作《组建防御军队之要点》（*Essential Points on the Formation of a Defence Force*，1813 年 1 月）为征召兵员建立国家战时后备军（Landwehr）的做法提供了基础。同样重要的是由一心要抗击法国人的激情洋溢的爱国青年组成的步兵（Jäger）和自卫队（Freischützen）。在拿破仑为发动战争在各地进行的大动员中，克劳塞维茨应该会看到各种各样的联盟和从属，有的是直接征召入伍的流亡贵族，他们参军也许有爱国的原因，但更主要的是因为他们无家可归、食不果腹；有的是自愿或不自愿地被自己的祖国借给拿破仑的编制部队。[2] 最精锐的是瑞士军团，他们是根据投降（capitulation）的安排转给拿破仑的，旧制度的很多军队中都有瑞士人做雇佣兵为生；同样善战的还有波兰的长矛轻骑兵，他们起源于波兰古老王国的封建骑兵。许多出色的军团是德意志地方的一些小诸侯用来消遣的军队或保镖队伍，拿破仑剥夺了那些诸侯的独立，也接管了他们的军队。[其中一位军官，黑森大公近卫队中的弗朗茨·勒德（Franz Roeder），像当时把从军看作贵族职业的典型德意志青年那样，怀着支持希腊独立的一腔热血，以奥西恩（Ossian）和歌德的手法为我们留下了关于莫斯科大撤退最出色的回忆录。][3] 法国在普鲁士的守军还包括来自哈布斯堡和土耳其人之间军事边界上的克罗地亚军垦战士，其实他们是从奥斯曼帝国逃过来的塞尔维亚难民；法国的皇家卫队则包括一个立陶宛鞑靼人的骑兵中队，是从金帐汗国军队残存的突厥士兵中招募来的。证明军事组织在其存在过程中可能发生巨变的最生动的例子是讷沙泰勒营。该营是瑞士一个州的军队，拿破仑把他的总参谋长贝尔蒂埃元帅任命为那里的掌权大公；拿破仑垮台后，它转入普鲁士手中，最后成为奥国皇帝的帝国卫队；1919 年，它的一些成员加入了自由军（Freikorps），这支由前军人组成的队伍在右翼军官和社会民主党政客的指挥下镇压了柏林的“赤色革命”。希特勒纳粹党暴力组织的中坚力量就是原自由军的一些成员，因此，说党卫军装甲师是贝尔蒂埃公国那支玩具似的袖珍军队的后代并不为过。[4]

近卫军、常备军、藩属军、雇佣军、军垦兵、应征兵、农奴民兵、大草原部落的残余武士，更不用说还有拿破仑大军中的法国军人，他们有些人是作为法国大革命的公民战士入伍的，他们的热情和勇气启发了克劳塞维茨提出“战争是政治的继续”的理论；面对林林总总的各类军人，能不能理出一些头绪来呢？他们在一个训练教官的眼中也许不过是士兵而已，有些可以委以重任；有些可以做小规模袭扰或侦察之类的专项工作；有些是无用的废物；有些会给朋友带来危险，是对和平百姓的祸害。这些不同种类的人提供了丰富的材料，从中可以清楚地看到军事形式和社会形式的相互联系。有哪些理论能够解释这些人的不同呢？

军事社会学家假设，任何军事组织制度都表现了它所依托的社会秩序，即使当大多数人口处于外来军事统治的奴役之下的时候，如诺曼人对英格兰的统治或满洲人对中国的统治，这一假设仍然有效。对这一理论阐述得最详尽的是盎格鲁-波兰社会学家斯塔尼斯拉夫·安德列斯基（Stanislav Andreski）的著作——值得一提的是他的父亲是逃亡国外的军人。他的著名论点是，每个社会都有一个军事参与比例，加以其他的因素，可用来衡量社会军事化的程度。[5] 可惜的是，安德列斯基教授的著作对普通读者来说不“易理解”，因为他为阐述自己的论点发明了一整套新词，可叹如今“通俗易懂”在学术界成了贬义词，与“肤浅”混为了一谈。不过，好在他的著作意思清晰、文笔生动，对研究成果不做道德判断，虽然他显然愿意生活在一个军事参与比例较低、军队受法律制约的社会中。与众不同的是，他对于靠在政治学杂志上发表文章推动废除军事独裁制度不抱任何幻想。甚至可以说，他对人性持有霍布斯式的悲观看法，认为斗争是自然的生存条件，像约翰逊博士一样，相信“两个人只要在一起待上半个小时，一个就会明显地压倒另一个”。

安德列斯基先是介绍了人口学鼻祖马尔萨斯的理论。马尔萨斯认为，因为人口以几何速度增长，而粮食和空间却没有如此快的增长速度，所以必须限制出生率或通过疾病或暴力加快死亡，人的日子才过得下去。安德列斯基认为这就是战争的起因。（如果他在麦克尼尔的《瘟疫与人》一书出版之后才开始撰著的话，恐怕就不会如此肯定了；麦克尼尔在该书中指出，外来的疾病比作战致死的人多得多。）[6]他提出，在原始社会中，强者抢占弱者的女人，因此而限制了出生率；但随着上层阶级出生率的上升，上层阶级必须要么把过多的成员推到下层去，并继续借助暴力来限制下层人口的数目，要么就用暴力抢夺邻居的土地。无论采取哪个办法，都会形成一个统治社会，或对外打仗的军事阶层。这个军事阶层的大小，即军事参与比例，取决于它在满足了自己可能是贪婪过度的消费和拥有的需求后，能在多大程度上满足下层阶级的需求。[7]在以武力压服周边邻居的部落中，所有健康的男性可能都是战士；如果经济状况良好，统治阶级可以靠经营贸易、制作产品或精耕细作来为不断增加的人口提供口粮，军队的规模会相应缩小到仅够为人民的好日子提供保卫，甚至可能会出现类似民主的制度来掩盖权力的真相。然而，他说大部分社会制度介于军事参与比例这两个极端之间，而它们的具体性质取决于另外两个因素：一是统治者有多大的必要或多大的能力对被统治者施加控制——安德列斯基称其为隶属性；二是掌握军事技术和装备的人彼此有多团结——聚合性。[8]

引用几个他举的例子：迁徙的布尔人（Trek Boers）在19世纪初离开南非受英国统治的地区去寻找自由的土地，拼死守卫他们占据的地盘，抗击当地非洲人的来犯。他们的社会军事参与比例很高，每个男人都会骑马打枪；隶属性低，因为他们建立的共和国几乎没有政府；聚合性也低，因为父系家庭仍然是个人忠诚的归属单位。另一方面，哥萨克人同样是军事参与比例高；隶属性低，因为首领没有多少手段来强行推行自己的意志；但他们的聚合性很高，因为大草原生活的种种危险迫使他们必须结成紧密的群体。比较常见的形式或者是低军事参与比例、低聚合性、低隶属性，在君主统治长期积弱的中世纪的欧洲，骑士主导的社会就属于这一类；或者是高军事参与比例、高隶属性、高聚合性，这是两次世界大战之间军事化工业社会的写照。

安德列斯基的小书因其立论的大胆新颖和斩钉截铁而令人瞠目。他通过一系列复杂但貌似合乎逻辑的推论，使读者不得不同意只能有6种形式的军事组织，然后旋风般地横扫整部世界史，把每一个所知的社会，从最原始的部落到最富裕的民主国家，都归入那6种中的一种。读者只有在停下来喘口气的时候才会冒出疑惑。总的来看，安德列斯基的体系过于机械化，虽然他对马克思的理论并不重视——“纯经济因素无疑会造成所属阶层的变化，但……长期的趋势却是由军事力量重心的转移所决定的”——但他的分析却严格遵照辩证法，一丝不苟。[9]具体地说，如果读者对安德列斯基如此不容分说地对号入座的社会有比较深刻的了解的话，就会看到其实他的分类并不十分准确。比如，布尔人也许缺乏聚合性，而且一贯桀骜不驯，但任何与他们打过仗的人都深信，他们的法律不及之处由荷兰的新教归正会填补上了；他们虽然没有政治的聚合，但有在《圣经》基础上的聚合。哥萨克人不服管教也有其限度：若长老或同伴决定把某个捣乱分子逐出群体，他将陷入孤立无援的危险境地。[10] 此外，安德列斯基对其他社会学家所谓的“价值观系统”太不重视。虽然他承认“神巫–宗教信仰为社会不平等（提供了）最早的基础”，但是后来就对这个题目只字不提。[11] 我们已经看到，有些原始部落不赞成暴力，试图通过程式性的战斗予以控制；一神教也对暴力不以为然，像伊斯兰就不得不建立由奴隶组成的团体来行使武力，以使权力的需要不致与宗教的要求相冲突；中华文明尽管屡遭暴力打击，但仍固执地相信“上士”——指理想的统治者——“应无须暴力即能达到目的”；然而安德列斯基对这些都未予考虑。

如果采用另一种方法，似乎做出的分析会更加全面：承认军事组织的形式存在有限的几种，某一种具体的形式与它所属的社会和政治秩序确实有着紧密的关系，但决定这种关系的因素可能极为复杂。比如，传统的作用十分重要。安德列斯基承认，“一个全民皆兵的平等主义社会可能会抵制引进更加高效的作战方法，因为那会取消普遍服役”。[12] 如果仅以日本武士和马穆鲁克为例，可以看到，更常见的情形是占社会少数的军人特权阶层抱残守缺，坚持保留过时的军事技术，甚至不讲道理地一直坚持几百年。社会学家称这样的少数集团为“精英”，其实此一称号并不恰当，因为集团的成员是自我选拔而成的。另一方面，“精英们”也可能不遗余力地推行耗费巨大的革新政策。维多利亚女王皇家海军的军官一旦接受了蒸汽驱动的铁甲舰船后，就不断寻求新型的舰只；一种军舰造出来没有几年就被他们宣布为过时，舰只服役的时间越来越短，最终使军舰制造成为不列颠编制预算时争议最烈的问题之一。[13]

这些军官的“海军主义”反映了不列颠的地理环境：这个富庶

的岛国需要保护自己不受侵略；作为海洋帝国的中心，它也需要保护它的贸易和海外资产。然而，地理影响军事形式是四海皆准的道理，这一点安德列斯基却只在有些情况中才肯承认：他注意到埃及特有的与外界隔绝的地理条件阻碍了它从石头武器向金属武器技术的过渡，并使它得以在文明生活很长的一段时间内不必负担常年维持军队的费用。但是，他似乎忽略了，正是因为欧洲遭到了大草原民族的入侵，或后来北欧海盗的海上袭扰，骑士阶级才获得了如此大的权力；大草原亘古不变的生态环境造就了游牧民族在繁殖出能够驮人的马匹后的行为特点；斯堪的纳维亚人对土地的渴望呼唤着他们离开海岸边狭小的祖土去“做海盗”；因为亚得里亚海没有第二个安全的自然港，所以威尼斯——安德列斯基感兴趣的一个军事强国——才得以成为那里的霸主，把它的商业触角远远伸至克里特岛和克里米亚。[14]

最重要的是，他低估了军事生涯对男性想象力的诱惑。这是从未离开过大学校园，只在书斋里埋首军事的学者的通病。认识军人圈子成员的人一定都知道，他们的社群有自己的文化，与其所处社会的大文化近似但不相同；他们有自己的一套奖惩制度，惩罚更加专横绝对，奖励经常不是金钱，而是纯象征性或情感性的，但社群成员都心悦诚服。根据我一生浸淫在英国军队中的经验，我甚至敢说有些人干不了别的，只能当军人。对女性来说，可与之相比的是舞台生涯。有的女人只有在舞台上才能得到满足，无论是做歌剧的女主角，还是做音乐会的首席歌唱家，或是摄影师或时装设计师膜拜的偶像；她们通过这种自我满足，体现了赢得男女一致仰慕的关于女性的普遍理想。男演员无论多么受人钦佩，都得不到这样的仰慕，舞台上的英雄不过是模仿冒险罢了。英勇的战士受到男女两性共同的崇敬，因为他是真正在冒险；但有军人脾性的人——可惜社会学家对脾性的重要性完全视而不见——无论是否会得到外部世界的钦佩，都会冒险。如果他能赢得其他军人的钦佩，那才会使他自豪。大多数军人只想和别的军人为伍，大家共同对耽于安逸的外部世界报以轻蔑；军营生活和行军使他们从狭隘的物质主义中解放出来，他们对粗粝的野营生活甘之如饴，大家一个赛一个地不畏艰苦，休战期间则去找等待着自己的女人。

战争生活令人陶醉，这帮助解释了原始武士行为准则的来由。作战成功也说明了为什么有的原始人成为尚武的群体。如果作战胜利，即使不能完全征服敌方，抢占他们的土地，统治他们的人民，起码也能抢夺财物，或至少获得由自己确定的贸易条件——这些足以证明，拒绝规规矩矩的生活方式是有好处的。不过，对战士生活向往之情的力量不宜过分夸大。前面已经说过，许多原始人努力遏制暴力的冲动，即使最凶狠的民族也是步其他民族程度较轻的类似行为的后尘才登上了他们用骷髅垒成的金字塔；若是先前的骑马民族没有测试过文明世界抵抗能力的极限，帖木儿就不可能如此残暴。另外，在世界民族之林中，尚武民族一直是少数，无论让别人对自己闻名生畏是多大的诱惑——盎格鲁-撒克逊人四处征战，自认是为了向其他民族传播议会制，却没有意识到自己也是受到了这样的诱惑；在超越了原始阶段文明的所有民族中，武士总是占绝对少数。人性中有一种社会学家称为补偿趋势的东西，反对诉诸暴力。阿尔杜斯·赫胥黎说知识分子是发现了比性更有意思的东西的人。可以说，文明人是发现了比作战更能带来满足感的东西的人。社会一旦达到了原始以上的文明水平，不愿打仗而宁肯做别的事情的人即随着经济资源的增加而增加，无论那些别的事情是种地，还是制造或出售产品、建筑、教书或与另一个世界沟通。当然对这样的社会不应过分理想化。最不幸的人沦为仆从甚至奴隶，而享受特权的人，如安德列斯基有力地指出的那样，则总是依靠武器的力量来维持其地位。他们或者自己携带武器，或者由忠心的下属携带武器。然而，过了原始阶段的人的确特别重视非暴力的生活，突出的例子有艺术家、学者，特别是男女圣徒。这也是为什么基督教世界对破坏修道院和女修道院的北欧海盗的暴行特别深恶痛绝，就连帖木儿都对伟大的阿拉伯学者伊本·赫勒敦礼遇有加，都没有堕落到北欧海盗那么嗜血的地步。[15]

因此，对安德列斯基的分析可以稍做调整，我们可以承认在原始世界中战争相当普遍，但同时也要认识到也有些民族几乎不闻战事，或试图通过程式和仪式来缓解战争。接下来让我们来看原始后的世界。迄今为止对军事史的研究找出了6种主要的军事形式：武士、雇佣兵、奴隶兵、常备军、义务兵和民兵。安德列斯基也提出了6种形式，不过那完全是巧合。安德列斯基的6种形式是homoic、masaic、mortasic、neferic、ritterian 和 tellenic（都是他自创的新词），和我所列举的6种基本上互不相干。武士一类不言自明，我用它来专指日本的武士阶层和西方的骑士阶层。这些阶层的核心可以说都是尚武部落的残余，无论是外来的还是本土的部落；另外也包括武士集团，如最初的穆斯林和锡克人，以及祖鲁人或阿散蒂人这种自我发展而成的武士政体。雇佣兵提供军事服务以赚取酬劳，有时也为了得到土地、国籍（罗马军队和法国外籍军团都提供这样的报酬），以及优惠待遇。常备军是已经获得了国籍或与国籍相等的身份的雇佣兵，但仍选择从军作为谋生之道；在富裕国家中，常备军人甚至可能成为一种职业。奴隶兵制度我们已经研究过了。民兵制度原则上规定所有健康的男性公民都有义务服兵役，若是逃避兵役或拒服兵役，通常会被褫夺国籍。义务兵役制相当于对某个年龄段的男性居民的时间征税，不过通常对公民说这是他们的公民义务；选择性征召与奴隶制基本上没有分别，特别是如果服役时间长，征召的政府又没有民主性的话，像在农奴解放之前的俄国，服役期长达20年。

武士社会如何形成无须解释，也不必研究武士群体如何获得或维持对非武士群体的权威。武士群体通常垄断着对某种昂贵的武器系统的使用，如驾驭战车的武士；或娴熟掌握某种作战技巧，如长期维持恐怖统治的骑马民族。个中原理比较复杂的是向其他社会形式的过渡。因为武士政府通常极为保守，所以社会要发展，就必须过渡到别的形式，这一点不言自明。日本武士、满洲人和马穆鲁克不敢对他们所控制的制度做任何改动，怕一个闪失会造成整座大厦的倾圮。但我们已经看到，过时的军事制度不可能永远把变化拒之门外；不过，当变化到来时，新的统治者——也许是旧武士群体中的开明人士——必须解决两个核心问题。一是如何解决新军事制度的资金问题，二是如何保证人员的忠诚。这两个问题密切相连。武士制度靠直接榨取本族人或外族人的财富来维持，所以骑马民族才如此注重抢劫财富，或收纳贡赋，或强行要求按他们的条件进行贸易。一俟军事专业移离直接的权力中心，就标志着武士制度开始弱化，也意味着必须找到某种过渡性的方法来酬劳战士。所以，成吉思汗严格要求把所有战利品都集中起来平等分配。[16] 然而，即使在他的有生之年，随着帝国不断扩大，他也不得不把地方的权力交给他所信任的下属。他死后不久，地方官员就不仅掌握了统治权，而且获得了赋税权。成吉思汗的收税官把收来的财富上交中央金库，这是蒙古军队在成吉思汗时代所向无敌的一个主要原因。到了他孙子一代，开始出现类似封建的制度，蒙古人的力量也随之衰落。

封建主义是武士社会向其他社会形式过渡的一个共同阶段，主要有两种类型。西方的类型是给下属的武士分封土地，条件是他们在封地上维持适当的军队，国王如有需要即供给国王使用，但封建领主有权在同样的条件下把封土传给后代。另一种类型在欧洲以外比较普遍，是非世袭封地，君主可以随时收回；它在伊斯兰世界非常普遍，称为伊克塔制度（iqta）。塞尔柱人、阿尤比人和奥斯曼人也广泛采用这一制度。两个类型各有弊病。伊克塔制度因为不能世袭，所以现任领主常常趁掌握封地之机大肆敛财，极力剥削压榨交税的百姓，对自己的军事义务却敷衍了事。[17] 另一方面，西方的封建领主因为封地可以世袭，所以有管好封地的动力，但他同样有强烈的动机来加强封地的军事力量。如果他和君主就权利或义务发生了矛盾，有军事力量做后盾，他会更加气壮；通过自己收养家臣，建造城堡，他也许希望最终使自己的家族即使不是在名义上，起码在实际上能够上升到君主的地位。这种情况自 9 世纪卡洛林帝国解体开始流行于大部分西欧地区，直到 16 世纪国王掌握了火药。

因此，要想摆脱武士制度，无论走哪种形式的封建主义道路都是条死胡同。常备军制度则有效得多。常备军的历史早得惊人，在苏美尔时期即初现端倪，亚述人把它发展到几乎尽善尽美的地步。

我们知道，亚述军队包括当时所有的兵种，除步兵外还有战车战士、骑射弓箭手、工兵和战车车夫。不过它的核心是皇家卫队，也许那就是常备军的起源。苏美尔的军队可能开始时只有皇家卫队，后来按照需要逐渐围绕着它建立了其他的部队；自那以后，在每一个有国王的国家中——哪怕是有民选政府，国王仅为象征的国家——这样的“近卫队”都长存不衰，至今犹然。

然而，与常备军的其他兵种相比，卫队的发展自成一格，有时甚至和其他兵种完全不同。统治者一旦选定了固定住所，卫队通常也定居下来，在许多情况中不再担任作战的职能。有时卫队甚至大权在握，能够决定国王的废立；于是，统治者转而向国外招募卫兵，从国外的武士群体中招募的卫兵语言不通，无法与国内心怀反意的人密谋策划。一个很好的例子是拜占庭皇帝的瓦兰吉卫队。它最初是由瑞典人和挪威人组成的，他们取道罗斯的贸易通道，沿着俄罗斯的几条大河来到君士坦丁堡；但 1066 年以后，卫队的成员基本上都换成了移徙而来的盎格鲁–撒克逊人。他们发展出了自己的一套土语，用刻在圣马可之狮身上的如尼字母留下了他们最著名的纪念；弗朗西斯科 · 莫罗西尼（Francesco Morosini）于 1668 年从土耳其人手中夺取比雷埃夫斯后，把圣马可之狮的雕像作为战利品运走，如今安放在威尼斯的军火库外。[18] 其他著名的外国卫队有法国国王的苏格兰卫队，由弓箭手组成；霍亨斯陶芬王室腓特烈二世的阿拉伯卫队（佛朗哥元帅从在西班牙 1936—1939 年的内战中出了大力的摩洛哥常备军中挑选了一批人组建了摩尔人卫队）；还有瑞士人卫队，好几位欧洲君王，包括教皇，都使用瑞士人做近卫。现代英国皇家空军特种部队（SAS）有一个不为人知的职能，那就是为英国政府希望保全的外国统治者提供保镖服务。[19]

外国卫队以及统治者从在首都定居下来的子民中招募的卫兵通常会逐渐僵化固定，变得奇形怪状：英国的王室警卫和教皇的瑞士卫队对自己的不合时宜引以为荣，正如现已消失的巴伐利亚侍卫，他们直到 19 世纪还在使用战斧。有些君主有意维持古老的卫队，用以渲染自己血统的久远，如霍亨索伦王室的禁卫军（Schlossgarde kompagnie），他们护卫末代德皇的方式与腓特烈大帝宫廷的方式别无二致。出身高贵的热血青年自然对做这样的事不屑一顾，他们愿意加入和敌人短兵相接的“近卫军”，以此表示对君王的忠诚。有些近卫军后来发展为作战部队，还有许多按近卫军模式组建的部队，如普鲁士和俄国的近卫队，后者包括普列奥布拉任斯基军团和谢苗诺夫军团，就沿袭了这一传统，英国至今依然如此。

此类部队的忠诚大多无可怀疑，1789 年法国王室卫队在巴黎驻扎时间过长，有人产生了异心，但那只是例外。然而，养兵所需的资金来源却令人大伤脑筋，筹集正规野战军的军费更是棘手。统治者和常备军之间契约的中心要素就是无论在战时还是平时，统治者都保证给常备军的军人提供食物、住房和饷金。税收效率高的富国可以长期供养常备军，但如果军事野心过大，就可能竭泽而渔，使老百姓不堪税赋的重负，而一场旷日持久的战争结束后想要缩减庞大的常备军规模时，经常会引发士兵的哗变。1923 年爱尔兰自由邦就遇到了这种情形。因此，一些国家，特别是人口不多的富国希望避开维持常备军队的负担，宁肯在需要的时候出钱买兵。这就是雇佣军制度的基础。不过，雇佣军的基础不止这一个；在历史上，许多国家都用雇佣军来补充自己的军队，经常与雇佣军签订长期合同，这样双方皆大欢喜，过去法国人和瑞士人之间或现在英国人和尼泊尔廓尔喀兵之间的关系就是这种情况。也可以到管理有序的雇佣兵市场去买兵，雇佣兵合同期满后会再回到市场上去；公元前 4 世纪伯罗奔尼撒的泰伦纳海角就有这样一个市场，前一个世纪希腊城邦间的一系列战争平息后，许多原来的士兵没了事做，又没有土地，于是来到市场上待价而沽；他们的行情还真不错，因为波斯以及后来希腊化了的东方战事不断，对职业战士的需求一直居高不下。[20] 329 年，亚历山大大帝麾下就有 50 000 名希腊雇佣军，其中很多是从市场上雇来的。

依靠雇佣军有其固有的危险。也许合同尚未到期，资金却已告罄；若战争持续的时间超过预期，结果也是资金枯竭；如果一个国家或力求撙节，或乐不思危，或消极苟安，而完全依靠雇佣军，雇佣军就会认识到自己成了这个国家内一股有效的势力。15 世纪几个意大利城邦就出现了这个问题，公民忙于商业，顾不上履行保家卫国的职责，但又吝啬小气，不肯花钱养常备军。在这种情形中，雇佣军威胁的就不是敌人，而是他们的雇主了：他们在雇主的内部争端中选边站；他们因欠饷或饷金菲薄而罢工或讹诈雇主；他们甚至会投向敌方；在最糟糕的情况中，他们干脆把权力篡为己有，像潘多尔福·马拉泰斯塔（Pandolfo Malatesta）、奥托布沃诺·泰尔佐（Ottobuono Terzo）和加布里诺·丰杜罗（Gabrino Fondulo）各自在布雷西亚、克雷莫纳和帕尔马所做的那样。[21]

有些较早的城邦选择了另一种防卫方法，好像它们预见到了依靠雇佣军的危险，但其实是由于别的原因。它们规定，作为保持国籍的条件，所有拥有财产的自由人必须购买武器，参加作战训练，并在城邦遭受危险的时候负起保卫城邦的责任。这就是民兵制度。这个制度还可以有其他的形式。民兵制度一词大致适用于包括中华帝国和俄国在内的多种定居型国家在历史上很长一段时期内征召的农民军队。它也涵盖盎格鲁–撒克逊人统治下英格兰的平民矛兵（fyrd）和欧洲大陆上与之对等的军队。这类军队组建的基本原则是“自由人必须武装起来”，后来称为“携带武器权”（jus sequellae）或“携带武器许可”（Heerfolge）。此一做法来自野蛮的日耳曼入侵者，在罗马帝国解体后的各个王国内继续传承，直到9世纪和10世纪的军事危机爆发后，才让位于对拥有马群的诸侯发出的出征诏令（ban）。在像瑞士和蒂罗尔这类贵族力量薄弱的偏远地区，自由人武装起来的做法持续的时间长得多；事实上，直至今日，瑞士仍在使用这个方法。

然而，提到民兵，我们联想到的不是野蛮人，而是文明世界；我们会想到一队队的希腊农夫—公民，他们在自己的城邦与别的城邦发生争端时会彼此交战，但一旦遇到共同的危险，如公元前6世纪和公元前5世纪来自波斯帝国的威胁，他们就会团结起来一致对外。很容易设想日耳曼人和希腊人关于自由人的军事责任的思想同出一源，更容易认为希腊人对作战方法的主要贡献——两军在固定的地点用步兵厮杀，直到一方失败认输的对阵战——经罗马传给了尚处于野蛮状态的日耳曼人。可惜这两个推论都嫌证据不足。可以肯定的是，罗马在共和国之前的年代里从希腊人那里学到了对阵战的战术，塞维[1]宪法（Servian Constitution）建立的罗马军队就起源

[1] 指塞尔维乌斯·图利乌斯，公元前578—前534年古罗马的统治者。——译者注

于方阵作战法，[22]后来罗马皇帝的军队即在此基础上发展而来。自那以后，希腊和罗马在政治和文化上分道扬镳。随着罗马走向帝国之路，农夫—战士逐渐让位于职业军人。希腊人“擅长争吵不和”，无法建立统一的职业军队，各个城邦仍然维持自己的民兵，就此埋下了他们最终全部亡于半野蛮的马其顿这个强敌之手的种子。然而，正如希腊的许多其他遗产一样，民兵的思想保存了下来。当文艺复兴时期的欧洲重新发现了古典知识的价值的时候，民兵的思想与法治及公民自豪感一起，得到了同等的重视。当然，它与后两个概念有着紧密的联系。马基雅弗利的政治思想植根于主权来自武装的观念，他不仅就此题目著书立说，而且起草了佛罗伦萨的民兵法（1505 年法令），其目的就是为了使他的城邦摆脱雇佣军的祸害。[23]

不过，民兵制度在军事上有一大弊病。因为它只规定拥有财产的人有义务服兵役，所以并不包括一国中所有健康的男性居民，因此而限制了上战场的人数。希腊人之所以接受这个限制，有两个原因。第一个原因是它解决了筹饷这个让人头痛的问题，因为士兵其实是自己担负费用；第二个原因是它保证了军队的可靠性。拥有财产的标准把合格的人结为一体，无论他们持何种政见；与他们对立的是不合格的人，也就是没有土地的人和奴隶，那些人不是公民，没有携带武器的权利。然而，形势吃紧时，这种精英主义有可能成为严重的掣肘，把这种排他原则推到极致的斯巴达人在公元前 4 世纪和底比斯的战争中就因此吃了大亏。

义务兵役制没有排他性，根据定义，它包括所有能行军打仗的人，不管他们是否拥有财富或政治权利。为此原因，害怕人民拿到武器会夺权的政权或财政困难的政权对这个办法从来都不感兴趣。

适用义务兵役制度的国家是保证所有人都有权利，或至少表面上有权利的富国。第一个充分满足了这些条件的是法兰西第一共和国。其他一些国家，如腓特烈大帝的普鲁士，曾推行过类似义务兵役制的做法，但不得不动用常备军去强行拉夫。1793 年 8 月，法兰西共和国宣布，在“敌人被赶出共和国领土之前，所有法国人都一直处于应征状态”；原来把应征的义务限于“积极公民”的财产方面的要求已经废除了。[24] 从那时起，所有法国人都可能当兵；到 1794 年 9 月，法兰西共和国的军队增至 116.9 万人，成为欧洲有史以来最庞大的军队。

革命军摧枯拉朽、所向披靡，使义务兵役制成为未来的军事制度；也正是革命军的赫赫战果促使克劳塞维茨提出“战争是政治的继续”的观点；但这个制度使社会军事化，而且耗资巨大，这些严重弊病当时却无人预见，或者尚未显现出来。革命军在很长时间内通过抢掠来达到自给（共和国的纸币把金属币挤出了流通后，波拿巴的意大利军就成了硬通货的主要来源）；从 19 世纪中期开始采纳义务兵役制的其他欧洲政府发给士兵的饷金少得可怜，以此自欺欺人，对义务兵役制的财政负担视而不见。

在这个意义上，义务兵役制也许可以视为一种税赋。但是，像所有税赋一样，它必须最终给纳税人带来好处才行。在法国，好处是所有当过兵的人都能获得公民资格。19 世纪期间采纳了义务兵役制的君主制政府却不能准许自己的权力受到削弱，于是用民族主义作为替代，在日耳曼民族的国家中大获成功。然而，法国人提出的只有携带武器的人才具有充分的公民资格这个思想扎下了根，很快演变为公民自由既是携带武器的人的权利，也是他们的标志这一信念。所以，在像英国和美国这些公民自由已经普及，但没有实行义务兵役制的国家中，19世纪中期出现了一个奇怪的现象：公民死乞白赖地要求政府让他们做志愿兵，而在拼命抵制代议制政府同时又实行义务兵役制的国家中，特别是普鲁士，对拿破仑作战中出现的中产阶级民兵则在国王和常备军的压力下努力维护自己的权利。

从长远来看，欧洲大陆的先进国家建立普遍义务兵役制的同时，选举权也得到了扩大，虽然所选举的议会通常不如英美两国的议会权力大，另外还开始了一些彼此似乎没有直接联系的进程。结果是到第一次世界大战爆发时，大多数欧洲国家都有了某种形式的代议制机构，也全部维持着通过义务兵役制征召而成的大规模军队。大战爆发后，士兵们尽管遭受了令人发指的痛苦，但他们的忠诚在令人热血沸腾的民族主义激情的激励下，一直维持了3年。直到1917年，全民皆兵造成的物质上和心理上的代价开始产生不可避免的结果。那年春天，法军爆发了一次大规模兵变；同年秋天，俄军完全崩溃。第二年，德军也难再支撑；11月停战回国后，德军自我解体，德意志帝国陷入了革命。从125年前法国人为了拯救革命而呼吁所有公民拿起枪来，到第一次世界大战结束后各国军队的溃散，几乎可以说是绕了一个圈子后又回到了起点。政治变成了战争的延续，关于如何建立既省钱又可靠的军队这个长期无解的难题，答案仍然渺不可及，比起苏美尔人拿出收入来支付军饷的时代来，丝毫没有进展。

第 4 章

铁

Iron

在国家刚刚出现，定居区以外的剽悍民族经常来犯的那个时代，石头、青铜和马匹是主要的作战手段，而它们的性质决定了它们是有限的资源，尽管表现的方式不同。石头打磨起来非常费力；锻造青铜需要稀缺的金属；要养活足以供给骑兵之用的马群，必须有牧场，而世界上的牧场并不多。如果石头、青铜和马匹一直是作战手段的话，战争的范围和烈度也许永远也不会超过公元前第一个千年的水平；除了条件优越的大河河谷的少数地区，人类社会在畜牧业和有限的饲养业的基础上可能永远不会再有较大的发展。人类需要别的资源和手段来开垦温带地区的森林地带，并争夺已经由强大富裕的少数人定居的土地。那些少数人是因为垄断了青铜时代昂贵的作战技术才占领了那些土地的。

铁满足了人类这方面的需要。如今，质疑是否真的发生了“铁器时代革命”在学术界正风行一时，部分原因是此一说法是马克思主义学者提出来的，而他们的历史观是决定论和机械论的。但不必相信决定论也可以看到，如果某种材料可以使人占据并保持对他人的优势，但先前由于昂贵和稀缺，是少数人的禁脔，那么这种材料的供应一旦突然大量增加，势必会改变社会关系。人类不仅得到了尖锐的武器，而且也获得了好用的工具。过去用石头和木头工具去砍伐树木、开垦土地要费九牛二虎之力，人类有了好用的铁制工具后，就能够并且愿意去开垦原来无力对付的土地，离开原来的定居地区到外面去开疆拓土，在已经开垦的土地上精耕细作，或去被战车武士征服的地方殖民。

铁是上述改变社会关系的材料之一，这一点自不待言。青铜是常见的铜和稀少的锡炼成的合金，由于锡数量稀少，只集中于少数几个地方，所以市场价格很高，运输成本和到岸税也十分昂贵。结果，武士阶层很容易就垄断了青铜，因此也通常成为社会的统治者。铁并不稀少，铁矿石占地球的4.2%，且分布广泛。[1]原始人认得并会利用天然纯铁，但天然纯铁比锡还要少见，只有陨铁或非常难得的所谓原生铁。尽管如此，原始人见过也会使用陨铁。文明人一旦发现可以通过加热来把铁从矿石中提取出来——他是怎么碰巧发现的就不得而知了——马上就开始把铁用于各种用途。据说是美索不达米亚的锻工在公元前2300年首先炼出了铁，他们本来是想从铁矿石中提取赭石之类的颜料。[2]锻工这个群体非常神秘，他们的工艺秘不示人，通常受到武士的直接保护，而他们则向武士提供自己生产的宝贵产品。几乎可以肯定，开始时，锻炼而成的铁一定被少数人所垄断；直到公元前1400年左右，铁的使用才得到普及。那时铁的生产似乎以安纳托利亚为中心，那里的富铁矿石蕴藏极为丰富，而且就在地表，当地的赫梯人就是因为得到了炼成的铁，才能够对河谷中的王国发动侵略战争。

据说约公元前1200年，赫梯人的王国被灭的时候，他们已不再是唯一会炼铁制铁的民族。战乱中流离各地的安纳托利亚铁匠把技术带到了别处，去寻找新的买主和保护人。可能铁匠技术到那时也达到了起飞的水平。其间一定经过了几个阶段。第一个阶段是改善了熔炉，可以用较少的燃料把铁矿石熔化后变为铁锭（炼铁使用的燃料一直是木炭，直到近代的早期，先是中国人，然后是欧洲人发现了把煤炼成焦炭的方法）。铁矿石的熔点比铜或锡高得多，这就需要强力鼓风；最早的熔炉都是建在山顶上的，就是因为山顶的风比较大，直到后来发明了风箱。按重量来算，炼出来的铁大概是铁矿石的 8%，形状如同海绵，叫“熟铁坯”，还需要多次加热和锤打才能成为适于制造工具或武器的铁锭；即使如此，除非矿石里含有特别多的镍，否则造出的产品仍然质地较软，很快就会钝掉。青铜制品可以通过冷锤法来重新加刃，但铁制品却不行。直到公元前 1200 年左右，人们发现热锤和淬火能使铁制品的刃长久不卷之后，铁才终于不仅能够与青铜分庭抗礼，而且显然居于优势。这可能发生在安纳托利亚的铁匠分散到近东各地的时候。

炼铁和铁匠技术的出现对军事产生了多方面的影响。它为尚武民族提供了更好的利器去袭击富有的定居国家，因此可能对公元前第一个千年期间席卷了中东和近东的动乱起了推波助澜的作用。同样，帝国也因此获得了精良的装备进行回击，因为只要国家有足够的财力，大量的铁就意味着可以支持大规模的军队。亚述的军队使用的武器都是铁制的，就连技术上落后的埃及在晚期法老的统治下也欣然接受了铁。

早期铁器时代场址发掘出土的最令人惊叹的武器不是来自东方，而是来自欧洲，是早在公元前 950 年即已存在的哈尔施塔特（Hallstatt）文化出产的剑。[3] 这些剑最初依照的是青铜剑的样式，很快剑身加长到夸张的地步，这证明铁这种新材料价廉量大，可以尽情使用，不像过去使用青铜那样需要精打细算。虽然在哈尔施塔特文化的墓葬中发现了铁制的矛尖，还有用铁捆边铆接的盾牌的碎片，但数量最多的是剑。哈尔施塔特人似乎是凶猛的剑手，靠锐利的剑身和剑尖打败敌人。

哈尔施塔特文化因在捷克斯洛伐克发掘的第一个考古场址而得名，属于凯尔特文化；凯尔特人是个神秘的民族，到公元前1000年，他们已经占领了西欧的大部分土地；公元前3世纪，他们又向东迁徙到了安纳托利亚。凯尔特人在全盛时期是征服者，或至少是殖民者，他们使用的铁制武器得到了把欧洲大平原隔开的山脉另一边邻居的竞相采用，那些邻居中特别值得一提的是希腊人。

希腊人和铁

希腊人和凯尔特人一样，起源无法确知，可能是在公元前第四个千年末期从小亚细亚南岸乘船来到塞浦路斯、克里特岛和爱琴海各岛屿的；大概同一时期，也是来自小亚细亚的石器时代的人开始在希腊大陆上定居。后来，到了公元前第三个千年中期，从北边来的一个民族出现在马其顿，他们可能是来自多瑙河岸边，希腊最初的定居者已经进入了青铜时代，他们的文化却仍停留在新石器时代；是他们带来了最终所有希腊人都讲的语言。

从北边来的人和来自小亚细亚的人经过了漫长的时间才融为一体。直到公元前第二个千年末，住在岛上的人和大陆上的人的差别还远远不止族裔的差别；克里特岛上的人尤其达到了大陆上的人无法企及的文明高度。克里特岛周边的大海保护着它不受侵略者的袭击，同时也给它带来了丰富的贸易货物，岛上的克诺索斯发展起了奢华的文明。然后，公元前 1450 年前后，克里特文化惨遭浩劫；考古学家一直在探寻它灭亡的原因，但众说纷纭，莫衷一是。不过最近沿克里特岛海岸发现的米诺斯防御工事说明，这个岛屿不像原来想象的那样安然不受攻击。它过去可能就遭到过突袭，也许在一次大举入侵中，它宏伟的宫殿、巨大的仓库或工厂都毁于一旦，入侵者可能是小亚细亚的“海上民族”强盗，也可能是对克里特人雄霸地中海贸易心怀嫉妒的希腊大陆上的人。[4]

与此同时，希腊大陆上兴起了一种先进的青铜时代文化。在东海岸的沿岸地区，特别是在伯罗奔尼撒半岛上，建起了一些小王国，其中最重要的迈锡尼王国成了这个文明的代表名称。到公元前第一个千年结束时，迈锡尼王国也在小亚细亚海岸沿着通往黑海的海峡建立了城市，甚至远至特洛伊。如果刻有最初希腊文字的 B 类线形文字石板能够作为证据的话，可以知道这些城市财源充足，养着装备精良的战车军队；对皮洛斯宫殿的描写提到皇家兵器库中有 200 对战车车轮。[5] 战车是从哪里来的，我们无从得知。可能是夺取了那些沿岸王国统治权的战车武士带来的，也可能是那些王国使用它们通过贸易获得的巨额财富从买卖先进军事技术的国际市场上买来的。无论如何，在公元前 13 世纪期间，战车在希腊成了为人倚重的作战手段，在希腊大陆和特洛伊之间的一场旷日持久的战争中被用作主力。至少荷马在史诗《伊利亚特》中就描述过史诗中的英雄驾着战马拉的车驰向战场。

然而，现在古史学家普遍认为，公元前 8 世纪的荷马在创作描述发生在 500 年前的事件的伟大诗作时，似乎误解了战车在那个伟大的时代所起的作用。一位现代学者写道：

> 战车真正的优势在于高速的密集冲锋。迈锡尼人就是这样使用战车的，拥有庞大战车部队的近东和中东各王国也是一样，无论是在青铜时代，还是在迈锡尼文明崩溃后。荷马描绘的情形则大不相同。在他的史诗里，武士们只把战车用作交通工具，到了战场后跳下车来徒步作战，他们既没有弓也没有矛。而在公元前第二个千年上半叶发明了架在有轮辐的车轮上的轻便敏捷的战车后，正是这两种武器使得战车成为如此难以抵挡的武器。[6]

荷马的误解被归因于他写作的时间与特洛伊战争发生的时间相距太远。现在普遍认为，特洛伊战争不只是神话传说，而是确实发生过的事情，可能作战的目的是要解决关于在爱琴海及周围海域贸易权的争端。但荷马在重现英雄时代的努力中之所以遇到重重困难，年代久远也许并非唯一原因，还有其间因希腊的动乱而出现的历史断层。那一段黑暗时期切断了公元前 13 世纪和公元前 8 世纪之间的联系，比欧洲中世纪的黑暗时代使卡洛林时期的人不知罗马为何物更甚；似乎在公元前 1150 年后的 300 年间，希腊大陆上甚至连文字都消失了。[7] 造成这场劫难的是来自北方的新一批侵略者，后来的希腊人称他们为多利安人。他们讲希腊语，但在所有其他方面都是不折不扣的野蛮人。第一波入侵可能是来自海上，后来的侵略者似乎带来了马匹和铁制武器，所以应该是自陆路而来，可能是被大草原边缘地区其他马背上的民族赶过来的。

一些迈锡尼希腊人，特别是雅典周围阿提卡地区的迈锡尼人，依靠堡垒顶住了侵略者的进攻。他们后来对爱琴海各个岛屿进行再殖民（爱奥尼亚群岛大迁徙），在直到小亚细亚海岸的整个爱琴海区域重新建立了希腊文化。公元前 10 世纪，他们在小亚细亚沿岸建立了 12 座面向故乡雅典的坚固城堡，通过海路和雅典并在他们彼此之间保持联系。在大陆上，迈锡尼人的王国无一幸存。多利安侵略者霸占了最好的土地，奴役当地居民，把他们当农奴使用；然而，侵略者之间非常不团结，“村子之间经常交战，男人平时武器不离身”。[8]

这种典型的武士征服后定居下来的模式奠定了希腊最独特、影响最大的制度——城邦——兴起的基础。城邦的起源可以追溯到克里特岛上多利安人的定居点。公元前 850—前 750 年间，那里的人立下章程，规定征服者的后裔，即带武器的人，可以享受政治权利，所有其他人都没有这样的权利。“克里特这些章程突出的特点是，公民归心的对象不是家族，而是国家。”[9] 名门望族家的儿子 17 岁时编成部队，接受纪律管教和体育、狩猎或模拟战争的训练。不幸被淘汰的人没有选举权，按照法律规定所享受的其他权利也相应减少。到了 19 岁，成功毕业的人加入男子食堂，从此大家一起吃饭，一起打仗。食堂的费用由公共开支负担，实际上成了成员们的家；虽然允许成员结婚，但妻子却不能和丈夫同住，家庭生活等于全无。

这个武士阶层之外的人处于不同程度的从属地位。原来被征服人口的后裔是农奴，终身束缚在主人的庄园或公共的土地上；庄园主还拥有从市场上买来的家用奴隶。第一波侵略后才被征服的人可以拥有财产，但要缴付贡税，而且没有选举权。如公元前 9 世纪的一首克里特祝酒歌的歌词所说，“我的财富是尖矛利剑，是保护我的坚盾一面；我用它耕地，收获，榨葡萄酿酒香甜，它使我有农奴为我把活干”。[10]

> 城邦（polis）的起源赋予它突出的特点。它从作为它组成部分的村子（komai）那里继承了强烈的亲族感，所以公民资格基本上由父母双方的出身来定。主人和农奴的身份世代相传，公民阶级一直维持着在社会中的特权。保证城邦自给自足的农耕经济得到加强，公民阶级享受着足够的闲暇，可以从事和平时期的艺术，发生战争时则去打仗。[11]

城邦政体最接近克里特起源的形式和规章传到了希腊大陆，在那里扎下了根，最著名的范例是希腊最伟大的好战国家斯巴达。在斯巴达，自由的武士和没有武装、也基本上没有权利的农奴之间的差别到了登峰造极的地步，这两个群体之间的不成比例也达到了极致。男孩儿从 7 岁开始就编入受训营；女孩儿也集中起来，接受体育、舞蹈和音乐方面的训练。然而，女孩儿在结婚前都住在家里，而男孩儿则集体住宿，由队长领导，还有一个国家派来的监管人监督。在他们的日常生活中，锻炼他们在肉体上适应各种艰苦，同年龄的各组男孩儿经常进行体育和耐力比赛。从 18 岁开始，他们正式接受作战训练，在一段时期内担负防备农奴闹事的秘密特工的职能。20 岁时，他们分到军营中的住房——虽然在这个年龄可以结婚了，但不能和妻子住在一起；30 岁就到了经选举获得充分公民权的时候。只有得到一致推选的人才能成为完全的公民，并担负起一个斯巴达

“平等人”的主要义务：管制农奴阶级（helot），随时准备打仗。实际上，“平等人”每年都对农奴发动一场内部战争，除去秘密特工认定为不可靠的人。

难怪斯巴达能够崛起并统治不如它好战的邻国，据历史学家所知，可能没有任何其他社会像斯巴达那样具有臻于完善的武士制度。公元前8世纪期间，斯巴达人先是征服了他们自己的5个村子周围的100个村子，然后在一场长达20年之久（公元前940—前920年）的战争中征服了邻近的麦西尼亚地区。在那以后，斯巴达在伯罗奔尼撒的崛起不再一帆风顺。它先是发生了治下城市的反叛，后来又受到邻国阿尔戈斯的挑战，公元前669年在海希亚遭到败绩。有19年的时间，斯巴达人苦苦挣扎求生存；到了公元前6世纪，在与阿尔戈斯的一场战斗中，双方先各自派出“300勇士”交锋，然后是全线出击；斯巴达人浴血奋战，最后胜出，终于成为伯罗奔尼撒的军事霸主。

与此同时，希腊的其他主要城邦采取了不同的发展方法和方向，把势力范围从大陆向外转向岛屿并回头转向小亚细亚沿岸；希腊人开辟的海路不断伸展，最终把希腊文化的创建中心和远至西西里、法兰西南部海岸、黑海内海和利比亚沿岸的殖民地都连接起来。在斯巴达忙于改善武器、战术和军事组织这些使它在陆上战无不胜的军事手段的同时，其他城邦，特别是雅典，发展为海上强国，建造了船只，借以与波斯人和受他们辖制的沿海民族争夺对爱琴海和东地中海的控制权。

波斯战争（公元前499—前448年）是很晚的事，因为波斯直到居鲁士大帝崛起才成为统一的王国。公元前6世纪期间，希腊人的战争基本上在他们自己之间进行，主要是由各城邦争夺土地、权力和对贸易的控制而引起的。在此过程中，战争形式发生了变化；铁制武器开始使用，因其廉价，拥有武器的人大为增加，比起迈锡尼时代多了许多。掌握武器的是身为平等公民的小农，用这种武器进行的战争的惨烈程度可能是史无前例的。之前的战争和其他民族的战争——甚至包括亚述人的战争，尽管我们不了解他们作战行为的详细情况——仍然保留了原始战争的一些要素，如小心谨慎、作战时与敌人保持距离、依靠投射性武器、不到有把握得胜的时候不肯接近敌人等等。希腊人抛弃了这些小心翼翼的做法，自己创造了一种新的战法，把战斗变为一决高下的行为，变为作战者技能和勇气的大比拼；在一个时间、一个地点、一次行动中全力以赴争取胜利，哪怕有可能流血失败也在所不惜。这一新的作战精神彻底改变了战争的面貌，研究希腊城邦战术最著名的学者甚至提出了一个引人注意，但也颇具争议的主张，说希腊人发明了“西方的作战方法”，欧洲人就是用这种方法征服了世界上他们的军队足迹所至的每一个地方。[12]

方阵战

希腊地形多山，只有山谷地带以及伯罗奔尼撒北部、塞萨利和西部沿岸地区的几块平地适于农耕。山坡上固然可以种植橄榄树和葡萄，也可修建梯田，但除了橄榄油和酒以外，希腊人吃的粮食只有在山谷和平原这些较为宽阔的地方才能大量生产。知道了这些，希腊的公民—战士对自己的小块田地——通常最多 15 英亩——如此珍视就不难理解了。他靠田地谋生，并靠田地出产的盈余为自己购买重装步兵所需的装备，而他的战士身份又使他有权在市行政官的选举中投票并参与通过法律。因此，如果他的家乡遭到侵略，他的橄榄树或葡萄藤被毁，他的庄稼被践踏或烧掉，那么他不仅在来年冬天会衣食不继，难以活命，而且他作为自由人的地位也危矣乎哉。希腊城邦间战争一贯的特点是大肆破坏，把一切“夷为废墟”。学者一直认为，是因为这种破坏引发的愤怒，才使希腊人的战争表现出过去没有的凶狠暴烈。最近，美国古典学家维克托·汉森（Victor Hanson）提出了另一种解释。汉森在加利福尼亚州长大，家里有葡萄种植园，他逐渐开始怀疑“夷为废墟”的后果是否真的像人们想象的那样凄惨。根据他的亲身经验，他知道葡萄藤具有奇迹般的再生能力，无论怎么折腾，哪怕是全部砍掉，只剩下根，到了第二年春天，它仍然会冒出绿芽，到了夏天照样枝繁叶茂。毁掉葡萄藤的唯一办法是把它连根拔起，但那很费时间：根据他的计算，一英亩葡萄园有 2000 棵葡萄藤，要把它们都毁掉需要 34 个工时。[13] 橄榄树抗破坏的能力更强：橄榄树长成后，木质坚硬，枝干虬结，点火很难烧得起来；树干粗大，直径可达 20 英尺，斧钺难侵。橄榄树和葡萄藤一样，遭砍削后复原能力很强，虽然不如葡萄藤那么快，但也是只有被连根拔起才真的会死去；但用拔的方法毁掉橄榄树丛比毁掉葡萄园更加费力。[14] 因此，来犯的敌人要想打乱希腊农耕业的生产周期，必须从脆弱的作物下手，那就是农田。一年没有收成会导致缺粮，若是连续两年颗粒无收，存粮吃光后就会出现饥馑。[15] 然而，夷平农田也并非易事。春季的庄稼青苗水分太多，不能用焚烧的办法，有时入侵者会骑着马践踏田地，但那样费时良久且效率低下。成熟的庄稼一旦收获，就储存在安全的谷仓里准备脱粒。因此，从地里的庄稼变得干燥易燃到收获入仓，这段时间非常短，只有5月里几周的时间。

但是，一心烧杀抢掠的来犯敌人无法一举席卷希腊的农田；希腊的农民一般用护堤或围墙把自己的田地围起来，田地内不同的地块周围也建造围墙，即使不和邻居的田地相接也要造围墙；结果，“劫掠的敌人无法在希腊的田野上横冲直撞，随意放火破坏……围墙、山丘、小果园和葡萄园这些重重阻碍使他们只能缓慢前进。”[16]简言之，希腊城邦的领土易守难攻，于是一方有难，八方支援就成为合理的军事策略。敌人通常来自不远的地方，所以他们一旦备战，必定会传来风声；如果能够在边界上阻挡并抵抗敌人，不使他们在可能造成最大破坏的短暂时期内有可乘之机，那么所有土地拥有者的农田就都可以免于破坏，他们养活家人、履行公民和战士的权利和义务的依靠就能保全。

这一分析在汉森开始研究之前就已被普遍接受，也许与他的研究结果有些细节上的不同。然而，汉森提出了一个革新性的观点。鉴于对希腊农耕地区发动有效攻击的时间段极为短暂，而且汉森也指出，我们所谓的城邦“公民”至少有80%住在乡村，不是城市居民；另外，来犯者出发后，自己家中的田地也有遭受破坏的危险，所以速战速决、一锤定音就成为战术的上上之选。[17]这样，决战的“思想”就在希腊人的头脑里生了根，与这个思想一起的还有其他有关决定的思想，如政治由多数人的意见决定、戏剧情节决定必然的结果、逻辑决定智力推理达成的结论，等等，这些都是希腊人给我们留下的遗产。这里一定要注意不可本末倒置。从希腊人开始采取方阵战法，大军在狭窄的战场上整齐列队，挥舞着盾牌和长矛短兵相接，到希腊在思想知识领域中取得彪炳千秋的辉煌成就之间至少相隔两个世纪。另外，尽管希腊人实现了文明，但是他们仍然保留了旧有的一些特质，包括原始的复仇激情。在所有希腊人都耳熟能详的神话中，关于神庙中供奉的诸神因自己受到侮辱而进行无情报复的故事比比皆是。所以，汉森认为：

> 希腊人的作战方式（可能）可以视为一个不断发展的思想，因为小农庄主认为祖先留下的土地要不惜一切代价予以保护，做到攻不可破，除了他们自己，绝不能让他人涉足，所以只要一声令下，所有公民都会拿起武器拼死保护国土的完整……大部分希腊人感到，如果主权受到了侮辱，最有尊严、最快捷的复仇方法就是过去的对阵战。无论是他们的传统和义务，还是他们自身的愿望，都要求他们迎着敌人的长矛冲上去，快速高效地结束战斗。[18]

起源于古希腊的另一种形式的竞争可能也帮助形成了希腊人在战场上不拼个你死我活誓不罢休的特点，那就是竞技体育以及相关的战车竞赛、赛马、拳击、摔跤等等。从公元前 776 年起，希腊城邦之间开始组织这样的竞赛，每四年一次，竞赛地点在伯罗奔尼撒西部伊利斯城邦的奥林匹亚；这四年一度的赛事直到公元 261 年，延续了 1000 多年未有间断。竞技体育在古希腊源远流长，荷马就曾描述过，在阿喀琉斯“为纪念他的战友帕特洛克勒斯在特洛伊城门前单挑赫克托耳被杀”而举行的仪式上，特洛伊战争的英雄们举行双驾战车比赛、拳击比赛、摔跤比赛、投掷重物比赛和赛跑。[19]

许多其他民族也有或后来发展起了类似的习俗：亚利桑那州的霍皮族印第安人在播种季节举行祈雨赛跑，参加赛跑的人象征着云和雨，希望这样的仪式能使上天降下甘霖。许多狩猎民族，如北美洲的休伦人和切诺基人，都有具有象征意义的或纯粹的游戏或比赛，参赛者通过比赛学会追逐猎物的技巧。就连大草原上特立独行、我行我素的游牧民族也比赛骑马带物冲过获胜线。[20]不过总的说来，骑马民族不搞竞技体育，尤其是涉及粗暴的肢体接触的体育活动；传说梭伦和一位来参观奥林匹克竞技会的斯基泰访客之间有过一段谈话，如果可以用作证据的话，可以看到希腊人认为那是因为骑马民族把肢体接触视为对人的侮辱。埃及新王国时期陵墓的雕刻有对士兵摔跤的描绘，但摔跤都是以埃及人为一方，叙利亚人或努比亚人为另一方；雕刻中埃及人的对手总是失败的一方，那并不是平等人之间的争斗。希腊人却认为平等人的竞争正是竞赛的目的。[21]公元前5世纪希罗多德从希腊去埃及访问时，“他震惊地发现那里没有竞技会，竞技会上公开的竞争与古时近东那些等级森严的社会格格不入，在那些社会中，法老和其他的绝对君主高踞社会的顶层。他们的权力来自神授，有时他们自己就是神”。[22]

古希腊也有人批评竞技会，特别是像拳击和摔跤这种粗暴的竞赛；他们的反对意见和我们今天听到的批评大同小异，比如，成功的运动员报酬高得过分；他们树立的是反社会的个人主义的榜样；他们在运动中可能会严重受伤，使他们无法过正常的生活。柏拉图干脆说拳击手或摔跤手的技能“在作战中百无一用，不值一提”。

此言未免太过主观。为争取一个清晰的结果而进行的严酷运动强化了希腊人的军事行为规范；无论如何，希腊人的战争如此惨烈，严酷的体育运动正好可以锻炼人经受战争苦难的能力。[23]

在战场上，希腊战士肩并肩紧挨着站在一起，通常是纵深 8 排人。公元前 8 世纪之后，他们采用了统一装备，但武器和铠甲的费用要个人负担；那些装备，尤其是青铜制的头盔、护胸甲和保护胫部的护胫，所费不赀，只有拥有财产的人才担负得起。[24]（青铜甲胄一直到铁器时代仍在使用，因为当时生产的铁韧性不足，造不出和青铜一样柔韧的大片铁板；虽然其他地方的战士已经开始穿缀有铁片或铁环的皮制甲衣，铁盔在近东也已经非常普遍，但都比不上青铜结实。）这样的保护对方阵中的战士至关重要，因为向他击来的不是可能会滑过铠甲表面的剑尖或箭镞，而是装在白蜡杆头的铁矛尖；敌人如果尽全力刺来，除了最好的金属铠甲，别的什么都挡不住；顺便说明，方阵（phalanx）一词在希腊文中与手指是同根词，也许是因为五指伸出的形象和方阵中伸出的长矛很相似。

战士在方阵中用以自我保护的另一个用具是呈凸起状的小圆盾，叫“hoplon”，从这个字衍生出了方阵战中的希腊重装步兵（hoplite）一词。这种盾牌直径 3 英尺，用木头做成，再以铁条加固，用一条皮带挎在肩上，有一个把手供左手抓握。这样就可以腾出右手来把长矛夹在手肘和胸肋之间，向对面敌阵中的敌人猛捅。关于方阵战有一点著名的观察，最先是由修昔底德提出的：方阵在作战中会向右偏，因为每一个人都向右边靠，以借右边同袍的圆盾保护自己。由个人自我保护的本能形成的集体力量使两个对敌的方阵在接触中看起来就像是在围着一个看不见的轴心慢慢转动。

敌对双方进行方阵战之前，先要经过一些所有希腊人都认为很有必要的事先程式。其中一个是献祭。“对古希腊人来说，做任何事情都有相应的仪式，要请求超自然的神明给予保证或同意，或至少不要降罪……在重装步兵组成的方阵在战场上兵戎相见之前，整个过程的每一个阶段都要敬神”。出发打仗的军队赶着羊，过河、越界、扎营，最终来到战场上，这些场合都要杀羊祭献。举行这种“放血仪式”（sphagia）可能是“希望看到吉兆而使自己心安；也可能是为了取悦神明；也可能简单粗疏得多，仪式开始时的祭献预示着之后的战斗中要流血，所以通过献上祭品向神请求：‘我们要杀人。请准许我们杀人。’”[25]然而，到举行“放血仪式”的时候，重装步兵的士气一般早已通过仪式以外的办法鼓动起来。在两军交锋之前，双方通常都安排早宴；这最后一顿饭肯定有酒，可能比平常的量大。在产酒的地方，战斗前几乎没有不喝酒的。主帅还会对战士们发表一番动员讲话，然后，“放血仪式”的屠宰一结束，士兵们就立即开赴战场，一边高唱着战歌（paean）。在阿里斯托芬的笔下，他们同声狂叫“伊勒勒鲁”。

主帅是否站在方阵前列，对这个问题至今争论不休；在斯巴达人的方阵中，似乎指挥者是身先士卒的。在荷马的《伊利亚特》中，英雄们就站在现在我们称为“早期方阵”的前列。既是记叙战斗的历史学家，又亲身参加过战斗的修昔底德也暗示了这一点；他说，从斯巴达人用盾牌组成的铜墙铁壁中要辨认各个分队，只要看前排身着特别服饰的主将就可以了。主要的将帅在战斗中居于最危险的位置，这反映了武士道德观在斯巴达社会中的力量。其他地方的习俗有所不同，尤其是在雅典。“传统的古希腊城邦不存在军官阶层”，军队中的职位和民事职位一样，是选举出来的，而且指挥官站在前列在战术上没有任何意义。打赢方阵战不靠主帅身先士卒激励士气，而是靠所有战士在与敌人近身肉搏时的大无畏勇气。[26]

汉森以他卓越的想象力重现了这种革命性的惨烈作战方式。他认为大战前由配备轻型武器的步兵进行骚扰起不了多大作用，这样的步兵都是没有财产，买不起铠甲的人；与大军随行的可能还有少数由有钱人组成的骑兵，他们的作用也可以忽略不计。希腊的地理条件不适于马背上的民族生活，也不方便骑兵活动。希腊适合两军较量的平地不多，一旦两军来到这样一块平地，战斗就立即开始。[27]希罗多德写道：“希腊人打仗时，会选择最平坦的地方，去那里作战。”

战斗一打响，身负重达 70 磅的铠甲和武器的战士就拼命向前跑，冲过两军之间大约 150 码宽的无人区，直到迎头撞上冲过来的敌军。两军相接时，每人都认准格斗的对手，把长矛从盾牌间的缝隙中刺进去，瞄准没有铠甲遮挡的地方，如喉咙、腋下或下腹部。机会稍纵即逝。因为第一排和敌人一交上手，第二排和后面几排战士的冲势马上被阻，方阵骤然压缩，后面 7 排人的重量一下子压到正在作战的战士身上。冲击之下，有些人必然会摔倒，或死，或伤，或被后面的战友踩倒。这可能会使盾墙出现缺口。对方第二排或第三排的战士就从他们相对安全的位置用长矛乱扎乱刺，努力把缺口扩大。如果成功，接下来就是“盾牌推进”（othismos），进一步加大缺口，并空出地方，以便拔出重装步兵的辅助性武器——剑——来砍削敌人的腿部。“盾牌推进”是具有决定性的战术，因为它可能会导致“突破”(pararrexis)——承受敌方压力最大的人开始想逃，或者是后排的人离阵逃走；更可耻的情况是，前排的人拼命向后夺路逃跑，使战友们也惊慌起来。

方阵一破，失败即成定局。胜方的重装步兵面前没有了对阵的敌人，就对逃跑的敌方战士乘胜追击，剑矛齐下；“骑兵和手持轻型武器的骚扰部队此时也加入战斗，他们更是凶猛……自从他们进行战斗前的小型骚扰以来，现在是他们唯一上战场的机会，他们或骑马，或徒步，对敌军的残兵败将穷追猛打，以此显示他们也英勇善战。”[28] 逃离轻装步兵的攻击殊非易事。重装战士逃跑时可以扔掉盾牌或长矛，但不大可能把铠甲也脱掉。如果能做到，他们会这样做的，修昔底德在写到公元前413年雅典人征战西西里的一次败绩时说，“丢弃的武器比死亡的战士要多”；在生死关头，若是能活命，公民—战士会毫不犹豫地扔掉护身的铠甲，尽管它代价昂贵，而且代表着他的社会地位。[29] 然而，即使丢掉铠甲也跑不了多快。经过仅仅半小时或一小时的作战，重装战士已经疲惫不堪，可能既是因为费力搏斗，也是因为吓得全身发软，所以跑不过刚刚投入战场，在后面紧紧追赶的精力充沛的轻装步兵。勇敢镇静的战士可能会结成小队且战且退，公元前424年，雅典人在得利翁打了败仗，参加了作战的哲学家苏格拉底就是这样做的；他担负起了领导一小群战士的责任，“让敌人远远地就看到，谁胆敢攻击他，他会全力反抗”。[30] 然而，队列一旦被冲散，大部分人通常都各自逃命，经常在他们步履蹒跚地即将到达安全地带的时候被杀死。

据估计，打了败仗的方阵可能会损失15%的兵力，或者因战死，或者因伤重而死——常见的死因是腹部被刺破而引起的腹膜炎，或者因溃败时遭到屠杀。不过，如果得胜的一方赶尽杀绝，损失可能要大得多。一般来说，胜利者并不穷追不舍。“（他们认为）追赶逃跑的敌军并不至关重要。得胜方一般都觉得，如果敌人几天后重整旗鼓，愚蠢地再次来犯，他们完全可以和上次一样，再次打败敌人。”于是，“双方通常都愿意暂且停战，交换彼此阵亡将士的遗体”，因为古希腊人一致认为，隆重下葬战死之人是一项神圣的职责。然后，“胜利者在战场上立起胜利纪念柱或简单的纪念碑后，就班师凯旋，急切地想回家接受亲友的赞扬”。[31] 既然希腊人作战如此空前的激烈，那么为什么他们不像现代人理所当然地认为应做的那样，力求全歼敌军呢？汉森坚信希腊人作战不求全歼敌军：“现代意义上的终极胜利以及对失败的一方进行奴役，这些对交战的任何一方都不在考虑之列。希腊重装步兵的作战是小土地拥有者之间的战斗，他们都愿意把战争（也包括杀戮）限制为单一的一次简短而噩梦般可怕的行动。”[32]

对于古希腊战争的这种奇怪的不完整性，可以提出两种解释：一个渊源古老；一个来自古希腊城邦的新鲜特性。我们已经知道，原始人作战非常谨慎，多采用规避和间接的战术，绝对没有希腊战争的那种惨烈，然而，希腊人的作战方法中仍然有着鲜明的原始痕迹。一个是复仇的冲动：希腊人打仗可能不是因为妻子被抢，不过就连现代学者也同意，可能就是英雄时代发生的一个此类事件引起了特洛伊战争，即使它可能不是更深层次的原因；然而，他们可能把入侵城邦的土地视为与违反禁忌一样不可容忍的冒犯。如果这是战端的根本起源的话，就可以部分地说明重装战士迅速做出反应的原因。另一种非常原始的感情——满足感——可能可以解释为什么他们的反应没有达到克劳塞维茨意义上决战的程度。希腊人克服人天生对遭受伤害的恐惧，把人面对威胁的程度推到极限，这是个异乎寻常的大跃进；他们采用重装步兵的战术就应当从这个角度来看：用致死的武器进行肉搏是违反人性的，战士们之所以勉为其难，仅仅是因为大家面临同样的危险，肩并肩地排成战斗的队列，互相壮胆。经历了这样的危险后，幸存者自然会觉得自己的职责已经尽到。至于在战场上毫不放松，对败阵之敌穷追不舍，且不说筋疲力尽的重装战士力有不逮，关键是它给战争增加了一个新的方面，思想开放如希腊人，恐怕也难以接受。

另外，至少在希腊人之间的战争中，我们并不肯定他们是否接受现代意义上的征服。公元前 7 世纪和公元前 6 世纪那段所谓“暴君时代”期间，希腊各城邦中，在阿尔戈斯、科林斯、底比斯，特别是雅典和斯巴达之间的确时有战事；但是，战争的目的通常是扩大联盟，而不是打败并统治主要的敌手。自古以来，“希腊人就一直深深意识到自己与众不同……比如，他们和‘野蛮人’不一样，希腊的战俘在理论上不是奴隶……每年各城邦的人民聚集一堂共同庆祝的那些主要宗教节日”——最重要的是奥林匹克竞技会——“只有讲希腊语的人才有资格参加”。对希腊人，特别是对雅典人和他们身在小亚细亚，心向母邦（metropolis）的表亲爱奥尼亚人来说，征服是对海外别的民族做的事。他们对外征战足迹远至，在外国海岸沿岸处建立了若干殖民地；但在本土，虽然他们之间常常流血作战，但是，除了斯巴达以外，其他城邦并不企图剥夺彼此的公认权利。到公元前 6 世纪，城邦开始向集体政府的方向发展；“寡头统治、宪政政府或民主政体遍地开花”。[33] 尽管各国都保留了奴隶制，但最近的研究表明，城邦中奴隶对自由人的比例过去被夸大了。比如，到公元前5世纪，雅典的自由公民—农夫的人数大大超过了奴隶；关于除斯巴达人以外的希腊重装战士让奴隶在田地里干活，自己脱身去打仗的说法因此不攻自破。[34]

公元前7世纪，斯巴达凭借其严明高效的军事制度，成为希腊南部无可匹敌的霸主；它的主要竞争者，包括阿尔戈斯、雅典、科林斯和底比斯，只有通过不断结盟联合才堪堪抵挡得住。后来，公元前510年，斯巴达直接出手企图阻拦雅典坚决推行民主的努力，这引发了斯巴达的武士精英主义和它的主要对手树立的代议制政治制度之间的原则之争，持续了100多年。然而，其间大部分时间，斯巴达和雅典出于爱国情怀结成了同盟。公元前551年，波斯帝国的版图业已涵盖整个美索不达米亚和埃及，也包括了延伸至乌浒河和药杀水的大片土地。波斯人自恃强大，对小亚细亚爱奥尼亚人的定居地发动攻击。那些城市过去受吕底亚的克罗伊斯统治，后来被转到波斯人控制之下；公元前499年，它们在雅典的支持下起义争取独立。当时的波斯皇帝大流士在公元前494年把爱奥尼亚人的叛乱镇压下去之后，决心斩草除根，他知道问题的根源在希腊大陆。公元前490年，他率领着装备精良的50 000大军，乘坐强大的波斯海军的舰只跨海而来，在雅典以北36英里的马拉松平原登陆。雅典人马上整军前往，阻止波斯军队进一步深入，和雅典一起迎战的还有盟邦普拉提亚，但雅典也向斯巴达紧急求援。斯巴达人回答说他们马上要举行宗教仪式，完成后将立即来援。斯巴达的先头部队到达战场时，马拉松战役已经结束。雅典人在自己几乎未损一兵一卒的情况下，把波斯军队消灭了七分之一，迫使他们撤回了船上。

这是希腊方阵军和一个中东帝国良莠不齐的散漫军队的第一次直接冲突。汉森猜测，波斯军队眼看着希腊方阵的推进，一定感到心慌胆怯。他注意到在希罗多德笔下，泊在马拉松岸边的波斯舰队指挥官，皇帝大流士的侄子马多尼奥斯惊叹于雅典人和他们的普拉提亚盟友那种有违人性的嗜血。

> 波斯大军各部尽管来势汹汹，但他们保持了对战斗的一贯态度，和希腊人的态度很不一样……但波斯人受累于战争中最危险的倾向：作战时想杀别人但自己没有必死的决心……在马拉松，他们看到希腊军队身穿重装列队冲来时，以为希腊人发了疯，得了‘破坏疯狂病’。当人数居于劣势的希腊重装步兵冲进波斯人的队列时，波斯人一定终于明白，这些人信奉的不仅是阿波罗神，而且也有狂野不羁的狄俄尼索斯神。[35]

斯巴达人因没赶得上参加马拉松战役而痛悔不已，尤其是因为战役的胜利给雅典带来了荣光。然而他们知道，波斯的侵略威胁到希腊人权利的存亡，所以必须继续向雅典提供援助，于是他们着手和雅典人协调抵抗计划，以备他们的共同敌人再次来犯。波斯人的确没有放弃再战的决心。从公元前484年到公元前481年，大流士死后继承了帝位的薛西斯与迦太基结盟，以此确保西西里的希腊殖民者不会支援他们在大陆上的同乡，同时进行一系列复杂的后勤准备，包括建造跨越亚洲和欧洲之间海峡的舟桥，以保证大军前进时通信的畅通。消息传来，希腊的许多小城邦都纷纷与薛西斯媾和，只有雅典和伯罗奔尼撒半岛上的城邦仍顽强不屈。斯巴达试图劝说雅典把它位于易守难攻的科林斯地峡以南的军队开入伯罗奔尼撒半岛，和伯罗奔尼撒联盟中的其他城邦会师。由地米斯托克利（Themistocles）任执政官的雅典没有同意，因为那意味着放弃雅典城；雅典人说，既然联盟的一支远征军将北上迎击前来的波斯军队，他们应使用自己强大的海军为远征军提供靠海一侧的掩护。

由于盟邦都不想把自己的军队开出伯罗奔尼撒半岛，斯巴达无奈只能接受雅典的战略，同意扼守从塞萨利平原而来的沿海道路必经的温泉关（Thermopylae）隘道。在海上，雅典舰只占三分之二，直接由地米斯托克利指挥的希腊海军遏止了波斯舰队的前进（公元前480年8月），一场狂风也给波斯人带来了巨大的损失。在温泉关，斯巴达国王利奥尼达斯成功地阻止了波斯军队的前进，但后来由于叛徒的出卖，他遭到了来自后方的袭击。利奥尼达斯和他的卫队——“斯巴达300勇士”——将生死置之度外，继续坚守阵地；“斯巴达300勇士”后来成为明知不可为而为之的大无畏精神的代名词。同时，希腊的舰队返航，把雅典居民撤退到萨拉米斯岛上后等待行动。至此，联军的其他部队均已退到科林斯地峡以南，只剩了地米斯托克利来证明可以用海军的力量击败波斯人。他使了诈兵之计，用假情报骗得薛西斯相信如果波斯舰队采取行动，雅典人就会屈服，结果把波斯舰队诱入一处狭小的水面。虽然波斯舰队有700艘战舰，远多于希腊舰队的500艘，但地方太小，反而难以施展。雅典人只用一天的战斗（可能是公元前480年9月23日）就摧毁了波斯舰队的一半，自己仅损失40艘战舰，并迫使波斯舰队的残部北撤。

希腊人和两栖战略

薛西斯的入侵至此尚未被完全击败。次年，在 7 月的普拉提亚战役和 8 月的米卡勒海战中，雅典和斯巴达联手消灭了波斯远征军的残部及其希腊盟友（主要是底比斯）的部队，这才宣告了希腊对薛西斯的完胜。雅典和斯巴达不仅把波斯人逐出了希腊大陆，而且夺回了黑海海峡的控制权。

公元前 480—前 479 年的战役使外人更加坚信 10 年前他们从马拉松战役中首次悟到的道理：要打败希腊方阵，必须或者有希腊人那样的勇气，或者招募希腊人入伍，或者采用新的更复杂的作战方法。希腊人的勇气是别人学不来的，但希腊雇佣兵却因此发现自己的行情在已有的基础上进一步大涨——波斯早在公元前 550 年征服埃及时就雇用了希腊兵；战术上的各种探索，特别是在披甲骑兵方面的试验自那以后也热火朝天地展开。然而，公元前 480—前 479 年那场战役更大的遗产不在陆军，而在海军方面。在内海沿岸国中，它使舰队的地位得到提高，与陆军平起平坐，因此确定了一种具有战略意义的新作战方式。在那个世纪后来的时间内在东地中海发生的争霸战中，各方都竞相采用它；它的要旨在所有的沿海民族中代代相传。

希腊人，主要是雅典人，进行海战的工具是有桨战船，可能是在公元前第一个千年开始时，由叙利亚沿岸的腓尼基人根据当地早期的模型，甚至是塞浦路斯人的模型发展起来的。到薛西斯的时代，腓尼基人已成为波斯帝国的属民，但他们的技术早就传到了希腊。雅典的三列桨船长 120 英尺，宽 15 英尺，船身沉重，船头的撞角包着厚厚的铁甲，桨手分上下3层，划动起来船速飞快，足以一举撞沉敌舰。[36]雅典的水手来自比重装步兵社会地位低的阶级，他们是船上的战士。当与敌舰咬住，短兵相接的时候，桨手可能也参与进来，战斗即从船对船转为人对人的搏斗。[37]

雅典之所以建立强大的海军并高度重视海军的军事作用，是由之前两个世纪中它的经济和对外关系的发展方向所决定的。在斯巴达充分发挥建立在排他性社会秩序基础上的军事优势，一跃成为伯罗奔尼撒强国的同时，雅典则发展为贸易大国，这部分地是因为它的土壤太过贫瘠，难以养活国内的人口。同时，雅典也日益成为政治上的帝国，与它结盟或托它庇护的城邦远及小亚细亚。雅典被这个联盟推选为盟主，带领盟友在萨拉米斯战役和普拉提亚海战后继续与波斯作战；公元前460—前454年，雅典甚至投入了海军并派出远征军与波斯争夺对埃及的控制权。国土安全且自给自足的斯巴达退出了战争，而雅典作为由较小的城邦组成的提洛联盟的盟主却力战不休，主要靠要求盟友支付越来越多的补贴；最后，纳贡的城邦多至150个。

到公元前448年，波斯的斗志被雅典消磨殆尽，和平终于得以实现。但外部的和平并未带来内部的和平。雅典人的索求无度在提洛联盟各城邦的纳税人中引起了广泛的不满。雅典插手有些地方的事务，有时甚至挑起革命来建立雅典式民主制度；在这些地方，雅典的勒索、政治颠覆和它不断扩大的战略和商业霸权，种种因素加在一起最终导致了盟友与雅典的反目。先是科林斯，然后一个接一个的城邦都起来反对雅典，和雅典爆发了一系列冲突；在冲突中，斯巴达与科林斯和底比斯结为盟友。此即第一次伯罗奔尼撒战争。

战争在公元前445年结束，双方均未遭受太大的损失。但雅典后来的所作所为却不可避免地再次挑起了战火。它修建起“长墙”（Long Walls），把雅典和比雷埃夫斯港都围在里面，使陆上来犯的敌人无法进入；同时，在精力充沛的领导人伯里克利的极力怂恿下，雅典集中财力军力向海外扩张；它自认高人一等，对原来提洛同盟中的盟友以势压人，毫不留情，咄咄逼人地威胁着其他大商业城邦的利益和斯巴达作为陆上军事霸主的地位。公元前433年，雅典和科林斯开战。公元前432年，斯巴达加入了战争，还带来了皮奥夏同盟和伯罗奔尼撒同盟的城邦成员。[38]

这场战争才是真正的伯罗奔尼撒战争，它持续到公元前404年，以雅典战败、斯巴达得胜而告终，但希腊城邦制度因此元气大伤，再也没有恢复过来。战后小型冲突仍然接连不断，使希腊对外敌全无抵抗之力，结果被马其顿征服并强行实现了统一；马其顿人在血缘上是希腊人的兄弟，但在希腊人眼中却是半野蛮人。独立希腊是身处一个大肆扩张的亚细亚帝国边缘的自由人民引以为傲的文明。被马其顿征服后，它终于失去了辉煌，这一文明所启发的知识和艺术生活也光彩不再。伯罗奔尼撒战争本身是陆上和海上这两类迥然不同的力量的冲突，结果谁都没能压倒对方。战争初期，斯巴达几乎每年都侵入雅典的内地破坏庄稼，企图用饥饿法使雅典就范；雅典破解斯巴达这一封锁战略的办法是任乡村的居民自生自灭，城里的人靠从海上进口的粮食存活，主要经由接通黑海岸边产粮区的航道运来。当斯巴达在公元前424年派兵攻占位于这条航道之上的色雷斯港的时候，雅典不得不寻求停战。本来可能会通过外交的折冲樽俎达成持久的和平，但斯巴达人的外交努力却没能成功。它的一些盟友脱离了同盟，这使雅典人重新燃起了希望，以为最终仍然有可能获胜，于是他们在公元前 415 年扩大了战争的范围，以求制造一场大危机。雅典对西西里的锡拉库萨发动远征，希望占领全岛，以此获取一个供应中心，彻底消除经济上的后顾之忧。

西西里远征的确造成了危机，但远超雅典的预期。斯巴达看到，现在的问题是哪个城邦能在希腊成为执牛耳者，于是放弃了它自从温泉关以来一直坚持的爱国立场，去寻求波斯的帮助。公元前 412 到公元前 404 年间，在远至黑海入口的一系列陆上和海上的战役中，斯巴达陆军和波斯海军让雅典人连吃败仗，最终赶得雅典军队逃回长城内。波斯舰队在公元前 405 年的羊河战役（Aegospotami）中打败雅典海军后，出现在比雷埃夫斯外的海上；公元前 404 年 4 月，海陆两边均遭封锁的雅典被迫投降。

马其顿与方阵战术的登峰造极

伯罗奔尼撒战争的结束并不意味着希腊人之间就此休战。无论是对希腊大陆还是对希腊的海外殖民地来说，公元前 4 世纪都是一段悲惨的日子：争霸之战旷日持久；交战方结盟改盟越来越随意无由；出于一己之私去请求波斯的帮助，把过去希腊人团结起来共同抵抗大流士和薛西斯的爱国精神抛到九霄云外。公元前 395 到公元前 387 年间，雅典及其同盟与波斯结盟对抗支持小亚细亚地区希腊城邦的斯巴达，雅典—波斯联合舰队在公元前 384 年的尼多斯战役中一举摧毁了斯巴达的海军。雅典的力量因此骤然剧增，波斯于是惕然不安，遂暗地里又向斯巴达提供支援；由此造成的僵局迫使希腊人承认了波斯对希腊以及希腊以外地区名义上的宗主权。尽管如此，斯巴达仍锲而不舍地企图维持伯罗奔尼撒战争的决定，甚至出兵攻打它在陆上的主要对手底比斯。在公元前371年的留克特拉战役和公元前362年的曼提尼亚战役中，底比斯都大获全胜；它天才卓越的将军伊巴密浓达（Epaminodas）表明，方阵战法在对敌时可以调整，做出决定性的战术调动。在留克特拉战役中，在对方的兵力是11 000人而己方只有6000人这种敌众我寡的情况下，伊巴密浓达把左翼的力量加强了4倍；为掩饰右翼兵力的薄弱，自己率部发起冲锋。斯巴达人还以为战斗会按照方阵战的老规矩进行，兵力在整个战线上平均分配，结果没能及时加强己方比敌军力量薄弱的那部分，方阵被打破，损失惨重，而底比斯方面却几乎未损一兵一卒。虽然斯巴达人吃了大亏，但9年后，他们在曼提尼亚又重蹈覆辙，再吃败仗。伊巴密浓达指挥军队打了胜仗，自己却在胜利时身死沙场，他的死部分是因为调整方阵战法后加大了指挥官身处的危险；危机尚未过去，底比斯却痛失主帅。

至此，希腊的力量正从南部和中部确立的城邦向北转移，北面的马其顿在励精图治的新国王腓力二世的统治下，正逐渐发展为地方霸权。腓力二世认识伊巴密浓达并对他钦佩备至，他自己重组了马其顿的军队，重点加强其战场调动能力，打败了西面和北面边境地区的敌人后，转而介入希腊的事务。在第三次神圣战争（公元前355—前346年）中，他打败了雅典，占领了许多和雅典结盟的小城邦，成为近邻联盟（东北）理事会的领导。他的地位一经巩固，把征战范围扩大到希腊以外后，就获得了进一步扩展权威的机会。狄摩西尼向他的雅典同乡和其他希腊人呼吁说，面对马其顿的威胁，他们应该像当初抗击波斯一样团结起来，但没有人理会他的话。公元前 339 年，雅典和底比斯重整旗鼓，向近邻联盟理事会宣战，但在喀罗尼亚一役中（公元前 338 年）被腓力二世打得溃不成军。第二年，腓力二世召开了所有希腊城邦的大会，会上除斯巴达以外的其他城邦都表示接受他的领导，并同意和马其顿一起对小亚细亚发动远征，推翻波斯对希腊土地的控制。

腓力二世 18 岁的儿子亚历山大参加了喀罗尼亚战役，他带领左翼的骑兵奋勇作战，给了敌人以决定性的打击。两年后，亚历山大即位；时至今日，传记作家仍然就他是否参与了弑杀腓力二世的阴谋一事猜测不休。亚历山大即位后，维持了马其顿的既有政策。事实上，他对“征讨”波斯比他的父亲还要起劲儿。他彻底征服了马其顿北面边界上与腓力二世作对的宿敌后，又镇压了底比斯的叛乱，然后点起马其顿的大军，再加上由希腊战争结束后无所事事的大批士兵组成的雇佣军，在公元前 334 年春天渡海到达亚洲，开始了推翻当时的波斯皇帝大流士三世的战争。这是一项大胆得令人咋舌的行动。波斯占领了中东所有旧帝国的领土，版图所及不仅有波斯本土，还囊括了美索不达米亚、埃及、叙利亚和希腊殖民地所在的小亚细亚。波斯军队的中心力量虽然仍然是战车部队，但也包括重装骑兵和人数众多的希腊雇佣步兵。

亚历山大军队的组织形式和波斯军队一样。虽然没有战车，因为战车在希腊已经不再时兴，但有重装骑兵，战马是在马其顿山脉另一边的草原上养育的；还有亚历山大自己的近卫突击队，这支队伍是骑兵（仍然没有马镫，马鞍也非常简陋），身穿铠甲，武器是长矛和剑；再有就是强大的步兵方阵，这是军队的核心，士兵身穿

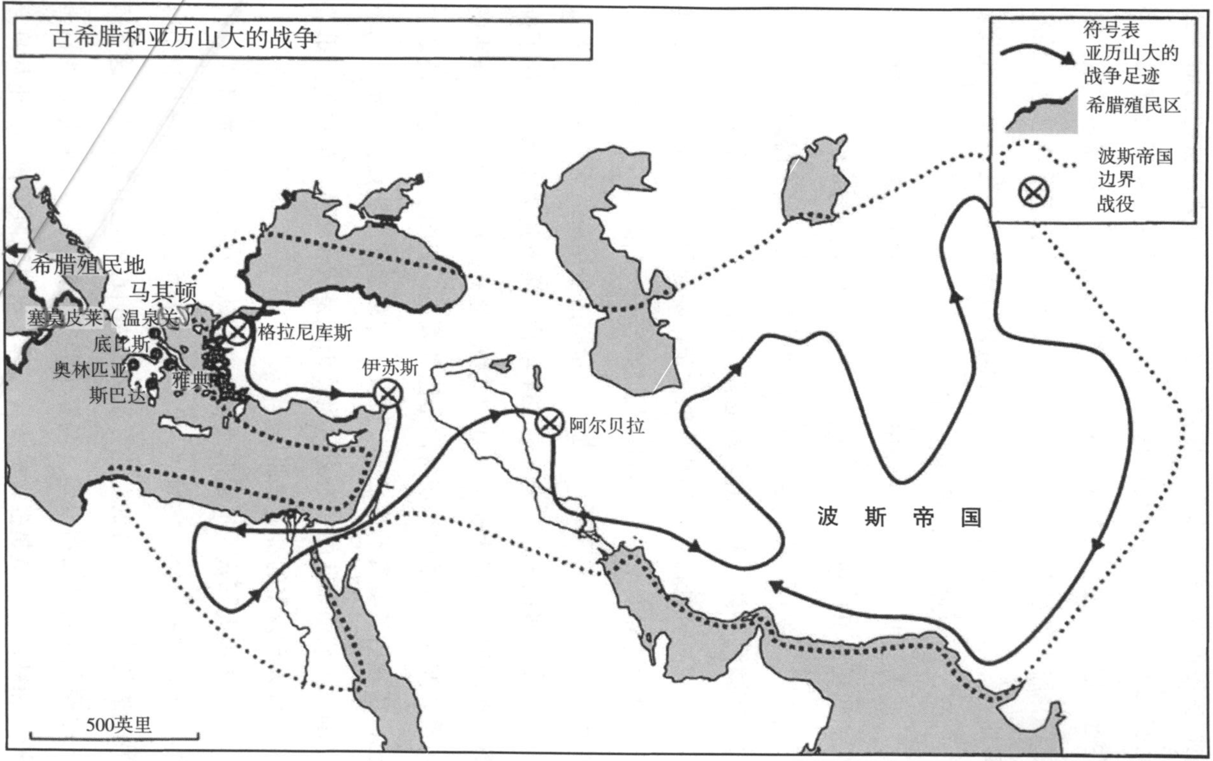

古希腊和亚历山大的战争
符号表
亚历山大的战争足迹
希腊殖民区
波斯帝国边界
战役
希腊殖民地
马其顿
塞莫皮莱（温泉关）
底比斯
奥林匹亚
斯巴达
雅典
格拉尼库斯
伊苏斯
阿尔贝拉
波 斯 帝 国
500英里

传统的希腊护身甲，但使用的长矛（sarissa）比过去更长，这样可以使方阵的纵深比过去增加一倍。方阵中小队的组成以部落为基础，但更重要的是，马其顿士兵具有强烈的民族精神，同时亚历山大还相当成功地在被他带到波斯的希腊人中间培养起了一种共同的爱国感。他的大军主力为步兵，总数约 50 000 人，就连伯罗奔尼撒战争中最大战役的参战人数都与其相差巨大；当时斯巴达仅召集起 10 000 人。[39]

亚历山大在亚洲转战 12 年，在永无餍足的征服欲的驱使下，他的足迹甚至远至印度北部的平原。不过，他刚到亚洲不久就对波斯进行了决定性的打击。他和波斯的军队打了三仗——格拉尼库斯河战役（公元前 334 年）、伊苏斯战役（公元前 333 年）、高加米拉战役（公元前 331 年）——一步步摧毁了波斯帝国军队的抵抗能力，最终击败了波斯军。格拉尼库斯河战役是两军的初次交锋，它值得注意主要是因为亚历山大在指挥骑兵作战时显示出了生龙活虎的领导能力。为他作传的阿里安写道："那是一场骑兵战，虽然采取的是步兵战法；马匹紧紧相挨……使劲儿把波斯人向后推下河岸，推到平地上去，波斯人则尽力不让他们登岸，把他们扔回河里去。"[40] 亚历山大选择攻击点时，观察到波斯人纷纷躲藏到河岸的后面，显然这表明了他们的胆怯，也说明他们仍然保持了躲避这种"原始"的战术；我们知道，在下一个千年中，这种战术在中东的军队中仍然非常普遍。以希腊方式思维的亚历山大不耐烦别的战法，只喜欢面对面的厮杀，所以他专拣波斯军队兵力最强的地方冲锋。事实证明，他此举虽然冒险但完全值得，因为波斯士兵见他冲来吓得纷纷落荒而逃。第二条战线上的希腊雇佣兵方阵"被这天降的灾难惊得如木雕泥塑”，结果被包围起来惨遭砍杀。[41] 亚历山大自己也受了伤，但战役大获全胜，那点儿伤不算什么。他以实际战果表明，希腊式方阵和披甲骑兵联手作战，是有可能深入波斯领土作战并发挥优势打胜仗的。第二年在伊苏斯，他更强烈地证明了这一点。尽管敌众我寡，敌我比例为三比一（如果大流士带领 16 万大军御驾亲征这个最可靠的估计准确的话），但亚历山大再一次选择攻敌之最强，看得出敌军哪里最强是因为“（波斯人）在一些地方树起了栅栏，（所以）亚历山大的参谋认为大流士是胆小鬼”。[42] 亚历山大冒着波斯人用复合弓射出的箭雨，率领骑兵队纵马飞驰过弓箭的射程所及，直扑大流士所在的一翼。在战场中心，他的方阵和由希腊雇佣兵组成的波斯方阵迎头撞上，受到了阻截，但亚历山大把大流士赶得落荒而逃后，带领马队转过头来攻击敌人步兵的侧翼，一举击败敌人，赢得了胜利。

第三次对抗与前一次相距较久，因为亚历山大在忙于入侵并占领波斯帝国被大流士放弃的那些地方，包括叙利亚、埃及和北部美索不达米亚。伊苏斯战役 23 个月后，公元前 331 年 10 月 1 日，亚历山大才再次在高加米拉与波斯军队遭遇。至此，马其顿人已渡过幼发拉底河进入了美索不达米亚平原，把供应给养的舰队远远地落在了后面，因此可以说后勤几乎已经到了难以为继的极限。大流士盘算，如果能固守顶住亚历山大的进攻，就可能赢得此役，或者迫使马其顿人后退，那样马其顿的军队就可能解体。他把高加米拉的阵地修得异常坚固，在底格里斯河的一条支流处清出一片 8 平方英里的地方，使他的战车——可能是用木头砍削成的轮子——能自由活动，还修了 3 条并排的道路以便冲锋（我们前面看到，中国人也认为应这样准备战场）。大流士的军队不仅有战车（他自己就保留了中东皇帝乘战车巡视的传统），还有来自24个民族的部队；有的是波斯帝国治下的民族，有的是外族雇佣兵，包括一些残余的希腊兵、大草原来的斯泰基骑兵、一些印度骑兵，甚至还有一队大象。如同在格拉尼库斯和伊苏斯一样，波斯军队的人数远远多于马其顿军队——至少有40 000波斯骑兵参战，而且占据了自己选好的有利地形。[43] 似乎此役波斯人胜券在握，若非亚历山大先用拖字诀，然后又出奇兵，他们本来真的可能如愿以偿。亚历山大让波斯大军在阵地上干等了4天后才出动迎敌，他的布阵和大流士一样，步兵居中，两侧是骑兵，但接下来，他创造性地采纳了伊巴密浓达在留克特拉战役中的策略，率兵从波斯阵前掠过，进击敌人的左翼。波斯人猝不及防，没能立即反攻，马其顿人已经到了眼前才采取行动；等到波斯人终于开始冲锋时，亚历山大带着他的近卫骑兵队已经驰入波斯人留下的空当，直冲大流士而去，吓得他夺路而逃。

又过了10个月，亚历山大才追到这位波斯皇帝，但他已是一具尸体，是被卑怯的廷臣行刺而死的。亚历山大已经自封为埃及法老和巴比伦国王，又为自己加上了波斯皇帝的称号，现在他开始称自己是亚洲之王。在国内，永远不满的斯巴达人和雅典人起来叛乱，遭到了镇压，希腊联盟再次任命亚历山大为终身最高统治者；他现在要开始真正行使他的各种头衔赋予他的权力了。他把自己面临的各种选择看得很清楚：

> 或摧毁波斯的军事和经济力量后，撤到幼发拉底河一线；或就此停手，像图拉真后来所做的那样，只保留对丰饶的美索

不达米亚平原的控制；或继续征服波斯帝国其余的地方。亚历山大选择了第三条路。波斯帝国和马其顿十分相似，它富饶的平原极易受到北方剽悍山民的攻击，它远方的省份形成了阻挡好战的游牧民族的防线。

简言之，亚历山大无意中继承了河谷地区历代君主的战略忧患。那些忧患和中国与黄河河套以北民族的关系、罗马与拜占庭在亚洲边界上的战争，以及信奉基督教的欧洲确定并守住它东临大草原的边界的努力同属一类的问题。面对他继承的这些问题，亚历山大似乎找到了解决办法，那就是绝妙的积极东进政策，通过把控制线不断向东推进，使可能入侵波斯腹地的敌人无立足之地。然而，他率军远征，足迹遍布中亚和印度北部，其实是在追求一个虚妄的幻觉。每打败一个敌人后，总是又出现新的敌人，直到士兵们厌倦了无休止的征战，军心浮动，迫使亚历山大整军回国。他留下了一连串表面上希腊式的卫星国，在他于公元前323年在巴比伦去世后分封给他手下的各个将领。但那些国家基础不牢，统治者之间又发生龃龉；在接下来的一个世纪中，它们大多舍弃了希腊式的政治形式，又恢复了原来的老样子。

亚历山大的征战占了天时。作为他主要目标的阿契美尼德波斯帝国扩张过甚，鞭长莫及，边缘地区防卫虚弱。马其顿方阵的战士个个勇猛，善于肉搏，而亚历山大的披甲骑兵，如阿里安精辟地指出的那样，就是马背上的重装步兵；迎战的波斯士兵却大多仍属于中东的传统作战文化，习惯于避免近身肉搏、依靠弓箭和投枪、借地形阻挡敌人的前进。亚历山大还有一个好运：他征服了波斯的中心地区后接着挥师中亚，那里的人在后一个千年间从伊斯兰教那里汲取了力量，并积聚了丰富的马上作战经验，但当亚历山大来袭时，这些都尚未发生。亚历山大的一生的确是史诗般的一生，然而，后来他在拜占庭的继承者在守卫帝国北面高加索边界和南面尼罗河边界的努力中未能重现他的丰功伟绩，却不是因为他们缺乏亚历山大的意志、能力或资源，而是因为他们遇到了一个棘手得多的军事难题。

罗马：现代军队的孕育地

亚历山大带来的希腊精神不仅在东方土崩瓦解，在本土也荡然无存，虽然并非因他的继承者之间的不和所致。马其顿王室在马其顿本土和希腊的权力最终被在亚历山大时期尚微不足道的罗马人所推翻。罗马的崛起多亏了希腊。公元前 6 世纪，罗马不过是河岸上的一个小村子；国王下辖 3 个部落，部落的名字都是伊特鲁里亚语，说明北面的伊特鲁里亚影响巨大。公元前 580—前 530 年间，在塞维·图里乌国王的统治下，罗马的人口似乎组织为 5 个军事阶层，都来自有产阶级，还有一支民兵，肯定练习过重装步兵的战术。[44] 后来，罗马人声称他们的战术来自伊特鲁里亚，但似乎更有可能是来自希腊；当时南部意大利居住着许多希腊人，也许就是从他们那里学来的。大约同时期，罗马的君主制改为共和的政府形式，初展拳脚扩大势力范围的罗马就是共和制的罗马；罗马人先是与受到北部意大利的高卢人夹击的伊特鲁里亚冲突，然后直接和高卢人交锋，最后是和南面的萨莫奈人打仗。公元前 3 世纪，卡拉布里亚和阿普里亚的希腊殖民地发现罗马的南征军兵临城下，遂立即向亚历山大在希腊建立的一个王国的国王皮洛士求援；皮洛士虽然带兵打败了罗马军队，但代价惨重，尤其是在奥斯库卢姆（Ausculum）战役（公元前 299 年）和贝内文图姆（Beneventum）战役（公元前 295 年）中遭受了极大的损失。他震恐之余，撤出了战斗。

至此，罗马军队已大大改进了原来重装步兵的组织格式。在和战阵松散但作风强悍的高卢人作战时，罗马将领发现己方军队密集的方阵反而成了掣肘。于是他们改变了制度，让方阵中的分队［称为“中队”（maniples）］在战场上独立运动，并逐渐抛弃了用长矛戳捅，改用掷投枪（pilum）的办法；战士掷出投枪后，随即持剑冲上前去。公元前 4 世纪期间，罗马军队中由几个中队组成的师开始被称为军团；战士也逐渐弃用重装步兵的沉重装备，换成轻便的椭圆形盾牌，最终采用了轻便得多的标准铁环护身甲；这种铠甲挡不住方阵战中长矛的刺击，但足以抵御刀剑和箭矢。装备和战术的改革对罗马军队长远的作战效率具有重大的意义。同样重要的是罗马人建立了新的兵役制。希腊城邦经常使用雇佣军，公民自备武器上战场这条原则因此大打折扣，有的城邦甚至不得不花费公款给战士配武器、发军饷。到公元前 440 年，雅典的海军和海外驻军已全部靠公款维持。不过，人们仍然认为重装步兵有义务自己出钱打仗。[45]公元前 4 世纪，罗马放弃了这个观念，改为按天给军团战士发放津贴。这标志着罗马和希腊的军事制度最重要的分别。罗马的小农在越来越强势的政治阶级的命令下，切断了和土地的联系，不再靠土地吃饭，变成了职业军队的兵源；罗马的军队年复一年，征战的路途越来越远，使共和国的土地不断扩大，最终成为罗马帝国。[46]

罗马从共和国变为帝国的动机是学术辩论的一个重要题目。传统的观点以罗马的资料做依据，认为肯定不是出于经济的原因。罗马不像希腊，需要找到粮食来养活日益增加的人口，因为离罗马城不远就有肥沃的良田可以吞并。另一方面，罗马靠征战大发横财，帝国的扩张无须自己出资，而是靠抢掠被征服的人民。在扩张初期，罗马人一定非常热心地在意大利夺取新的土地，统治阶级可以获得庄园，农夫可以获得耕地；一旦征服了一个地方，绝不愁没有买地或租地的人；罗马建立的农耕殖民地很快巩固下来，通常都兴旺发达。然而，说罗马打仗是为了俘获奴隶，让他们在统治阶级不断扩大的庄园上干活，这种观点未免过于牵强；认为罗马历届政府还抱有抢夺战利品这种原始的想法也似乎证据不足。罗马在意大利征服的地方基本上无钱可赚，既没有贵金属或矿藏，也不出产高级手工艺品。尽管如此，“罗马人赢得战争胜利的时候不可能不期望得到物质上的收获”。二者在罗马人的观念中并驾齐驱。古典历史学家威廉·哈里斯（William Harris）说得好：“经济收益对罗马人来说……是军事成功和权力扩张的不可分割的一部分。”[47]

罗马人的战争有别于同时期其他民族和邻国的战争的最大特点不是作战的动机——作战动机与众不同的要数桀骜不驯、个性鲜明的希腊人——而是他们作战时表现出来的凶猛。[48]公元前第一个千年晚期的罗马战士的凶狠勇猛只有1500年后的蒙古人或帖木儿的骑兵差可比拟。罗马人和蒙古人一样，把敌人的抵抗，尤其是被围城内军民的抵抗，作为借口，对战败者杀无赦。罗马早期军事历史研究领域中最权威的历史学家波利比奥斯描述说，第二次布匿战争中，罗马统帅大西庇阿在公元前209年一举攻下新迦太基（西班牙卡塔赫纳）后：

> 根据罗马的习俗，（挥军）转向城里的人民。他要士兵见人就杀，鸡犬不留，但没有命令不准抢劫。这样做是为了在人的心中造成畏惧。所以，在罗马人攻陷的城里不仅能看到被他们屠杀的人的尸体，还有被劈成两半的狗和砍下来的别的动物的腿。这一次，屠杀的范围特别大。[49]

新迦太基的惨剧在许多地方多次重演，有时有的城池希望主动投降能使自己免去一劫，但罗马人照样大开杀戒。他们甚至在战场上也如法炮制。公元前199年，罗马人曾和马其顿人打过仗；马其顿人后来发现他们战死的战友们肢体残缺，尸体遍布战场，惨不忍睹。这在希腊人眼中是亵渎，希腊人认为，作战者有义务掩埋战斗中牺牲的战士，无论是敌是友。如果在多塞特郡的梅登城堡考古发现的屠杀遗迹可以用作证据的话，那么可以确知罗马人这种大肆屠杀的做法一直延续到公元1世纪。

哈里斯得出的结论是：

> 在许多方面，（罗马人的）行为与古时候许多其他非原始民族的行为大同小异，但其他任何民族都没有在战斗中表现出如此极端的凶猛，同时却又达到了如此高级的政治文化程度。罗马帝国主义基本上产生于罗马人的理性行为，但它也有着黑暗的非理性的根源。罗马战争的一个最突出的特点是经常性，几乎每一年，罗马人都会出动大军进行大规模暴力行为，这种经

常性给他们的暴力行为涂上了病态的色彩。[50]

从比较军事史的角度来看，这没有什么可惊讶的。我们已经看到，暴力的冲动有许多表现形式，虽然多数人当知道表达暴力冲动会给自己带来人身危险的时候，会抑制这种冲动，但少数人不会这样做。尽管方阵战动作迟缓，因此限制了暴力冲突的效果，但是两军接触时爆发的暴力仍然十分可怕；方阵中的战士不仅要背离自我保全的本能，还要违反许多文化中对面对面杀戮的普遍禁忌。希腊人以一种方式表现出他们学会了克服人的本能和文化的禁忌，罗马人这方面的表现则采取了另一种方式。尽管他们的社会和政治组织水平已经发展到了很高的水平，但他们似乎保留了祖先的原始狩猎者心理，把人看作要捕猎的动物，杀人时丝毫不考虑生命的宝贵，如同野兽对待其他野兽那样。

然而，罗马人的战争固然间或有极端的暴力发生，但从未像后来蒙古人和帖木儿的军队那样惨无人道，所到之处焦土千里。罗马人是一点一点、零敲碎打地吞并土地、巩固领土的，恺撒征服高卢是唯一的一次例外。布匿战争后，他们并未像帖木儿一样横冲直撞、烧杀抢掠。他们没有堆起骷髅的金字塔。他们在领土边界处建起军垦区，如公元前 3 世纪在利吉里亚建立了殖民地，但罗马公民是自愿去那些地方定居的，不像由亚述人开始，后来被蒙古人、突厥人，最终是俄国人所效法的那样，把治下的人民强行迁移离开故土，作为对他们不忠的惩罚。

罗马人在建立帝国的过程中相对克制，其中有几个原因。第一个是罗马军队没有马背上的民族那么高的机动性。公元前 4 世纪时，罗马军团中还包括相当大的一支骑兵部队，但自那以后，由于社会和物质的原因，骑兵逐渐缩减到小型的附属部队。意大利和希腊一样，无法放养太多马匹，而原来的骑士阶级又逐渐放弃了军旅生涯，转而留在城里从事政治活动。[51] 罗马军团自扩张时代开始，就显示出出色的行军能力，可以连续多日以正常速度行军；国家则负责提供军饷和军需。然而，步兵的性质决定了它只能稳步前进，不能像游牧民族的军队那样疾驰。因此，罗马的扩张是积聚性而非爆发性的。

另外，决定罗马扩张的积聚性格式的另一个因素是罗马军队本身的性质。它很早就变成了“常备”军，成为官僚体制，到和迦太基打布匿战争时，它的形式已经固定，一直保留到 3 世纪罗马帝国遇到了条顿蛮族挑战的时候。历史学家认为是亚述创立了常备军制度。的确，亚述的一些做法，包括给全职军人定期发饷、建立武器库和军需库、修筑兵营和集中制造武器装备，可能为后来的帝国树立了榜样。这样的做法在公元前 6 世纪和公元前 5 世纪期间，部分地通过波斯人与希腊人的接触，部分地通过需由国库负担的雇佣军市场的兴起，从中东逐渐渗透到西面战事频仍的地区。然而，没有任何军队达到过罗马共和国那样有法律、有规则的招募、组织、指挥和供给的水平。从布匿战争开始，自信自立的罗马军队即独立于文明世界的所有其他制度，可能唯有中国的官僚统治能与它相比，尽管官僚统治是无形的。

罗马的战事绵延不断，有抗击外敌的战争，也有罗马人自己发起的战争；罗马的军队在无休止的征战中能够坚持下来，在很大程度要归功于国家解决了所有中央政府都头疼的问题，即如何确保既可靠又得力的兵源。到布匿战争的时候，虽然民兵的义务在理论上依然有效，但实际上已经不再援用，而是经选拔（dilectus）招募军团士兵，在报名的公民中择优录取，服役期6年（可能延长到18年）。采用选拔制度反映了小农境况的恶化，实际上，富人庄园的不断扩大正逐渐蚕食小农经济的基础；然而，如果不能再务农，人们似乎很愿意志愿入伍领取军饷，因此，直到公元前2世纪晚期之前，一直不需要通过法律缩短服役期。[52]高级军官不需通过选拔，因为那时罗马的政治制度规定，出身好的年轻人要想作为候选人参加包括执政官在内的任何政治职位的选举，首先必须担任一段时间的军团司令官，每一个军团有6个这样的位子；候选人一般都有10年的从军经历或参加过10次战役。罗马变为帝国后，尤其是在3世纪的军事危机期间，这方面的资格要求放松了，但无论是罗马共和国还是罗马帝国都认为，统治的权利最终要通过显示战场上的指挥能力才有合法性。[53]

1000年后，欧洲的君主制国家在文艺复兴时期重新燃起了研究古典知识的热情，依照罗马军队的模式建立起了伟大的现代军队，但罗马军队的力量以及使其成为后人样板的特点既不在于它的招募制度，也不在于它的高级指挥，而是在于它的军团干部制度——百夫长制。罗马的百夫长都是从行伍中选拔出来的身经百战的优秀军人，他们是历史上第一批专业军官。他们是军团的脊梁，是他们把纪律守则代代相传，是他们积累保存了罗马军队在连续5个世纪几乎没有间断的战争中百战百胜的战术精华的宝藏。

罗马史家李维（Titus Livius）为我们留下了一位罗马共和国百夫长的服役记录。它准确地反映了这群卓越非凡的人的特质，它突出表明百夫长制在当时不啻一场革命。在那以前，参军打仗基本上是临时性的、应急的活动，或是由雇佣兵做的事；事实上，如果加以适当调整，百夫长制其实就是任何伟大的现代军队中的准尉制度。斯普里乌斯·利古斯提努斯（Spurius Ligustinus）告诉公元前171年的执政官说：

> 我是在（公元前200年的）执政官任期期间参的军。我跟随部队去了马其顿，当了两年小兵，参加了对腓力国王的作战；第三年，我因作战勇敢（被提拔为）百夫长，在青年兵（hastati）第十中队服役［青年兵以及成年兵（triarii）和壮年兵（principes）最初是根据财产的多寡所排列的中队级别，一直沿用了下来］。腓力国王死后，我们解甲归田，回到了意大利，但我马上作为志愿兵跟着执政官M.波西乌斯（公元前195年）去了西班牙。我受到指挥官的赏识，被任命为青年兵第一百人队的队长。对埃托利亚人和安条克国王作战时（公元前191年），我第三次志愿当兵入伍。到马尼乌斯·阿奇利乌斯（Manicus Acilius）任执政官时，我当上了壮年兵第一百人队的队长。我们赶走了安条克，打败了埃托利亚人后，又回到意大利。后来我两次参加军团作战，每次服役期一年。然后，我在西班牙打过两次仗（公元前181年和前180年）……我和省里其他的一些人因为在战斗中表现勇敢，在弗拉库斯（Flaccus）执政官的带领下参加了凯旋仪式。几年内，我4次担任首列百夫长（primus pilus，成年兵第一百人队的队长），共有34次因作战勇敢受到上司嘉奖。我6次被授予公民冠，在军中服务了22年，现已50多岁了。[54]

利古斯提努斯有6个儿子和两个已出嫁的女儿，他想申请继续服役或晋升；根据他过去的出色表现，他被任命为第一军团的首列百夫长。

罗马的军官团里有许多像利古斯提努斯这样的卓越人才，他们把从军作为终身的职业，绝不想跻身于统治阶级；他们的抱负就是在自己从事的这个有史以来第一次受人尊重、并可借以维生的职业中取得成功；有这样的军官团，罗马的疆界得以从大西洋扩张到高加索应是意料中事。无论罗马用了什么手法，它都把一个小城邦的武士精神转变成了真正的军事文化。那是一种全新的意识形态，为罗马社会各阶层所共有，但它却植根于并表现为一个单独的从属性专业群体的价值观。这个群体成员的生活在物质上绝非优越。尽管罗马军团是高效的作战机器，但战争仍然十分血腥和危险。百夫长和军团战士一样和敌人近距离作战，经常是近身肉搏，他们把负伤视为自己所选择的生活中不可避免的危险。比如，尤里乌斯·恺撒在写到他公元前57年在现代比利时的桑布尔河对内尔维人作战时，描述了如下的紧急时刻：

> 士兵们挤得太紧，无法放手搏斗，因为第十二军团的旗帜都集中在一个地方。第一批步兵队的所有百夫长都已捐躯，旗手也牺牲了，旗帜不知所踪。在另一个步兵队中，几乎所有的百夫长非死即伤，首列百夫长塞克斯提乌斯·巴库卢斯（Sextius Baculus）那个勇猛过人的好汉浑身是伤。他伤得如此严重，连站都站不稳。[55]

这是对军团战争淋漓尽致的写照。军营中的生活一成不变，要站岗，要劳动，按时开饭，按时洗澡——和距今 100 年前欧洲军营的生活完全一样；但一旦投入战斗，这样按部就班的生活一下被打乱，战士要面对一群挥舞着致命武器咆哮着冲上前来的敌人，他们须发蓬乱，可能脸上还涂着各色颜料，尘土满身，散发着竭力打斗造成的汗臭，同时也难掩心底的恐惧。无须多言，光这就令人信服地证明罗马的职业战士不是为了钱而从军的。[56] 他的价值观直到现代仍然为军人所奉行：为自己与众不同（男性特色鲜明）的生活方式而骄傲；注重自己在战友当中的名声；自豪于标志着事业成功的象征性标记；希望得到晋升；期冀光荣退伍，以及退伍后过上小康的生活。

随着帝国的扩大，军队也修改了招兵条例，开始招纳非意大利人，或是做军团战士，或是做骑兵，或是做轻型步兵附属部队；军事职业遂出现了多民族的特点。把军人们团结在一起的力量主要是对罗马的责任和义务。在对 10 位罗马战士生涯的一次调查中，他们的墓碑表明，他们都是在 1 世纪和 2 世纪期间在为帝国的征战中为国捐躯的。这次调查发现的结果令人吃惊：一个来自毛里塔尼亚（现代的摩洛哥）的骑兵死在哈德良长城上；奥古斯特第二军团的旗手出生于里昂，死在威尔士；第十双子军团的一位百夫长出生于博洛尼亚，在日尔曼条顿堡森林的惨败中战死；同一个军团的一个老兵出生于莱茵河上游附近，死在多瑙河边，现代的布加勒斯特；还有一个第二附属军团的战士出生于现代奥地利，死于埃及的亚历山大。[57] 显示罗马军团的战士来自五湖四海的殡葬记录中最感人的可能就是哈德良长城两头分别安置的两块墓碑了：一块是妻子的墓碑，另一块是她做军团战士的丈夫的墓碑；她是本地人，他却出生在罗马统治下的叙利亚。

然而，罗马军团作为常备军，是用来按部就班地建立帝国，而不是突飞猛进地推进扩张的。自罗马和迦太基的布匿战争开始，军团越来越频繁地远离本土在外作战，并接纳各个民族的人作为成员，其中许多人来自罗马向着帝国的方向发展初期的“蛮夷”地区。迦太基城是腓尼基人的殖民地，首次和罗马人发生冲突适值罗马在和周围意大利各国的交战中摧枯拉朽，一路向南，兵临西西里，那是迦太基心目中自己的势力范围；同时，罗马和迦太基的敌人皮洛士的冲突大大削弱了皮洛士在西西里岛上的力量。公元前 265 年，罗马和迦太基两强相遇，争夺对西西里的统治权，在海上和陆上都开辟了战场，战局迅速扩大，直到迦太基人被迫认输，罗马确立了对西西里岛西部的控制。至此，罗马的海外帝国雏形初具。接下来，罗马又把科西嘉岛和撒丁岛收入囊中，并开始试图进入高卢人的土地，与此同时，迦太基则沿西班牙的地中海海岸征讨和罗马结盟的城邦，以此来反击罗马的扩张。公元前 219 年的萨贡托之围[1]再次挑起了战火；战争持续了 17 年，最后迦太基战败，但罗马人也险些崩溃。战后，罗马登上了地中海地区霸主的宝座。

迦太基的海军舰队实力强大，但陆军主要靠从北非沿岸招纳的雇佣兵，饷金由国家开支负担；迦太基是贸易帝国，触角远及不列颠的产锡区。刚好在第二次布匿战争中，迦太基出了两位名将——汉尼拔（Hannibal）和哈斯德鲁巴（Hasdrubal）两兄弟。他们的带

[1] 萨贡托之围，由名将汉尼拔率领迦太基军队围攻亲罗马的城邦萨贡托。——译者注

兵能力和战术创新克服了因使用雇佣兵而对远程作战的能力造成的限制。第二次布匿战争甫一开始，汉尼拔就打了个开门红，那一仗也成为历史上最著名的战役之一：他从西班牙闪电般穿越南部高卢，翻过阿尔卑斯山直插意大利中部，随身还带着一队大象。公元前 217 年，他在特拉西梅诺湖打败了罗马的一支军队后，绕过罗马城，在南方找到了盟友，顶住了费边·马克西姆斯的拖延战，把大军驻扎下来，希望亚历山大大帝的继承者、马其顿的腓力五世国王能前来与他会师。至此，罗马人不再愿意实施费边的拖延战术。公元前 216 年，罗马的野战军开到阿普利亚附近的坎尼准备和迦太基人作战。8 月 2 日，16 个军团的 75 000 名战士开始进攻。罗马主将瓦罗把步兵大部队摆在中间，骑兵分在两翼，这是标准的传统列阵法。汉尼拔则反其道而行之，把步兵的精锐排在两翼，中军力量反而比较薄弱。罗马军队冲上前来后，马上遭到包围，退路被迦太基骑兵切断，50 000 残兵在逃跑中惨遭屠杀。19 世纪的法国战术分析家阿尔当·迪皮克（Ardant du Picq）就是根据坎尼会战的例子首先提出了军队在撤退时最有可能遭受惨重损失这一重要论点。

罗马人靠牵制战略才没有因在坎尼的惨败而崩溃。在后方，一般免服兵役的没有财产的人，甚至奴隶，都被征召来组成新的军团，因此得以提供足够的军力把汉尼拔限制在迦太基的盟友所在的南部意大利。具有先见之明的科尔涅利乌斯·西庇阿（Cornelius Sciopio）执政官在西班牙驻扎了两个军团，防止汉尼拔从那里调集增援部队，罗马就用这两个军团发起了进攻。公元前 209 年，西庇阿的儿子，后来著名的大西庇阿（Cornelius Sciopio Africanus），对卡塔赫那发动了闪电式攻击；他的部队在卡塔赫那犯下的暴行吓得附近原来置身事外的城邦纷纷归顺。当哈斯德鲁巴带领的军队且战且退，沿着他哥哥汉尼拔 11 年前走过的道路回到亚得里亚海边时，罗马大军在梅陶罗河追上了他们，把他们打得大败。在西班牙接替哈斯德鲁巴的迦太基将领也叫哈斯德鲁巴，他在一次战役中被西庇阿打败。尤其丢脸的是，西庇阿使用的正是迦太基在坎尼会战中制胜的战术。西庇阿乘胜前进，渡海到了非洲，逼得迦太基急召汉尼拔回国。两国大军于公元前 202 年在地处现代突尼斯的扎马遭遇。迦太基的大象冲锋奈何不了西庇阿摆的棋盘阵。罗马军队开始反攻后，把迦太基军队一举压倒，汉尼拔自己侥幸脱逃。

迦太基的最后灭亡是 50 年以后的事，其间罗马主要忙于对希腊和受希腊影响的地区进行军事干预。公元前 196 年，希腊各城邦接受罗马摄政；当希腊化的叙利亚王国插手干预，企图扭转形势的时候，罗马军团先是移师叙利亚，然后又开到小亚细亚，很快控制了所到的大部分地方；亚历山大的几位将军各自统治的王国中最重要的埃及托勒密王朝到公元前 30 年也告陷落。

至此，最著名的罗马人尤里乌斯·恺撒经过从公元前 58 年—前 51 年的一系列战役，已经把高卢纳入了帝国的版图。罗马自公元前 121 年把高卢人的部落赶出北部意大利后，又通过扩大在西班牙的省份进入了高卢人的地盘。公元前 58 年，罗马人遇到了第一次有记录的大规模入侵，入侵者是住在现代瑞士的赫尔维西亚人。为了阻挡赫尔维西亚人的前进，恺撒在罗讷河谷修建了拦阻工事，并和高卢人联手抵挡他们。恺撒击退了赫尔维西亚人之后，发现阿里奥维斯图斯（Ariovistus）领导的条顿部落正对他刚到手的地方虎视眈眈，于是他以攻为守，北渡莱茵河击败了敌人。他的成功虽然使南方的高卢人欢欣不已，却令莱茵河以北各日耳曼部落的人警惕不安。恺撒和这些极端好战的部落打了 4 年的仗，虽然中间因他要讨伐布列塔尼的维内蒂人和与他们有血缘关系的不列颠凯尔特人（公元前 56—前 54 年）而一度中止，但恺撒最终成功地在全高卢实现了名义上的和平。接下来，高卢人为避免被纳入罗马帝国，孤注一掷，于公元前 53 年在维钦托利的带领下发动大规模叛乱；恺撒只得再次对高卢用兵。高卢战争这个最后的阶段持续了一年的时间，高卢人在战斗中使用了大量从罗马人那里学来的战术来以其人之道还治其人之身，直到维钦托利退到塞纳河源头附近的阿莱西亚，在那里的巨大城堡里据守。他的这个决定是一着错棋：罗马人在围城战方面的经验和技术无人能及，也许他们的有些围城技巧是通过几个世纪以来遍及中东的军事技术国际传播渠道，几经转手，从最初发明者亚述人那里学到的。罗马军队迅速断绝了阿莱西亚得到救援的任何可能性，围着它建造了一圈碉堡（“壁垒包围”和“围城工事”线），每个碉堡周长约 14 英里。罗马军团战士个个是用锹能手，军团在敌人领土上行军时，每天夜里都自动建起式样一致的带壕宿营地。当据计人数在 25 万以上的凯尔特援军到来时，恺撒用储存在围城工事里的给养供应自己的 55 000 名战士，顶住了敌方援军的攻击，同时继续围困阿莱西亚城堡。维钦托利三次突围不成，最终被迫投降。他被恺撒带回罗马，在举行了凯旋式后被处死。维钦托利一死，高卢人抵抗并入罗马帝国的斗争群龙无首，遂告瓦解。

至此，罗马帝国在西方的领土几乎已经达到全盛时期的规模，在非洲和近东也接近顶点，只有中东还有可供征服的土地，但那里的帕提亚和波斯两国对罗马仍有抵抗之力。然而，帝国扩张一路奏凯，反而打乱了国内的社会和政治秩序。招兵无休无止，特别是招募被纳入罗马统治下，却没有获得公民特权的意大利人；执政官每年征战归来，越来越自恃有功而向罗马的护民官索取金钱和权力。这些使罗马军团的招募制度和民选政府制度日益过时。公元前2世纪末，格拉古兄弟[1]企图减少穷兵黩武造成的负担，并削弱军方的独立性，这预示了麻烦将至。公元前90年，问题严重起来，非公民的意大利人起来反抗对他们征兵，直到得到了全部公民权后才平息下去。然而，保证军团兵员充足仍然是难以解决的困难，尽管在公元前1世纪末，马略[2]开始接受来自最低阶级的志愿兵，等于是废除了有财产才能成为战士这条古老的规定。矛盾的是，这一措施更加剧了在外征战的执政官和罗马政治阶级的冲突，因为它使得没有土地的军团战士更加紧跟军队的统帅，把自己的利益寄托在统帅身上（特别是如果统帅像马略那样，许诺给立下战功的战士奖励土地），于是进一步加强了将军对抗元老院和护民官的力量。58

恺撒完成了对高卢的征服之际，也是危机爆发之时。他要求延长统帅任期，却被元老院拒绝，于是他带领第13军团离开了所属的省份前往罗马。按法律规定，他的统帅权一出省即告无效，所以他率军进入罗马等于是造反。由于元老院得到了一些军团和将领的支持，其中最著名的是庞培，所以对恺撒的叛乱还是有镇压之力的。内战打了7年（公元前50—前44年），作战地点远至西班牙、埃及和非洲。最终恺撒赢得了内战的胜利，却死于暗杀；暗杀他的人中

[1] 格拉古兄弟（Graccus brothers）即提比利乌斯·格拉古和盖乌斯·格拉古，都曾任护民官。——译者注
[2] 马略（Gaius Marius），古罗马统帅，执政官。——译者注

有坚持原则、反对独裁的人，也有对他心存私怨的人。接下来为了争夺权力，内战重起，恺撒的养子屋大维力克群雄，从中胜出；公元前 27 年，对他唯命是从的元老院在已经颁给他的皇帝头衔［虽然名义上是“第一公民”（Princeps）］上又加上了奥古斯都的称号。自那时起，共和国名存实亡，罗马无论是在规模上还是在实质上都成了帝国。

罗马排他性的选民阶级已经不再具有代表性，企图通过这个阶级的竞争性政治来统治一个军事国家必然问题丛生，但帝国制度就解决了这类问题。首先解决的是军队的问题。奥古斯都看到，内战造成军队编制膨胀，多达 50 万人，其中很多人不过是追随互相竞争的不同将领的投机分子；于是他大刀阔斧地裁军减员，只保留 28 个军团的兵力。为保证中央政府的安全，防止再次发生恺撒式的叛乱，他创立了禁卫队（Praetorian Guard）专门卫戍罗马。野战军基本上部署在边界地区。重兵集结地包括与日耳曼隔河相望的莱茵河下游——当时已经能够感受到来自日耳曼的压力，还有同样饱受野蛮人袭扰的多瑙河上游地区以及叙利亚。在西班牙、非洲和埃及驻扎的守军人数较少。奥古斯都采取的另一个同样重要的举措是修改了兵役制的基础。早已名存实亡的民兵义务被正式废除，军团成为依靠募兵的职业军队。公民有入伍优先权，但合格的非公民一旦被招募即获得公民权利；服役期为 15 年（实际上经常是 20 年），其间战士不准结婚，虽然在扎营的地方自然而然会有男欢女爱、生儿育女的情况发生，尽管是不合法的。饷金数目固定，按时发放，战士退役后可领取退役金，足够维生。退役金制度对正在服役的战士来说是一种动力，鼓励他们忠于职守，遵守纪律；支付退役金所需的巨额资金则通过精算法计算后，以赋税的方法筹措。

奥古斯都的军队最终定在 12.5 万人左右。军团的骑兵和轻型步兵这些附属部队的人数也大致相当。罗马自从征服意大利战争的开始就使用这类附属部队，但这些部队的士兵不是公民，服役期长短不定。大概自奥古斯都起，可以肯定从继承奥古斯都王位的克劳狄乌斯一世开始，附属部队的士兵也都按规矩发饷，但对他们吸引力最大的是服役 25 年后，退役时可得到公民权利；附属部队的士兵准许结婚，他的一个妻子生的所有儿子，无论生在何时，也都会获得公民权利。这些措施大大改善了附属部队兵员的质量，后来有的附属部队在战斗中表现得出类拔萃，以至于被集体授予公民权利。另外，随着时间的推移，对两翼骑兵和随从的步兵不再等到打仗时才临时招募（这样才能使他们的战斗素质尽量接近军团战士的素质），指挥权从当地的首领手中转给了帝国军官，并在全帝国范围内各处部署调动。[59]

奥古斯都确保军队永远可靠的最厉害的一手是对指挥层做出的安排。在共和国制度下，省总督负责指挥省内的军团。奥古斯都任命自己为大多数省的总督，这样他就可以直接指挥驻扎在那些省的军队，同时他颁布敕令，规定仍然由元老院任命总督的省中的军团也要通过代表他的副将受他指挥。为管理这个复杂又高度集中的制度并保证对它的资金供应，奥古斯都创立了帝国公务员制度，由从政阶级的成员领导；那些人领取国家薪金，也很乐意负起相关的责任。这些帝国官员负责征税以支持省级行政机构和驻军，把资金转到帝国国库。在埃及和非洲，他们还负责购买和运输粮食，每年罗马城需要 40 万吨粮食给城里的住户提供免费口粮。

历史学家把这个制度称为尤里乌斯—克劳狄乌斯制度，它在开始几代君王时卓有成效，但包含着未能预料的危险。一旦出现帝位继承中断或帝国战败的情况，权威通常都会回到作为整个国家基础的军队手中。罗马帝国的成功使得它势不可免地不停征战，因为它不能容忍边界不靖，而它国内日益欣欣发展的繁荣招得外面的人眼红不已，不断犯边。帝国东边的最大危险是动乱，那里的各个古老王国和帕提亚、波斯这两个继续与罗马争锋的帝国对罗马企图建立一条稳定的可控边界的努力十分不满；西边的危险则是沿莱茵河和多瑙河而来的入侵，公元 1 世纪期间，那里已经能够感到在大草原民族的驱赶下人口大规模迁移的影响。

公元 69 年，意料之中的危机终于爆发了。在尤里乌斯—克劳狄乌斯制度下，罗马在军事上屡创胜绩，吞并了（43 年开始入侵的）不列颠，63 年又迫使亚美尼亚臣服。但同时也发生过叛乱，著名的有日耳曼的阿米尼乌斯（Arminius）在条顿堡森林之役中（公元 9 年）全歼罗马军队，犹太地区的犹太人在66年也起义反对罗马统治。68 年，当时的罗马皇帝尼禄脾气怪异，可能患有精神疾病；他的倒行逆施使他失去了军心，在兵变中被推翻，随即爆发了争夺帝位继承权的内战。最后胜出夺得帝位的是一位并非出自尤里马斯—克劳狄乌斯制度的军人韦斯巴芗（Vespasian）。他精明强干又行事谨慎，恢复了帝国的稳定，但作为军人篡权者，他的地位缺乏合法性。他的继承者涅尔瓦设法恢复了合法性，确定了通过认领有前途的人做义子来按才选嗣的原则。所以，4 位义子继承人——图拉真、哈德良、安东尼 · 庇护和马可 · 奥勒留——都是天才的行政管理者，也是成功的军队统帅。在这些义子皇帝的统治下（98—180 年），罗马军队捷报频传，把帝国的版图进一步扩大，新加上了美索不达米亚、亚述和跨多瑙河的达契亚省（现代的匈牙利）。

义子皇帝执政成功，是因为他们推行了尽可能实现军事稳定的政策，结果除了和帕提亚及波斯之间开放的边界地区以外，都实现了稳定。这项政策被称为“一项基于预防性安全之上的伟大战略——沿帝国周边建立起一圈防御工事”。[60]就这一战略的复杂性，历史学家吵得不亦乐乎。有些人否认罗马人这样做是出于深谋远虑，认为罗马人之所以努力把边界扩张至莱茵河、多瑙河、不列颠北部高地和撒哈拉边缘，并建造工事守护这些“合理的”边界——从它们巨大的遗址中，那些工事的规模至今依稀可见——不过是因为地方将领或来到此地的皇帝想要在正式行政区边缘建立管理据点和海关控制而已。[61]这种观点值得重视，因为持此观点的学者对罗马军事政策的了解详尽而又精确；按他们的描述，罗马的军事观从来都是以“荣誉欲”而非战略理论为重，这也进一步加强了他们观点的力量。这个论点言之成理。克劳塞维茨和他那个时代的理论家一定受了罗马军事实践的启发，但如果说罗马人的战争比起亚历山大的战争来在实质上是克劳塞维茨式的，未免太没有说服力。无论亚历山大对某个具体军事形势的分析如何合乎逻辑，促使他东向进军的仍然是寻求荣耀的动力；可能同样好大喜功的罗马肯定没有“战争是政治的继续”这种观念，因为它根本不把敌人看作有尊严的人，就连帕提亚人和波斯人也受到他们的蔑视。罗马人和中国人一样，把世界分为文明之地和蛮荒之地，虽然他们有时出于需要会诉诸外交（比如和亚美尼亚人或其他古老的王国打交道），但那完全是权宜之计，其实并不把对方视为与自己平等的国家。的确，他们也没

图拉真去世时的罗马帝国，公元117年：军团的分布
符号表
帝国边界
省份边界
军团驻地
日耳曼海
（波罗的海）
下日耳曼尼亚
不列颠尼亚
上日耳曼尼亚
比利时高卢
阿格里
雷蒂安
上潘诺尼亚
下潘诺尼亚
诺里库姆
达契亚
卢格敦高卢
大西洋
阿奎塔尼亚
阿尔卑斯-
科蒂埃
伊利里库姆
达尔马
提亚
上默西亚
下默西亚
本都-尤辛
努斯
亚美尼亚
里海
比西尼亚-本都
色雷斯
卡帕多奇亚
亚述
底格里斯河
那旁南锡斯
意大利
马其顿
加拉
提亚
奇里
乞亚
美索不达米亚
叙利亚
幼发拉底河
塔拉孔恩尼西斯
阿尔卑斯-阿
尔提麦（滨海
阿尔卑斯）
科西嘉
萨丁尼亚
伊庇鲁斯
亚细亚
吕西亚和
潘非利亚
塞浦路斯
鲁西塔尼亚
巴埃提卡
地中海
西西里
亚该亚
犹太
克里特和
昔兰尼加
阿拉伯
毛里塔尼亚-
廷吉塔纳
毛里塔尼亚-
恺撒利亚
阿非利加
埃古普托斯
河
罗
尼
500英里

有理由对别国平等相待。罗马人远超和他们接壤的所有其他民族，不仅仅因为他们有高明的军事和官僚组织。212 年，罗马把公民权利赋予了帝国内所有的自由人，这样一个罗马所代表的“思想”是绝无仅有的；同样无可匹敌的是维系着罗马的军事力量、公共行政和经济生活的非凡的基础设施，包括道路、桥梁、水渠、堤坝、武器库、营房和公共建筑。

无论如何，罗马的边境要塞和中国的长城一样，是客观存在的事实。中国人明白，建筑固定的防御工事本身并不能保证安全，同时还须佐以“前进”的政策，如唐朝进攻准噶尔和清朝挥师大草原；这两个朝代之间的历代汉人王朝没有推行这一政策或试图推行却不成功，这并不说明建造长城徒劳无功，因为长城标出了历代中国政府都试图维护的文化区的界线。同样，有些现代学者回过头去看历史，否认罗马人建造堡垒是为帝国真正的战略目标服务的，其实是绊在了堡垒的细节上。很有可能，在奥古斯都之后的两个世纪中，帝国依靠部署在各地的军团的力量通过间接的手段维持安全。爱德华·勒特韦克（Edward Luttwak）就持这种观点。他提出，仍在进行扩张战争的尤里乌斯—克劳狄乌斯制度下的罗马人采取的政策是把军团作为防御的最终保障，第一道防线由新收服的民族代为把守，如在北部希腊、小亚细亚和非洲的民族；而在义子皇帝统治时期，军团则部署在边界地区守卫要塞，当时要塞已成为外敌需要突破的首要障碍。他说，和平时期军团会撤离边界；一旦发生危机，就会集中到危机地点去打击敌人。对他的观点提出了各种反驳意见，有的说罗马人在受到敌人挑战的边界上继续维持了扩张的态势，特别是对帕提亚和波斯；还有的说罗马军队主要注意的是地方性的动乱，那些动乱的根源在于当地的土匪行为或海盗行为，还有游牧民族转移牧场时的混乱无序。

尽管如此，大家一致同意，自 3 世纪起，由于西面人口压力的增加和东面与波斯作战可能性的上升，军团和边境要塞确定无疑地成为一体。罗马对边界做了合理化的调整，于 270 年放弃了多瑙河边的达契亚省，对莱茵河一线也做了调整。罗马人放弃的地区还包括尼罗河下游，对于那里的努米底亚人，罗马人和过去的法老一样束手无策；298 年，罗马又撤出了非洲毛里塔尼亚的部分土地。然而，在较短的边界线上，军团在下一个世纪中仍然作战不停，罗马的战略核心就是要保护由边界要塞所确定的内地领土的完整。既然如此，如下的论点当可站得住脚：从公元前 1 世纪奥古斯都即位到公元 5 世纪初罗马放弃不列颠，罗马边界的轮廓基本没有改变，即使防卫有所减弱，但它自始至终对罗马的军事观产生着决定性的影响。罗马认为世界一片野蛮无序，而自己是混乱中平静的中心，这也许是吉本留下来的观点；对于罗马的某个时期或某个省份，甚至是整个罗马帝国了解至深的历史学家也许能够指出此一观点在某些地方明显不符合事实。但如此却忽视了职业军队的心理对政府的帝国政策的影响。一旦在边界上修筑了要塞，里面长久驻扎有正式番号的部队，或某部队换防时经常在某要塞驻扎，那么每一个具体的要塞对于守卫它们的士兵就有了象征意义；在罗马军队的历史中，部队和要塞的这种渊源明显可见。比如，122 年从莱茵地区来到不列颠的第六胜利军团（VI Legio Victrix）60 年后仍然驻扎在那里；恺撒派驻尼罗河的第三昔兰尼加军团（III Legio Cyrenaica）到 3 世纪依然驻扎在埃及；在高卢和潘诺尼亚（现代匈牙利）建立的两支骑兵团——圣彼得雄鸡之翼（Ala Augusta Gallorum Petriana）和潘诺萨宾之翼（Ala I Pannoniorum Sabiniana）——从2世纪到3世纪一直驻守哈德良长城，潘诺萨宾之翼骑兵团自始至终守在如今的斯坦威克斯没有动过地方。[62] 如下的例子提供了进一步的证明：第三高卢军团（III Legio Gallica）自69年到215年驻守叙利亚；第二附属军团（II Legio Adiutrix）自85年到215年驻守匈牙利；第七双子军团（VII Legio Gemina）自71年到215年驻守莱茵河。[63]

罗马军队的主力是职业军人，关于各军团驻扎地和那里战士们的生活的故事在他们中间一代代众口相传，战士不可能不对自己驻守的那一块边界产生强烈的认同感。当然，有很多其他问题使战士们分心他顾，特别是就帝位继承多次发生的纠纷，3世纪时甚至造成拥护篡位者的军团和支持省级谋位者的军团之间兵戎相见。内战中胜出加冕的君士坦丁大帝（306—337年在位）对卫戍驻地重新做了调整，把军团集中到几个中心预备区，削减了军团的规模，加上了大批骑兵部队。[64] 这些变动大大改变了军队的组成，从此削弱了自共和国时代开始一直是军队基础的步兵力量。然而，帝国军队仍然靠帝国的税收支持，尽管收税日益困难；也仍然致力于防卫帝国的边界，尽管撤到了离边界很远的地方。由于君士坦丁的改革，边界上只剩了军团的附属部队，孤立无援，而那个时期又恰逢边界上日益多事。由于和军团脱离了联系，附属部队的素质发生下滑；这些边界部队（limitanei）越来越多地招募当地的农民兵，可是他们在入伍前只会种地。不过，正规军的力量仍然强大无敌。

戴克里先皇帝（284—305年在位）后，帝国为了行政之便分为东西两半，两边的军队也逐渐分开。不过，帝国军队遇到的下一个，也是造成它最终解体的危机到 5 世纪才爆发。尽管罗马在 363 年的波斯战争中遭遇一连串败绩，连皇帝“背教者尤里安”都战死沙场，又发生了瓦林斯皇帝死于哥特人之手的阿德里安堡惨败（396 年），但狄奥多西皇帝力挽狂澜，重新统一了帝国的两半，东征西讨驱逐外敌，恢复了帝国内部的秩序和边界的防御。尽管如此，我们前面看到，也是狄奥多西铸成大错，使军队失去了罗马的性质：他把大批蛮族“同盟”纳入麾下，但那些蛮族人不是像过去的附属部队那样，由帝国的军官组建指挥，而是在他们自己首领的领导下作为盟友加入罗马军队的。此举一出即覆水难收。5 世纪上半叶，条顿族的士兵源源不断地进入帝国西部。虽然那里的帝国统治结构名义尚存，像君士坦提乌斯（Constantius）和埃裘斯这样的地方将领手下仍然有足够的兵力，可以把有些部落限制在所征服的具体地区之内，有时甚至以夷制夷，唆使蛮族人互相残杀，但帝国对边界的控制却被迫完全放弃，内部控制也虚弱无力、时有时无。君士坦提乌斯和埃裘斯指挥的“罗马”大军是由条顿人组成的，使用的是条顿人的武器，完全没有军团正常的操练，甚至采用了日耳曼人作战时的喊杀声“barius”。[65]

有些蛮族人在加入罗马帝国之前受过匈奴人的蹂躏，当阿提拉带领匈奴大军汹汹而来的时候，他们对埃裘斯伸出了援手；451 年的沙隆一役中，他们占了埃裘斯手下部队的一大部分。沙隆战役的胜利固然使得高卢，甚至罗马城，免于遭到匈奴这个马背上的民族的毁坏，但意大利和帝国首都又受到了来自另一个方向的威胁。越过高卢和西班牙，在北非建立了王国的汪达尔人的国王盖塞里克从海上出击，占领了科西嘉岛和萨丁岛，并以它们为跳板于 455 年攻陷并洗劫了罗马；东罗马帝国皇帝利奥一世发动反攻，却以失败告终。汪达尔人以西西里岛和非洲为基地，控制了整个地中海水域，专门从事海盗活动。后来的1000年间，撒拉森人和巴巴里人继承了他们的衣钵。高卢和意大利的权力落到了3个日耳曼酋长手中，李基梅（Ricimer）、奥雷斯特斯（Orestes）和奥多埃塞（Odoacer）扶植了一连串的傀儡皇帝，其中的马约里安（Marjorian，457—461年在位）一度在南高卢重振了帝国的权威，但马上被推下了皇帝的宝座。476年，奥多埃塞消灭了听命于傀儡皇帝罗慕路斯（Romulus）的名义上的罗马军队，也是意大利最大的一支军队，在和李基梅争夺权力的斗争中胜出，废黜了罗慕路斯后自己登上权位，但没有称帝，而是自封为国王。只留了个空架子的元老院回到了东罗马帝国在君士坦丁堡的皇廷，西部的罗马军队在那以前早已消亡。[66]

罗马灭亡后的欧洲：没有军队的大陆

罗马军队在东部依然存在；它在离君士坦丁堡距离不等的各个地方护卫着拜占庭，远至高加索或尼罗河，近如君士坦丁堡巨大的城墙脚下；直到1453年，奥斯曼的“征服者”穆罕默德围困君士坦丁堡，把罗马军队的最后残余消灭殆尽。但是，从东罗马帝国自立之始，它的军队就和罗马军团完全不同。在伟大的查士丁尼皇帝（527—565年在位）的两位爱将，收复了意大利和北非（其间摧毁了汪达尔的力量）的贝利萨留（Flarius Belisarius）和纳西斯（Narses）指挥下的军队与埃裘斯和马尔乔里安的部队非常相似。贝利萨留在特里卡麦伦一役（453年）中打败了汪达尔的盖利摩（Gelimer），纳西斯的塔吉内大捷（455年）使拉韦纳和罗马重回帝国的怀抱。在这两场会战中，他们两位将军麾下的士兵大多不是罗马人；非洲的会战有匈奴人参加，意大利的会战有一队波斯弓箭手参加。[67]拜占庭帝国的边界最后基本上确定为以多瑙河和高加索山为界，海上边界包含塞浦路斯、克里特岛和意大利的“靴尖”（埃及、叙利亚和北非在641—685年间已落入阿拉伯人之手）；一旦边界确定后，就对帝国军队的组织基础进行了改变。结构仍然基本沿用奥古斯都的模式：帝国下分为省，称为行政区（themes），区内的将领及其部队直接听命于皇帝。军队的组织遵循的是4世纪君士坦丁改革的模式，不是重装的步兵军团模式；军队分为小型独立的步兵和骑兵团队，一旦需要即可集结起来支援前线。2世纪时有13个行政区，7个在小亚细亚，3个在巴尔干，还有3个在地中海和爱琴海；到10世纪，行政区增加到了30个，但军队人数仍保持在约15万，一半步兵，一半骑兵，大概和奥古斯都皇帝时的军团人数相当。拜占庭的军队有高效的官僚和税收制度的支持，有富裕的农民阶层提供军需给养，因此得以把罗马帝国硕果仅存的这一部分有效地维持到1071年突厥人开始来犯，虽然它已经变得面目全非，并皈依了基督教。[68]

西边没有重新兴兵来维护罗马文明的劫后残余。入侵者对罗马的文明钦崇备至，破坏起来却又毫不手软。事实上也不可能重建军队，因为作为养兵基础的定期公平的税收已经荡然无存；实际上到帝国晚期时，税收已经变得非常不公平。蛮族的国王也试图推行税赋制度，但收上来的税不足以养活士兵，让他们受纪律的约束；无论如何，征服者对纪律都非常不以为然，他们还保留了条顿人的思想，认为带武器的武士可以为所欲为，彼此之间一律平等。哥特人、伦巴底人和勃艮第人原来是农耕民族，是被大草原的骑马民族赶过莱茵河的，他们期望得到土地后能继续务农为生。在意大利，他们驻扎的土地的1/3分给他们个人，这个办法借鉴了旧帝国的制度，但对土地的主人来说简直是明抢，因为旧制度只是规定地主把1/3的土地供驻扎的士兵使用而已。在勃艮第和南部法兰西，分给战士个人的土地更是占原地主所有土地的2/3。于是，这些不受欢迎的士兵在四散各处的农庄安顿下来，耕地种田，轻易地抛弃了使他们攻无不克的军人素质，却又不向政府定期缴纳劳动剩余，使政府有财力建立起维持和平的文明军队。“蛮族王国结合了罗马帝国特有的恶政”——主要是没收小农的土地来扩大富人庄园的腐败行为——“和野蛮的行为……在旧有的压榨之上又加上了野蛮部落的成员以及效仿他们行为的（幸存下来的）罗马人无法无天的暴行。”[69]

回首历史，可以清楚地看到，在人类学习建立文明生活的过程中，罗马的主要贡献就是它创立了纪律严明的职业军队这一制度。当然，罗马开始在意大利攻城略地，后来又把战火烧向迦太基的时候，根本没有这么崇高的意念；罗马的军队从公民民兵转变为远征军是战场的需要所致，不是有意识的决定。它采纳招募常备军的制度，给帝国各地的公民和非公民提供“人尽其才的职业生涯”，不过是形势所迫；奥古斯都进行的改革也仅仅是把现存的状况合理化而已。然而，似乎在一只看不见的手的操纵下，罗马军队的演变恰好推动了罗马文明本身的进步。古罗马与古希腊不同，它文明的基础不是哲理性的思想和艺术创造力，而是法律和实际的成就。强制推行它的法律，不懈地扩大它非凡的物质基础设施，这些并不需要很多脑力思考，只需要充沛的精力和道德纪律。这些品质正是军队所长，而且在建造公共工程的劳动中，军队经常是骨干。因此，当边界上的军事危机加上内部经济和行政方面的缺失削弱了军队的力量时，帝国的力量便随之减弱，军队的崩溃也意味着西罗马帝国本身的崩溃。

在西罗马帝国之后建立起的那些王国懵然不知它们摧毁了的制度是多么宝贵，也没有意识到要重建那个制度是多么困难。不过，道德权威在罗马后的欧洲并未失去依托；它转移到了基督教会身上。由于496年法兰克人的皈依，基督教会最后以其罗马的形式，而非聂斯脱利派的形式确定了下来，而在基督教会中，罗马帝国即使不是在实质上，起码在概念上得到了延续。然而，没有剑，主教就无法推行基督教的教义；虽然保护他们的王公手中有剑，但那些王公用剑来彼此争斗，而不是建立并维持由基督教主宰的和平。从6世纪晚期到7世纪，西欧天下大乱，继罗马帝国之后建立起来的各王国的王室之间争斗不止。到8世纪初，第一批卡洛林人在莱茵河两岸法兰克人的土地上称雄后，乱象才有所缓解。卡洛林人走到前台是内部斗争的结果，但也可以视为对新出现的威胁的反应；新的威胁中特别值得注意的是穆斯林从西班牙挺进法兰西南部，还有东部边界上弗里斯兰人、萨克森人和巴伐利亚人那些异教徒的骚扰。732年，法兰克人宫相查理·马特在普瓦捷大败穆斯林军，把他们彻底赶到了比利牛斯山的另一边；他的孙子查理曼南征北战，巩固了远至日耳曼的易北河和多瑙河上游的边界，把伦巴底人的意大利王国，包括罗马在内，并入了一个新的帝国。800年圣诞日那天，教皇利奥三世为查理曼加冕，正式宣告帝国的成立。

查理曼的合法性来自教皇承认他为罗马皇帝的继承人，尽管他的血统遗传纯属虚构；他的权力则来自军队，他的军队和哪怕是最后衰败时期的罗马军队都毫无相似之处。早期的法兰克国王像其他的蛮族统治者一样，留有由精选的武士组成的核心队伍，招之即来、来之能战——等于亚历山大的近卫骑兵。在征战时代，这支队伍的供养不是问题，他们在兵荒马乱之年靠随机应变解决军需。但一旦王国有了边界，无论边界是多么模糊不定，就需要维持边界内的稳定。这时，国王的武士就需要更加稳定的给养来源，不能再靠抢劫或临时性的征收。解决这个问题的办法是对日耳曼人战斗队（拉丁文是 comitatus，后来的王国使用的法律词汇基本都来自拉丁文）的成员适用过去罗马租地（precarium）的做法，也就是让他们租借地主的土地，种田谋生。在罗马帝国的鼎盛时期，租地用交租金的办法；5 世纪和 6 世纪动乱频仍，货币不再流通，租金遂变为提供各种服务的形式。统治者手下的人有义务忠实于他，同时接受他的保护（patrocinium）；把这种关系变为向统治者提供军事服务以换取保护，不过保护的形式是准许租地，这个转变过程并不复杂，尽管实际进展比较缓慢。这种关系两相适宜：扈从（vassal，来自凯尔特语，原意为依附者）得到了谋生手段，"统治者得到了可靠的军事服务；双方之间的纽带由表示效忠的仪式来确定，这种仪式经基督教会干预成为宗教性仪式，称为誓词，或'宣誓效忠'（fealty）"。[70]

在卡洛林王朝统治下的欧洲，自 9 世纪中期开始，我们所知的封建主义［这个词源自保护人赐予扈从的封地（feudum）］就成为国王组建军队和武士阶层掌握土地的普遍基础；另一个约定俗成的规定是，只要继续为国王服务，封地就可以世袭。通常认为，这些规定正式确定于 877 年，当时西法兰克国王，也就是查理曼的孙子

“秃头查理”在基尔塞法典（the Capitulation of Kiersey）中敕令封地可从父传子；此前他已经颁布敕令，规定每一个自由人，指拥有土地或携带武器的人，都必须找一个保护人或主公；每一个有马或应该有马的人，至少每年一次要骑马来参加选择军队战士的大会。“每人都必须有一个主公，每个受封者都必须骑马从军，头衔、封地和从军的义务成为世袭的特权，至此，封建主义即大功告成。”[71]

尽管卡洛林的封建主义强调拥有马匹，但不能将它等同于游牧民族的军事制度。西欧的耕地养活不了太多的马匹，应召作战的封建军队也与马背上民族的骑兵大相径庭。它们之间的分别在很大程度上来源于条顿部落特有的军事文化，这种文化鼓励用锋利的武器面对面厮杀，条顿民族在罗马军队尚未丧失其军团训练的传统时，和罗马军队作战，这种经验进一步加强了条顿的军事文化传统。西方的武士骑上了马后，这个文化传统保持了下来，并因骑士有铠甲保护和能够在马鞍上使用武器而进一步加强。马鞍本身发展为牢固的座位，部分的原因是 8 世纪初发明了马镫，须连接在马鞍上。

马镫可能起源于印度，5 世纪时被中国人采用，后又传到大草原民族，从他们那里迅速传到欧洲。关于马镫的重要性争论激烈，一方说它使骑手在马背上能够坐稳，这才能舞矛弄剑；持怀疑态度的一方则反驳说，没有马镫的游牧者照样在马背上行动自如。既然任何一方的意见目前都没有足够的证据，所以若是没有拿定主意，最好不要涉足这场辩论。[72]不过我们确切地知道，西方从 8 世纪开始就有骑马的武士跨坐在马鞍之上，脚牢牢蹬在马镫里，因此可以使用以前只有步兵才能用的武器，披挂以前只有步兵才能穿的铠甲。不错，过去波斯人和他们之后的拜占庭人都曾在战场上使用过披甲骑兵队，甚至给马也披甲，但是我们不知道他们到底穿什么样的铠甲，使用什么样的武器，如何作战，因此把他们定为重装骑兵战的发源者不太保险。[73] 相比之下，可以毫不怀疑地肯定，9 世纪西欧的封建骑兵已经穿上了铁制锁子甲，一手持盾，一手持矛或剑，纵马奔驰间仍可以腾出手来作战。

这些发明非常及时，因为在 9 世纪期间，西方遭到了新的一波袭击，罗马帝国后继王国的那些行动缓慢、缺乏训练、大多不骑马的战士根本无法撄其锋锐。新的袭击有 3 个来源：伊斯兰地区、大草原和信仰多神教的野蛮人居住的斯堪的纳维亚沿岸。来自伊斯兰地区的是在地中海专事海盗抢劫的一个国家，他们的贪婪残暴使人想起 6 世纪的汪达尔人，他们用作据点的港口也是汪达尔人过去使用过的。西方把他们称为撒拉森人。他们之所以能如此大胆妄为，是因为自从 5 世纪罗马帝国的舰队解散后，西地中海一直没有国家海军来保护沿岸地区，确保海上安全。横行霸道的强国，无论是雅典、迦太基，还是汪达尔人的王国，历来把西西里岛作为活动的依托点。827 年，西西里岛落到了撒拉森人手上；不久后，这些海盗在意大利的“靴尖”和法兰西南部建立了据点；到了 10 世纪，科西嘉岛、萨丁岛，甚至罗马都成为他们袭击的目标。最终，唯一拥有桨帆船舰队的拜占庭把撒拉森人逐出了意大利南部，但他们此前已经深入内地进行了大肆抢劫和毁坏，遭他们荼毒的地区从罗讷河一直延伸到亚得里亚海。

来自大草原的威胁是马扎尔人。862 年，他们被崛起的突厥人向西驱赶，出现在阿提拉原来的牧场——多瑙河平原上。他们从那里发动了一系列远程突袭。远程突袭是游牧民族的典型行为，但即使按匈奴人的标准来看，马扎尔人的奔袭距离也特别长。898年，他们进入意大利；意大利国王贝伦加尔（Berengario）带领15 000披甲骑兵于899年9月在布伦塔河迎战，结果遭到惨败。910年，他们在奥格斯堡附近与卡洛林王朝的末代皇帝“童子路易”召集的东法兰克大军遭遇，再次大获全胜，使他们在后来的10年间在日耳曼地区为所欲为，如入无人之境。从919年到936年担任日耳曼国王的“捕鸟者亨利”在东部边界地区广筑碉堡，逐渐限制了马扎尔人的破坏蹂躏，但他们仍然在924年和926年深入法兰西和勃艮第。933年，他们被亨利国王打败，但他们在954年再次进入意大利。第二年，神圣罗马帝国皇帝奥托一世终于召集起了足够的部队，抓住机会，把他们堵在没有退路的地方使其无路可逃，这是重装骑兵打败机动敏捷得多的轻骑兵的少数办法中的一个。奥托一世带领着主要由巴伐利亚人和斯瓦比亚人组成的8000人的军队——在当时算是相当大的规模——绕过马扎尔人在奥格斯堡被围困的营地，渡过莱希河拦住他们的退路，静等敌人来攻。马扎尔人和匈奴人一样，仍把复合弓作为主要作战武器，战场上的编队也维持着大草原上的松散队形；他们尽管早已熟悉了西方的作战方式，却仍然落入了亨利的陷阱。他们渡过莱希河想打开退路，结果陷入背水苦战，被敌方的重装骑兵歼灭殆尽。少数残兵败将在手拿武器的村民的穷追猛打之下逃回家乡，从此再也没能从匈牙利平原向西方的农耕地发动过任何大规模的袭击。[74]

斯堪的纳维亚人就不这么好打发了，因为西欧各王国对他们的攻击手段——海上战舰——束手无策。几世纪以来，北欧大胆冒险的沿海民族一直在海上讨生活；罗马人在不列颠和高卢的“撒克逊海岸”部署了一支舰队来管制他们的海盗行为；5世纪时那支舰队被解散，这才使盎格鲁人、撒克逊人和朱特人得以从丹麦和德意志北部渡海到不列颠定居。[75]后来，由于蛮族的迁徙，莱茵河以北空出了大片土地，海外移民遂一度停止。但到了8世纪末，挪威和瑞典对土地的需求加大，迫使信奉多神教的北欧人再次向外寻找土地，或是为了定居，或是为了抢劫，或是为了强迫贸易。此时他们的造船技术也臻于完善，造出的船能载着作战者在波涛汹涌的大海上长途旅行。对比当时沿海岸行驶的船只，北欧人造的狭长快速战船最为优越的特点是船身窄、船底深、可以顶风航行，加之船的中部较宽，如果风速不够，就可以划桨，还可以在远离防卫森严的港口的海岸处靠岸。[76]

简言之，它是海上突袭的理想船只，当然条件是突袭者不畏艰苦，忍受得了船在不同的陆地停靠点之间长时间的海上航行，存身的船舱没有顶盖，吃不上热饭。北欧海盗的名称“维京人”（Vikings）源自古斯堪的纳维亚语的海盗“Viking”一词，他们是袭击文明社会的野蛮人中最强悍好战的一群；他们在航海时代之前的一个世纪中因争夺土地而不断打斗，锻炼得近身肉搏时勇猛无敌。[77]另外，他们自大约840年起，在船上还装载马匹，使他们能够从防守者意想不到的方向骑马深入内地进行掳掠。793年，维京人突然袭击了不列颠北部的林第斯法恩修道院；自那以后，他们的扩张更进一步，844年突袭穆斯林西班牙的塞维利亚，859年深入地中海。834年，他们把莱茵河口的贸易重镇多雷斯夷为平地了；到877年开始入侵盎格鲁-撒克逊人的不列颠；最后到10世纪中期，他们更是把不列颠的中部和北部地区纳入了丹麦的海外王国。他们航海技术的惊人进步，加上他们可与太平洋的波利尼西亚人媲美的胆量，使他们的航行范围越来越广；870年到了冰岛，下一个世纪又到了格陵兰；这稍微减少了西欧遭受袭击的压力，但维京人对中欧和东欧无主土地的入侵却未有减少。在当地被称为“罗斯”（Rus）的维京人做起了武装押送货物的买卖，所经之途从瑞典越过波罗的海，再沿俄罗斯的几条大河向南，因此接触到了伊斯兰国家和拜占庭。在西欧，北欧人在征服中部英格兰的同时，在法兰西北部也抢到了一块落脚之地；911年，法兰西国王被迫将那块地方割让给他们做采邑，那就是诺曼底。11世纪期间，诺曼人从那里于1066年征服了英格兰，并自1027年开始，在那不勒斯附近建立了若干居民点，后来以此为基础在意大利和西西里建立起了他们的王国。

面对9世纪和10世纪的众多来犯者，只靠军事手段无法遏制他们的破坏行为。西欧需要像遭受大草原游牧民族入侵的中国一样，用文化的力量来感化那些野蛮人，把他们同化入文明世界。撒拉森人无法同化，他们坚信袭击和抢劫是替天行道，自己是穆斯林英雄。不过，信奉多神教的维京人和马扎尔人却仍然生活在原始世界中，他们的诸多神祇对他们要么严厉无情，要么不理不睬；条顿民族和大草原上的民族在受到基督或穆罕默德的启悟之前本来也属于那个原始世界。从496年法兰克人皈依以来，基督教会在西欧推进和平的努力成果斐然，逐渐把侵入罗马土地的所有来犯者都劝归了基督教，并在这些人的思想中培育起了对幸存的罗马基督教制度的尊敬，包括教皇、主教、作为教会基础的僧侣等。不仅如此，教会秉承传播宗教和推广文明的目的，以无比的勇气把罗马基督教向北、向东带给了远在那里的日耳曼人和斯拉夫人。的确，基督教经常是用剑强加给人民的，但在向野蛮人传道的过程中，也有男女基督教徒牺牲了生命，成为烈士，如在日耳曼任主教的英国人圣卜尼法斯。10世纪末，教会就是以这种办法把马扎尔人劝归了基督教。后来匈牙利成了抵抗大草原民族入侵的坚强堡垒，在11世纪和12世纪又继续顽强抵抗斯堪的纳维亚人。

罗马帝国之后的欧洲若是没有罗马教会，就真可能成了蛮荒之地；罗马残余的民政机构力量太弱，无法成为恢复秩序的框架，加之没有遵守纪律的军队，整个大陆都可能落到“军事地平线”下，陷入争夺领土和部落权力的无休无止的冲突。然而，教会推动和平的努力所能达到的成果是有限度的，这里有两个几乎同样重要的原因，一个是教会自己掌握权力的愿望，另一个却是基督教教义对实际如何行使权力的种种压制。东方的基督教主教坚持君士坦丁式的做法，把最终的权威归于拜占庭皇帝；在被伊斯兰国家夺走的原基督教的土地上，哈里发集宗教和世俗的权威于一身。但是，在西方，教皇对这两种做法都不接受。教皇是罗马的继承者，驻跸罗马；自从罗马帝国衰亡以后，教皇一直努力把世俗的权威与宗教的权威区分开来，并千方百计证明前者应服从于后者。查理曼大帝用剑恢复了罗马帝国的名义，但在历届教皇的眼中，他这个皇帝之所以名正言顺是因为利奥三世在圣彼得大教堂为他加了冕。

当在实力上皇帝强、教皇弱的时候，前者的权力和后者自称的权威之间没有冲突。然而，到11世纪，各地教会的财富日渐增多，自信也随之加大。教会拥有的土地经常是教徒赠予的遗产，很多是骑士的采邑；教会用教徒的捐赠建立的修道院成为神学研究的中心，为教皇权威的至高无上找出了各种论点和论据。那时，主教和修道院的院长由皇帝和国王任命或“授职”，而统治者总是选择顺从听话的人，用他们行使民政职能，尤其是征兵和养兵；神学家对此表示反对。他们勉强同意，如果打仗是为了行使或恢复君王的合法权利，那么作战是符合道德的；基督的告诫“恺撒的归恺撒”从广义上解释，为此提供了必要的理由。然而，基督教认为，杀人伤人都是罪孽，必须悔过。1066 年的黑斯廷斯战役后，诺曼底的主教勒令属于自己教会的骑士每杀一个人祈祷斋戒一年，每伤一个人则祈祷斋戒 40 天，尽管“征服者威廉”对哈罗德国王及其带领的盎格鲁–撒克逊人作战是为了夺回他的君主权利，而且得到了教皇的准许。[78] 11 世纪，教皇格列高利七世和神圣罗马帝国的皇帝亨利四世之间爆发了“授职冲突”，突出的问题就是谁有权任命主教；冲突中格列高利毫不犹豫地同诺曼人和日耳曼人结盟共同对亨利四世皇帝作战。然而，有一个疑问在基督徒的脑子里始终挥之不去：骑士在战斗中与手拿利剑的同类打得你死我活，就算他们是在教皇的旗帜下作战，基督给缔造和平者的降福怎么可能赐予这些嗜血的人？

这个良知的问题在欧洲无法避免，因为那里不事劳动的上层社会一半是修士，另一半就是披甲乘马的骑士。11 世纪的骑士还相当粗野，骑士风度要到以后才出现。[79] 仅仅 200 年前，卡洛林王朝敕令“每一个有马的人都应骑马来集合”，结果“和有土地的贵族一起来了一群暴发户冒险家，他们和贵族的贵字能沾上边的只有……他们骑的马是高贵的动物”。那时的欧洲骨子里还是武士社会，人一发怒，便把上帝的法律抛在脑后，民法管辖更全看王公有多大能力行使他的权利。

因此，到了11世纪末，关于授职权的争执被放在一边，发出了新的战斗召唤，要大家同心一气对一个不信基督的敌人作战，这使教会和国王都松了一口气。新教皇乌尔班二世原来在克吕尼修道院做修士，那是提倡教皇权力的神学基地之一；他于1088年当选教皇，即位后马上着手通过外交手段来恢复和神圣罗马帝国皇帝的良好关系；同时，他开始在布道中宣讲基督徒打基督徒是犯罪。1095年，他在克莱蒙会议上重提“上帝的休战”[1]和大斋节以及其他宗教节日期间的停战，并敦促基督徒“不要再彼此杀戮，去打一场正义的战争。”他提醒听众，24年前的曼齐刻尔特之难以后，拜占庭曾恳求西方伸出援手保卫东方的基督教，信伊斯兰教的突厥人仍然在基督教的土地上步步深入，连圣城耶路撒冷都落入了穆斯林手中。他号召立即发动战争，把耶路撒冷夺回教会的手中。[80]

乌尔班发动的“十字军战争”这个想法早已有之。10世纪期间，西班牙的穆斯林在精力充沛的曼苏尔的领导下，出兵伊比利亚半岛北部幸存的几个袖珍型基督教王国，霸占了它们的土地；那时和穆斯林作战的就有来自欧洲其他地方的虔诚的年轻骑士，包括诺曼人、意大利人和法兰西人。克吕尼修道院的历任院长鼓励这些骑士去作战，因为他们看到位于坎普斯特拉的使徒詹姆士的坟墓受到了穆斯林的威胁，非常担忧去那里朝圣的人们的安危。1073年赞助远征伊比利亚的教皇格列高利七世，也就是那位卷入授职权冲突的教皇，一方面提醒世界，“西班牙王国属于圣彼得教区，同时宣布基督徒骑士可以享受从异教徒手中夺来的土地”。

[1] 上帝的休战指中世纪教会在特定时期颁布的和平教令。——译者注

到11世纪末，圣战的思想付诸了实施。教会当局敦促基督徒骑士和士兵停止无谓的争斗，远赴基督教世界的边界去打击异教徒。作为对他们服务的嘉奖，抢回来的土地可以归他们所有，还有精神上的满足……（另外）教皇也热衷于圣战。教皇经常发动圣战，并亲自任命统帅。所征服的土地归根结底属于教皇。虽然王公贵族一般并不热心，但西方的骑士对圣战的召唤反应热烈。他们的动机一部分是真正出于宗教的原因，耻于继续彼此打斗，期盼着为基督教而战。但抢占土地也是一个动机，特别是在正在逐渐确立长子继承制度的法国北部。随着王公越来越不愿意把财产以及通常围绕自家石头城堡建起的附属房屋给儿子们平分，长子以下的儿子就只得到别处去碰运气。法兰西的骑士阶层普遍好动，喜欢冒险，诺曼人尤其如此，毕竟仅仅几代人之前他们还是四处游荡的游民。参加十字军既能履行基督徒的职责，又能到气候温和的南方去抢夺土地，简直是天赐良机。[81]

率领第一次十字军东征的各位王公来自诺曼人统治的西西里、诺曼底本身、法兰西和勃艮第，他们于1096年分海陆两路从欧洲出发。陆路十字军经拜占庭皇帝准许穿过巴尔干进入小亚细亚塞尔柱突厥人的地盘，一路走一路打，1098年到达叙利亚，在那里和由海路来的英格兰、意大利和佛兰德部队会师。十字军围困叙利亚海岸上的战略要地安条克的时间太久，拖延了前进的行程，但1099年终于到达了圣地。当年7月15日，他们发起了旋风式的突袭，摧毁了城墙，攻克了耶路撒冷。十字军拿下耶路撒冷后，这个城市变成了一个拉丁王国的首都，国君是一位勃艮第公爵，自称耶路撒冷国王；其他的十字军领导人沿叙利亚海岸或在小亚细亚南部也建立了自己的王国。这些十字军王国的国运有好有坏，最后的几个坚持到1291年，在马穆鲁克的大反攻中被消灭。西方的基督教教会经常发动新的十字军东征，重振或重建那些拉丁王国，参加东征的热情在法国和神圣罗马帝国也长久不衰；但穆斯林同样兴兵整军以夺回对他们来说也是圣地的地方，并把入侵者逐出连接埃及和巴格达的重要陆桥，使得十字军东征的收获日益减少。

伊斯兰国家对十字军发动反攻也许本质上是把十字军视为“边境问题”来处理，正如处理伊斯兰地区和大草原交界处的问题一样，但与基督徒军队作战的激烈程度是穆斯林在其他战线上的战斗不曾有过的。而且，第四次十字军东征（1198—1204年）的一个令人扼腕的结果是给拜占庭帝国带来了无可挽救的破坏：对皇位继承纠纷的一次愚蠢的干预严重削弱了这个东部帝国，使它无力抵御进犯南部欧洲的信奉伊斯兰教的突厥人；250年后君士坦丁堡的陷落不过是第四次十字军东征所造成的破坏的滞后效应。

在军事上，十字军东征为我们提供了，从罗马纪律严明的军队消失到16世纪国家军队重现之间这段漫长的间隔内，欧洲战争的文化和性质的最准确的信息。十字军东征期间的作战是一种奇怪的对抗，一边是北部欧洲武士面对面搏斗的传统，另一边则是大草原马背上的民族惯用的避强袭弱的骚扰战术。开始时情况并非如此。埃及的哈里发辖地在马穆鲁克篡权之前主要依靠阿拉伯人和柏柏尔人的轻骑兵，他们的武器是长矛和剑，不是复合弓，因此在和身着甲胄的十字军作战时落了下风。比如，1099年在阿什凯隆（Ashkelon），

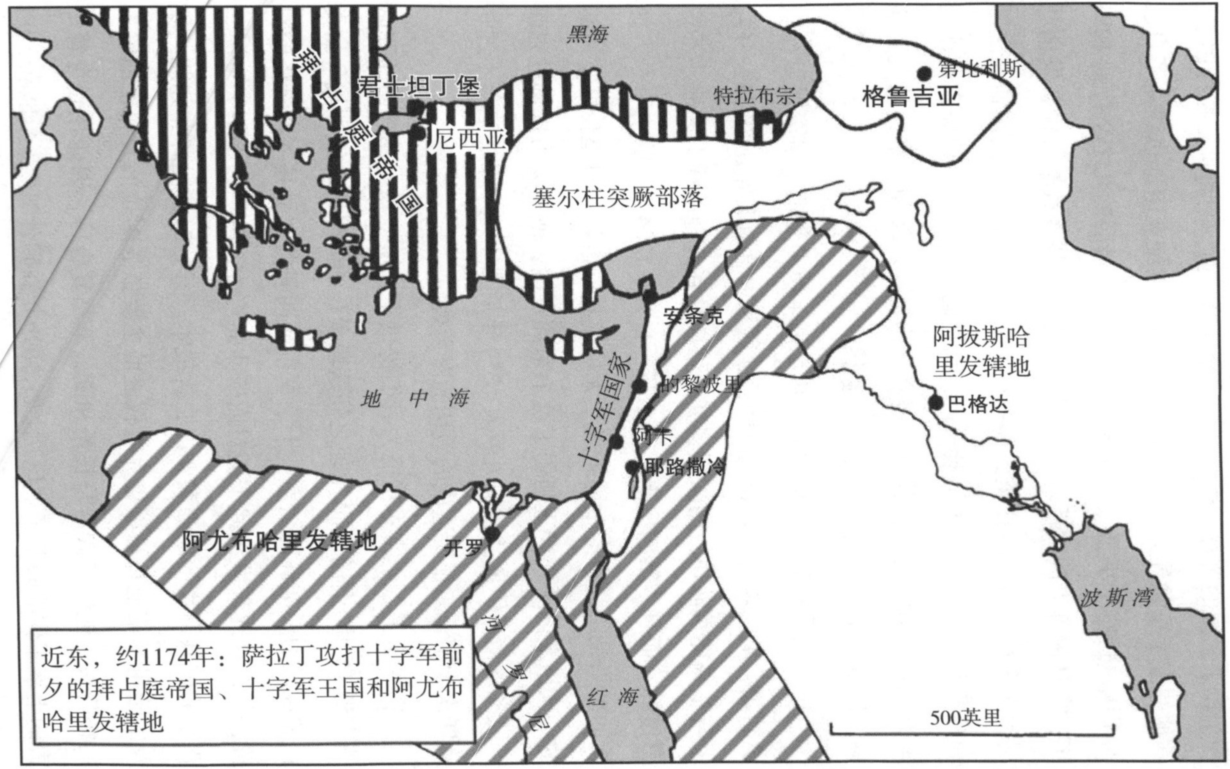

近东，约1174年：萨拉丁攻打十字军前夕的拜占庭帝国、十字军王国和阿尤布哈里发辖地

他们就被后来做了耶路撒冷主公的戈弗雷（Godfrey）打得落花流水。但自从1174年萨拉丁从巴格达哈里发辖地来到，特别是巴伊巴尔斯在1260年建立了埃及的马穆鲁克政权后，靠勇猛冲锋赢得战斗的十字军遇上了大群大群的来自大草原的战士，总是处于敌众我寡的状况，优势遂开始逐渐转向对方一边。

尽管如此，十字军还是千方百计地设法应付他们所不熟悉的作战方法；一个重要的办法是在骑兵中加配相当数量的步兵，他们使用锋利的刀剑和弓箭，后来还装备了机簧弩；每当敌人的轻骑兵冲上前来，企图冲散成队的骑士把他们各个歼灭的时候，就会遭到这些步兵的激烈抵抗。在对马扎尔人和维京人的作战中，步兵的作用不大；在欧洲各王公为争夺他们念兹在兹的权力而发动的战争中，更是没有步兵的份儿；欧洲骑马的武士阶级坚决不准没有马的人携带武器，特别是在城市里，以防他们使用武器来捍卫他们的权利，甚至争夺不许他们拥有的权利。然而，步兵在圣地是有用的，特别是可以保护辎重车，那是十字军作战的保证。步兵还可以为战斗中骑兵队形薄弱的两翼提供保护。

历史学家长期以来一直认为，和十字军作战的穆斯林军队采取的主要战术原则是把骑兵和步兵分开，各个击破；虽然现在有人对这一观点提出了异议，但是许多证据表明，分而击之的战术的确打败了十字军。[82] 1102年在拉姆拉（Ramala），1179年在迈尔季欧云（Marj Ayyan），1187年在克雷森（Cresson）和哈丁（Hattin），穆斯林军队都采用了这个办法。十字军在哈丁战役中遭到重创，而萨拉丁则借哈丁大捷夺回了耶路撒冷王国的大部分土地。然而，究其根源，十字军在所有这些以及其他战役中的失利不是由于战术失误，而是由于他们作战方法上的结构性缺陷，那就是他们企图靠披甲骑兵的冲锋制胜，但敌人却完全无意坚守阵地。十字军认为，作战胜利的关键在于选择“肯定能打击到敌人主力的时刻”。[83] 在欧洲，武士面对敌人迎面而来的冲锋决不畏缩，因为这涉及他的荣誉——这是方阵战士行为守则的延续，尽管形式有了发展。西方武士在东征途中遇到的敌人却有着完全不同的传统，他们并不认为作战时与敌人保持距离、躲避敌人主攻有什么不光彩。十字军后来逐渐适应了这种新情况，越来越多地招募当地的步兵，作战时如有可能也入乡随俗，选择两侧有天然保护的地形；与此同时，穆斯林军也吸纳了西方的一些做法。有证据表明，他们在 13 世纪开始模仿西方人在马上用长矛打斗的仪式。

不过，十字军对在圣地作战的困苦和压力的回应主要还是在文化方面，他们把武士的行为守则更加紧密地与驱使他们跨越地中海来到东方为主服务的基督徒热情融合了起来。这种骑士品质的主张在 11 世纪的欧洲已初见端倪。要做骑士，光有胯下的战马、身上的甲胄和所效忠的主公已经不够。骑士对王公的忠诚原来纯粹是建立在土地封赐的物质基础上的，王公赐予骑士土地使他生计有依，骑士则应王公的需要随时提供军事服务；现在这个基础正在转向两者间仪式性和宗教性的关系。过去扈从接受王公的封地时，教会要他宣誓效忠，以此把他对王公的责任神圣化；现在誓词改为骑士发誓为主公服务，而且不仅服从主公的命令，还要按骑士方式行事，也就是说行为要无愧荣誉，甚至符合美德。

在十字军东征的大环境中，骑士理想的寄托自然而然地从主公转向教会。12 世纪末，几个新的修士团体创立了起来，虽然起初从事教徒传统的活动，如办医院照顾前往圣地途中的朝圣者的健康，但不久它们就担负起了另一个职能——为保卫圣地而战。这些骑士团，即医院骑士团和圣殿骑士团，很快成为东征的主力，自身的力量也日益增强；它们在巴勒斯坦和叙利亚建造了宏伟的城堡，并在欧洲为十字军东征招兵买马，筹资募捐。[84] 骑士团的影响感染力极强，因为：

> 他们的生活方式使他们成为出色的战士。他们在战斗中服从命令，遵守纪律，过集体生活，节约克己，住宿地没有女人和孩子。他们都住在一起，衣食由领导人发放，没有私产。他们永远没有闲着的时候。不作战的时候就劳动……他们的等级不按贵族头衔，而是按品德表现来评定。对于世俗骑士视为理所应当的享受和特权，如喜爱华贵的武器、对身体和发型极尽修饰、热爱运动和狩猎等等，他们一律摒弃不取，（代之以）建立在贫穷、集体生活和对基督的献身精神基础上的新社团。[85]

从军事骑士团的建立之中，可以看到16世纪在欧洲兴起的军团制军队的起源。的确，各方面的证据都说明，宗教改革期间，新教地区的骑士团解散后，原为修士的一些武士还俗变成了世俗的战士，把管理着指挥官与下属部队关系的等级制度带入了国家的军队，而正是这个制度把骑士团打造为自罗马军团消失以来欧洲的第一批自治自主、纪律严明的战斗团体。不过那都是后来才发生的，医院骑士团和圣殿骑士团在战场上立竿见影的效果是促使别处的基督徒武士也成立了自己的骑士团，特别是在西班牙对穆斯林军作战的基督徒军队，但也包括对异教徒的普鲁士人和立陶宛人作战的日耳曼武士。其中最重要的是条顿骑士团，他们征服普鲁士后，建立了军事政权；500 年后腓特烈大帝军官团的中坚力量就来自这个政权的世俗阶层。

十字军王国从衰落直至 13 世纪末彻底灭亡是一个缓慢的过程，不能算作欧洲战争方式的分水岭；虽然十字军在穆斯林军手中屡遭败绩，但东征的次数太多，反而激发不了一场一战定乾坤的大反击，而且欧洲各国的国王连自己国内的战事都还忙不过来。尽管如此，十字军东征还是给欧洲的军事带来了不可磨灭的变化。十字军在东地中海重建了拉丁（罗马天主教）王国，除了在巴勒斯坦和叙利亚，还扩展到希腊、克里特岛、塞浦路斯和爱琴海，而且希腊等地的拉丁王国维系的时间更久。这些拉丁王国起了中转站的作用，使北部意大利的城市，特别是（城市生活和商业活动从未完全消失的）威尼斯得以重新开启与中东的贸易，生意做得兴旺红火，最后甚至延伸到远东。地中海各港口之间的货物运输安全再次得到了保障。15 世纪各国彼此争战，资金就来自这样的贸易所积聚的财富，后来法国与神圣罗马帝国的哈布斯堡王朝争夺阿尔卑斯山以南的统治权也是靠地中海贸易的收入。十字军远征强有力地驱动了把西班牙从伊斯兰控制中解放出来的努力（再征服运动）和基督教边界对俄罗斯和大草原的东向扩张。他们削弱了拜占庭帝国的力量后，对奥斯曼土耳其人侵入巴尔干的势头未加阻止；到 15 世纪初，奥斯曼人兵临多瑙河，一路上对塞尔维亚的各个基督教王国摧枯拉朽，匈牙利的基督教王国也个个自危。然而，似乎是为他们未能阻止奥斯曼人这一点做补偿一样，十字军向欧洲交战不休的各国国王以及他们狂暴无羁的扈从呈现了一个新思想，即战争有比争权夺利更大的目的。十字军加强了教会的权威，使它得以用道德和法律的框架限制武士们作战的冲动；而且，看似矛盾的是，十字军使欧洲的骑士阶级学会了有目的作战所需要的纪律，此举为名副其实的王国的兴起奠定了基础。后来，欧洲各国实现了国界内中央权力的确立，最终杜绝了连绵的兵燹，战争成为偶一为之的行为，而且只针对外国。

生活在动荡不定的14世纪和15世纪的人很难看出这一模式的发展。权利的争端导致了法英之间的百年战争（1337—1457年）；哈布斯堡家族、维特尔斯巴赫家族（Wittelsbachs）和卢森堡家族为争夺神圣罗马帝国的皇位战作一团；帝国皇帝大起刀兵，镇压波希米亚和瑞士的乱民；意大利各城邦之间烽火不绝。在这些战争的刀光剑影中，若提出骑士的社会、政治，甚至是军事上的统治地位即将完结，一定会被笑为痴人说梦。然而，事实恰恰如此。披甲的骑兵坚信，在战斗中闪避敌人的刀剑不仅违反法律责任，而且损害个人荣誉；这样的战争守则最终证明，它和古希腊方阵战的行为守则一样，只能给自己带来损害。事实上，大量的历史证据证明，即使在15世纪，骑士阶级盛极一时的时候，骑士的战争也与我们想象的或当时骑士的崇拜者们理想中的情形大不相同。骑士身上日益厚重的铠甲（14世纪中期后锁子甲变成了铁板甲）用于马上长矛格斗的仪式倒很合适，却不适于应付战场上的各种情况——尽管那个世纪的步兵越来越多地使用长弓和复合弓，但战争中的死伤并未增加多少。[86] 正如现代战争中装甲部队的闪电袭击和精准空袭只能在训练场中达到类似表演的完美效果一样，15世纪武士闪亮的甲胄很可能只有在比武大会上抵挡对手的长矛时才能提供完美的保护，在战场上面对敌人射来的箭或刀砍剑劈时就难说了。维克托·汉森从常识出发，解开了方阵战的谜；我们从常识的角度，也可以做出上述的推断。

研究十字军历史的大师 R. C. 斯梅尔（R. C. Smale）指出，根据现有的证据无法重现中世纪的战争。[87] 不过，我们对百年战争中的克雷西战役（1346 年）、普瓦提埃战役（1356 年）和阿金库尔战役（1415 年）所知甚详；在这 3 次战役中，英国骑士作战时都没有骑马，而且有弓箭手掩护；在后两次战役中，法国军队大多数也没有骑马。如果披甲的骑士手持长矛紧挨着组成一排排的密集队形冲锋，那么两军一旦交锋，双方必然都立即会遭受惨重的损失；若是以为不会产生这种结果，不啻异想天开。

中世纪的铁兵器战争和希腊人的战争一样，鲜血淋漓、“令人战栗”；而那个时代战事频仍，作战者悍不畏死，战争因此而更加可怕。尽管作战有较高级的动机，如希腊人要争取公民独立，骑士是出于对王公的忠诚和对骑士行为守则的遵守，但表面下仍隐藏着某种“顽固的原始性”。希腊人按照自己的作战方法累得筋疲力尽，无法再战；骑士作战方法的陨落则有外部的原因，那就是火药的到来。但无论是在希腊人的战争还是骑士的战争中，铁这种廉价常见的金属的威力都已经发挥到头了。

插曲 4：后勤和供应

自有战争以来，它的核心行为——战斗——所用的工具依次由石头、青铜和铁制成；直到仅仅 20 代人以前，火药才彻底改变了战争的性质。然而，作战者必须设法到达战场，仗才打得起来；在他们前往战场的途中供给他们食宿军需一直是一大困难，仅次于在战斗中取胜。只有马背上的民族没有这个困难，但纵观历史，他们只占作战者的一小部分。大多数还是要靠两腿走到战场去，靠肩膀扛负他们作战所需要的物品。无论是打进攻战还是防御战，这都严重限制了作战部队的行动范围和耐力。事实上，直到最近，多数陆上作战都是短时间、近距离的。

个中原因很简单。一群人聚在一起打仗，如果需要一天的时间，那他们从日出到日落最起码得吃一顿饭；如果时间超过一天，储粮地又不在附近，打仗的人就得自带粮食。既然除了最原始的战争以外，所有其他的战争活动都包括拖延和运动战术，所以战士除了携带武器之外，还必须带口粮。然而，经验表明，战士平均负重不能超过 70 磅，这是有现代的实地实验为证的；这 70 磅中至少有一半是衣服、装备、武器和其他必需品。既然从事作战这种重体力劳动的人每天需要的固体食物至少要 3 磅，就可以算出，战士在行军中只能携带 10—11 天的给养，当然，食物还必须不易腐坏。这些数字多少世纪以来基本上保持不变：4 世纪的罗马军事理论家韦格蒂乌斯要求“年轻士兵须经常练习负重行军，重量至少要 60 磅，因为在艰苦的战役中，他们既要背武器，还必须携带口粮”；[1] 1916 年 7 月 1 日参加索姆进攻战的英军士兵为防供给不继，自带了数天的口粮，平均负重 66 磅；[2] 1982 年英军的伞兵和海军陆战队在马尔维纳斯（福克兰）群岛一度因为没有直升机运输给养，必须身负与自己体重相等的负担"行军跋涉"，结果，尽管他们都是千挑万选出来的特别健壮的战士，但仍然累得筋疲力尽。[3]

当然，士兵可以"就地"解决给养问题，意思是从当地老百姓手中抢粮。这种情况非常普遍，所以直到最近，一有军队开来的风声，哪怕是纪律最好的军队，老百姓也通常会赶快把所有方便携带的食物都藏起来。不过，军队若是组织集市活动，情况就大不一样，农民会蜂拥而至，拿东西来卖；英军统帅威灵顿在西班牙就很注意组织这样的活动，但威灵顿与众不同，他手里有现金。[4] 历史上大多数军队都没有钱，只能打白条，如果是在敌方的地盘就干脆明抢。这个办法不是长久之计。即使能找出藏粮的地方，军队也必须分散开来到各处去寻找，这就降低了军队的战斗力，而且无论如何，部队所在地区的粮食过不了多久就会被吃光；骑兵的马匹把所在地的草吃光用的时间更短，除非是在大草原（但那里的问题是没有人吃的粮食）。

骑兵的威力在于他们行动迅速，来去如风，大多数骑兵又都是俭省成性的游牧民族，所以只要他们活动在草原区或附近的地方，通常不会发生在一个地方吃光牧草的情形。行军的步兵却没有这么大的行动范围。步兵行军通常最快速度是每天 20 英里，罗马军团在罗马帝国内部行军是这个速度；1914 年，德国第一集团军司令冯·克卢克的部队在对法作战中从蒙斯到马尔讷行军也是一样；按照这个速度，步兵不可能无须偏离行军路线就能找到足够的粮食来满足每日的需求。[5] 结果，他们要么得中途停下来去远处寻找粮食，要么就必须随军携带给养。

运输给养需要在离行军路线不远的地方有水路，或是河流或是沿海，不然就需要车辆；古时候用牲口驮，现代时代在地形险峻的地方也使用牲口（1874 年，俄国人在征服中亚的希瓦的战争中，用了 8800 头骆驼为 5500 名士兵运粮），但牲口绝对比不了车船。[6] 许多战役都靠水路运输，著名的例子是 1704 年英国将领马尔伯勒征战巴伐利亚时，军需物资沿莱茵河顺流而下；但这样的话，供应线就成了战役的关键：如果河水流向相反的方向，决战可能就打不成。如果道路四通八达，车辆运输倒是能够为后勤提供更大的灵活性，但欧洲直到 18 世纪才着手大规模修筑公路，法国先开始，英国和普鲁士随后跟上；在那之前，没有几个地区具备完整的公路网（1860 年的公路里数按每千人计算是：英国 5 英里，法国 3 英里，普鲁士二又三分之一英里，西班牙才四分之三英里）；另外，在 19 世纪初发明了碎石筑路法之前，公路的路面一般不能四季通行。[7]

这种普遍情况只有两个例外，一个是罗马帝国境内，一个是中国的某些地方（虽然中国国内的交通运输主要靠水道，特别是 608 年兴建的京杭大运河）。建筑了罗马国内道路的罗马军团正是靠了这些道路才成为帝国行使权力如此有效的工具。光是在罗马帝国的非洲省份，即从现代的摩洛哥到尼罗河流域这块地方，考古学家就发现了 10 000 英里宽窄不一的公路；高卢、不列颠、西班牙和意大利也修有四通八达的公路，罗马的将领因此可以精确地计算从军需仓库到作为补给站的兵营之间的行军时间：从科隆到罗马需 67 天，从罗马到布林迪西要 15 天，从罗马到安条克则要 124 天（包括两天的海上航行）。[8] 然而，罗马邻近的帝国却都没有能和罗马相比的道路，就连地处平原，修路相对容易的美索不达米亚和波斯也望尘莫及（亚历山大大帝的“皇家大道”根本达不到罗马的标准）；罗马的行政管理在5世纪解体之后，它宏伟的公路体系也逐渐失修老化。罗马公路体系的衰损意味着后来的1000多年内在任何地方都不再可能进行远距离行军。比如，9世纪中期，英格兰阿尔弗雷德大帝的军队从萨默塞特出发迎击丹麦人时，沿哈德威（the Hardway）的行军费尽力气。那是一条泥泞不堪的小道，和罗马人用过的道路没有连接，尽管400年前罗马人在那附近建有几条出色的公路。

没有道路，军队就无法用车辆运送给养，除非车子坚固无比，所以只能靠船或牛；从公元前15世纪（有在今天波兰的考古发现为证）到19世纪初的印度和西班牙，公牛是最常用来拉车和驮物的牲畜。[9]威灵顿在印度和西班牙作战时，无时无刻不惦记着寻找“好公牛”。他在1804年8月写道：“如果没有驾驭得当、照料精心的牲畜，部队就不可能快速运动”；在那之前他在印度也表达了同样的意思：“军事行动的成功取决于军需供应；打仗不难，打胜仗也不难，有时可能会损兵折将，有时也可能不失一兵一卒；但要达到目标，必须解决吃饭问题。”[10]威灵顿手里有钱，可以多买牛只；对他来说，牛的好处是既可以运东西，也可以杀了吃，他也确实是这样做的。别的统帅很少有像他那样不缺钱的。一般来说，牛太宝贵了，不能宰了给战士当伙食，而这就自动限制了军队的速度和行动范围。

比如，亚历山大大帝和威灵顿一样，依靠大小公牛来为行军的部队运送军需，但是，他的战术活动范围不能超过离通常设在海上的补给仓库8天的行程，因为一头牛这段时间内会吃光它自己驮的草料。结果，亚历山大要长途作战，要么不能离补给舰队太远，要么必须派人打前站去买粮食并找人捐献买粮食的现金或做出担保，保证胜利后再支付买粮食的钱；一些见利忘义的波斯官员看到亚历山大对大流士的进攻气势如虹，都争先恐后地和亚历山大做交易。亚历山大离家最远的一次行军是公元前326年从印度河到俾路支斯坦的莫克兰，为这次300英里的行军，他准备了52 000吨的给养，足以保证他由87 000步兵、18 000骑兵和52 000杂役组成的大军4个月之用。因为在没有到达目的地之前，牲口队就会吃掉所驮的草料，士兵也会吃光自己那30磅的给养，所以亚历山大依靠沿印度洋海岸随军前行的补给舰队提供给养，并指望季风带来的雨水补充河水，因为他的军队要在大河入海口获取饮用水。这个后勤计划非常周全。补给舰队上的粮草如果定期卸货分配，本可以为他的军队提供充足的给养。但是，那年的季风把亚历山大的舰队阻在印度河口难以前进，结果他的军队在穿越俾路支斯坦沙漠的行军中损失了四分之三。[11]

这个灾难是一个极端的例子，说明后勤对作战的影响之巨大；即使算无遗策、才能出众的将领也必须依靠后勤。它也残酷地证明了威灵顿的格言："要达到目标，必须解决吃饭问题。"在古代和近代之前，除了在帝国公路网所及地区活动的罗马军队或挨近水上供给线的军队之外，没有哪个将领能带兵出外作战而不受后勤的制约。即使是罗马人，一旦到了公路的尽头再往前行照样一筹莫展，而人数众多的大军哪怕是在自己控制的土地内都有可能缺粮，1809—1813年间拿破仑的将帅在西班牙就遇到了这种情形。军需方面的困难很大部分来自食物的易腐性，这个问题为各个地方、各个时代所共有，直到19世纪发明了罐头和人工食品。历史上的军粮主食一般是烘干的谷粒或谷物磨成的粉，副食有油、猪油、奶酪、鱼露（这是罗马军团饮食中一项重要的调料）、葡萄酒、醋、啤酒，可能还有肉——或者是腌制风干的肉，或者是现吃现宰的；战士们就靠吃这些东西保持良好的作战状态。[12]然而，即使是最好的军粮也缺乏人体所必需的新鲜食物，所以在缺乏新鲜食物的情况下，士兵就和远途航海的水手一样，容易因营养不良而生病。抵抗力的减弱会引发流行病，在集结准备作战的等待期间或旷日持久的围城战中，这种情况经常发生。

19世纪中期，出现了肉罐头（最早的时间是1845年，但吃得太多会造成铅中毒；在探险家富兰克林的北极探险中，许多人就死于这个原因）、炼乳（1860年）、奶粉（1855年）和人造黄油，军粮因此而发生巨变；其中最后一项——人造黄油——的发明是拿破仑三世在19世纪60年代为寻找军粮中黄油的替代品而发起的发明竞赛的成果。[13]美国内战中，北方军队基本上吃芝加哥屠宰场屠宰的牲畜，大多是腌肉，不是罐头，而南方邦联的士兵只能吃味道不佳的传统食物，如玉米面和干花生（“落花生”），长久不知肉味，因为来自得克萨斯州的畜群供应被控制了密西西比河的北方军队切断了；1862年，一个南方邦联的士兵写信给妻子说：“我们有的时候吃生苹果，或烘烤过的苹果，有时吃青玉米，有时什么都没得吃。”[14]北方的军队还试过给士兵吃工业生产的脱水土豆和蔬菜，还有一种罐装的咖啡粉、奶和糖的混合物；没人喜欢吃这些东西，但饥肠辘辘的叛军如果能抢到却如获至宝。

然而，归根结底，北方军队的伙食比南方的好是因为在美国截至1860年铺设的30 000英里的铁路线中（比世界所有其他地方的铁路线加起来还要长），他们的军需官控制的铁路线长度和南方相比的比例是2.4∶1，而且北方还在不断铺设新的铁路线。同时，北方军队的一大任务是只要经过南方邦联的铁路，就将其彻底毁掉，而南方因其经济基础的狭小，无力再建新的铁路。铁路使陆上作战发生了革命性的变化，美国内战则是第一个显示了这一潮流的战争。事实上，现在人们常说，美国的南北战争是纯粹的铁路战争；北方先是成功地切断了南方连接人口稠密的东部和生产基地所在的西部的密西西比铁路线，后又于1864年攻克了查塔努加—亚特兰大铁路线，把南方分割成互不相通、经济上不能自给自足的碎块；通过断绝南方军队的军需供应，确保了南方独立运动最后的崩溃，虽然衣衫褴褛、饥肠辘辘的南方军队在战场上本可以和北方军队奋战到底。[15]

然而，这个看法歪曲了战斗和后勤各自对胜利所做的贡献。面对誓死求胜的敌人，只靠出色的后勤打不了胜仗；1862年的半岛战役中，北方军队统帅麦克莱伦（McLaren）从他的战败中学到了这个教训；而经济上山穷水尽的国家，如1944—1945年的德国和日本，仍困兽犹斗，能使对手遭受令其丧气的挫败。[16]然而，拿破仑直言不讳地说出了一条颠扑不破的真理：胜利最终属于人多的一方。铁路时代的来临则确保能召集众多士兵的国家可以不受季节限制，迅速地把部队运到部署地点。这些国家除美国外都处于西欧和中欧的工业化地区，那里四通八达的铁路网最先在英国和比利时铺设，为的是把工厂和港口相连接，接着在法国和普鲁士迅速展开，然后以比较缓慢的速度向东发展，把奥地利—匈牙利和俄国的农业区纳入共同的铁路系统；从1825年到1900年，欧洲火车轨道的长度从零增加到17.5万英里；铁轨穿隧道，过桥梁，越过欧洲大陆上的每一个自然屏障，包括莱茵河、阿尔卑斯山和比利牛斯山。当年的罗马军团从罗马到科隆要走67天，到1900年，两地之间的行程还不到24小时。

然而，欧洲铁路系统的军事意义在于它的东西轴，不是南北轴，因为法德边界、德奥边界和德俄边界动荡不定，是酝酿冲突的所在。普鲁士政府以及后来的德意志帝国政府把铁路视为国防的关键因素，到1860年，全国铁路的一半被收归国有，20年后更是全部收归国有。1866年，普鲁士每天动用12列火车运兵，一个星期内就把近卫军团从柏林部署到普奥边界前线。这个例子不容置疑地证明了军事行动中铁路相对于公路交通的优势，也毫不隐讳地警告任何未能把交通运输政策和征兵政策融为一体的国家，它们将来一定会败在做到了这一点的国家手下。普鲁士在1866年打败了奥地利，主要靠人多为胜，因为战争甫一开打，它就很快把大部队运到并投入了作战；它1870年在阿尔萨斯-洛林战胜法国的直接原因也是法方的铁路网不够发达，增兵和补给不力。[17]

对于1866年和1870—1871年的两次战争的教训，欧洲各国，包括德意志帝国自己总参谋部的人员都看在眼里，记在心上。到1876年，德意志帝国成立了自己的铁道部，负责监督帝国内新铁路的兴建，以此确保战时能满足军事需要；德法及德比（利时）边界上的乡村小火车站都配装了一英里长的站台，可供几列火车同时停靠，一次就能卸下整整一团人马。1914年8月，德意志帝国轻而易举地做到了这样大规模部署的壮举。8月1日到17日之间，和平时期军队人数为 80 万的德意志帝国不仅通过动员预备役兵员把兵力增加了 6 倍，而且就在那几天内把 148.5 万人运到了对比利时和法国作战的前线，而且士兵都配好了武器装备，一下火车就能投入战斗。它的敌手的表现也不逊色。1914 年法国对其铁路的军事管理和 1870 年简直有天壤之别，9 月份马恩河战役的危急时刻，在及时运兵到形势吃紧的战区去增援这一点上，法国的运输人员甚至比德国的人员更加灵活。奥地利在动员兵力方面和德国同样高效；就连俄国居然也把第一军和第二军高速集中到了波兰，它自己、它的盟友和德国人对此都始料未及；这对德国人是一大打击，本来德军总参谋部认为俄国的组织能力低下，以为东线可以 6 周无战事，使他们能集中兵力在西线一举赢得战争。

1914 年的大动员证明，欧洲各国的总参谋部在之前 40 年的和平时期努力改善铁路的战备规划没有白费力气；大战爆发一个月之内，大批部队——62 个法国步兵师（每师 15 000 人）、87 个德国步兵师、49 个奥地利步兵师、114 个俄国步兵师——就离开和平时代的军营来到了战场上，另外还有几百万匹战马。[18] 然而，战士们一旦到达，铁路运输提供的奇迹般的机动性即消失无踪。对垒的两军运动和输送给养物资的方式并不比当年的罗马军团更高明；下火车后，士兵只能徒步行军，运输给养只能靠马拉车。事实上，他们的运气还比不上以前组织良好的军队，因为现代战争使用的大炮确定了一条几英里宽的火力区，区内不可能用马匹运送给养，所以步兵的补给，无论是粮食还是弹药，都只能用手提肩扛。

当然，机动性的限制最迫在眉睫的影响不在后勤，而在实际的作战：在火力区中心，步兵几乎寸步难行，稍有动作就会死伤惨重；

直到1916年发明了坦克以后，小股部队才能够在与敌人作战的时候迂回穿插。然而，后勤的问题在第一次世界大战期间自始至终都是各国军队的一大困扰；一个重要的原因是，要赢得火力区内的优势，就需要加强己方的火力，这就要求从火车卸载处运送更多的炮弹到火炮阵地，而运炮弹只能靠马拉。结果，仅举1914—1918年间法国港口为英国西线军队卸载的军需物资为例，其中货量最大的就是马饲料。

第二次世界大战期间，这个问题再次出现。由于德国的机械工业必须集中资源制造坦克、飞机和潜艇，汽车运输力发展不够，而且反正也经常缺油，结果德国军队征用的马匹甚至比1914—1918年间都多——第二次世界大战征用了275万匹，而第一次世界大战时才用了140万匹；大部分马匹都死于战争期间，苏联红军在1941—1945年间征用的350万匹马多数也在服役期间死去。[19] 只有美军和英军能够用汽车为前线的部队运送军需，这要归功于美国石油工业和汽车工业独一无二的生产力。事实上，美国丰沛雄厚的资源不仅能完全满足本国的陆海两军对卡车和燃油的需要，而且还为苏联红军提供了395 883辆卡车和270万吨汽油。苏联人后来自己坦承，他们就是靠了这些卡车和汽油从斯大林格勒（今伏尔加格勒）挺进柏林的。[20]

工业时代的大战期间，铁路、马匹和汽车运输所承受的负担比过去，包括火药时代的军需供应线的负担大得多。使用冷兵器的军队需要携带的只有食物、饲料和装备，如帐篷、工具，可能还有架桥设备；使用火药的军队所需的弹药量也不大。然而，大规模生产时代的工业通过碾轧钢板和浇铸发动机部件而实现了交通运输的革命，也生产了大量的炮弹和子弹供军队使用。弹药消耗量因此而成倍增长，比如，滑铁卢战役中拿破仑的炮兵部队有 246 门炮，战役中每门炮发射了约 100 发炮弹；1870 年，在 19 世纪最著名的战役之一色当战役中，普鲁士军队发射了 33 134 发炮弹；1916 年 7 月 1 日的索姆河战役打响的第一周，英国的炮兵发射了 100 万发炮弹，总计约 20 000 吨金属和炸药。[21] 如此大量的需求在 1915 年引发了一场“炮弹危机”，英国启动了紧急工业化方案加快生产，还向其他国家产能有余的工厂下了巨额订单，这才补足了炮弹的短缺。自那以后，英法两国的军工生产再没有出过岔子；法国人在战前原计划每天消耗 10 000 发 75 毫米口径的炮弹，到 1915 年把产量推至每天 20 万发的水平；1917—1918 年，法国为来欧作战的美军提供了 1000 万发炮弹，供美军的法制大炮使用；美国空军投入作战的 6287 架飞机中有 4791 架是法国制造的。德国尽管因协约国的封锁而被迫使用硝酸盐的人工替代品，但它的炸药产量从 1914 年的每月 1000 吨增加到 1915 年的每月 6000 吨；就连备受轻视的俄国工厂系统也把炮弹的产量从 1915 年的每月 45 万发猛增 9 倍，到 1916 年的 450 万发。[22]

19 世纪发展起来的欧美军工产业的能力和复杂性史无前例。石器时代的人挖掘燧石，制造燧石用品，形成了商业规模，但青铜武器和甲胄的制造一直是小型的手工业。铁的到来导致了产量的增加，甚至促成了生产的标准化：罗马军队掌管着一个军工厂网络，由它们生产军团用的带环铠甲、头盔、剑和投抢；国家高度重视工人的技术，398 年甚至发布法令，规定给他们打上烙印，以防他们逃跑。[23] 然而，蛮族入侵后，武器制造再次成为私人作坊的生意，虽然制造锁子甲的技术因为难度很高，而被纳入了国家管理之下。

779年，查理曼发布敕令，向外国出售锁子甲的商人一经发现即没收其全部财产；这个敕令于805年再次下达；据估计，查理曼的骑兵作战时所穿的锁子甲总计重量有180吨左右，相当于帝国内所有制甲工匠几年的产出。

制造金属盔甲无论是冶金技术还是成型技术均极为复杂，因此更缩小了制造的范围；最好的盔甲出自皇家工场，位于格林尼治的皇家工场是英国的盔甲制造中心。然而，金属盔甲的制造工艺达到顶峰的时候恰值火药面世，不仅使金属盔甲迅即成为明日黄花，而且催生了对火药、弹丸、火炮和个人用火器的需求的飙升。开始时金属弹丸贵得离谱，于是石匠扩大产品范围，去做石头替代品。火药生产的一大限制是天然硝酸钾，即硝石的奇缺。直到19世纪发明出人工合成的技术之前，硝石作为细菌对尿液和粪便产生作用后的产物，通常只能在洞穴或畜栏里找到。很多国家都直接控制对硝石的采集和使用。[24] 虽然火器制造日益被纳入国家垄断（比如，英国的伦敦塔中就有国营兵工厂），但私人枪炮工匠也批量生产枪支，这类私人枪炮工匠主要集中于较小的德意志邦国。然而，火炮的铸造从一开始就牢牢地把握在国王手中，随着15世纪末火炮革命的来临，国有兵工厂的历史遂真正开始。

铸造火炮的工艺最初是铸钟工发展起来的，只有他们知道如何把熔化的金属汁浇铸为大型物品（这项技术是8世纪发明的），他们使用的金属是当时认为唯一能抵抗火药冲击的青铜。然而，16世纪期间，人们开始试验铸铁；最初的产品只能在海上使用，因为铁炮造得比青铜炮厚重，足够结实，能吸收火药的后坐力。后来，所有攻城用的大炮和船上的火炮都用铁来铸造了。与此同时，对铸造技术进行试验改进后，生产出的青铜野战炮也比过去好用了许多。1734 年受雇于法国政府的瑞士人让·马里茨（Jean Maritz）认识到，炮管如果先铸成实心，然后再镗削出内膛，要比像铸钟那样铸成空心的更好。镗削可以使弹丸和炮膛契合得更紧密，因此减少达到某个射程所需的火药，最终减轻火炮的重量，增加其机动性。在马里茨的时代，镗床靠水力驱动，还没有达到足以镗削炮膛的力量，但马里茨的儿子造出了非常合用的镗床，也因此而被任命为吕埃尔皇家兵工厂主管，后来又被擢升为法国所有其他国有铸炮厂的主管。[25]

英国在 1774 年引进并抄袭了法国镗床，但一直到火药时代结束，法国国家兵工厂生产的大炮仍然优于所有其他欧洲国家的大炮，这主要归功于伟大的炮兵专家让·格里博瓦（Jean Gribeauval）在 1763—1767 年推行的标准化和合理化进程；他造的大炮到 1829 年仍在法军中服役。[26] 不过到那时，工业革命释放出来的商业力量开始出现压倒国家兵工厂之势；最后国家兵工厂终于不敌，这也许是不可避免的。以蒸汽为动力从煤矿中挖出大量的煤，再用煤将炉中的铁矿石化为铁水后进行大规模制造，这成了一本万利的生意。到 19 世纪中期，成功的制铁商掌握了大量的资金，只要银行家同意某个事业有利可图，马上可以拿出钱来投资。最初投资的热门是铁路、火车、铁甲船和工业机械；随着陆军（和海军）日益扩编，制造舰只、炮场和士兵所需要的大大小小的各式枪炮成了诱人的赚钱机会。英国的一位液压设备制造商威廉·阿姆斯特朗在读了关于大炮在克里米亚战争中的效用的报道后，认定是“把军事工程提高到目前机械制造水平的时候了”。他很快开始为陆军制造大型线膛火炮，为海军制造的火炮更大；1857 到 1861 年之间，他设在埃尔斯威克的工厂制造出了 1600 门后填式线膛炮。不久，同是英国人的惠特沃思也涉足大炮制造，和阿姆斯特朗竞争；他们两人都享受政府补贴来试验对大炮的改进，但也都遇到了来自海外的竞争。[27]

德国埃森的钢铁制造商阿尔弗雷德·克虏伯（Alfied Krupp）在 1850 年以前就开始试验用钢制造枪炮，并在 1851 年的世界博览会上展出了后膛填弹的钢制大炮。钢这种金属不易加工，人们对它的特性尚未完全掌握，克虏伯做的许多试验品都太脆，试验时一发炮炮筒就爆裂了。最后他终于掌握了相关的技术，1863 年，他得到了俄国的大量订单，生意开始盈利。到 19 世纪末，许多军队都装备了克虏伯制造的口径从 77 毫米到 155 毫米的钢炮（1914 年他研制出了 420 毫米口径的大炮），但那些军队不包括英国、法国、俄国和奥地利的军队，俄奥两国自己也建起了兵工厂。克虏伯生产的 11 英寸口径的舰炮在性能上比英国 13.5 英寸口径的舰炮更优越。

与此同时，在私人企业手中，小型武器制造也发生了巨大的变化，这类私人企业的中心在美国。主要集中于康涅狄格河谷的美国发明者和制造商率先采用了“零件互换”的概念。他们使用以水为动力，后来由蒸汽驱动的自动或半自动铣床高速准确地按要求制造出各个零件，因此而完全去除了用手工打磨零件使其合榫这一成本昂贵的环节。19 世纪 50 年代期间，来复枪迅速取代了滑膛枪；制造来复枪只需半熟练工人就行，由他们把筐子里以上述流程做出的零件组装起来；卖方可以保证，买方买到的所有来复枪都是同等质量。这个流程很快也用于生产新来复枪使用的金属弹壳，英国的伍尔维奇兵工厂在 19 世纪 50 年代安装了重复性弹壳加工机器，产量很快就达到每天 25 万颗。

出于对产量过剩和国内市场饱和的担心，军火制造商不停地寻求比现有产品更新的设计，并向海外开拓新市场。这方面美国人又是站在发明者的前列。法国在 1870 年提出了枪炮匠一直孜孜以求努力完善的一种武器——机枪——的实用模型。这种机枪比较粗陋，而且只是半自动的。包括瑞典的努登费尔特（Nordenfeldt）和美国的加德纳（Gardner）在内的好几个发明者你追我赶地争相研造性能更优越的商业模型。胜出者是美国人海勒姆·马克沁（Hiram Maxim）；他 1884 年成立的公司生产的机枪名副其实，每分钟能射出 600 发子弹，靠的是一个利用每一颗子弹爆炸时产生的能量来驱动的机制；马克沁机枪的枪手实质上不过是穿军装的工业流程操作工人，因为他做的事只限于扣动机枪的扳机，再就是使用机械装置把枪口转来转去进行扫射。[28]

1914 年卷入世界大战的所有国家的军队都配备了机枪和杀伤力较小但原理一样的后装弹小口径连发步枪。这些枪支的射程是 1000 码，500 码内可以准确命中，在战场上立刻成为防御的法宝；冒着它们的火力发动步兵攻击会遭受惨重损失，甚至全军覆没。从步兵挖掘战壕作为藏身之处以躲避倾泻而来的钢铁之雨那时起，将领们就一直在苦思破解之道。最先尝试的办法是增加大炮的部署，结果却是双方的火炮互相消耗，战场被毁，加之国内的炮弹制造业和接近前线的军需供应不堪重负。第二个办法是坦克的发明，但生产出来的坦克数量太少，坦克也速度太慢、太不灵活，无法根本性地改变战局。大战接近尾声时，双方都寄希望于新发明的空中工具来打击削弱对方国民的士气和生产能力；然而，那时的重型飞机和飞艇都不具备改变大局的攻击能力。第一次世界大战的结束不是因为高级指挥层发明或使用了新的军事技术，而是因为工业生产对人力的无情消耗。德国在这场“物资战”（Materialschlacht）中败下阵来几乎是个偶然，协约国中的任何一个都有可能成为战败国，而俄国在1917年也的确尝到了参战的苦果。不断扩大军队，购买越来越昂贵的武器——这些就是各国总参谋部对政府建议的办法，说靠它们可以确保和平；如果战争爆发，也可以靠它们赢得胜利；但既然各国都如法行事，这些措施所产生的效果就都互相抵销掉了。胜败双方都被供应和后勤的负担压垮了。

然而，在第二次世界大战中，主要的战胜国却靠着供应和后勤赢得了压倒性的胜利，而且除了悲痛伤心以外，付出的代价微乎其微。美国参加第一次世界大战的时间很晚，当时也基本上没有军工产业，因为它1865年后致富靠的是面向国内的、非军事的工业化。到了第二次世界大战，美国在1941年就加入了战团，而且在之前的两年间一直在加紧发展军工产业，为英军，后来又包括苏军，提供对纳粹德国作战的军需。在大萧条中遭到重创的美国工业拜重整军备之赐得以复兴，但仍存在着相当大的产能过剩的问题。从1941年到1945年，美国经济经历了有史以来最大、最快、最持久的扩张；美国的国民生产总值增加了50%，它的作战物资生产所占工业总产出的百分比从1939年的2%猛增到1943年的40%，而且美国生产作战物资基本不靠贷款，而是靠收入供资。它的劳动生产率提高了25%，工厂利用率从每周40小时增加到90小时；结果造船业的产出增加了10倍，橡胶产量翻了一番，钢产量几乎翻了一番，飞机产量飙升11倍——“二战”中主要参战国制造的75万架飞机

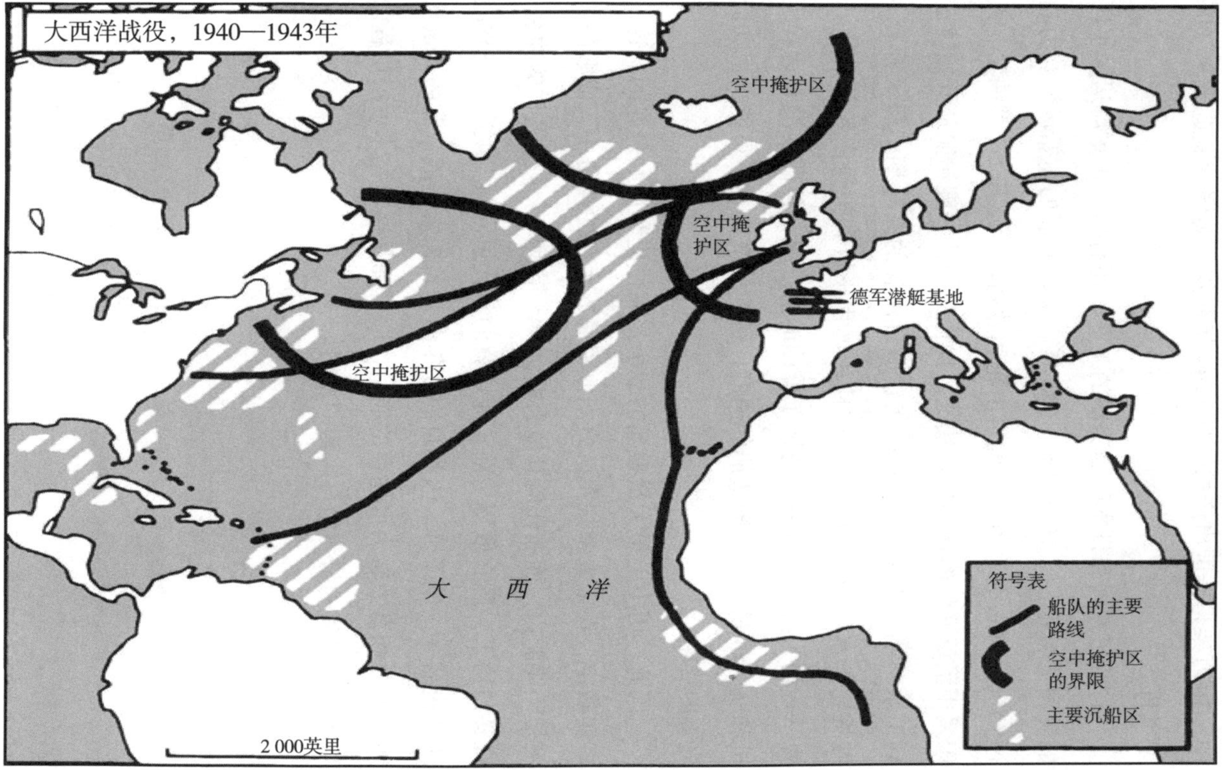
大西洋战役，1940—1943年
空中掩护区
空中掩
护区
德军潜艇基地
空中掩护区
大　西　洋
符号表
船队的主要
路线
空中掩护区
的界限
主要沉船区
2 000英里

中，30万架是美国出产的，只1944年一年，美国就制造了90 000架飞机。[29]

打败了德国和日本的是美国的工业，还有提供了军需运输手段的美国造船业。从1941年到1945年，美国发展的商船运输能力超过5100万吨，包括万吨级的自由轮和胜利轮，还有T-2型油轮。美国采用了革命性的预制件造船法，操作起来，一艘轮船从开始建造到下水只需4天零15小时；在建造自由轮的高峰期，每天都有3艘货轮下水。[30]大西洋战役中使用远程飞机和护送商船的航空母舰——均为美国制造——打败了德国的潜水艇，但即使没有远程飞机和航空母舰，以美国造船的速度，德国的潜艇也不可能击沉如此之多的货轮。

因此，历史上最大最残酷的战争是靠供应和后勤打赢的。这一事实确定，在未来常规军队之间攸关民族生存的斗争中，成败的关键是工业能力，而非任何其他因素。1945年后尚未发生这样的冲突，这要归功于美国在取得空前工业成就的年代里同时发明了战场作战的替代品——原子弹。人类自500年前开始探索作战依靠的力量从如何人力和畜力转为可储存的能量，原子弹是这个技术发展历程的顶峰，而求索的努力始自火药的发明。

第 5 章

火

Fire

火被用作武器由来已久。拜占庭人是始作俑者，在7世纪就开始使用“希腊火”。他们对这种武器的成分守口如瓶，时至今日，学者们还在就它的性质争论不休。我们只能确定，它是液体，用唧筒喷射，主要用作助燃剂在围城战和海战中攻击木质结构。它这个“火力”不具备如推进剂或炸药这类材料的现代意义。尽管它使人闻之色变，令人感到神秘莫测，但它其实并未产生特别有效的创新成果。它没有像火药的发明那样，带来战争的革命性变化。

不过，火药与它有关，因为现在普遍认为，“希腊火”的主要成分是巴比伦人称为“石脑油”（naphtha）或“燃烧之物”的东西，那是石油渗透到地表的沉淀物。[1]巴比伦人把它看作无用之物。但是，大约在11世纪时，中国人发现，把从当地地表渗出的包含石脑油的物质和硝石混在一起，产生的混合物有爆炸和燃烧的性能。在那之前，中国人偶然发现，在含硫量高的土上烧火，特别是用木炭烧火时会发生爆炸。当纯化硫和木炭粉以及硝石晶体混合起来的时候，就产生了我们所谓的火药。中国人发明火药的时间在950年前后，最初可能是在道观里用来作法。[2]关于中国人在战争中是否使用火药这个问题，众说纷纭。没有证据表明他们在13世纪末之前做出了火炮（尽管早就做出了烟火）。[3]在那之后不久，欧洲也有了火药，也许是炼金术士在徒劳地孜孜寻求点石成金术的过程中偶然发现了它的秘密，而人一旦发现了它的爆炸性能，马上意识到可以把它用于军事用途。至于后来如何发现如果把火药和弹射体装在管子里，点燃火药后产生的力可以把弹射体向着特定的方向推到很远的地方，我们就不得而知了。但可以准确地知道，获得这个发现的时间是 14 世纪初，因为 1326 年的一张图画上画着一个花瓶形状的东西——也许是出自习惯制造此种形状的铸钟工之手——瓶颈处伸出一支大箭，箭头直指着堡垒的大门，炮手正在把火捻凑到火门上去。

到 15 世纪，制炮技术取得了进步。弹丸代替了箭，炮也变为管状，有时是把熟铁条用铁圈像箍桶一样箍成炮管。不过使用火炮仍然只限于攻城。尽管在阿金库尔战役（1415 年）中显然使用了火炮，但它们在战场上除了弄得响声震天、烟雾弥漫以外，没有多大的作为；哪个骑士或箭手若是不巧遇到四处乱飞的流弹只能自认倒霉。然而，40 年后，法国人在 1450—1453 年间终于把英国人赶出诺曼底和阿基坦的那次战役中就用火炮射穿了英方堡垒的厚墙；同一时间，奥斯曼土耳其人正在用巨型臼炮轰击狄奥多西时代修建的君士坦丁堡城墙（土耳其人特别偏好巨型大炮，有时甚至需要在攻城开始前就地铸造）。1477 年，法国的路易十一（1461—1483 年在位）用火炮攻击勃艮第地区各领主的堡垒，扩大了自己对祖传土地的控制范围。到 1478 年，法国王室自 6 个世纪之前的卡洛林王朝以来首次实现了对法国领土的完全控制，并着手建立集权制政府，很快使法国成为欧洲头号强国；而支撑中央政府的财政制度对付桀骜不驯、拒交税赋的封臣的终极手段就是火炮。[4]

火药与工事

虽然法国国王和奥斯曼土耳其人用火炮打破了敌人的防御墙，但他们的火炮有严重缺陷，极大地限制了其军事用途——又大又重，而且安装在固定不动的平台上。这样，只有在己方已经控制的土地上才能使用火炮，如法国人在诺曼底乡间以及奥斯曼人在君士坦丁堡城外的水上和陆上。火炮真正要成为作战工具，就必须足够轻便，可以用车拉着随军前行，这样，步兵、马匹和火炮才能形成一个统一的整体，一起在敌人控制区内行动，因此而避免炮兵跟不上大军行进的速度而被敌人连人带炮一起抓获，或撤退时被迫丢弃火炮。

1494 年，法国人实现了这方面的突破：

> 法国的工匠和铸钟匠……到 15 世纪 90 年代（早期）……发展出了将在后来的近 400 年间成为战役和围城战决胜因素的火炮。原来笨重的"组装"臼炮安在木制台子上发射石头弹丸，每次换地方都要抬到车上运走；现在改为青铜铸成的直炮筒，长度不超过 8 英尺，比例经过仔细的计算，以吸收发射时造成的从炮尾到炮口递减的冲击力。这种炮发射的是熟铁弹丸，比石头弹丸重，因此同一口径的炮发射铁弹丸要比发射石头弹丸的破坏力大两倍。[5]

最为重要的是，火炮可以移动了；因为炮筒是一次性铸成的，所以在炮筒的平衡点稍前的地方可以同时铸上"炮耳"，即突出的小小凸缘，用来架在木制双轮支架上。这样，火炮就能像小车一样行动自如了，如果炮架的“架尾”再挂到另一辆双轮“前车”上，和炮架形成一个整体，可以直接把马套在车轴上拉动，那就比小车还更灵便；炮架还可以做得使人能通过调整炮尾下方垫的楔子来降低或抬高炮口（barrel 这个用细长的铁板箍成的“组装”大炮的专用术语一直流传至今）。要把炮从右转向左或从左转向右，只需移动为稳定炮身而安放在地上的炮尾即可。

1494 年春，率军自蒙特热内夫尔越过阿尔卑斯山的查理八世下令把 40 门火炮从法国运到北部意大利的拉斯佩齐亚港，他从那里出发向南席卷意大利，要夺取那不勒斯王国的王位。他途经的城邦和教皇属地听说他的火炮很快就击垮了费里扎诺城堡的护墙，纷纷放弃了抵抗。11 月，他征服了佛罗伦萨。第二年 2 月，他在那不勒斯仅用 8 个小时攻破了曾在使用传统方法的围城战中坚持了 7 年的圣乔瓦尼城堡，胜利进入那不勒斯。他行经之处，整个意大利都为之震动。他的火炮给作战带来了一场名副其实的革命。过去使攻城机和攀墙队无可奈何的高墙深垒的城堡在火炮这种新的打击武器面前脆弱得不堪一击。当时一个意大利人圭恰迪尼写道，火炮“如此迅速地靠墙安好，发射得如此密集，弹丸飞来的速度如此之快，力量如此之大，几个小时内造成的破坏就等于过去意大利的战斗中几天的破坏”。[6]

查理八世虽然在那不勒斯取得了胜利，但好景不长。他不分青红皂白的打法使意大利所有的城邦个个自危，于是威尼斯、神圣罗马帝国的皇帝、教皇和西班牙组成了反对他的联盟。虽然他在接下来与神圣联盟打的福尔诺沃战役中靠大炮赢得了胜利，但他还是决定放弃意大利回到法国，1498 年就去世了。他的炮兵革命却持续了下来。新型火炮达到了攻城者几千年来梦寐以求的效果。以前，堡垒的效力主要取决于墙的高度。不过并不全是那样，水也能成为强有力的防御；亚历山大大帝在围攻提尔苏尔面海的要塞时（公元前332年）就亲身体会到了这一点，那场围攻一直持续了7个月才告结束。不过，总的来说，墙越高，攻城队就越不容易攀到墙头，同时墙高也意味着墙厚，使攻城机械难以奏效。压重弹射机（弩炮）投掷的石头打到墙上就滑下去，扭力投掷机虽然可以平射，但力量太小。唯一肯定能弄垮城墙的办法是挖地道，这个办法费力不说，遇到城壕和护城河就无计可施，而且对方也会通过挖对抗地道的办法来破坏。

新型火炮可以迅速靠近城墙投入作战，射出的弹丸还可以较准确地打中预期的目标，因此能产生与挖地道相同的效果。瞄准城墙墙基的一点不断平射，射出的铁弹丸很快就能在墙石上打出一道沟，这种打击的积累性效果也利用了墙体本身的物理原理：墙越高，基础受打击后动摇得就越快，倾塌后破的口子也越大。城墙倒塌下来的瓦砾会自动填满墙脚下的壕沟，正好为攻城部队铺平道路，而且坍塌的城墙可能还会带倒瞭望塔（这正合炮手之意，因为它意味着守军失去了向进攻的一方投掷石块和别的武器的制高点），所以攻破了城墙就等于拿下了堡垒；根据之前的围城战已经确定的惯例，城墙被攻破后守军若是还不投降，攻城的军队就可以对守军大开杀戒，也可以放手抢掠。在火炮时代，这个惯例成为绝对的规矩。

那不勒斯的惨败使所有国家悚然而惊。对许多国家，特别是文艺复兴时代欧洲的一些小国来说，现有的堡垒是第一道防线，它们的建造和维修是国库的一大笔开支。查理八世的火炮如此轻而易举地摧毁了矗立了多少个世纪的城墙，这刺激了工事工程师的好胜心。16世纪上半叶，法国、西班牙、神圣罗马帝国和各城邦间不断结盟改盟，在意大利混战不休。那个时期内对旧城墙加固的手法达到了很高的水平。比如，1500年，比萨的工程师在石头城墙后加建了一道土墙和壕沟；法国人及其佛罗伦萨盟友虽然用火炮轰破了一处城墙，但整个城墙仍然屹立不倒。“比萨双层护墙”被广为采用，还有很多城邦在城墙外围又建造起土木结构的护墙和瞭望塔，火炮的铁弹丸至少在攻城的初期无法对它们造成破坏。[7] 城邦和堡垒守军的指挥官也很快意识到，即使城墙被打破，也可以部署步兵使用火器顶住来攻的敌人。这种战术的各种有效模式逐渐显现，1523年的克雷莫纳围城战和1524年的马赛之围就是清楚的证明。

然而，临时的修补加固无法使古老的城墙永远顶受得住新式火炮的攻击，需要建立一种全新的工事体系。令人惊诧的是这种新式工事出现得如此之快，使大炮只享受了半个世纪攻无不克、威风八面的好日子。如果和其他对军事新发明的适应速度相比，50年似乎很长，比如，在第二次世界大战开始时，盟军为对付希特勒装甲部队的闪电战，彻底对军队进行了重组，大量制造反坦克武器，到1943年即有效地控制了局面。但这种看法忽视了所涉及的智力概念上的困难和资金问题。首先必须想出反火炮的概念，然后必须找到资金把概念变为现实。这需要巨大的资金投入，因为多少世纪以来，在欧洲大陆各处建造的工事体系本来早已收回了建筑的成本（有些城镇的防护墙虽然在中世纪经过了重建，但最初建立的时间可追溯到罗马时代），但现在却需要把它们全部推倒重来。

机动火炮问世伊始，就有人敏锐地抓住了反制概念的根本。既然火炮最能对高墙造成损毁，所以新城墙就必须造得低。然而，低墙的工事等于是开门揖盗，敌人很容易发动突然袭击，顺着梯子攀过城墙进入工事内部。所以，新的工事体系必须既能够抵御火炮的射击，同时又不让敌人的步兵靠近。达到这种以深度换高度的效果的手段是棱堡，它突出于城墙之外，俯瞰城壕或护城河，可以作为火炮和火器的发射平台，而且非常坚固，不会被敌人密集的炮火轰塌。实践证明，最合适的棱堡设计有 4 面：两面合在一起形成楔子状向外突出，使敌人的炮弹打不到正面，还可以架设己方的大炮；另两面呈直角把突出的楔子连在城墙上，在这两面的雉堞后，守军可以用火炮和火器覆盖城壕和棱堡之间的空地。棱堡用石材建造，不过以砖替代也未尝不可，墙后顶着夯实的泥土，整个棱堡牢固无比，既是坚实的火炮阵地，也是不惧炮击的城防。[8]

在查理八世 1494 年远征意大利，宣告了堡垒的末日之前的一段时期，工事工程师就已经开始研究试验棱堡，并一直在加厚城墙，使之形成坡度。这样的试验并不普遍，只有零散的几例，但一旦革新成为必需，进行过这种试验的工程师就能立即行动起来。意大利有几个工事“世家”，其中最早确立，也是最重要的世家是朱力亚诺·达圣加诺（Giuliano da Sangallo）和安东尼奥·达圣加诺（Antonio da Sangllo）两兄弟；朱力亚诺在 1487 年为波焦因佩里亚莱（Poggio Imperiate）的城防画出了棱堡的设计图，就在 1494 年那年，安东尼奥开始按棱堡的设计为教皇亚历山大六世重建在奇维塔卡斯泰拉纳（Civita Castellana）的要塞。[9] 圣加诺兄弟俩坚信棱堡是攻城大炮的克星，很快就为意大利那些出得起建筑费用的城邦建起了一座座棱堡；他们在 1501—1503 年间为内图诺建了几座棱堡，

1515年，安东尼奥又接下了为亚历山德罗·法尔内塞（Aiessandro Farnese）红衣主教在卡普拉罗莱建造一座样板碉堡的订单。圣加诺家族的红火生意引得别人也想来分一杯羹，先是圣米凯利（San Micheli），然后是萨沃尔尼亚诺（Savorgnano）、佩鲁齐（Peruzzi）、真加（Genga）和安东内利（Antonelli）几个家族也都进入了碉堡建筑业。

建造工事带来财源滚滚，令人眼红，吸引了令人完全意想不到的人物，包括列奥纳多·达芬奇，[10] 他在切萨雷·波吉亚（Cesare Bogia）手下做工事碉堡检查员；还有米开朗琪罗，他在1545年和安东尼奥·达圣加诺的一次争论中宣称："我对绘画和雕塑所知不多，但我对造工事很有经验，我已经证明关于工事我比圣加诺家族全加起来都懂得多。"[11] 从1527年到1529年，米开朗琪罗为他的家乡佛罗伦萨建造了新的城防，但后来对他造工事技术的问津者寥寥无几，这不能不算是艺术的一大幸事。

圣加诺和其他工事家族几乎没有空闲的时候。他们建造工事的地点不仅限于意大利，由于他们大名远扬，各国国王又获得了越来越多的机动火炮，所以他们也去法国、西班牙、葡萄牙、爱琴海和马耳他（医院骑士团被赶出圣地巴勒斯坦后安顿在了那里）做工程，他们的足迹甚至远至俄国、西非和加勒比海地区。自战车工匠在公元前第一个千年期间出售技术给在中东作战的贵族以后，工事修建者和他们的对头炮兵是第一批业技专攻的国际雇佣军。一位意大利历史学家对他们的生活方式做了如下的描述：

我们必须设身处地从这些人的角度来想问题。他们没有钱，但他们知道自己有才，自诩为高等人，身处的人群文明程度不如意大利人。他们看到自己中间的少数人爬上了高位，感到愤懑不平；他们很容易受优厚条件的诱惑，背井离乡去为遥远的君主服务。然而，他们的情况并不因此有所改善——他们债台高筑、囊中空虚；长途旅行的高额费用迫使他们滞留他乡。他们还得忍受士兵们的轻蔑，因为士兵专看不起行伍中试图把战争的理论和武器相结合的人。[12]

许多作战的士兵自己也是雇佣兵，他们蔑视工程师和工兵，是出于武士的自尊自大，不是因为耗费大量金钱和人工建造的新式碉堡没能达到目的。事实恰恰相反：建有棱堡的要塞恢复了防御对进攻的优势，正如15世纪末火炮占了上风一样迅速。到16世纪末，每一个希望维护自己主权的国家都在边界上最薄弱的地点，如山口、渡口和易于航行的港湾，修建了现代防御工事。国内堡垒的分布也有了改变。内地的“星状碉堡”基本上不见了踪迹，因为国王利用自己垄断的昂贵的大炮击破了不服王权、负隅顽抗的最后一批封建领主的据点，并且不准他们重建有棱堡的城堡。然而，边界上的工事却比过去任何时候都更密集，它们作为设立军事防线的手段和政府管辖范围的标志也比过去有效得多。可以说，欧洲现代的边界基本上是由工事划定的，建造工事时对语言的界线和宗教革命后新的宗教界线做了些微的调整，以保证边界的清晰整齐。

这方面最明显的例子莫过于荷兰。在流入北海的莱茵河、默兹河和斯海尔德河这3条大河“以北”受信奉天主教的西班牙国王统治的荷兰新教教徒于1566年发动叛乱（1519年后他们受哈布斯堡家族的统治，奥地利、德意志和意大利的国王也都是这个家族的人）。这场战争持续了 80 多年，和德意志的三十年战争（1618—1648 年）合并为一，还引发了一些连带性的冲突，如 1588 年西班牙的无敌舰队对英国的战争。荷兰人的抵抗之所以能坚持下来，有两个原因：由于荷兰地处海边，还控制着流入中欧的上游河道，所以它已经成了贸易大国，财富直追威尼斯；因为有钱，所以荷兰人造得起坚固的工事作为宣布独立的后盾。西班牙总督雷克森斯的秘书在 1573 年报告说："叛乱的城镇地区比比皆是，几乎遍及整个荷兰和泽兰省；在那些岛屿上平叛尤其困难，除非派遣海军。事实是，如果几个城镇顽强死守，我们就永远不可能收复失地。"[13] 荷兰的城镇的确十分顽强，在没有石头或砖头堡垒的地方，居民建起了许多土堡。只需几座土堡就足以抗拒西班牙人的进攻，1573 年，阿尔克马尔镇和哈勒姆镇坚强的防守消耗了西班牙反攻的全部精力。

攻城战费时费力，因为要想聚集足够的火力打击建有棱堡的堡垒，就必须大量挖土。带棱堡的堡垒是"科学"建筑，它的设计是经过数学计算达成的，精心地尽可能减少敌人的炮弹能够打到的墙面，同时尽可能扩大守军在棱堡上向外射击的火力覆盖面。既然如此，攻城战术也必须"科学"。攻城的工兵很快就找出了相应的办法。需要挖一条与棱堡的一面平行的深沟，把火炮掩藏在里面开炮。在炮火的掩护下，再向堡垒的方向挖"接近"工事，然后在离堡垒较近的位置再挖一条平行的工事，把火炮运过来对堡垒进行近距离炮轰。到 17 世纪，这种技术在路易十四的围城大师沃邦（Vauban）的手里臻于完善，最终确定需要依次挖 3 条平行的工事；在最后挖成、最接近堡垒的工事中，足够猛烈的炮火可以把棱堡夷为平地，坍塌的瓦砾正好填满城壕，使集结在最后一道工事里的步兵借以跨过城壕，冲进堡垒被击破的缺口。

不过，无论带棱堡的堡垒遭受了多么大的打击，发动步兵冲锋总是带有奋不顾身的壮烈味道；所有的防御工事都常备着必要的材料，包括叫作堡篮的装满泥土的长篓、桩柱、栏杆和木头挡墙；一旦城墙被冲破，守军马上可以再建起一道防御墙，同时旁边棱堡上的火枪手和炮手会集中猛烈火力打击越过了城壕，甚至冲到了堡垒前的“斜坡”上的攻击部队。但16世纪的步兵不愿意打攻城战的主要理由还不是冲锋时种种可怕的危险。他们不喜欢攻城战是因为要挖工事，特别是在荷兰，挖地两尺就可能会出水。西班牙的一位主将帕尔马无奈只好给挖工事的士兵多付钱——在后来的几世纪内这几乎成为惯例——但他还得“努力克服卡斯蒂利亚人莫名其妙的虚荣心，他们认为在街上乞讨都比出力气干活挣钱有面子”。[14]

尽管如此，在荷兰叛乱的头20年，西班牙人还是取得了一些成功的；斯海尔德河和默兹河之间的地区是天主教的势力范围，后来成为比利时的北部领土，那个地区内各城镇的叛乱被西班牙镇压了下去。莱茵河以北、艾瑟尔河以西的地区地下水更加丰富，在这个坐落着鹿特丹、阿姆斯特丹和乌得勒支等伟大城市的地区，西班牙人则难做寸进。到1590年，身为荷兰军队统帅的“拿骚的莫里斯”伯爵集中了足够的部队发起了进攻；就是这位莫里斯伯爵和威廉·路易斯以及约翰·路易斯两位堂兄弟一起，借鉴古典文献，重新起用了罗马军团的纪律和操练方法。从1590年到1601年，他把荷兰的边界推至莱茵河以南，把包括布雷达在内的地方永远纳入了荷兰的版图，并为艾恩德霍芬最终落入荷兰之手提供了保证；与此同时，他也打掉了西班牙在荷兰北部的一些兵营，因此而清出了地方，使未来的荷兰王国得以与讲德语的国家接壤。1601 年，莫里斯离开“荷兰碉堡”前往荷兰人的前哨要塞奥斯坦德，被西班牙人盯上缠斗；经过 3 年的围城，西班牙终于拿下了奥斯坦德；但在随后的战争中，西班牙虽然军力仍余勇可贾，财政却已捉襟见肘，1608 年遂表示愿意停战。停战没有按协议规定的持续 12 年。到 1618 年，一场更大的战争——三十年战争——在北部欧洲开打，其间火药给参战者带来的痛苦远远超过了荷兰人和西班牙人之间有固定阵地的堡垒战。

火药战的试验期

14 世纪的战士发现火药释放的神秘力量太难以掌握，因此对它敬而远之。哪怕是使用原始的火炮，用长长的火捻去点燃火门放炮，也非得特别胆大不可，特别是考虑到早期的火炮经常会经受不住火药的冲击而爆炸。因此，手持的发射性武器使用火药做动力需要克服人的怀疑、担心和实实在在的恐惧这个巨大的障碍。不过，到 15 世纪中期，一些欧洲的军队即已开始试验这类的武器；到 1550 年，火器的使用业已相当普遍。

使士兵在心理上对火药从敬而远之过渡到习以为常的武器是弩。这是一种机械武器，拧紧弹簧后能积聚很大的力量，扳动扳机即可以高度的准确性把重弩射到很远的地方。公元前 4 世纪中国的墓葬里就发现了弩，但在欧洲，弩直到 13 世纪末才出现，很可能是当地发明的。14 世纪期间，弩成了战场上常用的有力武器，主要是因为它发出的弩箭能从中等或较近的距离以外穿透铠甲。

弩的机械原理和形状很容易适应火药的使用。它的弓座要抵在肩上，而且必须十分坚固，才能经得起弹簧绷开时产生的冲击；于是在弩弓座的基础上形成了枪托，上面再安上轻型的枪管；用弩射箭扣动扳机时会产生后坐力，所以火药爆炸时对肩窝产生的冲击不会使人惊骇。第一批使用火枪的士兵很可能就是弩手。

然而，将领虽然在攻城战中能充分发挥弩手的作用，但从未找出如何在战场上对他们人尽其用的办法，对火枪手也是一样。14 世纪和 15 世纪期间，英国人使用长弓战果显著，但长弓这种武器很难掌握，没有多少人有耐心去学，会使用长弓的人通常都来自偏远的乡下；长弓和复合弓一样，人要有时间反复练习，才能充分发挥它的威力。长矛用起来非常简单，在像瑞士这种骑士阶级人数很少的地方，健壮而倔强的农夫手持长矛列阵，只要在疾驰而来的骑兵面前保持镇静和勇气，就可以成为阻挡骑兵冲锋的坚强壁垒。瑞士人作为长矛手获得了勇敢无畏的美誉，并因此在 15 世纪期间从统治他们的哈布斯堡王朝手中赢得了高度的自治权，另外还由于他们的坚定可靠成为后来 300 年间欧洲最受欢迎的雇佣兵。比如，在圣雅各恩比尔（St Jacob-en-birs）的“疯狂战役”（1444 年）中，1500 名瑞士长矛手冲进 30 000 多人的法军中间奋勇杀敌，直至全部战死。在敌我人数比较相当的和勃艮第人的作战中，包括 1476 年的格兰森战役和莫拉战役，还有 1477 年的南锡战役，瑞士人采用了同样奋不顾身的类似方阵战的战术，赢得了一连串的胜利，永远摧毁了勃艮第的力量。

因此，到 16 世纪初，事实清楚地显示，长矛兵结合某种射击武器，无论是弩、长弓还是火器，是在开阔的战场上对骑兵克敌制胜的有力武器。比这更好的是骑兵、弓箭手或手枪手，再加上步兵的组合，勃艮第公爵“大胆的查理”就是率领着这样一支军队在1474至1477年间与瑞士人作战的；他战败的原因不是军队缺少哪个重要的组成部分，而是他的资金不足，兵力不及瑞士军队。[15]但无论如何，他军队中不同兵种的比例仍然是试验性的；1471年，他有1250名披甲骑兵、1250名长矛兵、1250名手枪手和5000名弓箭手。也许这个比例不合适，但没有人知道到底什么是正确的比例。马基雅弗利认为，军队中步兵对骑兵的比例应是20 ∶ 1，但他没有说明步兵应使用何种武器。16世纪期间，为研究出这方面的最佳比例倾注了大量的心血。

手枪手显然至关重要。以贸易为经济命脉，靠军事力量来保护贸易的威尼斯在1490年决定把所有的弩都换成使用火药的武器，1508年又给新成立的国家军队装备了火器。[16]然而，在1550年发明了能射穿铠甲的原始火枪之前，手持的火器一直效果不彰。发射火器靠把点燃的火柴凑到毫无遮挡的火门上去点火，若是下雨，火柴和火门就都容易出故障；火器射出的弹丸也比较轻，且射程不远。尽管如此，火器在近距离发射时，还是能吓得步兵和骑兵惊慌失措，有时还能造成伤害。文艺复兴时期的将领因此而开始寻找在战场上的反制手段。火炮似乎是最好的选择。只有这个理由能够解释在拉韦纳（1512年）和马里尼亚诺（Marignano，1515年）发生的那两次空前绝后的怪异战役。那两次战役都是在法国和西班牙之间进行的，两次都是双方说好要打对阵战，战役中双方军队进退所围绕的中心点是匆忙建造起来的大型工事，那是守方安置火药武器的阵地。

在拉韦纳，法军是向前迎击西班牙军队的一方；法军中有一大批德意志雇佣兵，这些人在意大利各城邦间的战争中以受雇打仗为生，和参加过历次伯罗奔尼撒战争的希腊老兵在受希腊文化影响的地区的谋生方式一样。法军有 54 门火炮，是机动的；西班牙军队的 30 门火炮则固定在工事里。法军发出一波又一波的炮轰，激得西班牙骑兵发起冲锋后再把西班牙骑兵打散，但当德意志雇佣兵向前推进时，在工事那里被对方挡住，接下来是双方惨烈的肉搏。最后，法军把两门火炮调到西班牙阵地的后方开炮，使西班牙军队阵脚大乱，狼狈撤退。

3 年后，角色发生了互换。在马里尼亚诺，法军建立了工事据守，进攻的是为西班牙联盟服务的瑞士军队；瑞士人打起仗来悍不畏死是出了名的，他们飞一样地冲过来，在法军的大炮还没来得及发挥威力之前就跳进了法军的工事。法军发动反击，打退了瑞士人，但他们重整旗鼓，第二天一早又卷土重来。（马里尼亚诺战役持续了不止一日，在那个历史时期非常罕见。）这次，法军的大炮做好了充分的准备，两军在工事前流血厮杀，演变成进退不得的胶着状态，只有到法国的盟友威尼斯派部队前来增援时，瑞士人才被迫无奈撤退。他们撤退也和进攻一样行动如风，一下子走得干干净净；但他们在战役中遭受的损失实在惨重，所以不久就接受了法国提出的和谈要求；这次谈判奠定了法国和瑞士关系的基础，后来的 250 年间，瑞士一直是法军雇佣兵的主要来源。[17]

拉韦纳和马里尼亚诺战役的出奇之处在于交战双方在开放的战场上打的却是临时性的围城战，个中原因似乎是当时带兵的将领除了把大炮安在临时修建的工事里，想不出还有什么别的使用大炮的办法。他们认识到了炮火击退传统的骑兵和步兵方阵进攻的威力——瑞士人采取的就是传统的阵式——但尚未找出在己方进攻时利用大炮的战术。

事实上还有另外一个办法。在切里尼奥拉（Cerignola）战役中（1503 年），西班牙的手枪手开火击退了逼近西班牙阵地的法国军队；在比克卡（Bicocca）战役中（1522 年），这一幕再次重演，法方的瑞士雇佣兵向配有强大火力防守的西班牙工事发动毫无意义的进攻，半个小时就死了 3000 人。尽管瑞士人以在战场上勇猛无畏而著称，但自那一次的经历后，他们再也不敢向掩藏在工事后的手枪手发动攻击了。

不过，作战不能总是躲在工事里静等对方攻击。那就把守军拴在了一个特定的地点，而敌人却可能会绕过守军的工事去抢劫破坏受守军保护的乡村，或对分散在各地的孤立堡垒各个击破。要打对阵战必须是对方接受挑战才行，如果对方采取机动作战的战术，守军也只得奉陪。因此，在机动作战中使用大炮和火器需要改变文艺复兴时期军队的文化态度。虽然他们把火药技术引进了传统的作战方式，但是他们还没有适应火药的逻辑。他们和挥舞着刀剑冲向埃及苏丹手下配备了火器的黑奴军的马穆鲁克一样，仍然遵循着过去的守则，只有骑兵和手持锋利的武器与敌人作战的步兵才得膺武士的称号。对自查理曼时代以来一直统治着欧洲战争的披甲戴盔的武士的后代来说，靠躲得远远地打枪放炮来作战向来为他们所不屑。他们想和祖父那一辈的人一样，纵马杀敌，想让配合他们作战的步兵拿出男子汉气魄来，手持长矛迎击冲上前来的敌军骑兵。如果一定要在战场上使用枪炮，就把它们安置在工事后面吧，反正发射性的武器一直是放在那个位置上的。马背上的武士不想看到身强体壮的步兵沦落到那些狡猾的雇佣弩手的地步，更不想从马背上下来亲自学习使用火药的邪恶技术。

马背上的贵族对火药革命的抵制有其久远的文化根源。我们前面看到，方阵战时代的希腊人是我们所知较多的最早抛弃了原始战争的躲躲闪闪，选择与敌人正面交锋的武士。部落战争中有作为初步仪式的“勇士之战”，形式各种各样；在荷马对特洛伊战争的描绘中，这种“勇士之战”是最精彩的部分；但希腊人才不去费那个工夫。古希腊人解决问题采取的是最迅捷直接的办法。共和国早期的罗马人也采取希腊的方法，他们可能是从意大利南部的希腊殖民者那里学来的。有一种猜测说，罗马人通过先是和高卢人，然后和莱茵河那边的条顿民族的接触，逐渐把面对面作战的习惯传给了他们。罗马人自己可以证明，来自北方的人用的是这样的战法，他们虽然对北方人各自为战的简单战术嗤之以鼻，却从未否认过他们近身肉搏的勇气。在恺撒率领罗马军团进行的一次战斗中，军团战士投出的投枪扎满了敌人的盾牌；恺撒注意到，“很多（赫尔维西亚）人几次想拔投枪拔不出来，于是干脆扔掉盾牌，在毫无护身之物的情况下接着战斗”。只是在“他们因负伤和战斗而疲惫不堪的时候，他们才开始撤退”。[18] 然而，如果哈尔施塔特文化的长剑可以作为凭据的话，高卢人在遇到罗马人之前就已经开始面对面近身作战了；因骁勇善战而令塔西陀赞不绝口的日耳曼人，在公元 1 世纪的莱茵河上初逢罗马人之前似乎也是面对面作战的。鉴于希腊的方阵战是在多利安人到来之后才发展起来的，如果接受多利安人可能来自多瑙河地区这个说法，那么也许就能确定，多瑙河地区是维克托·汉森所谓的“西方的作战方法”的发源地，同时它又是这种战斗方法和大草原及近东和中东流行的避免直接交锋，保持距离的战斗方法的分界线：在大草原以东和黑海东南方，打仗时双方仍保持距离；在大草原以西和黑海西南方，作战者则不再谨慎自保，而是短兵相接。

西方为什么抛弃了原始作战的心理和惯例，而其他地方为什么把它们继续保持了下来，这些问题十分费解。两种战法的分界线与气候、植被和地形的区分相当吻合，却并不符合语言的分界线：希腊人、罗马人、条顿人和凯尔特人讲印欧语系的语言，但同属印欧语系的伊朗民族却没有像他们一样抛弃弓箭转用矛或剑，而是继续依靠远距离发射和打了就跑的作战方法。从种族角度来解释这种现象也站不住脚。19 世纪期间，祖鲁人和日本人都学到了西式作战的规矩，先是通过观察西方人的作战，自己也努力向学。只能说，如果有“军事地平线”这回事的话，也有“面对面”作战的界线；西方人传统上位于界线的一边，大部分其他民族则位于另一边。

这种面对面作战的传统力量强大，引发了 16 世纪的武士危机。享有“无畏无瑕骑士”美誉的拜亚尔对弩手的态度众所周知：他把俘虏的弩手一律处死，理由是他们的武器是胆小鬼的武器，他们的行为狡猾奸诈。要成为骑士，首先必须经过长时间的学习训练，娴熟掌握武器的使用；使用长矛的步兵需要培养大无畏的勇气；而弩手不必经历这些，在自身安全无虞的远处即可置骑士和步兵于死地。手枪手更是如此：他作战的方法和弩手一样畏缩可鄙，他的武器又吵又脏，根本不需要花力气。16 世纪的武士路易·德·拉·特雷穆耶（Louis de la Tremouille）的传记作者问道：“战斗中使用这种（火药）武器的时候，骑士的武艺，他们的力量、勇敢、纪律和荣誉心还有什么用呢？”[19]

然而，尽管传统的武士阶级激烈反对，但是到16世纪中期时，情况已经非常明朗，火器和火炮站稳了脚跟。火绳枪和较重的火枪都是通过扣动扳机把缓燃引信接到一个装有引火药的小盘上来点燃发射的，它们相当有效，火枪的子弹可以穿透200~240步开外的铠甲。步兵所佩护胸甲的保护性因此而降低，更严重的是，骑士的全身铠甲也不再保险。到16世纪末，骑士不再穿全身的铠甲，骑兵也失去了在战场上决胜的功能。其实这一功能从来就不确定。骑兵冲锋的效果主要是靠来势凶猛而使对方胆怯，不在于战马和骑士的实际威力。一旦骑马的武士遇到像瑞士长矛手那样勇敢无畏、不肯退后的对手，或像火枪那样能够把他从马背上打下地来的武器，骑士阶级就不再理所当然地有权确定军中的等级并保持自己的高级社会地位。在法国和德意志，贵族顶住了要求他们“下马加强步兵素质”的压力，但现实不以他们的意志为转移；国家掌握钱袋子的官员越来越不愿意无谓地浪费，也不支持他们。[20]英国、意大利和西班牙的传统军人阶级对风向的改变比较敏感，愿意接受火药的新技术，并说服自己相信，徒步作战同样光荣。

西班牙的“贵族”—— hidalgo 的意思是大人物的儿子——接受火药最积极，可能是因为在这个试验期，西班牙正卷入几场大型战争之中。在16世纪上半叶的意大利战争中，他们发现火炮无可置疑地占据了主导地位。意大利的工程师为抵御大炮的攻击修建了许多巧妙的防御工事，不掌握使用火炮这种“低下”的技术就没法打仗；而在水道纵横的荷兰战场，骑兵自动让位于步兵，因为只有步兵才能在运河、河口和筑有高墙的城镇之间狭小的空间行动自如。在荷兰战争中，年轻的西班牙贵族心甘情愿地接受委任去步兵部队做军官，和西班牙正规军的士兵以及来自意大利、勃艮第、德意志和英伦三岛的大批雇佣兵一起作战；他们因此创立了先例，到了18世纪，英国、法国、俄国和普鲁士的步兵兵团成了有志从军的上层阶级青年趋之若骛的地方。[21]

火药在海战中的使用

陆军在对火药的适应过程中犹豫迟疑、勉强无奈，欧洲的海军却积极开放得多。军需长最发愁的一件事就是在路况糟糕或没有道路的情况下运送沉重的物资，而运输火炮更是一个几乎无法解决的新问题；海军却没有这方面的困难。恰恰相反，舰船和火炮可以说是天作之合。船只本来就是为了载重的，火炮的重量根本不算什么，货舱里有的是地方，完全放得下火炮所必需的弹丸和火药。火炮给造船师提出的唯一难题是如何在船只有限的空间内吸收火炮发射时产生的后坐力。在陆地上，火炮发射时，后坐力沿炮轮传到地上散开；船上却没有这么大的地方。如果只是把火炮运到船上架好，发炮时产生的后坐力就会破坏船肋，甚至会在船身上打出洞来，或打断桅杆。所以，必须把火炮固定在船上，或者用掣动闸减轻后坐力，或者使后坐力传到船上阻力最小的部分。

率先把火炮装上船的地中海造船匠采用了第二种方法。地中海桨帆并用的大木船家系久远，至少可以上溯到公元前第二个千年期间埃及人和“海上民族”打海战时使用的划桨船。这种大木船船身狭长，桨手占去了大部分地方，所以火炮只能装在船头或船尾；既然自波斯战争的时代起，造船工就掌握了为冲撞敌船而加固船头的技术，于是他们就把火炮装在了船头。开炮时的后坐力部分地由船只自身吸收，如果当时船只正在行进中，速度只会难以察觉地稍稍减缓；如果当时船只处于停泊状态，就会稍微后退一点儿；后来发现，吸收直接后坐力的较好办法是把安在正中的最大的火炮架在一个平台上，留有一定空间，使它开炮时能向后滑行。[22]

16 世纪上半叶，奥斯曼土耳其人和基督教徒争夺对东地中海的控制权的时候，用的就是这种装了火炮的桨帆船。奥斯曼人攻占了君士坦丁堡（1453 年）这一拜占庭曾经广袤的领土唯一硕果仅存的地方后，就把他们无穷的精力转向把过去的东罗马帝国整改为自己的帝国。1439 年，奥斯曼把塞尔维亚纳入统治之下；1486 年和 1499 年又分别收服了阿尔巴尼亚和伯罗奔尼撒。接下来，奥斯曼帝国内部的问题阻碍了它的进一步扩张，但 1512 年塞利姆一世苏丹顺利继位后，于 1514 年痛击萨非王朝统治的波斯；第二年又打败马穆鲁克，征服了埃及。这样，到 1515 年，奥斯曼帝国的领土北起多瑙河，南到尼罗河下游，东抵底格里斯和幼发拉底两大河的源头，西达亚得里亚海，幅员几乎达到了拜占庭在遭到阿拉伯人大举进攻前夕 7 世纪时的规模。塞利姆的儿子苏莱曼大帝 1520 年即位后，着手进一步扩大奥斯曼帝国的版图。他从医院骑士团手中抢走了罗得岛（1522 年），在对巴尔干半岛的入侵中夺取了贝尔格莱德（1521 年），莫哈奇一役（1526 年）摧毁了匈牙利王国的武装力量，并于 1529 年兵临维也纳城下向哈布斯堡帝国挑战，开始了奥斯曼帝国对维也纳的第一次大围城。

与此同时，奥斯曼土耳其人也从海上向西进攻基督教的地盘。他们的突袭范围已经深入亚得里亚海，自东面包抄哈布斯堡帝国，并警告威尼斯让它明白，它之所以能够保有在爱琴海的几个岛屿，完全是因为他们的宽宏大量。基督教起而反击。1532年，热那亚这座贸易名城的海军司令安德烈亚·多里亚（Andrea Doria）袭击了伯罗奔尼撒，当西班牙、威尼斯和教皇辖地在1538年组成第二次神圣联盟对抗奥斯曼帝国在地中海的威胁和法国对意大利的威胁时（法国出于权宜在1536年与奥斯曼土耳其人结为联盟），多里亚被任命为神圣联盟联合舰队的司令。地中海的战局大起大落。1535年，伟大的奥斯曼土耳其海军将领海拉丁（Khair ed-Din）攻占了突尼斯，虽然他不久即被多里亚赶走，但紧接着在希腊西海岸附近的普雷韦扎（Preveza）海战（1538年）中打败了多里亚。这次胜利使得奥斯曼土耳其舰队在后来的几年中深入西地中海，远至当时尚不属于法国的尼斯（1543年）和西班牙的梅诺卡岛。基督教军队在反攻北非海岸被穆斯林海盗把持的港口的战斗中取得了几次胜利，主要的有1560年的杰尔巴战役，但是总的来说占上风的还是奥斯曼土耳其人。他们在希腊和阿尔巴尼亚找到了大批为了钱愿意效力的基督徒桨手，而威尼斯和西班牙用的桨手主要是奴隶和罪犯，在人数上难以和奥斯曼土耳其人竞争。拦阻奥斯曼人利用地中海对欧洲随心所欲发动进攻的屏障最后只剩了马耳他这个岛屿。地处西西里岛和北非交接处的马耳他扼守着把地中海分为东西两边的海峡，医院骑士团把它建成了一座巨大的坚强堡垒，但他们的人数太少。马耳他在1565年5月遭到围攻，但它顶住了奥斯曼土耳其人海陆两路的攻击，直到9月西班牙的一支舰队前来救援，使奥斯曼人争取完全控制地中海的努力功亏一篑。最后，神圣联盟于1571年在伯罗奔尼撒附近海域的勒班陀大胜奥斯曼土耳其舰队，这才解除了威胁，主要原因是奥斯曼土耳其人失去了大量训练有素的复合弓箭手，并不是因为他们损失了战船，因为奥斯曼土耳其人能够迅速补上新船。

历史学家约翰·吉尔马丁以他的生花妙笔精彩地证明，地中海的桨帆船海战实质上2000年来一直未变，是两栖的作战；海战只是当时陆上战斗的一种变体，而且也通常是陆上行动的延伸。陆军和舰队尽量沿海岸相伴行动，只有当舰队靠岸的一侧和陆军接上头时才找敌人开战；最好是在岸上有己方要塞的地方，那样要塞的大炮就能为陆军和舰队提供炮火支持。勒班陀是个例外，如果在近海海域的作战能够算作真正的海战的话，勒班陀就是一场海战。然而，它不是靠冲撞敌船或发射炮弹打赢的，而是靠双方的士兵在各自的船上用武器交战。基督教的军队配备了火绳枪和火枪，奥斯曼人用的是传统的土耳其武器——复合弓。奥斯曼人遭到了惨重的损失，参战的60 000人死了30 000人；勒班陀战役因此而成为地中海战局的转折点。掌握弓箭的技巧需要一辈子的努力，所以奥斯曼一方损失的技术娴熟的海上弓箭手在一代人的时间内是找不到替补的，这“意味着奥斯曼实力黄金时代的结束……勒班陀标志着一种传统就此一蹶不振”。[23]

在地中海以外，军舰在海上的较量表现为另一种形式；起决定性作用的不是船头安装的火炮和船上战士手中的武器，而是装满了整艘军舰的排炮。在那以前，商船被认为不适合用来作战，因为它们没有桨，即使张着帆航行速度也很慢，体型笨重，在海战中无法和桨帆船配合行动。在有限的水面上，它们只有挨打的份儿，或是被别的船冲撞，或是遭到从它们因风向不对而转不过去的方向发出的炮击。但是，到了无垠的海洋上，优劣顿易。桨帆船船身太长，吃水太浅，无法适应海涌的长浪；而且，船上人员太多，隔不久就必须回港重新补给；这意味着即使天气条件允许，它一次也只能在海上航行几天的时间。在北方水域航行的货船本就是为了应付波涛汹涌的大海，它完全没有桨帆船的不利之处，因为它的船舱很深，可以容载供大批船员吃喝几个月的食物和饮用水。它的不足在另一个方面：如果在船头安装火炮，那么只有逆风时才能使用火炮，所以火炮必须安在船的两侧，通过在船身上开的炮眼发射；这种设计需要相关的技术，即发明掣动机制以吸收后坐力，还需要新的驾船作战的方法。

正如工事建筑师在陆上显示了高超的适应形势变化的能力，造船师几乎立即就找到了解决问题的办法。15 世纪的火炮较小，装在船头和船艄的“炮塔”里。16 世纪初出现了“大炮”，它们安装在甲板下面，用索具固定，以防开炮时炮身乱转；炮口面向舷侧，开炮时舷侧的所有大炮“齐放”。一般认为，第一艘如此设计的船是 1513 年下水的英国“玛丽·罗斯”号；到 1545 年，像英国的“伟大的哈里”号这样的船在上下两层甲板上都安装了大炮；到 1588 年，如此装备的舰队在英吉利海峡打了一场长达七天七夜的战役。[24]

那次战役中西班牙无敌舰队的败北对 16 世纪新教和天主教之间宗教战争的力量对比可说是一锤定音，但它并不能证明载炮风帆船的重要性，这方面更能说明问题的是自 15 世纪末起葡萄牙人、西班牙人、英国人和荷兰人前往美洲、非洲、西印度群岛和太平洋的海上远航。正是去除了对桨的依赖，只靠风帆的力量前进的北欧类型的帆船在1492年把哥伦布带到了美洲，后来又载着西班牙征服者去摧毁了墨西哥的阿兹特克文明、尤卡坦的玛雅文明和秘鲁的印加文明。对西班牙征服者来说，马匹比火炮在征服战中更重要。1517年，科尔特斯运到墨西哥17匹马；1527年，蒙特霍去尤卡坦时带了50匹；1531年，皮萨罗带到秘鲁27匹；因为马这个物种在12 000年前被西半球最早的狩猎民族杀绝了种，所以当地人见到马惊骇莫名。他们程式性的作战方法无法和欧洲人对抗，因为欧洲人作战是为了赢得胜利，不是为了抓俘虏去做祭献品；但在侵略者的几百人对当地的几千人的作战中，使侵略者占据决定性优势的还是战马。

在世界其他地方，火炮是欧洲人海上冒险活动的关键武器。1517年，葡萄牙人驾船绕过好望角来到红海边的吉达，他们发现，与有岸上火力支持的舰队（马穆鲁克的舰队）交战几无胜算，只得放弃阻断向西通往伊斯兰地区的海上香料之路的企图。然而，他们通过在霍尔木兹海峡（1507年）——今天海湾石油运输的咽喉要道——和印度西海岸的第乌（Diu，1509年）打的胜仗，已经赢得了印度洋的海上霸权。[25]很快，他们又继续向东，在东印度群岛（1511年）和中国（1557年）建立了基地，接着开始与西班牙争夺菲律宾。到16世纪末，伊比利亚半岛这两个航海国家在世界各大洋的岸边建起了一座座有火炮防守的要塞，为后来300年间发展壮大的帝国树立了界标。

第一批欧洲航海家所到之处，先是要求贸易权，然后是要土地建造贸易站，最后是要求得到对贸易的垄断权并以军事手段予以实行；对这些要求，当地的社会均无力拒绝。对于非洲沿岸的各个王国，欧洲人因害怕罹患当地的各种疾病而未加染指，使它们得以完好无损地维持到19世纪，但它们也成了欧洲人的帮凶，参与了去内地抢掠人口卖为奴隶这种规模不断扩大，造成极大破坏的奴隶贸易。日本关闭了海上边界，以日本武士的强悍顶住欧洲人的试探，以此保全了他们的传统社会。中国的广袤领土和官僚制度的高度一致性保护了它免于肢解。不过在世界大部分其他地方，欧洲人都是予取予求。在美洲，西班牙人和葡萄牙人从一开始就是为了殖民而来。那里的原住民没有有效的抵抗手段，就连反对他们军事力量的思想意识都没有。东印度群岛上的小苏丹国被轻而易举地打败，西班牙人在菲律宾遇到的大多是一些农耕部落。只有印度有比较像样的国家制度，可以拒绝欧洲人插足；然而，就连莫卧儿帝国也无法完全把欧洲人拒之门外，因为莫卧儿帝国征服印度的时间不久，对边缘地区控制得不够严密。而且，莫卧儿王朝没有一个皇帝成功地组建起配备火炮的海上舰队，而那是抗击欧洲国家，保证海岸线安全的唯一手段。

欧洲航海者虽然在奥斯曼帝国的疆界以外没有遭遇多少抵抗，但也并不是一帆风顺。恰好相反：利之丰厚引起竞逐，他们很快就彼此打作一团，无论是在远海航行的途中，还是刚向着黄金和香料的产地出发，尚未离开本国水域的时候。1601年，荷兰人首先来到印度的科罗曼德尔海岸；8年后，又来了英国人。很快，它们两家和葡萄牙人在印度洋动起了刀兵，荷兰人在1624—1629年还和葡萄牙人在巴西海岸附近交战过。后来，1652—1674年在英吉利海峡和北海进行的3次大海战中，这一对曾经的盟友又成了对头。它们两国也都为争夺加勒比海的贸易权和西班牙人冲突过，因为加勒比海从加那利群岛引进了甘蔗，并从非洲运来奴隶种植甘蔗，马上就要成为世界上最富有的殖民地。荷兰和英国后来还和法国打过仗。法国是航海的后起之秀，到17世纪中期，在印度和西非都建立了贸易站，在北美的海外帝国也初具雏形。

到1650年，舰队的规模达到70艘战舰，有的甚至更多；军舰两舷安装50门火炮，作战时炮火齐发，这种使用火炮的海战比陆上的堡垒战更加鲜明地突出了大炮的威力。要把一座坚固的堡垒夷为平地，最好的围城工兵队伍也得需要几周的时间；但在英格兰南部海面上的三日海战（1653年）中，荷兰损失了（总数75艘中的）20艘战舰，死了3000人；这是比较典型的例子，说明海战变得多么激烈，并预示将来还会更加激烈。到18世纪末，最大的风帆船可安装100门大炮；在特拉法尔加海战（1805年）那场仅仅一天的战役中，法西联合舰队损兵折将超过7000人。长矛手和马背上战士的文化移到了海上，水兵炮手身经百战，寸步不离大炮，如方阵战中的希腊重装步兵一样坚定不移。

火药导致的均势

“大船”出现于16世纪初，后来从它直接衍生出了和它酷肖的配有多门大炮的第一线作战军舰，到19世纪中期才被蒸汽铁甲船取代；在整个这段时期内，欧洲海上炮战的激烈程度和所需要的技能基本上没有改变。然而在陆上，16世纪和17世纪期间，火药武器的能力日新月异，使得战士们疲于适应。火炮的机动性和火力不断加大，到17世纪末，轻型火炮真正在战场上派上了用场。[26]同期，火枪的威力和方便性也大为改进，使用时不再需要撑架，新发明的燧发机比起老式的慢燃引信来也更不易受潮。然而，在步兵的配置中确定火枪和长矛的合适比例，以及把步兵和骑兵的人数配合得恰到好处，这些问题仍然没有得到解决。

面对火枪的挑战，骑兵企图通过采用像马穆鲁克的马上作战法那样复杂精湛的骑术来维持他们在战场上的重要性；他们骑着马旋转或半旋，据说这样可以便于在马上打枪（这些步法在维也纳的西班牙骑术学校保留了下来）。不幸，他们的试验并不成功。火枪和马匹非常难以配合，而且步兵也卓有成效地改进了战术，使得骑兵相对于火枪手优势全无。事实上，这就是为什么进入 17 世纪很多年后，军队中依然保留着长矛兵，和火枪手按一比二的比例配备。长矛手可以挤压挥舞着剑或手枪的敌方骑兵活动的空间，减少骑兵对战线的压力，同时也可掩护火枪手向敌人开枪。

不过，长矛手和火枪手不能同时投入战斗，他们的武器虽然互补，但是功能不同。法国、瑞典和哈布斯堡帝国的军队在德意志打的三十年战争（1618—1648 年）中的多次战役就是因此乱作一团；瑞典勇猛善战的国王古斯塔夫·阿多夫（Gustavus Adolphus）在吕岑阵亡（1632 年），正因为他骑着马闯入了骑兵和火枪手的混战中。不过这个问题很快就得到了解决。17 世纪末，所有欧洲国家的军队几乎同一时间都给火枪加上了环式刺刀这个零件；这样一来，火枪即可集长矛和火器的作用于一身了。[27]

但 18 世纪作战的鲜明特征并非只是火枪和刺刀的结合，更为重要的是各国普遍实行了步兵操练。操练的历史源远流长。一种猜测说马其顿人就曾操练过方阵兵，不过方阵战的战术太简单，难以看出操练的效果。古罗马人肯定训练新招募的军团战士掌握使用武器的方法，教他们如何瞄准目标投掷标枪，如何整齐划一地挥矛舞盾。然而，无论是打仗还是平时，罗马军团队形的发展和演变都和手握上了刺刀的火枪的军队没有任何相似之处。罗马人没有练习过齐步走，直到 18 世纪，政府修建了宽阔平整的阅兵场后，士兵才有可能齐步前进；全凭膂力的作战也无法严格规范，罗马军团似乎鼓励战士自己随便选择掷投枪的目标。[28]

火药时代的操练目的则完全不同。操练最早的起因无疑是火枪手担心在使用武器时自己人会不当心彼此误伤——弓箭手（这是未曾探讨过的一群人）肯定也同此心。弓箭手犯错只会射中身旁的一个人，可彼此挨得紧紧的火枪手却有可能引发一连串误击，特别是在火枪发明初期，火药就散落在点着明火的缓燃引信旁边，因此在给火枪装火药、瞄准、直到最后放枪这一系列动作中，所有人都必须动作一致。自 17 世纪早期起，开始大量印发火枪手的操练手册，它相当于后来工厂工人的安全须知手册，把火枪手从拿起枪到扣动扳机的一系列动作分解为众多精确的动作——1607 年奥兰治的莫里斯[1]发布的训练手册规定了 47 个动作。

尽管如此，17 世纪的火枪手仍然是自主的个人。也许他不能做主何时放枪，但他能决定瞄准对方的哪一个人。到 18 世纪，他逐渐失去了这个自由。三十年战争结束后，各国都成立了皇家军队，比如，创建最早的奥地利、普鲁士和英国的军队各自诞生于 1696 年、1656 年和 1662 年；皇家军队中的火枪手接受的训练是不瞄准某一个人，而是瞄准整个敌阵。训练士兵的教官手中拿着一杆半截矛，

[1] 即拿骚的莫里斯。——译者注

看到端着火枪的前排士兵谁的枪口和别人的不齐就把它敲齐，没想到已经过时了的半截矛派上了这个用场；这样做的目的是在下达了开火的命令后，至少在理论上所有的子弹都以同样的高度射出，同时对敌方前沿做出全线打击。[29]

士兵自主性的丧失还有许多其他的表现。从17世纪末开始，士兵一律穿制服，和家中的佣人一样。制服的用意的确和男仆穿的号衣同出一辙。它标志着穿它的人是为主人服务的，因此是一个权利和自由受到限制的人。16世纪战士的服装五花八门，经常是抢来的战利品；事实上，文艺复兴时期流行把外衣割开一个口子，露出穿在里面的丝绸和天鹅绒，这样做正是为了显示战士可以随心所欲地把好衣服抢去自己穿，谁也管不了。军官对战士放任自流。“一种论点是应该让战士自由选择穿什么衣服……据说那样他们打起仗来会更勇猛、更快乐。”[30] 18世纪则不指望战士打仗时快乐，只要求他们尽责从命；为保证纪律，军官对士兵的态度极为严厉，换了16世纪和17世纪的自由人长矛手或雇佣兵是绝对不能忍受的。那些长矛手和雇佣兵可以接受用绞刑或毁容这些专制的手段来惩罚哗变或谋杀的行为，但他们不会接受君主制国家管理国王的军事奴仆所用的某些手段，如军规规定的鞭打或随意殴打。

的确，只有和意大利战争以及三十年战争中无法无天的雇佣兵截然不同的人才能接受后来的这种新制度。法国17世纪内战中的一大部分士兵是“土匪、游民、窃贼、杀人犯、违背上帝的人、欠债不还的人”，他们当兵是因为他们不肯安分过平民的日子，所以只能参军。[31] 当然，并非所有军人都是这样的社会渣滓。西班牙人，特别是瑞典人，通过从村子或农庄里招募正派的人来组建常备军

［瑞典人采用的是小农庄分配名额的招兵制度（Indelingsverket）］，但当雇佣兵的通常都是那些“渣滓”。王朝制度的君主国家还有一个兵源，那就是贫穷的大家庭里排行较后的男孩子；他们没有什么像样的就业机会，一有征兵，就会踊跃参加，在法国尤其如此；普鲁士和俄罗斯的农民自 17 世纪起基本上全是农奴，对他们实行的是强行拉夫。[32] 尽管当权者不肯承认，但是我们可以看到，这是一种军事奴隶制，与奥斯曼帝国的新军有许多相似之处；奥斯曼的新军是强行征召入伍的，纪律十分严苛，几乎完全没有公民权利。他们作战时排成密集的队列，作战方式非常刻板，几乎是机械地重复训练时学会的动作，这正是士兵个性丧失的反映。

皇家军队的军官比起他们真正的或想象出来的骑士祖先来，也交出了大部分个人自由。自 17 世纪早期开始，“贵族家庭中年轻成员的放纵不羁”促使威尼斯建立起几座军事学院来培养他们的纪律观念，给他们教授专门知识；这些年轻人很快就成为人们心目中的“军官阶级”，尽管没有正式得名。拿骚的莫里斯、约翰和威廉进行的改革加速了这个进程。他们悉心研究古典军事著作，有意识地努力恢复罗马军团的精神和组织结构，结果造就出了一批专业军事教官，像工事工程师一样在国际市场上待价而沽；另一个结果是成立了军事院校，用于训练血气方刚的年轻贵族学习列队操演、击剑术和高超的马术，在此过程中使他们受到教育，甚至把他们变成文明人。

拿骚的约翰于 1617 年在锡根（Siegen）办起了军事学校，但只维持到 1623 年即关门大吉。普遍认为那是欧洲第一所真正的军事学校，“它的重点在于培养有技术能力的陆军军官”。约翰·黑尔（John Hale）教授又发现了从 1570 年到 1629 年间在法国和德意志创立的5所军事学校，它们并未延续至今，因为今天一些身世较为久远的军校，如法国的圣西尔军校、英国的桑德赫斯特皇家军事学院、布雷达的荷兰皇家军事学院、奥地利的特雷西娅军事指挥学院和意大利的摩德纳军事学院，都是到了18世纪或19世纪初才创立起来的。但那些最早的军事学校的创立标志着一个思想的诞生，或者应该说重生。这个思想来自罗马人，那就是要做一个好的指挥官，不仅需要有军事才能，而且需要具有公民的品德。[33]这是一个重要的发展。与它同时出现，意义相对较小的另一个潮流是设立炮兵学校和工兵学校，来训练出身于新兴中产阶级的青年。第一个此类学校是路易十四于1668年在梅斯（Metz）创立的。掌握数学对将来的炮兵和工兵显然至关重要，于是出现了完全另一类的发明：强迫学生死记硬背，把古典文献作为考试内容，学得不好可能会被教师用教鞭抽打。这一切意味着做武士只需会放鹰、打猎和格斗的日子一去不复返了。[34]

操练、纪律、战斗中使用机械、科学的火炮射击学，这些使18世纪战争的特点迥然有异于16世纪和17世纪战争那种杂乱无章、东尝西试的风格。到1700年，战斗中使用的武器定了型，后来的150年间一直未变。步兵的火枪虽然对100码以外的敌人几乎无法造成任何伤害，但众枪齐放，能够在眼前的地方造成极具威胁的死亡区。要想打乱操练有素、坚强稳固的步兵列阵，唯一有效的手段就是日益灵活机动、发射迅速的野战炮；然而，如果骑兵把握时机及时冲锋，就会威胁到对方火炮部署的安全，此时骑兵已越来越安心于这项辅助性的活动，敌人的步兵被炮火打乱阵脚，四散奔逃的时候，就是骑兵大显身手紧紧追击的机会。

在18世纪的战争中，火枪、大炮和骑兵这3个要素互相制约，在阵地战中造成了一种奇怪的均势，结果如拉塞尔·魏格利（Russell Weigley）教授所指出的，从17世纪末最后的荷兰战争到法国大革命这一段时期内，西欧君主制国家彼此主要为继承权而打的一系列战争一直难分胜负。每一次战斗中，身穿制服的火枪手都先是组成密集的编队，放出排枪，接着被敌人的大炮打得阵脚不稳，但当对方的骑兵冲来时又把他们顶回去，偶尔也会被骑兵冲散；一天的战斗结束时，双方鸣金收兵，实力都没有太大损失，第二天仍然有力再战。布莱尼姆会战（Blenheim，1704年）、丰特努瓦会战（Fontenoy，1745年）和洛伊滕会战（Leuthen，1757年）这几场在王朝战争如火如荼的时期的“大战”之所以出名，是因为战斗中老实听话的士兵伤亡得太多，而不是因为战斗产生了长久的结果。18世纪的战争都是耗尽了财力和人力，再也打不下去了才结束的，战场上的交锋不起决定性的作用。

整个18世纪期间，欧洲军队为了能在战场上分出胜负，越来越多地招募传统尚武民族的人，希望穿制服的正规军发动进攻时，能借助使用非正规作战方法的异族部队而使攻势更加凌厉。欧洲各国从匈牙利招募马扎尔轻骑兵，从中欧的森林和山地招募神枪手，从奥斯曼的巴尔干地区招募流落在当地的基督徒（统称为“阿尔巴尼亚人”）；莫扎特的歌剧《女人心》的故事表现了这些具有异国风情的外来人对欧洲文明的诱惑力。实际上，外族士兵的人数很少，不足以影响战局；而且，虽然军队招募外族人的做法一直延续到19世纪，法国、奥地利和英国军队中个性最张扬的年轻军官都非常向往有机会指挥北非的佐阿夫兵、波斯尼亚的穆斯林兵、蒂罗尔步兵、旁遮普的锡克兵或尼泊尔的廓尔喀兵，但是这些排在正规军侧翼的外族士兵客观上起不了多大的作用，主要为造成视觉上的效果——佐阿夫兵穿的“土耳其式”服装是19世纪对男装最重要的影响之一。这些异国的非正规军在海外的“小型战争”中最为有用，英国军队中的日耳曼轻步兵在同北美革命军的步枪手的战斗中丝毫不逊于对手，而英国的正规军却在大森林深处被配备了欧洲人武器的美洲土著人，即印第安人，打得丢盔卸甲。

但具有矛盾意味的是，按照欧洲的标准训练出来的军队在和主要由传统的战士组成的军队作战时才能最好地发挥优势。奥斯曼帝国对欧洲的进攻到17世纪末无法再进行下去，主要是因为哈布斯堡帝国建起了一支与奥斯曼苏丹的新军势均力敌的正规军队。新军（Janissaries，也译禁卫军）一词来自土耳其语“新军”（yeñiçeri），是类似马穆鲁克的军事奴隶，但与马穆鲁克不同的是，新军是在巴尔干地区强征而来的基督徒家庭的孩子，受训成为步兵。[35] 和西方军队相比，新军起初可能真的是“新军”，但到17世纪末，欧洲的正规军在纪律和不屈不挠的战斗精神方面都赶上了新军，而且欧洲军队的操练方法更胜一筹。1683年新军围攻维也纳，使全欧洲为之心惊胆战；25年后，他们却被赶出了南部匈牙利和北部塞尔维亚，他们的主人被迫签订卡洛维兹条约（1699年）；奥斯曼帝国自此开始了向君士坦丁堡的大撤退，直到1912—1913年巴尔干战争的爆发。

在欧洲以外伊斯兰控制的土地上，特别是印度莫卧儿帝国的辖地，没有一支当地的军队比得上新军那样的劲旅。自16世纪初起，印度来了大批土耳其雇佣兵，包括炮兵和围城工兵；土耳其人在贝尔格莱德建造的至今犹存的宏伟碉堡证明，他们的能力和欧洲人不分轩轾。从 17 世纪开始，雇佣兵的队伍里又多了英国、荷兰、法国和瑞士的火炮专家。到 18 世纪，莫卧儿人开始想要军事教官，来的大多是法国人。但莫卧儿人扎根于大草原传统的民族特质与教官教授的东西格格不入。莫卧儿王朝的创始人巴布尔（1483—1530 年）相信："如果事先精心部署，骑兵部队不必需要'核心的'步兵也能打胜仗。"1615 年到 1619 年间任英国驻莫卧儿宫廷大使的托马斯·罗（Thomas Roe）爵士因此而认为，莫卧儿的军队"软弱无力，或可袭扰捣乱，却无法震慑敌人。"他对他在君士坦丁堡的同事们说："这里没有军人，尽管众多人自认为有军人的素质。"[36] 莫卧儿王朝的失败正是因为"素质"压倒了"数量"。英国人在 18 世纪中期开始招募并训练印度人，不受大草原传统态度影响的印度人经过高标准的步兵操练，很快成为一支少而精的军队。在为大英帝国征服印度奠定了基础的普拉西战役（1757 年）中，克莱武率领的 1100 名欧洲士兵和 2100 名印度兵虽然陷入了 50 000 莫卧儿步兵和骑兵的重重包围，但凭借过硬的火枪技术轻而易举地冲散了包围，打得敌人落荒而逃。操练和罗马军团式的组织在普拉西取得了拿骚的两个堂兄弟（拿骚的约翰和威廉）150 年前梦寐以求的效果，但那不过是因为对手属于另一种作战传统，对欧洲人的战法毫无准备，无力招架。

政治革命与军事变革

操练及其基本的行为守则在印度大获全胜，哪怕敌军和欧洲人一样，也使用火枪和火炮。普拉西战役以及十几场类似的战役不断被用来作为论据，说明战争中道德因素远比物质因素重要；据拿破仑估计，重要性的比例是三比一，也许更高。在交战双方技术上旗鼓相当的其他海外战争中，尤其在英国对北美殖民者和西班牙对其海外殖民者的战争中，在决胜因素的排行上压倒了操练的是完全另一类道德因素：欧洲殖民者打仗为的是争取自我赋税的权利，也就是自决权，因此他们坚信正义在自己一方。北美殖民者对英国的战争启发激励了南美殖民者对西班牙的反抗，是第一场名副其实的政治战争。它与宗教分歧或合法权利被篡夺这些传统的战争动机没有关系，而是为了争取使抽象的原则得到承认，不仅要获得独立，还要赢得自由，要自主建立一个新的、更好的社会。争取自由的斗争其路漫漫。可能北美的殖民者中只有 1/3 积极参与，1/3 保持中立，剩下 1/3 仍然忠于旧秩序。革命军开始时力量弱小、武器低劣。它的底子是殖民地的民兵，起初成立是为了保卫殖民地不受美洲原住民的攻击，后来又要抵抗从加拿大来的法国人，在这样的基础上建立起来的军队很难抵挡英国训练有素的正规军；它之所以打败了英国军队，主要是因为北美战场辽阔，它能在许多地方对英军构成威胁。另外，殖民者大胆自信，抓住一切机会对敌人发动进攻；1775 年，他们居然进入加拿大去攻击魁北克的要塞；1779 年和 1781 年，革命军转战内地，足迹远至俄亥俄河和卡罗来纳中部。这个战略迫使英国人分散兵力，剥夺了他们的最大优势，即部署部队打击沿海人口聚居区的能力。英国在欧洲的宿敌西班牙和法国的干预也进一步削弱了英国人的优势。1780 年法国向北美派遣了一支远征军和一支庞大的舰队，此举最终扭转了局势，导致英军主力于 1781 年 10

月在约克敦投降。

尽管有外国援助，但独立战争的胜利毫无疑问是美国人的胜利。他们树立的榜样大大鼓舞了法国立宪派，当1789年路易十六被迫召开一个已几个世纪没有开过会的三级会议，要制定新的税收制度时，他们向他提出了立宪的要求。整个18世纪期间，法国王室征战不休，造成国库入不敷出，财政制度摇摇欲坠；而法国为北美殖民者对英作战提供的海军和陆军支持的费用则成了压死骆驼的最后一根稻草。[37] 除了大草原民族靠抢夺以战养战以外，战争总是耗费巨大的，曾有国家因不堪军费的重负而破产，也有的因此而改朝换代。然而，战争造成的破产威胁从未催生出新的行政理论。可是路易十六召开的三级会议却做到了。三级会议迅速做出了一系列决定，首先是贵族、僧侣和平民这三级的代表应不论社会地位，一人一票；然后是所有代表都应在一起开会；最后是大会将一直开下去，直到国王把权力托付给民主宪法。路易十六愚蠢地企图用武力恫吓改名为国民公会的三级会议，结果引起了巴黎城里的暴乱，连军队的一些部队，特别是法兰西卫队，都加入了暴乱者的行列。国王和革命妥协了一段时间后试图逃离法国，但形迹败露，被中止了行政权。同时，国民公会向法国的邻国，尤其是奥地利和普鲁士，发出警告说，如果它们对于正在组建反革命军队的反共和国的法国逃亡分子继续予以庇护，就将被视为对法国的战争挑衅。1792年4月，路易十六在国民公会的催促下对奥地利宣战，普鲁士和俄国很快加入战团，和奥地利站在一边；1793年，英国也参战支持奥地利。1792年7月，它们开始入侵法国。

法国大革命的战争旷日持久，拿破仑·波拿巴于1799年当选为第一执政后更是无休无止，一直持续到1815年。法国人在1790年5月宣布永不发动征服战，他们开始打仗时的确是为了自卫，但很快演变为欧洲历史上最持久、最广大的进攻战。法国人最初的意图是要给邻近的君主制国家带去革命和自由，后来却建立了一个为宣扬国威而不停征战的军事机器。到1812年，拿破仑的军队已是百万雄师，从西班牙到俄国遍布整个欧洲大陆，他掌握的经济和帝国行政的唯一目标就是为作战的军队提供支持。除俄国以外，欧洲大陆上所有大国都在自己的国土上被法国打败过，小国的士兵被直接纳入法军，各地的健康男子或是已在服役，或是提心吊胆地等着被招兵官点中。短短20年内，原来只有日子过不下去的人才无奈当兵的欧洲社会自上而下实现了完全的军事化。在那以前，军旅生涯的多姿多彩和令出如山只有少数当兵的人才了解；那些人当兵可能有的是心甘情愿，但更多的人是万般无奈；但是，一代人的时间内，军旅生涯便成了普遍的经历。这是如何做到的呢？

法国人并非一开始就要搞“全民皆兵”，他们发动大革命要实现的理想是反武力、讲理性、重法律的。然而，要捍卫理性的力量和公正的法律，革命的国民必须拿起武器；这里公正的法律指的是废除了贵族阶级封建特权的法律，而贵族阶级的特权地位正是他们的祖先作为武士赢来的，即使某些贵族的家世纯属编造。15年前，北美的殖民者采取了同样的行动；[38] 但他们利用了现成的军事组织，因为他们事前已经有了保卫家园、抵抗印第安人和法国人袭击的民兵，法国人却必须从零开始创立自己的军队。皇家军队政治上不可靠，而且许多有经验的军官为抗议大革命对国王的侮辱都纷纷流亡国外。满怀热情的志愿者组成了国民卫队，保护革命机关不被剩下的保王派军队攻占；但 1789—1791 年，立法者还和古希腊城邦的立法者一样，力图规定只有负责任的人，意思是说有财产的人，才有权携带武器。因此，最初的国民卫队人数既不够，又有太多恋家的资产阶级成员，无法成为一支有效的军事力量。在威胁只限于国内的时候，问题并不大；街上一下子就能临时聚集人群来对抗忠于国王的军队。但 1792 年 7 月以后，威胁变成了外国入侵，法国因此急需强大有效的军队。此时，1789 年反武力的理想已经被淡忘；美国宪法规定的"携带武器的权利"得到了广泛接受，拥有武器被视为公民自由的保证，必须有财产方可加入国民卫队的资格要求被匆忙废除（7 月 30 日）。7 月 12 日，发出了号召报名参军的通告，要给已有的 15 万正规军再增加 50 000 人。1793 年初又征兵 30 万，志愿报名者不够就强征，8 月 23 日颁布了《全国总动员法令》，规定所有健康的男子都随时可能应征入伍；之前下达的另一个命令要求各战斗旅把正规军和国民卫队的成员按 1 ∶ 2 的比例混合编队，用正规军来对志愿者进行传帮带，直到他们学会如何作战。

这是一支全新的军队。执行纪律不靠体罚（虽然给酗酒的醉鬼灌凉水），而是靠由士兵和军官共同组成的军事法庭。军队中的军官和在国民卫队中一样，通过选举产生；与革命志愿者相比，报酬算得上优厚。由于战事紧张，选举军官的做法很快就废除了（1794 年），纪律委员会也不再活动（1795 年）；但到那时，军队的改革已深入肌理，形成不可逆转之势，这几个后来的措施完全不影响大局。正经体面的人最初志愿参军的热情也许有所减退，但军官团的性质比起过去已经是面目全非。1789 年，90% 以上的军官都是贵族（需要承认，他们大多是小贵族，与较低社会阶层唯一的区别只是他们有家族的徽章），但到1794年，贵族占军官的比例只剩了3%。[39] 空出来的位子由平民补上，但更经常的是过去皇家军队中不持委任状的少尉以下的军官，大革命的确为他们提供了“人尽其才的职业生涯”。拿破仑的26位元帅中，奥热罗（Augereau）、勒菲弗尔（Lefebvre）、奈伊（Neg）和苏尔特（Soult）1789年之前都是军士。更出乎意料的是，维克多（Victor）原来是军乐队的成员，茹尔丹（Jourdan）、乌迪诺（Oudinot）和贝纳多特（Bernadotte）3位仅仅是列兵（贝纳多特最后当上了瑞典的国王，成就超过了亚历山大大帝的所有将军）。这一批人才能出众，但是在旧军队中完全没有机会施展；直到1782年，还规定少尉以上军衔只能授予曾祖父一辈是贵族的人。这些平民出身的将领经受过实战的锻炼，1789年的社会解放又大大提升了他们的自信心，两者加起来使他们成为卓越的将领。[40]

不过，拿破仑的元帅中也有1789年前即得到委任的少尉以上的军官。马尔蒙（Marmont）和拿破仑一样，是路易十四创立的梅斯炮兵学校的毕业生，格鲁希（Grouchy）曾在“苏格兰卫队”服役（它最初是波旁王朝宫廷的近卫队）。他要“人尽其才”，明智地包括愿意为革命效劳的前皇家军官，就连那些离开法国移居国外，后又改变主意的前军官也不排斥。到1796年，拿破仑的利剑指向哈布斯堡帝国在意大利的领土时，法兰西共和国的军队已经成为最广义上的混合体：不仅有过去的正规军和国民卫队的成员，而且也有来自众多其他背景的军官；他们勠力同心，为新的法兰西而战，但也热切地期盼军人生涯带来的好处。晋升是其中之一，另一个是抢掠财物；后来的20年里，晋升和抢掠的机会都数不胜数。与此同时，军队紧迫需要找到办法解决用火枪和刺刀作战久战不决这个问题，给革命力量和旧制度在战场上的较量注入人民推翻君主统治的激情和活力。

有一个办法近在眼前。皇家军队对于不久前的七年战争和奥地利王位继承战争久久难分胜负也很不满意，许多贵族军官，特别是吉贝尔伯爵（Comte de Guibert），都呼吁改革战术。吉贝尔和他的许多同代军人一样，对普鲁士腓特烈大帝的成就深为赞佩；腓特烈的正规军人数不多但十分精悍，许多比普鲁士大得多的国家都被打得落花流水。腓特烈对于作战严格遵守理性，一点儿不打折扣，这恰好符合时代的精神——那个“启蒙时代，或称理性时代，已经提出，政府的一切机构都应与人民的精神和愿望相一致”。[41]吉贝尔是典型的贵族理性主义者，他相信，法国军队若是采用普鲁士的操练和训练方法，就会变为国家权力的顺手工具。他和许多同代人一样，力主放弃过去的战术，即依赖把火枪手排成一排的老式阵法，指望他们一开火就能摧毁敌人的抵抗；他呼吁改用大部队调动的方法，集中力量对敌人进行决定性的打击。在这场被后人称为“横列对纵队”的辩论中，吉贝尔和与他意见一致的军官到1789年时已经稳占上风；但他们都没能把观点付诸实施，因为若是那样，他们就必须同意让士兵在更好地为国家服务的同时也学会做国家的主人。吉贝尔骨子里仍然是支持专制政体的。他在理智上倾向于公民—战士的理念，但他的社会偏见使他无法接受这样的现实。

大革命解决了这个矛盾。几乎一夜之间，一支公民军队脱颖而出，它从旧制度内部关于战术的辩论中找到了解决它和旧制度残余军队在战场上作战时遇到的种种问题的办法。革命军作战时排列成密集的纵队，并有大量机动炮火支持；一种说法是，他们这样做是因为公民—战士没有受过真正的军事训练，所以指挥官不得已才这样组织。后来，人们开始认识到这种观点看得不够远：战术的改变本来就已呼之欲出，革命军的军官不过是积极推动把改变早日付诸实施而已。但是这仍然解释不了这种改变为什么能奏效的原因。自16世纪以来，各国在国界上建起的一系列配备大炮的要塞一直阻碍着军队的行动，使战斗久拖不决，可是在迪穆里埃（Dumouriez）、茹尔丹和奥什（Hoche）这些将军的手中，这些困难像变魔术一样消失不见。法国军队攻克了比利时、荷兰、德意志和意大利的边界地区，对那些没有望风而逃，尚有一战之力的要塞暂且绕过不理，每次和奥地利或普鲁士的军队遭遇，都打得他们落花流水。法军的成功部分地归功于后来所谓的“第五纵队”，比如，许多荷兰人热烈欢迎大革命，北部意大利也有很多同情大革命的人。另一个原因是革命军人多势众，在那个世纪，10万大军已是很了不起，而法军到1793年已有98.3万之众，而且他们的后勤出乎常理；要塞可以阻断来攻敌人的供应线，但当敌军在周围的乡村予取予求的时候，要塞就失去了作用。

最重要的是，法军的成功来自革命军自身的高质量。至少在开始的时候，革命军的战士都是真心愿意参军的，都要献身于建立“理性”的国家（即使他们建立的国家的性质使许多经历了“理性时代”的理性主义者大为忧惧），指挥官都具有杰出的个人素质。说他们未经训练似乎言不符实。在1793—1794年，新的军官团花了大力气狠抓原属皇家军队的老兵和新入伍的志愿兵的训练。1793年6月，两位革命政府的官员报告说：“士兵们以奋发不懈的热情投入操练……老兵看到我们的志愿兵在队形训练中如此整齐划一，不禁惊叹不已。”同时，法军的炮兵部队由于格里博瓦（Gribeauval）的发明创新已经是欧洲的执牛耳者，革命后仍保留了许多原来的军官和炮手。[42]然而，法军在战场上遇到的敌人却还死守着只知绝对服从的习惯和法军已经摆脱了的僵化战术，因此根本不是法军的对手。

到1800年，大革命挫败了外国敌人消灭它的企图，在国内也通过收敛激进的锋芒转向保守而得到了巩固。年轻的波拿巴率军在国外作战屡战屡胜，在同侪中脱颖而出，在1799年11月的雾月政变中给了国内极端分子以致命的打击。政治和军事大权自然而然地落入他的手中。1802年到1803年，他和奥地利、普鲁士、俄国、英国这些法国的敌人保持着一种彼此警惕的和平，但之后再次率军踏上征程，开始了12年的闪电式征服战，行动范围越来越大：1805年和1809年出征奥地利；1806年打败了普鲁士；最后是1812年出兵俄国，不过那次征战以惨败告终。只有西班牙久攻不下，1809年到1814年间，法军在那里遇到的是威灵顿麾下不列颠远征军的精锐部队，有西班牙全国各地游击队的支持，还有英国皇家海军源源不断地运送军需（自1805年特拉法尔加海战胜利之后，英国皇家海军即称霸海上，无人能与之争锋）。波拿巴的“大军”（Grand Army）已经不是当时的革命军了，虽然经过1793—1796年的宏大战争后，许多军官和一些士兵仍然留了下来，但军队已经成为国家权力的工具，不再为意识形态服务。然而，军队中依然存留了革命时期的特质，使得拿破仑的一系列大捷——奥斯特利茨（Austerlitz，1805年）、耶拿（Jena，1806年）、韦格勒姆（Wagram，1809年）——看起来似乎仍然是革命军旋风的继续。作为普鲁士军人亲身参加了与法国革命军最初的战斗，并幸存下来目击了1815年拿破仑的失败的克劳塞维茨目睹了战争造成的巨大破坏，在此基础上提出了他的理论，即把公众意志与战略目标相结合，可以使“现实战争”接近于“绝对战争”，并树立了他的信念，即战争归根结底是政治行为。

克劳塞维茨自己也承认，他的思想并非都是他自己的独到见解。他说，马基雅弗利“对军事问题的判断非常扎实”。这样的赞词未免太轻。马基雅弗利的《论战争艺术》仅在16世纪期间就印了21版，那是一部革命性的著作，因为它第一次把战争和统治的艺术直接联系到了一起。[43]斐洛、波利比阿和维吉提乌斯这些过去的古典作者仅仅描述了如何最好地管理军事，马基雅弗利却显示了一支管理得当的军队——指从治下民众中招募兵员，而不是从雇佣兵市场上雇兵的军队——如何能够实现统治者的目标。欧洲各国的统治者对该书视若珍宝，因为当时货币经济的重兴侵蚀了旧有的封建募兵基础，他们正茫然无绪，不知如何才能建立可靠的军队。然而，马基雅弗利写作此书的目的很务实，只是想为文艺复兴时期意大利的富裕城邦中和他一样属于从政阶层的人提出一些实际可行的建议。克劳塞维茨在学术上却是野心勃勃，几近自大狂的程度。他和与他几乎同时期的马克思一样，声称了解到了他所研究问题的根本性的内里。他所做的不是提出建议忠告，而是阐述他坚持认为是不可逃避的真理。战争是政治以另一种手段的继续，任何对这一真理视而不见的政府必定会在认识到这一真理的政府手中遭到惨败。

这就是他的祖国普鲁士的政府在19世纪中期如此热情接受他的思想的原因。他的思想经由他在军事学院和普军总参谋部的学生和追随者传播开来。《战争论》出版很久以后才得到风行，但到普鲁士军队在德意志争霸的时候，他的思想已经普及全军上下，普军在

1866年和1870—1871年赢得的胜利更确保了他的思想从此也将指导新生的德意志帝国的外交。接下来，经过一段不可抗拒的潜移默化的过程，他的思想又渗透到其他欧洲国家的军队；到1914年，可以说欧洲大陆的军事观完全皈依了克劳塞维茨的思想，正如欧洲各国社会主义和革命运动的联盟信仰马克思主义一样。

既然第一次世界大战的目标在很大程度上是由克劳塞维茨的思想所决定的，所以战后他被视为在思想上促成这场历史浩劫的元凶；当时英国最有影响力的军事作家B. H. 利德尔·哈特（B. H. Liddell Hart）痛批他是“全面战争的倡导者”。[44] 时隔多年回头看去，克劳塞维茨的影响似乎被夸大了。1914年以前，将领们认为今后要在战场上赢得优势，就必须部署大量的军队，并假设会发生大批伤亡，这无疑是受了克劳塞维茨思想的影响；结果，欧洲军队每年的征兵人数屡创新高，既要向前线野战军输送兵员，也要增加预备役准备补充部队的伤亡或组编新的部队。但是，如果士兵不想打仗，将军手下不管有多少士兵都没有意义，就连国家实行义务兵役制也于事无补。自从国家这个政体出现以来，带兵的将领总是希望兵员多多益善，官僚治理的历史也随处可见徒劳无功或弃置不用的募兵制度。即使国家像1914年时所有的欧洲国家那样，有办法确知国内健康的青年男子的人数以及他们的工作地点或住址，但如果他们抵制入伍，并得到整个社会的支持的话，哪怕是最出色的警察力量都不可能把某个年龄组的人全都抓到军营里去。

事实是，青年人没有抵制征兵，社会也没有支持他们抵制，这说明真实情况与那些认为是克劳塞维茨设计了第一次世界大战的人所说的大相径庭。设计师可以建造屋宇，但无法决定人的情绪。他们的作用是反映文化，却不能创造文化。到1914年，欧洲社会弥漫着一种空前的文化情绪，认为当兵是国家对公民的合理要求，也是每一个健康男子的责任；这种情绪认为服兵役是获得公民美德的必要锻炼，拒绝接受自古以来因社会地位或者其他原因对武士另眼看待的观念，视其为过时的偏见。

对这种情绪并非没有制约，一个主要的制约是19世纪对良性进步的信念，相信繁荣会日益扩大，开明的宪政制度将得到普及。另一个制约来自宗教感情的强势回归，这是对不肯信仰上帝的革命思想的反弹，也是对同样置上帝于不顾，声称能够解释宇宙的科学的反弹，尽管科学是促成繁荣的重要力量。然而，乐观精神和道德上对暴力的拒斥抵挡不了推动欧洲生活急速军事化的其他力量。

19世纪中期的美国是西方社会中军事化程度最轻的，也是第一个发现这一倾向蕴藏的危险的国家。1861年美国南北战争爆发时，双方都以为战争很快就会结束。它们都匆忙地集结起由志愿兵组成的军队，希望在战场上一举取得胜利。双方都没有考虑过要大规模动员人力或工业资源，当然，南方也没有多少工业资源可以动员。随着战争久拖不决，双方都不得不增加兵员，期望以多取胜，实现无法靠英明的战场指挥达到的目标。最终，从战前美国的3200万人口中，南方召集了近100万人当兵，北方的军队人数更是多达200万；这些数字表明参军的比例是10%，我们已经看到，这是一个社会在继续保持正常运转的情况下所能承受的最大比例。南方本可以从它的400万黑奴中招兵充实军队，但它打仗就是为了捍卫把黑奴作为私人财产的奴隶制，所以无法利用黑奴打仗。北方的经济资源大大优于南方，海军和商船队的规模更大，铁路网也密集得多，所以它从一开始就能对南方实行封锁，也能把军队运到南方军力薄弱的地方去。到 1863 年，它已经把南方切成两半；1864 年，又从西到东把南方经济力量最强的地区一分为二。然而，南方的士兵斗志坚强、艰苦奋战，北方虽然在后勤上占尽优势，但仍无法取胜。因此，1864 年的战斗仍然十分惨烈，正如 1862—1863 年间的战斗；南方士兵守卫他们的腹地和进攻北方的葛底斯堡时同样顽强。这场不断加深的战争给双方造成的代价令人触目惊心。到 1865 年 4 月，北方终于成功制服了南方时，共有 62 万美国人直接因战争死亡，比两次世界大战、朝鲜战争和越南战争加起来的总数还多。

战争的创痛使好几代美国人不再迷惑于军装和军训营那虚假的浪漫。然而，南北战争表明，非职业军人的志愿兵照样可以成为铁军。这鼓励了其他地方想要成为公民—战士的人们踊跃“报名参军”，特别是在英国；它也为德国、法国、奥地利、意大利和俄国提供了根据，证明它们逐渐扩大由服役期满的士兵组成的预备役以便随时动员入伍是有道理的。

这些国家的民族主义情绪高涨，其主旨是尚武强军，而它们在海外的帝国主义扩张的成功更助长了国民的民族主义情绪。欧洲大陆从 1815 年到 1914 年战事寥寥，虽然 1848—1871 年爆发过国际冲突，还有一些内战，但那个时期仍然被称为“百年和平”；但是欧洲国家的陆军和海军在印度、非洲和中亚及东南亚十分活跃，他们打赢的战争规模虽小，获得的利益却大得惊人，使他们的国民得意非凡。然而，促使公众支持军事化的最重要的推手也许是军事化过程本身使人感到的兴奋和刺激。法国大革命提出的最具吸引力、最令人激动的思想之一是人人平等。在欧洲人内心深处，平等意味着

美国内战，1861–1865：铁路和主要河流
250英里
俄亥俄州
宾夕法尼亚州
新泽西州
马里兰州
特拉华州
印第安纳州
密苏里河
圣路易斯
伊利诺伊州
路易斯维尔
俄
亥
俄
河
华盛顿
西弗吉尼亚州
里士满
密苏里州
肯塔基州
弗吉尼亚州
田纳西州
北卡罗来纳州
阿肯色州
查塔努加
南卡罗来纳州
密
西
西
比
河
亚拉巴马州
亚特兰大
查尔斯顿
维克斯堡
萨凡纳
佐治亚州
密西西比州
佛罗里达州

有权携带武器，因此人们相信，当兵能使自己成为更完全的公民。大革命消灭了雇佣兵现象，也废除了过去的武士阶级对军队指挥权的垄断。法国大革命的军队以及后来法兰西帝国的军队被视为促进社会团结，甚至提高社会平等的工具——也许那只是自欺欺人，因为过去的武士阶级一直在顽强地捍卫自己任命指挥官这一硕果仅存的权力。军队中出身中产阶级的年轻人有希望晋升军官，因此而提高社会地位，而所有入伍的年轻人身上穿的军装就是他们被完全接受为社会平等一员的证明。雇佣兵和常备军的招募方式尽管不同，但都被视为某种形式的屈从和奴役；相比之下，普遍兵役制给人带来的是体面，甚至是远大的前途。威廉·麦克尼尔写道："这听起来像是自我矛盾，但放弃自由经常使人得到真正的解放，特别是对于身处千变万化的环境之中，尚未成年的年轻人来说。"[45]

这个说法暗含的意思是，欧洲狂热的军事化趋势中有一定的幼稚心态，此言或许不虚："幼稚"（infantilism）和"步兵"（infantry）的词根是一样的。若果真如此的话，幼稚的欧洲就是一个会思想的孩童。聪明人和负责任的政府找出种种理由，长篇大论地说明政府的行为是多么正确。所以，当1905年法国为进一步扩军而大举征兵的时候，法国下议院的报告是这样开头的：

> 一个伟大的民主共和国的军事理念……必然受到法国大革命崇高思想的激励：一个多世纪过后，当立法者能够要求所有公民，不分财富、文化或教育水平，在没有任何例外和特权的情况下把同样的一段时间献给自己的国家的时候，这证明民主的精神再次跨越了流逝的时间。[46]

这是欧洲大陆最大的民主国家的议会在光明之城（指巴黎）所说的话，时值建立大规模公民军队的后果显现出来的9年前。1914年8月3日，第一次世界大战爆发后第三天，巴伐利亚各大学的校长联合发出了如下的呼吁：

> 同学们，缪斯沉默了！摆在我们面前的是战斗，我们迫不得已，必须奋起保卫德意志文化，它受到了来自东方的野蛮人的威胁；我们必须保卫德意志的价值观，它们引起了西方敌人的嫉妒。条顿之火再次熊熊燃烧。解放战争的热情高涨，圣战就此开始。[47]

发出呼吁的这些德国高等教育的领袖在社会中享有崇高的地位，只有德军总参谋部的军官可以与之相比。从他们这篇令人惊讶的咆哮中，看得出人类漫长的战争史中五六个半原始，甚至可以说是完全原始的要素，之前它们一直被掩藏在表面下。理智和学问抛到了一边（“缪斯沉默了！”）。宣扬来自大草原的威胁（“来自东方的野蛮人”在这里指的是俄国的哥萨克人）。德国自己的野蛮过去突然成为可敬的东西（“条顿之火”摧毁了古典文明，后来还主要是靠德意志的学者重新发现并恢复了古典文献）。圣战的概念是穆斯林的概念，不是基督教的，甚至不是西方的概念，可是这里发出圣战呼吁的那些人无疑认同欧洲普遍的观点，认为伊斯兰所到之处，唯一的作为就是通过教授《古兰经》来散播腐败和落后。

巴伐利亚——可以说是全德国——的大学生看不到个中矛盾

之处。尽管他们从未受过军训（兵役法规定大学生在校期间免服兵役），但几乎所有大学生都报名参军，组成了新的第22和第23军团；经过两个月的训练后，于1914年10月开赴比利时伊普尔附近的前线与英国的正规军交锋。结果这些天真的大学生惨遭屠戮（德国称那次战役为“对孩子的屠杀”），时至今日，那里还矗立着纪念那次战役的惨状的纪念碑。朗厄马克（Langemarck）公墓设有一座神祠，上面雕刻着德国各大学的校徽，公墓中一共葬有36 000名年轻人的遗体，全部死于那场历时3周的战役；这个数字几乎等于美国军队在7年越南战争中阵亡人数的总和。

火药和普遍兵役制的文化

有一个人逃脱了埋身朗厄马克公墓的命运，在由大学生组成的部队中，他是个异数；因为他脾气暴躁，没能上大学；这个人名叫阿道夫·希特勒。希特勒在部队表现良好，尽管几次受伤，但仍继续服役，直到大战结束。他能活下来也是异数。他所属的第16巴伐利亚预备队在伊普尔打了一个月的仗后，原来的3600名士兵中只有611人没有受伤。一年之内，队里的老兵几乎无一幸存。如此严重的伤亡在所有交战的军队中司空见惯。这在两个方面代表着空前的流血死亡：总的伤亡人数与任何战争相比都绝对是最高的；从所占适龄人员的百分比来计算，伤亡率也是空前的，因为历史上从来没有如此大比例的人口投入过战斗。确切的伤亡人数难以断定，任何军事史学家都知道，这个问题就像沼泽地，越想找到出路，陷得就越深。在19世纪实行人口普查之前，从来没有准确的平民人口的数字，所以且不说大多数情况中对军力的估计不可靠，即使可靠，也很难确定所报告的——通常也是不可靠的——战死的人数占全国符合当兵条件的总人数的比例。比如，虽然普遍相信罗马共和国在坎尼战役中投入的 75 000 名战士折损了 50 000 名，但我们无从得知公元前 3 世纪时罗马能够参军的总人数是多少，所以无法把那场灾难与公元 1 世纪条顿堡森林一役的失败相比较。

不过，可以保险地假设，所有国家在普遍兵役制实行之前，军队都只占人口很小的一部分：1789 年法国人口为 2910 万，军队人数是 15.6 万（虽然到 1793 年实行普遍兵役制后，军队扩大到 98.3 万人）；我们也知道，战斗中的死亡人数除极少数例外，一般不超过参战部队总数的 10% ；我们还知道，战争中真正打仗的时候不多（法兰西共和国从 1792 年到 1800 年间，陆上和海上加起来一共打了 50 场战役，也就是一年 6 场，按照早年的标准这已经是很高的数字了）。[48] 由此可以认为，19 世纪以前，家中接到亲人战死的悲痛消息相对来说比较少见。拿破仑打仗动用的野战军规模庞大，有时相当于旧制度下法国军队的总和，战士死亡的人数亦随之升高。在 1812 年莫斯科外的博罗季诺一役中，他得胜的代价极大，12 万大军损失了 28 000 人；而在几乎是首次有精确统计的滑铁卢战役中，拿破仑的大军 72 000 人死了 27 000 人，威灵顿的 68 000 人中有 15 000 人阵亡。

美国南北战争的数字（可靠数字是根据领取抚恤金的阵亡者遗孀的人数算出来的）显示出阵亡人数的上升：4 年战争中打了 48 场大仗，南方军队的 130 万人死了大约 94 000 人，北方的 290 万士兵有约 11 万人阵亡。南方军队比北方的阵亡率高，大约是 7%对北方

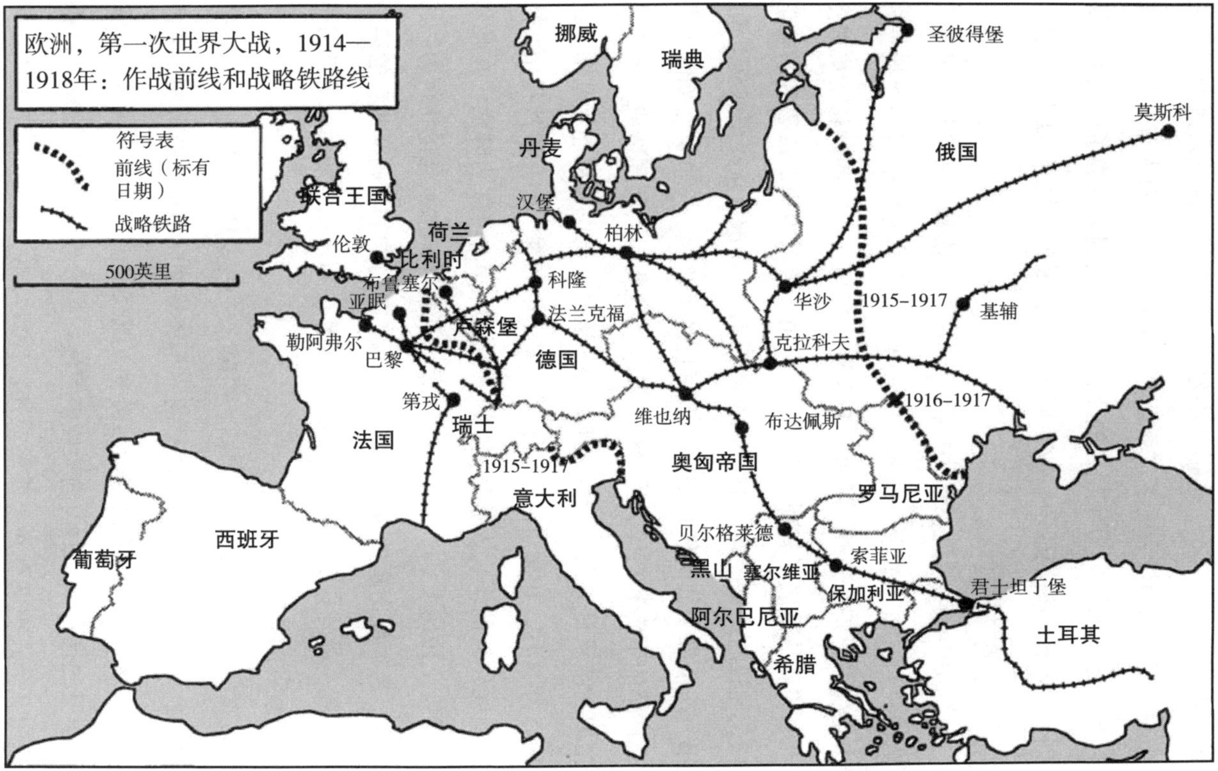
欧洲，第一次世界大战，1914—1918年：作战前线和战略铁路线
符号表
前线（标有日期）
战略铁路
500英里
挪威
瑞典
圣彼得堡
莫斯科
俄国
丹麦
联合王国
汉堡
柏林
荷兰
伦敦
比利时
布鲁塞尔
亚眠
科隆
法兰克福
华沙
1915–1917
基辅
卢森堡
勒阿弗尔
巴黎
德国
克拉科夫
1916–1917
第戎
瑞士
维也纳
布达佩斯
法国
1915–1917
奥匈帝国
意大利
罗马尼亚
贝尔格莱德
西班牙
葡萄牙
索菲亚
黑山
塞尔维亚
保加利亚
君士坦丁堡
阿尔巴尼亚
土耳其
希腊

的 3%；原因有几个，包括开小差的人较少，军队总人数少因此战士轮到上战场的机会更多，等等。[49] 1860 年，美国总人口才 3200 万；4 年的战争造成 20 万年轻人的死亡，这给美国人造成了巨大的感情创伤，使他们痛恨战争；战争期间疾病和困苦使另外 40 万人丧生，更加剧了人民的痛苦。[50]

到 1914 年，过去战争中的主要杀手——疾病——已经不再是军队的克星。布尔战争（1899—1902 年）是英军打的最后一次战士死于疾病多于死于子弹的战争。但这使得 1914—1918 年的伤亡更加令人心碎。从军成了有利健康的生涯；由于公共卫生的改善和农业机械化导致的产量提高，士兵个个身体好，吃得饱；从某个意义上说，第一次世界大战的伤亡如此之多，直接反映了前一个世纪期间婴儿死亡率的下降和平民人均寿命的延长。这些因素共同造成了人口的增加，结果是大批士兵被派往前线去送死，死亡人数连年剧增。到 1915 年 9 月，在马恩河、埃纳河、皮卡第和香槟的几次战役中，法军前线作战的伤亡人数达到 100 万之众，其中 1/3 为阵亡。在凡尔登战役（1916 年）中，法军有 50 万人死伤（一般死伤的比例为一比三），德军死伤超过 40 万；同年 7 月 1 日打响的索姆河战役的第一天，英军就阵亡 20 000 人，几乎等于整个布尔战争期间由于受伤和疾病致死的总人数。

到 1917 年，法军已经阵亡了 100 万人；4 月在香槟地区发动了又一次灾难性的进攻后，法军的一半作战部队拒绝执行再次出击的命令。这一事件被含糊地称为哗变，其实更准确的说法应该是在难以承受的伤亡概率面前的大规模罢战；到大战结束时，法军作战部队中 9 个人中就有 4 个或死或伤。1917 年底，自 1915 年 5 月开始对奥地利作战的意大利军队也拒绝再战；他们在阿尔卑斯发动了11次劳而无功的进攻，遭受了100万人的伤亡后，在奥德联军的反攻面前一触即溃，直到停战也没能恢复元气。俄国军队的死伤人数没有统计数字，但那时俄军士兵也开始，用列宁的话说，“用脚投票支持和平”。若不是俄军在东普鲁士、波兰和乌克兰遭到惨败，无力支持临时政府，1917年列宁领导的俄国十月革命就不可能胜利。

回头看去，伤亡率的激增很容易找到技术上的原因。比起火药造成战争“胜负难分”的18世纪，无论是士兵手中的枪支还是辅助作战的机枪和大炮，火力都增加了几百倍。据统计，死亡人数与发射的子弹的比例（不算大炮）从1/200下降到1/460。[51] 但是，火枪手最多每分钟发射3次，对垒的两军军力很少超过50 000人；即使如此，几分钟的交火造成的伤亡通常也会引起一方或另一方惊慌后退，指挥作战的将领也正是希望通过造成敌方的惊慌来夺取阵地。[52] 到1914年，步兵的步枪每分钟能发射15发子弹，机枪每分钟发射600发子弹，大炮每分钟能射出20发装满钢珠的炮弹。当步兵掩藏在战壕里的时候，大部分火力都白白浪费掉了，但他们一旦发动冲锋，如此猛烈的火力就有可能在几分钟的时间内消灭整整一个营的1000人。1916年7月1日第一纽芬兰团就遭到了这样的厄运，许多其他部队的损失也同样惨重。而且，在这样密集的弹雨中逃无可逃，因为需要经过几百码宽的死亡区才能逃回战壕。因此，士兵被猛烈的火力紧紧地压制在地面上，如果受了伤，经常只能慢慢等死。

第一次世界大战的高级指挥官想方设法在其他地方采用间接的方法来克服火力在前线造成的僵局，但均告无效。尤其是自60年前铁甲船取代了木制船以来，投入了巨额资金建造海军舰队，但舰队在大战中的作用却微乎其微。我们已经看到，木船组建的舰队借助欧洲的火药技术，无论在近海还是远洋都耀武扬威。欧洲的海洋大国驾驶着木船舰队征服了远方的民族，那些人即使获得了火药武器，在文化上也不适应面对面地抵抗欧洲人。

在欧洲的近海，各个海洋大国——其中首屈一指的是英国——不仅建立了对贸易通道和关键战区的长期统治权，而且娴熟掌握了有效支持陆上军队的手法，主要是通过封锁敌方和为己方运输后勤供给。德国就是怀着这个目标在 20 世纪的第一个十年和英国展开了建造无畏级战舰的竞赛，结果两国的海军各自增加了几十艘战舰（1914 年，英国有 28 艘无畏级战舰，德国建了 18 艘），能够在 20 英里开外互相摧毁。德国海军参谋部希望在北海攻英国海军于不备，给英军以毁灭性打击，以此打通从北海出海的通道，攻击大西洋的贸易航线，破坏英国的商业。德国为此做的努力，特别是日德兰海战（1916 年 5 月），没有成功，自那以后只能在自己的基地附近航行。在使用其迅速扩大的潜艇舰队对英国进行反封锁方面，德国倒是屡屡得手；1917 年，德国潜艇击沉商船前连警告都不发，但后来英国海军部恢复了 18 世纪的做法，用军舰为商船队护航，限制了德国潜艇的活动。

英国企图重新起用传统的两栖战略，用海军把远征部队运送到敌人海防薄弱的地方，并从那里给自己的部队补给，可是在它唯一试用此法的地方——土耳其的加利波利（Gallipoli，1915 年 4 月）——却遭到严重败绩。新近和德国结盟的土耳其守军表现出了他们 300 年前令基督教欧洲闻风丧胆的勇猛，也证明他们熟练地掌握了新的火力技术。在加利波利，岸上的火力打败了海上强国。

在协约国和德国在法国西部战线上的猛烈交火中，海上战略力量最终起到的作用主要是确保美国的增援部队安全渡过大西洋。1918年，美国军队的到来使斗志消沉的法国人和难以支撑的英国人重新燃起了信心，却使德国人大为沮丧，他们那年春夏时分发起的5次“赢得战争”的攻势都被匆忙组织起来的防卫抵挡住了。1918年10月，德国人终于显示出前一年弥漫于法国人、俄国人、意大利人，甚至英国人中间的厌战迹象。德军所有的步兵部队和敌人一样，兵员业已换补了两遍，甚至三遍。尽管他们在东方战线上打败了俄军，在其他战线上也赢得了一系列胜利，击败西方国家似乎指日可待，但是，他们不再愿意做更多的、似乎越来越没有意义的牺牲。11月，在士兵无力再战这一无可辩驳的事实面前，德军最高指挥部签署了停战协定。

事实上，所有交战国都已师老兵疲。他们的苦难有敌人带来的，也有自找的。1914年大战爆发时，民众都热烈拥护；他们送自己的孩子上前线，相信他们不仅会打胜仗，还能赢得荣誉；相信战士们一定会头戴桂冠凯旋，那将证明他们对普遍兵役制的信任和对战争的投入是多么明智。战争彻底打碎了这个幻想。“全民皆兵”这个作为征兵政策基础的理念其实是建立在对人性潜力的根本性误解之上。

尚武民族也许个个都是战士，但他们作战时非常小心地避免与敌人直接或长时间接触；如遇敌人顽抗，就会脱离战斗或后撤，认为那是可以允许的合理做法；不执迷于展示无谓的勇气；仔细衡量暴力是否有实际的效用。希腊人表现得更加勇敢，但他们虽然发明了面对面作战的方法，却并没有把作战的道德守则提高到必须达到克劳塞维茨式完胜的程度。后来继承了他们衣钵的欧洲人也对作战的目标有所限制，罗马人作战是为了巩固自己文明的地盘，主要通过确立可以防守的边界——这也是中国人军事思想的实质，而罗马之后的欧洲尽管战事频仍，但基本上是为了争夺在界限分明的领土内部的权力。到了火药时代，国家间的战争仍然以争夺权力为目的，尽管形式发生了变化。宗教革命中表现出来的宗教上的分歧固然加剧了争斗，但新教徒只是对已经存在的权利提出质疑，并未为自己要求新的权利。另外，在所有的争斗中，交战方从未幻想过要动员起全体男性国民参加战斗。首先，劳动力密集的农业不允许这样做，而且也没有这样的财力；即使在物质上可以做到，1789 年前的社会也一致把当兵视为极少数人的职业。人们正确地认为，打仗这么残酷的事情只有少数人干得了，包括因社会地位决定天生要做武士的人，还有在社会上无法立足，无奈只能从军的人；无论是雇佣军还是常备军，都是无业贫民，甚或不见容于社会的犯罪分子麇集的地方；他们被认为适合当兵，因为他们在和平生活中也会遭受同样的困苦。

勤劳肯干、有技术、有学问和有一定财产的人被排除在军队之外，这反映了对于战争对人性影响的一种通达的了解。过惯了舒适而有规律的生活、习惯于从事生产性劳动的人受不了战争的严酷。法国大革命在实现平等的狂热中，粗暴地把这一观念扔在一边，要使多数人也能享受之前少数人的特权，即贵族的武士地位所带来的享受充分的法律自由的权利。这样做并不能完全算错。许多正派人的父辈对当兵避之唯恐不及，但他们自己却成了出色的军人，无论是做士兵还是做指挥官：拿破仑手下最大胆敢闯的元帅缪拉

（Murat）原来是学习神学，准备做神父的，贝西埃（Bessieres）是医学院的学生，布吕内（Brune）是报纸编辑。[53] 不错，墨索里尼也曾做过报纸编辑，但他属于后来的时代，而且本身就脾气暴烈。缪拉、贝西埃和布吕内在他们的时代都算是体面的资产者，他们对军旅生活的纪律和危险安之若素，这完全是他们的脾性碰巧使然。即使在拿破仑的军队里，他们也是例外。100 年后，他们的情况就很常见了。第一次世界大战的军队里从士兵到将军，来自各行各业，他们中间许多侥幸活下来或没有受伤的人坚韧不拔，毫无怨言地在军中服役了两三年，甚至四年。但是，步兵 200% ~ 300%[1] 的伤亡率，伤亡人数越过 100 万大关，这些足以粉碎一个民族的斗志。到 1918 年 11 月，4000 万人口的法国损失了 170 万男青年，意大利 3600 万人口中有 60 万人丧生沙场，大英帝国战死的军人更是高达 100 万，其中 70 万来自英伦三岛上的 5000 万国民。

战前人口为 7000 万的德国虽然损失了 200 多万人，但居然一直坚持到最后，所以更加不同寻常。德国也付出了感情上的代价，但和流行于战胜国的情绪迥然不同。对战胜国的人民来说，他们再也不愿意承担如此惨痛的战争代价了。“我不敢相信和平就要到了，”公公曾担任过英国首相的辛西娅·阿斯奎思（Cynthia Asquith）这样写道：“我想恐怕需要比过去更大的勇气……才能真正明白，战争结束后，死去的人再也活不过来了。”[54] 当然，对千百万家庭来说，1918 年 11 月意味着终于不再需要像之前的 4 年一样，每天都提心吊胆，生怕来敲门的邮差会送来报噩耗的电报，但阿斯奎思的感觉

[1] 原文如此，疑有误，当为 20% ~ 30%。——编者注

没有错。伤亡数字如此巨大，几乎每一个家庭圈都有或死或伤的人，这种痛苦是终生无法磨灭的。即使在今天，英国报纸的“纪念”栏目里还有回忆近 80 年前死在战壕里或无人区的父亲或兄弟的文章。如此之深的心理创伤不会随着记忆的模糊而愈合。它们继续在人们的意识里，在英国人和法国人的国民意识里化脓溃烂。

法国为了防备痛苦的壕堑战重演，建起了实实在在的高墙，沿法德边界修筑了一道水泥工事——马其诺防线，第一期的造价（30 亿法郎）就赶上了英国 1906—1913 年间建造无畏级军舰计划的总预算。这条防线犹如一组巨大的内陆舰队，是为了阻拦未来的德国军队，使其永远不能踏上法国的领土[55]——根据和平协定，德国当时的军队等于被解散了。英国人也和法国人一样，对再次打仗反感憎厌，但没有他们那么现实。1919 年，在曾任英国海军部部长及陆军大臣兼空军大臣的温斯顿・丘吉尔的推动下，英国通过了一项决定，规定“为制定（国防）预算之目的，（应当假设）以任何日期为据，10 年内将不打大型战争”，而且这条“十年规则”每年顺延，直到 1932 年；即使在那以后，尽管 1933 年阿道夫・希特勒在德国上台，信誓旦旦地要推翻第一次世界大战的成果，但英国在 1937 年以前都没有采取任何实质性的措施来重整军备。[56] 与此同时，希特勒重新建立了普遍兵役制，开始在新的一代德国青年中重振武士文化。

终极武器

对希特勒来说，第一次世界大战是他“一生中最伟大的经历”。[57] 所有军队里都有和他一样的少数老兵，感到战壕里的刺激令人振奋，就连危险都使他们豪情满怀。希特勒因作战勇敢被授予勋章，也得到了上级的赏识；他在维也纳的背巷中过了几年潦倒艺术家的日子后，现在加入了军队中战友的圈子，这更坚定了他关于日耳曼民族优于其他民族的狂热信念。《凡尔赛和约》割走了德国的领土，把德国陆军减至区区 10 万人，夺走了海军的现代化军舰，干脆把空军整个取消；德国政府接受了这些条件，仅仅是因为那时协约国对它进行的海上封锁终于显现出了战时没能产生的效果，使得它走投无路，别无选择。看到《凡尔赛和约》给德国带来的奇耻大辱，希特勒怒火中烧，许多别的老兵也和他一样愤愤不平；当希特勒在 1921 年投入极右翼政治的时候，就是这些老兵组成了准军事政党的中坚力量。

20 世纪 20 年代期间，几乎在每个战败国以及认为自己应得的胜利果实被别国骗走了的国家中，准军事政党都大行其道。土耳其是个例外：军事领袖阿塔图尔克拯救了土耳其的中心地带，在协约国褫夺了土耳其帝国在中东的地盘后，成功地引导好战的土耳其人首次转向温和。在俄国内战中胜出的布尔什维克党正在建立一个号称是平等的政权，但其实它比法国大革命激进得多，把公共生活的每一个方面以及私人生活的大部分都置于上级的指挥之下，辅之以严厉的处罚和严密的内部监督制度。意大利的墨索里尼代表与他意见一致的人大声疾呼，说虽然意大利人在大战中照样流血牺牲，但胜利后大部分好处都被英法两国拿去了。1923 年，他领导的党索性篡夺了政权，那个党的党员身穿军装，模仿军人的举止，把政治对手或流放或监禁，自己建立了民兵，与国家的军队平起平坐。

希特勒对墨索里尼深为钦佩，一直将他比作尤里乌斯·恺撒；

对于墨索里尼采用的一些罗马军团的象征，包括罗马军团的旗帜和“罗马式”敬礼，希特勒领导的革命团体也全盘采纳。然而，尽管德国政府因战败而力量虚弱，但事实证明还是比意大利的政府更顽强。希特勒在1923年企图发起的政变被巴伐利亚警方轻易地粉碎了，那场行动中军队是警方的后盾，因为军队不容许一群身穿拙劣的灰色仿制军装耀武扬威的乌合之众挑战自己在国家中的作用。希特勒坐了16个月的牢，其间他反思了自己的错误，决定再也不直接对抗军队了。出狱后，他一边努力争取军方领导层的好感，一边着手创办一支强大的穿制服的民兵队伍，叫作“冲锋队”（这支队伍到1931年达到10万人之众，和德国军队的人数一样多）；同时，他决定通过选举爬上权位。[58] 1933年1月，他勉强获得了多数票，被任命为总理，立即开始采取一系列措施，旨在恢复德国的军事强国地位；2月8日，他秘密通知内阁，“今后5年内必须集中精力使德国人民再次获得使用武器的能力”。[59] 第二年，战时最高统帅兴登堡总统逝世后，希特勒就任国家元首，安排要所有士兵宣誓效忠他本人。1935年，他宣布拒绝接受《凡尔赛和约》中把德军人数限制在10万人以内的条款，恢复了普遍兵役制，下令建立一支独立的空军；1936年，他同英国谈判了一项新的英德海军条约，准许他建造潜艇；同年，他不打招呼，径自派德军重新占领了非军事化的莱茵兰。他已经在建造坦克了，1934年1月，德军的坦克之父古德里安（Guderian）在库默斯多夫（Kummersdorf）向希特勒展示了几个法律不允许建造的坦克模型，使他大喜若狂：“我就是需要这个！我就要这个！”1935年，德军开始列装3个坦克师。[60] 到1937年，德国陆军有了36个步兵师和3个坦克师（1933年仅有7个步兵师），加上预备役军人，作战兵力达到300万人；4年之内军力增加了30倍。到1938年，新生的德国空军有了3350架战斗机（1933年时为零），并着手训练空降部队作为陆军的空中力量。海军则开始建造一系列超级战舰中的第一艘，还计划要造一艘航空母舰。

重整军备大受欢迎，不仅因为它为失业的青年提供了工作机会，并把莱茵兰收归了德国，到1938年又把奥地利的一小部分和捷克斯洛伐克讲德语的地区纳入了大德国的版图，而且还因为它使得德国人民重拾民族自豪感。在第一次世界大战的战胜国中，打赢战争的代价使人民决心再也不要打仗；在德国，战败的代价似乎只有通过扭转上一次大战的结果才算没有白付。希特勒对此坚信不疑。虽然德意志帝国垮台后，官方努力宣传国际主义理念，但是他敏锐地察觉到了掩藏在漂亮的言辞表面下的民众的怨愤；在他15年的政治煽动蛊惑中，他一直刻意挑动这种怨愤。他指控签署《凡尔赛和约》的人犯了叛国罪，坚称要复仇，这些在民众中引起了强烈的共鸣。

在法国人加固马其诺防线，英国人坚持拒绝重整军备的同时，年轻的德国人却争先恐后地穿上战壕中穿的灰军服，得意地享受着老百姓投来的钦佩目光；1914年之前的那几十年中，当征兵入伍的军队是象征德意志国家的主要符号的时候，他们的父辈和祖父辈也得到了同样的赞赏；同时他们也因坦克、战斗机和俯冲轰炸机这些现代化的装备而兴奋激动。墨索里尼的意大利愿景是受了“未来派”艺术的启发。在财政窘迫的法西斯意大利，未来只能停留在希望的层面上，但在希特勒的德国，它却成了令人陶醉的现实。到1939年，德国社会不仅重新实现了军事化，而且上下同心，一致坚信德国有能力打败那些只在口头上奢谈“全民皆兵”的衰败邻国，洗刷21

年前的耻辱，赢得本应属于它的胜利。

1939年9月1日，希特勒在宣布他决定对波兰，因此也就等于对法国和英国作战的时候，明确提到了他在战壕里的经历。他说："没有德国人比我更坚定地决心在（第一次世界）大战的那几年报效国家……从现在开始，我只是帝国的一名士兵……我再次穿上了我视为最神圣最宝贵的军装外衣。我会一直穿着它，直到我们取得胜利。不成功便成仁。"[61] 此言一语成谶，五年半后，希特勒躲在柏林废墟下的掩体中，头顶敌军倾洒而下的炮弹，饮弹自尽。然而，战争开始时，德国战败似乎是不可能发生的事。希特勒的将领警告说，对波兰也许不能迅速取胜，这是职业军人在把作战计划付诸实施时的共同口径。结果，没有装甲部队的波兰陆军一共40个师，从一开始就陷入德军62个师，包括10个坦克师的重重包围之中，打了5个星期即被制服；波兰空军的935架飞机几乎全部老旧过时，开战第一天就全军覆没。将近100万波兰人被俘虏，其中20万人落入苏联手中；苏联和希特勒签订了秘密协定，使德国不必像1914年那样，有两线作战之虞。根据这一协定，一旦战争开打，苏联即从东入侵波兰，吞并该国的东部领土。

德军在波兰之战中显示了它的新战术，德国的陆军和空军的装备及训练都以执行这一新战术为目的。这种战术叫作"闪电战"，是新闻记者的用语，但非常准确传神。它把坦克师的坦克集中列成进攻的方阵，上有俯冲轰炸机组这种"飞行的大炮"支援。使用这样的组合来攻击防线的薄弱环节时——事实上，任何遭受如此压倒性打击的地方都是薄弱环节——就会打出缺口，突破防线，然后一拥而上，造成敌军阵脚大乱。这个手法由伊巴密浓达在留克特拉首创，亚历山大在高加米拉用它对付过大流士，拿破仑在马伦戈、奥斯特利茨和韦格勒姆也使用过。然而，过去作战是骑马冲锋，也靠马传递命令或战报，将领攻击得手后乘胜出击的能力受限于马匹的速度和耐力；闪电战却能够达到过去的将领无力取得的结果。坦克不仅比步兵的速度快得多，而且，只要燃料和零部件的供应得到保证，可以连续24小时以30英里，甚至50英里的时速前进；坦克配有无线电台，指挥部因此可以随着行动的发展随时接到情报，发出命令，这在战争中称为“实时”。

第一次世界大战期间也曾试验过使用无线电台，但早期电台的电源笨重榔槺，只在海上比较好用。后来，无线电台体积缩小了，减少了耗电量，于是坦克和指挥车都安装了可靠的电台，同时，德国人在用机器把电文译成电码方面也大获成功。在无线电台的基础上，军事进攻发生了革命。德国空军将领埃哈德·米尔希（Erhard Milch）在战前一次讨论闪电战术的会议上一语道破天机：“俯冲轰炸机将形成飞行的大炮，通过良好的无线电通信与地面部队协同作战……坦克和飞机都将（由指挥官调动）。真正的秘密是速度——高速通信导致高速进攻。”[62]

形成进攻方式革命的各个因素使希特勒和眼光较远的德军将领相信，德国国防军能够做到打败西边各敌国仍按常规方法组织的军队，同时保证自己基本上毫发无损；另外也可以不必把德国的工业全部投入军需生产，因此而避免难以承受的沉重经济代价。德国军方把1918年协约国的胜利归因于那些国家在“军需战”中略胜一筹；所以，他们一直坚持认为德国军队在战场上并未真正被打败。闪电战使用的武器相对便宜，这样德国人民既可以享受胜利的果实，又不必做出从前发动全面战争一定会带来的经济上的牺牲。

1940 年 5 月到 6 月间在法国和低地国家的战斗似乎证明了这一估计的先见之明。德军的坦克师秘密集结在马其诺防线以北的阿登（Ardennes）森林，经过 3 天的战斗，突破了法军的防线，于 5 月 19 日推进至英吉利海峡沿岸的阿布维尔（Abbeville）。此举把同盟国的军队切成了两段：法军和英国远征军的精锐被截在北边，南边只有缺乏机动能力的二流部队防守着法国的腹地。随着英军大部队从敦刻尔克撤回英国，德军于 6 月 4 日拿下了同盟国军在北边的地盘，此后不久即突破并粉碎了南边的防线。6 月 17 日，法国政府要求停火，自 6 月 25 日起开始生效（那时意大利加入了德国一方，所以停火也包括法意之间）。“法国大战结束了，”一位年轻的德国军官写道，“这场仗整整打了 26 年。”他流露出来的感情和希特勒不谋而合。7 月 19 日，希特勒在柏林举行庆功会，把 12 位将军晋升为元帅；他已经决定让陆军 100 个师中的 35 个师复员，好为工业提供必要的人力，把消费品的生产维持在和平时期的水平。

因此，在 1940 年的夏天，似乎什么好事都让德国占了：战争得胜，经济富足，战士还能复员回家。为防冲突重起，希特勒命令继续生产新式武器；坦克师的数目将翻一番，要增加潜艇的数量，先进战斗机将从模型进展到生产阶段。然而，好像看不到冲突爆发的威胁。苏联按兵不动，正忙着把希特勒和斯大林在战前达成的协议中分给它的东部土地吸收入自己的领土，并按照协议规定的条件向德国输送原材料。英国被赶出了欧洲大陆，但英军几乎所有重型装备都扔在了大陆，因此没有发动进攻的手段；它最多只能保卫海上通道或领空。无论怎么看，按常理英国都应该求和。希特勒就是如此认为的，从 6 月到 7 月，他一直在等待丘吉尔的恳求。

他没有等到。相反，战局发生了变化。当时希特勒已经开始思考，对于地处德国开阔的边界以东的苏联，是否可以放心地和它相安无事。苏联边界上没有天然屏障，它辽阔的西部大草原适宜坦克驰骋，是打大规模闪电战的绝佳战场；对苏闪电战如果成功，德国将获得巨大的物质和工业资源，使它借此永远成为欧洲无可置疑的霸主。如果英国同意停战，就不会发动这样的闪电战，那就可以避免刺激美国像在 1917 年那样，插手欧洲的战事以扭转力量平衡。然而，英国人异常顽强，即使在 8 月对他们发动了全面空战，他们仍不肯投降。于是，希特勒一边等着看英国的防空能力还能支持多久，一边决定停止曾在法国作战的部队士兵的复员，作为预防性的举措，开始把坦克部队向东调动。

回想起来，希特勒恐怕是历史上最危险的战争领导人，因为他的思想结合了三个可怕的相互契合的信念，这些信念经常有人执其中之一，但从未有人三者皆备。他沉迷于作战技术，因自己掌握所有细节而自鸣得意，并毫不动摇地坚信优越的武器是赢得战争的关键；在这一点上，他的信念与德国军队的传统大相径庭，因为德军强调士兵的战斗力和参谋人员的专业技能，相信那才是克敌制胜的法宝。[63] 另外，希特勒也相信武士阶级的卓越，在他对德国人民的政治演讲中，他还给武士阶级的概念注入了无情的种族主义的内容。最后，他是个坚定不移的克劳塞维茨主义者，他真心把战争视为政治的继续，甚至不把战争和政治区分为两类不同的活动。虽然他轻蔑地拒斥马克思提倡的集体主义，因为它要不加区分地帮助所有种族摆脱经济奴役，但他和马克思一样，认为生命就是斗争，因此战争即顺理成章地成为种族政治实现其目标的手段。1934 年，希特勒在慕尼黑的一次大会上对听众大喊："你们没有一个人读过克劳塞维茨，即使有人读过，也没有学会联系当今的现实。"1945 年 4 月，在他生命的最后几天中，当他在柏林的地堡里坐下来撰写给德国人民的政治声明的时候，他只提到了一个名字来为他曾企图达到的目标辩解，那就是"伟大的克劳塞维茨"。[64]

革命性的武器、武士的道德守则和克劳塞维茨把军事和政治目标合二为一的理念，这三者加起来，使得欧洲 1939—1945 年的战争在希特勒手中达到了史无前例的决绝，其程度是此前的任何领导人，无论是亚历山大、穆罕默德、成吉思汗还是拿破仑，做梦也想不到的。开始时，希特勒默认了英法两国政府宣布的不对平民目标进行直接空袭的声明。这一禁令一旦被打破，所有的顾忌就全部扔到了九霄云外。[65] 打破这个禁令的碰巧是德军，1940 年 5 月 10 日，德国空军弄错了目标，袭击了德国城市弗赖堡；为了权宜，把责任推到了法国人头上。意大利军事理论家杜黑早已提出，只靠空中力量就有可能赢得战争（无论巧合与否，意大利是率先为军事目的使用飞机的，在 1911—1912 年间的战争中，它对利比亚的土耳其人进行了空袭），虽然在第一次世界大战期间交战方用飞机和飞艇对敌方城市进行的轰炸造成的伤亡很少，破坏也不大，但是希特勒相信他的新式空军拥有的 1000 架轰炸机如果集中力量给予雷霆一击的话，一定会打败英国皇家空军，粉碎英国民众的斗志。[66] 1940 年 9 月 7 日至今在伦敦仍被称为"轰炸的第一天"，那天，德国空军投下的炸弹把伦敦所有的码头以及泰晤士河两岸城区的大片地方烧成白地；12 月 31 日，德国空军摧毁了伦敦金融区的大部分地方；1941

年 5 月 10 日，西部战线上发动坦克进攻的一周年，英国政府所在地白厅和威斯敏斯特宫，连下议院在内都被摧毁。德国空军只在 1940 年一年内就造成 13 596 名伦敦市民丧生，尽管如此，最终遏制德国空军行动的决定性因素还是它自己的损失——8 月和 9 月两个月内，德军 600 架轰炸机被击落，迫使它放弃了把“以空中力量赢得战争”的杜黑理论付诸实施的努力。[67] 从 1941 到 1943 年，它只能偶尔在夜间对英国的目标进行空袭。

希特勒企图通过空中轰炸使英国人就范，却没能如愿，遂将注意力转回使用他的另一种革命性武器系统——装甲部队——来争取他梦寐以求的在欧洲战场上的全面胜利。到 1941 年春，他完成了把装甲师调向东面的预防性部署，下决心进攻苏联，因为苏联拒绝默认希特勒通过外交改组南欧版图的努力。他先对不肯俯首称臣的南斯拉夫和希腊开战，征服了它们之后，于 6 月 22 日命令装甲部队挥师苏联。

在对苏作战的头 6 个月中，闪电战术的成效如同 1940 年春天在西方一样令人目眩。1941 年 12 月，德军坦克横扫苏联的农业中心和工业与采矿业重镇乌克兰，兵临列宁格勒和莫斯科城下。当时看来，希特勒使用他狂热推崇的革命性军事技术执行他信奉的克劳塞维茨理论似乎达到了目的（不过克劳塞维茨并非唯武器论者，他并不认为武器的优越与否是战争的重要因素）。为希特勒所狂热倡导的武士道德守则也发挥了作用，可以说作用大得过分了。虽然在西方作战时，德军遵循了普遍的战时法律规范，但他们在东方的行为却十分野蛮；第三帝国的宣传机器把关于大草原匪帮的民间传说和民众头脑中红色革命獠牙利爪、鲜血淋漓的形象编织在一起，捏造出东方野蛮的印象，这似乎成了德军对红军士兵残忍野蛮的理由，就连战俘都不放过。在明斯克、斯摩棱斯克和基辅包围战后，德军俘获了数十万红军士兵，对他们极尽虐待之能事。德国国防军俘虏的 500 万苏军士兵中有 300 万死于虐待和冻馁，多数死亡发生在战争的头两年。[68]

至少在德军于 1942 年秋在大草原深处的斯大林格勒会战中泥足深陷之前，闪电战在陆上一直势如破竹。但在其他地方，希特勒依靠先进武器和极端战略推进的战争却出乎意料地遇到了一系列阻碍。在海上，他期冀用潜艇封锁英国，完成 1917—1918 年间德国海军因潜艇数量不足而未能做到的事，但 1943 年，同盟国对跨大西洋商船队的整个航行区实现了远程空中覆盖，用护航的航空母舰为商船队提供局部空中保护，并比德国的密码编制人员技高一筹，破译了德国海军指示潜艇截击商船队的电文，因此改变船队的航线，使潜艇扑空；这一切使得希特勒的期冀化为泡影。[69]

与此同时，在欧洲大陆的上空，希特勒的敌人正在获得决定性的优势。根据德国实行的经济政策，军工产业只生产在战场上直接产生效果的武器，如坦克、俯冲轰炸机、步兵的自动化武器等等，所以空军没有建立起一支真正的战略力量。即使在战争打响之前，希特勒对闪电战概念的痴迷就已经迫使空军放弃了早先制定的制造大型远程轰炸机的计划。[70] 英国和美国的空军政策却恰好相反。事实上，英国政府在战前很费了些力气才迫使皇家空军从制造轰炸机的资金中分出一些来生产战斗机，因为空军的领导人对杜黑关于“通过空中力量赢得战争”的理论坚信不疑。早期的英国轰炸机有战略概念，却没有战略能力，但 1942 年开始到达英国和皇家空军共同进行对德战略轰炸的美国空军具备了战略能力。它的 B-17 轰炸机达到了所有要求：速度快、航程远、载弹量大、精确度高，并可自我保护，抵御战斗机的攻击。

希特勒撕毁了不轰炸平民目标的不成文协定，于是英国在 1940 年间也开始轰炸德国的城市。那一年和后来一年的空袭没有产生多少效果，但 1942 年 2 月，英国皇家空军轰炸机指挥部换了新领导，阿瑟·哈里斯（Arthur Harris）空军中将抛开了只对可辨认的军事目标进行直接空袭的政策，开启了“区域轰炸”的做法。1903 年发明了真正可用的飞机的莱特兄弟曾经预言，飞机将成为使人类大家庭更加亲密的手段；抚今追昔，世事的发展实在太讽刺了。2 月 14 日，英国空军参谋部的一份指示规定，空军行动“现在应集中打击敌国平民，特别是工人的士气”。[71] 很快，英军就开始对选定的德国城市倾泻装有高烈度炸药的炸弹，一次投下的炸弹达上千枚之多；在 1943 年 7 月 24 日到 30 日的夜间空袭中，汉堡 80% 的建筑被破坏或完全炸毁，30 000 市民被炸死，街道被 4000 万吨瓦砾堵得无法通行。美国空军与英军协同作战，在白天继续轰炸。美国空军一旦获得了护航的远程战斗机，轰炸机飞进德国领空即如入无人之境。

同盟国对德国城市的大规模空袭是战争行为的重大发展，几个勇敢的人站出来仗义执言，谴责它是道德的倒退，然而，比起太平洋的两栖空中力量的部署规模来，它却是小巫见大巫。日本名义上是第一次世界大战的战胜国（它对德宣战，目的是夺取德国在中国的租借地），但在战后分赃中感到自己没有得到应得的一份。自 1921 年起，它把军费的一大部分用来发展世界上最庞大、装备最精良的海军。1937 年，军人把持的日本政府对中国发动全面战争的时候，日本舰队中的6艘大型航空母舰没有派上用场，但当1941年，东京面对美国坚持要它停止深入中国腹地，不再向南威胁英国和荷兰（在火药时代乘风帆船征服的）在马来亚和东印度群岛的属地的要求，决定还以颜色的时候，它们就成了至为重要的战略支柱。日本首屈一指的海军战略家山本五十六属于少数对美国有第一手了解的日本人，他对自己指挥的日本舰队力量的相对虚弱提出了警告："我们可以在六个月到一年的时间内为所欲为，"他这样预言说，但在那以后，"得克萨斯的油井和底特律的工厂"[72]就会为美国提供对日本发动不可避免的决定性反攻的手段。他的异议被多数压倒，在1942年的头半年，日本海军作为陆军的先头部队和护送部队，征服了几乎整个西太平洋和东南亚，把他们战略控制区的边界扩展到澳大利亚北面。按他们的计划，这个战略控制区将维持得牢不可破。

日本人是从哪里得来的武士精神，使他们的军队成为世界上最难对付的军队之一，时至今日，这一点仍和1941年12月7日，日本第一航空队的飞行员把珍珠港美国太平洋舰队的战舰炸成一排燃烧的空壳的时候一样，是一个谜。日本人一直是尚武的民族，在13世纪，除了埃及的马穆鲁克突厥人之外，唯有他们抵抗并打跑了来犯的蒙古大军（当然必须承认，一场及时而来的台风帮了日本人的忙）。尽管如此，他们作为武士，"原始"特征非常明显，作战形式高度程式化，把武艺主要视为一种手段，用来确定社会地位，迫使不带剑的人臣服于称为"samurai"的武士。他们就是为了维持这样的社会等级秩序，17世纪时才在日本各岛禁用火药，还一直抵制外国商人的到来，直到1854年一支美国蒸汽动力的舰队来到日本，使他们认识到，他们与外部世界隔绝的办法已经不管用了。

面对西方技术的挑战，中国的满洲人希望以强韧的传统文化来应对这种挑战造成的不稳定；日本人的反应则不同，他们自1866年起，痛下决心学习西方物质进步的诀窍，用来为自己的民族主义服务。在一场激烈的内战中，抵制改革方案、冥顽不化的日本武士被首次接受平民加入的军队打得落花流水。得胜的政权仍然由封建家族统治，但统治者热切追求必要的改革。政府派考察团去西方，把使西方国家强大的一些制度引进日本：经济引进了工业流水线；公共领域中建立了陆军和海军，实行普遍征兵制，装备最先进的武器，包括1911年日本造船厂开始建造的装甲战舰。

其他非欧洲国家也曾企图赶超西方的军事力量，特别值得一提的有穆罕默德·阿里的埃及和19世纪的奥斯曼土耳其，但均未成功。事实证明，购买西式武器不能自动带来西方的军事文化。但日本却成功地两者兼得。1904—1905年，它在争夺对中国东北控制权的战争中打败了俄国，其间所有的西方观察家都惊叹于日本普通士兵出类拔萃的战斗力。[73] 1941—1945年东南亚和太平洋的战争中，日本士兵的战斗力再次得到展示。值得一提的是在开始阶段，英军把一些印度历史上历次征服者的后裔招募组成部队，这些被称为“从武之人”的人受训后在英国军官指挥下作战，但他们在战场上面对100年前还根本无权携带武器的日本农民的后代却屡战屡败。

日本军人的个人素质最终仍然抵挡不住山本五十六警告过的实力。美国工业马上“激增”产能，源源不断地把战舰和飞机输往前方，远超日本的产量。但是，这样说绝不是贬低在太平洋战场同日军作战的美军士兵的勇气或能力。美国海军陆战队在硫磺岛战役和冲绳岛战役（1945年）中的表现充分证明，希特勒蔑视美国人，说他们因物质丰裕而失去了男子汉气概，完全是种族主义的自欺欺人。尽管如此，日本人自始至终表现了战至最后一兵一卒的决心，塔拉瓦战役（1943 年）结束后，日本的 5000 守军只活下来 8 人。因此，美国最高指挥部在 1945 年决定，只要有别的办法，就不会冒险进攻日本本土，[74] 因为代价实在太大，估计会有 100 万伤亡。到 1945 年中，这个“别的办法”出现了。

美国为了用武力打垮日军的士气，已经采用了众多的先进技术手段。它的航空母舰数目虽然比不上日本，但在珊瑚海和中途岛两役中充分投入使用，到 1942 年即恢复了太平洋上海军力量的平衡。自那以后，美国海军的航母舰队规模急剧扩大；1941 年到 1944 年间，美国下水了 21 艘舰队航母，日本仅有 5 艘；所以，美国的太平洋舰队去任何地方都能随心所欲，因为它有强大的辅助舰队，可以在海上连续游弋几周之久。到 1944 年底，美国的潜艇击沉了日本一半的商船和 2/3 的油轮；1945 年夏，美国战略空军向日本大多是木制房屋的城市大量投掷燃烧弹，把日本 60 个最大城市 60% 的城区烧得一干二净。然而，尽管美国空军的将领也许相信轰炸的力量，但仍有人怀疑只靠空中轰炸是否能使日本认输。

战略轰炸并未打败德国。在欧洲战争的最后几个月中，英美联军的空袭炸毁了德国所有的合成炼油厂，那是德国唯一的油料来源，空袭还迫使铁路运输陷入停顿。不过，到那时，1944 年 6 月在法国登陆的英美联军和同时突破了德国国防军在白俄罗斯最后一道防线的苏联红军已经把战场推至德国纵深。他们打的是消耗战：各方军队都增加了坦克，这种装甲武器因此而失去了闪电战在 1941 年到 1942 年那段短暂时间内的震慑性效果。此外，从 1943 年到 1944 年，空袭行动也经过了相当长的消耗期；每次出任务，机组人员都要损失 5% ~ 10%，这有可能摧毁盟军的士气，把德国上空的优势拱手让给德国的战斗机和空防。有人驾驶的轰炸机作为进攻用的武器十分脆弱，希特勒在 1940 年对英空战中为此付出了巨大代价，对这一点深有体会。这是他大力推动研制无人驾驶飞机的主要原因，德国军方自 1937 年起即不惜重金资助这方面的研究。1942 年 10 月，德国试射了一枚射程 160 英里，能运载一吨高烈度炸药的火箭；1943 年 7 月，希特勒宣布这种火箭为“战争的决胜武器”，并下令“必须立即提供（设计者）所需的任何人力或物力资源”。

被盟国称为 V2 的火箭到 1944 年 9 月才服役使用，一共只发射了 2600 枚，发射的目标先是伦敦（炸死了 2500 人），然后是英美联军在德国西线作战的主要后勤基地安特卫普。[75] 但是，这种武器的潜力显而易见；英国人得此消息后大为震惊担心，他们最初得到这个消息是在 1939 年 11 月，一位同情盟国事业的神秘德国人送来了一份报告。这份“奥斯陆报告”成了战争头两年英国技术情报研究的重点内容。与此同时，英国的科学情报部门也越来越担心德国可能会试验把原子能用于军事目的。

到那时为止，威胁仅是理论上的；科学家尚未成功引发原子裂变的链式反应，而原子只能通过这个过程才可以释放爆炸力，当时也不存在能够引发原子裂变的机器。但是在美国，阿尔伯特·爱因斯坦在 1939 年 10 月 11 日派人去见罗斯福总统，警告他注意原子弹的危险，总统立即成立了委员会评估这一危险，[76] 从这个委员会中发展出了“曼哈顿计划”。英国人也开始聚集必要的人力物力进行原子弹的研究，同时不惜一切手段阻止德国人获得原子弹。珍珠港事件发生后，代号为“管道合金”的英国研究小组全班人马来到美国，加入代号同样不知所云的“曼哈顿计划”的人员，和他们共同研究。研究人员争分夺秒地寻找如何把裂变理论变为现实，制造出终极武器的方法，坚决不让德国人赶在他们前面。他们努力的成果在德国战败后才得到展示，盟国派出的各个专家组经过深入无遗的调查后发现，即使到战争结束时，德国也还远未发现启动链式反应的方法。

1945 年 7 月 16 日，温斯顿·丘吉尔接到在美国新墨西哥沙漠中的阿拉莫戈多成功试爆了第一颗原子弹的消息时，说了这样带有预言性质的话：“火药算什么？微不足道。电力算什么？毫无意义。原子弹才是雷霆万钧的基督复临！”[77] 他这番话是对美国作战部长亨利·史汀生（Henry Stimson）说的，史汀生当时是美国政府内部一场辩论的中心人物；辩论的问题是，是否应该用原子弹这么可怕的武器来迫使日本投降，尽管日本对珍珠港的偷袭、日军在战斗中的强悍，以及他们对战俘和他们占领下的平民惨无人道的虐待使美国人民对他们毫不同情。辩论很快就有了结果，促成决定的关键因素是预计那时正在集结，预备进攻日本本岛的美军会有 100 万伤亡这个数字。史汀生自己后来做的解释代表了当时支持杜鲁门总统命令的大部分人的心声，“我感到，要让日本天皇和他的军事顾问真正投降，必须给他们以沉重的打击，使他们相信我们有力量摧毁他们的帝国”。[78] 1945 年 8 月 6 日，美国对广岛投下了第一颗原子弹；3 天后，打击的目标转向长崎，共造成 10.3 万人死亡。面对停止抵抗，否则就“等着灾祸从天而降”的迫令，日本天皇在 8 月 15 日对全国广播，宣布终战。

法律和战争的目的

第二次世界大战的结束和原子弹的发明并没有使战争就此销声匿迹，当时没有，后来的几十年内也没有。日本摧毁了欧洲在东方的帝国，当着以前曾是被统治人民的面，对欧洲的总督和住在东方的欧洲人大加侮辱，这意味着 1945 年后，欧洲人若想在东方恢复殖民统治，就只能使用武力。英国人盘算后决定，在缅甸恢复殖民统治是不可能了，遂于 1948 年承认了缅甸的独立。同年，马来亚在共产党的号召下爆发了起义；英国人认识到，要想镇压起义，只能以自治为条件来争取人民支持平叛。荷兰人很快放弃了在东印度群岛恢复殖民统治的努力，那里和缅甸一样，日本人培育的独立运动已成为老百姓的民心所向。只有法国看法不同。印度支那出现了一个由共产党人领导的民族主义政党，从日本人手中获得了武器。面对这种情况，法国派遣远征军去强行重建“二战”之前的殖民政权，但是远征军从 1946 年到达的那一刻，就陷入了游击战的泥淖之中。敌人显示了高超的游击战术和百折不挠的顽强精神。叫作“越盟”的民族主义运动是从中国毛泽东的共产党军队那里学到的游击战术；在被日本占领了 8 年，也和日本人战斗了 8 年的贫穷的中国，共产党在 1945—1949 年的内战中迅速夺取了蒋介石政府的权力。毛泽东的军队是靠常规战术打败了蒋介石的，然而，它在还不成气候的时候，发展形成了自己的作战哲学，把中国传统的避敌锋锐、等待战机的战略和马克思主义坚信革命必定胜利的信念结合为一。印度支那的地形非常有利于突袭、小型进攻和迅速撤退，越盟在那里应用中国的游击战术打“持久战”——这是毛泽东为自己的战法起的名字——最终成功地销蚀了法国远征军的抵抗。1955年，法国政府放弃了努力，把权力移交给了越盟。

越盟为残余的欧洲殖民地人民树立了榜样，激励他们纷纷拿起武器，尤其是北非的法国殖民地，但也包括英国在阿拉伯半岛的殖民地和葡萄牙在非洲的殖民地。20世纪60年代期间，欧洲帝国主义大国全面败退，即使在仍然风平浪静的殖民地也不战自溃。曾几何时，在火药时代的初始时期，这些欧洲海上强国怀着无比的道德和物质优越感驶向世界，而今反对欧洲统治的“改变之风”劲吹，把它们的自信刮得涓滴无存。

1945年之后的40年内，新独立的亚洲和非洲国家大力推行西式的军事化，这和19世纪欧洲非武士阶层的人民拿起武器一样意义重大。出现的一些负面的效果应在意料之中，如武器开支过大、迫使平民接受军人价值观、自封的军事精英凌驾于社会之上，甚至诉诸战争，等等。同样不出意料的是，非殖民化进程完成后成立的近100支军队中，大部分作战能力很差。富有的西方国家为了自己的私利向穷国出售它们根本买不起的武器，美其名曰“技术转让”，但“技术转让”没有给接受国输入必要的文化，而先进武器在西方人手中之所以成为如此可怕的杀人工具，正是因为他们的文化。1866年明治维新后的日本实现了脱胎换骨的变化，后来只有越南经历了和日本一样的过渡；美国在1965年到1972年间和越南因意识形态打了一场战争，最后却无功而退。但在其他地方，军事化只带来了黩武主义的特权，却没有树立纪律这个军人的美德。

后殖民主义时期发生了许多小型战争，尽管这种情况使原宗主国中思想开明的人忧心如焚，但1945年的战胜国却并不特别担心，因为那些小型战争不会危及它们赢得的和平。它们担心的是另一个问题——使第二次世界大战戛然而止的核武器。最初只有美国掌握制造核武器的秘密，所以人们还比较放心。然而，1949 年，世界得知苏联也爆炸了原子弹。20 世纪 50 年代期间，美苏两国都开始研发破坏性大得多的氢弹；结果，工业化世界不得不直面它自己造成的这个噩梦的性质。短短 500 年内，人类战争发生了巨变。战争的危害起初只限于人和动物的肌肉所能造成的破坏，后来的一段时间内，化学能量取代了人力并增强了战争的破坏力，但并未在心理上超越战争原来的概念，现在突然出现了一个始料不及的情况：即使战争的目的根据普遍的军事理论是合适正确的，战争结果也会毁灭整个地球。史汀生刚刚听到原子弹的消息时，说它“不仅能造成可怕的破坏……还是一种心理上的武器”，此言之确超出了他自己的想象。[79] 核武器使人心神不安，它引起的恐惧彻底显露了克劳塞维茨理论的空虚。如果理性政治的终极目标是推进政治实体的福祉，战争怎么可能是政治的继续呢？核武器造成的难题促使勤于思考的人们——政治家、官僚，可能尤其是职业军人——绞尽脑汁寻找摆脱他们自己造成的困境的办法。

一些聪明绝顶的人，包括很多被西方政府网罗到决策机构的学者，为找到对目前困境的调和之道而殚精竭虑；他们提出了一套理论，一步一步地说明克劳塞维茨的逻辑仍然是颠扑不破的。这种理论说，核武器仍是为政治服务的，不过不是通过实际使用，而只是通过威胁使用即可达到目的。这一“威慑”理论源远流长。过去好几个世纪的军人兴军练兵打出的口号都是罗马人最初提出的：“要和平，先备战。”到 20 世纪 60 年代初的美国，这个思想改头换面，变成了“确保互相毁灭”（mutually assured destruction），即确保有能力“威慑蓄谋的（核）攻击……随时保持清楚无误的能力，即使在遭受了突发的第一次打击后，仍能给任何侵略者造成无法承受的沉重打击”。[80] 当核弹头和运载它们的飞机及（在德国的 V-2 火箭基础上发展起来的）导弹数目尚且较少的时候，“确保互相毁灭”也许还能勉强被说成是把核打击能力限制在可控范围内的办法，特别是因为两个核大国互不信任，顽固地抵抗任何有成效的核裁军措施。到了 20 世纪 80 年代，双方的洲际弹道导弹均已达到 2000 枚左右，核弹头更是数以万计，显然必须找到别的更好的维护和平的方法。

人类从很久以前就开始努力通过法律克制战争，用法律来规定何时可以打仗［国际法的用语是“作战的权利”（ius ad bellum）］，以及一旦战争发生什么是可以准许的行为［“作战中的权利”（ius in bellum）］。古时候，只要国家或国家的官员受到侮辱或伤害，为此发动的战争就是“正义的战争”。希波的圣奥古斯丁（354—430 年）是第一位阐述国家论题的基督教神学家，在论及想避免犯罪的人是否可以参加作战的时候，他说，只要战争的动机是正义的，作战时怀有惩恶扬善的“正确意图”，并且有既成的权威领导，就可以参加作战。直到宗教革命之前，教会对交战方进行裁定都是依照这三条原则。后来，一些天主教法学家对它们做了进一步的阐发，比如，弗朗西斯科·德·维多利亚（Francisco de Vittoria，1480—1546 年）提出，如果一个异教徒在既成权威的领导下作战，相信他的事业是正义的，也必须尊重他的信念。但最重要的是伟大的荷兰新教徒律师胡戈·格劳秀斯（Hugo Grotius，1583—1645 年）的理论，他除了为“非正义”和“正义”的战争确定定义之外，还建议采取措施来惩罚发动非正义战争的元凶。

18 世纪和 19 世纪期间，格劳秀斯提出的对正义和非正义战争的区分无人理会，因为当时的决策者大都把马基雅弗利的观点奉为圭臬，认为主权赋予了国家为所欲为的权力；自宗教革命之后没有任何超国家的权威批驳此一论点，所以它在整个火药时代大行其道。如著名国际法律师 W. E. 霍尔（W. E. Hall）在 1880 年所说：

> 国际法……别无选择，只能接受这样的现实，即无论战争的起因正义与否，打仗完全是交战双方的选择，所以国际法只能努力管控战争的影响。故此每一场战争的交战双方都处于同样的法律地位，也因而拥有平等的权利。[81]

19 世纪末发展出了能造成大规模杀伤的武器，结果即使是最强大的国家也觉得这种不分是非的理论十分危险，于是，在 1899 年和 1907 年通过的《海牙公约》[1]中，大国商定了一些温和的措施，用以限制它们任意打仗的自由。（作战中的行为已经有了规定，是一系列的《日内瓦公约》，其中第一项是 1864 年由 12 个大国签署的。）导致第一次世界大战爆发的事态发展使海牙和平运动成了笑话，于是在美国的大力推动下，国际联盟（国联）于 1918 年成立，把海牙和平运动的精神融入了《国际联盟盟约》，规定国家之间出现争端须先经过仲裁，拒绝接受对其不利的仲裁结果的一方，将受到国际制裁。1928 年，《巴黎非战公约》确切地规定了对战争的法律限制，

[1] 1899 年和 1907 年两次海牙和平会议通过的公约和声明文件的总称。——译者注

这项全称为“关于废弃战争作为国家政策工具的普遍条约”的文件是除《国际联盟盟约》以外，又一项要求签署国承诺今后“用和平手段”[82]解决一切争端的公约。自那以后，所有战争严格来说都是非法的，美国政府就是因为目睹这条新的国际法原则受到公然践踏，才决心在1945年把反德反日的道义联盟变为联合国这个永久性的组织。主要是在美国人的坚持下，联合国组织的宪章再次重申了《巴黎非战公约》和《国联盟约》的原则，并在国联的仲裁和制裁机制之外加上了一套规定，使联合国能够对违规者使用武力。

美苏之间40年的核对抗使得《联合国宪章》的精神形同虚设，个中原委众所周知，不必赘述。然而，即使在1990年苏联解体，核对抗随之解除之前，两个超级大国就已经商定了核裁军的实质性措施，因为导弹技术的完善造成突然袭击的危险日益加大，使得两国都忧心忡忡。因此而导致的缓和是国际关系领域中自1945年联合国创立以来最令人快慰的发展。

然而，最有希望使沉溺于战争的世界走上和平道路的既不是核裁军，也不是因俄罗斯放弃马克思主义而造成的新的和谐气氛，而是苏联在离解体只有几个月的时候，决定支持联合国对1990年秋无故侵犯科威特的伊拉克采取军事行动。无论按照什么标准，伊拉克都违背了《国联盟约》《巴黎非战公约》和《联合国宪章》等一系列国际条约中规定的“正义战争”的一切道德和法律条文。在联合国决议授权下出兵惩罚伊拉克并夺回被它非法吞并领土的军队如同疾风扫落叶，击败了伊拉克军队，没有造成任何平民伤亡。这是自17世纪格劳秀斯在三十年战争鏖战方酣之际确立了正义战争的道德指导原则以来，第一次真正的正义战争的胜利。

除联合国以外，没有更好的缔造和平的工具，但期盼联合国能永久维持和平的人恐怕要等很长时间才能希望成真。人先天具有暴力的潜质，这一点毋庸置疑；即使我们承认，在任何社会中，都只有少数人，而不是多数人，可能会把这一潜质发挥出来。自出现了有组织的军队以来，人类在4000年的历史中学会了找出这些适合当兵的少数人，训练他们，给他们配备武器，为他们提供必要的资金；当多数人感觉受到威胁的时候支持他们去作战，并为他们的行为鼓掌欢呼。还必须进一步认识到，一个没有军队——这里指训练有素、遵纪守法的军队——的世界将会乱得不可收拾。高素质的军队不仅是文明的工具，也是文明的标志；没有它们，人类就只能或者回归“军事地平线”下的原始生活，或者陷入无法无天的末世乱象，如霍布斯所说，“所有人与所有人为敌”。

在世界上有些地方，族群之间互相仇恨，廉价武器这一工业化世界最可耻的产品充斥社会，所有人与所有人为敌的混战已经是家常便饭，我们每天都能从电视上看到这种触目惊心的景象。它显示出，如果我们不肯拒斥克劳塞维茨关于战争是政治的继续的思想，如果我们拒绝承认政治导致战争是令人智昏的毒酒，那么战争会给我们带来多大的苦难。

拒绝接受克劳塞维茨的理论不需要像玛格丽特·米德那样，把战争视为人的“臆造”；也不需要想方设法改变我们的基因，那注定不会成功；更不需要摆脱我们的物质环境，人类对物质世界的掌握是仅仅两个世纪之前我们最乐观的祖辈都无法想象的。我们只需认识到，经过4000年的试验和重复，作战业已成为一种习惯。在原始社会中，这个习惯受到程序和仪式的限制。在后原始世界中，人的聪明才智把程式和仪式与作战分离开来，去除了它们对战争的限制，使从事暴力的人得以把战争的暴力程度推至，甚至超过极限。作为哲学家的克劳塞维茨说：“战争是发展到极致的暴力行为”；作为军人的克劳塞维茨没有料到他的哲学理论导致的恐怖结果，但我们却看到了。原始人崇尚克制、外交和谈判，我们应当重拾这样的习惯。除非我们摒弃人类后来养成的习惯，否则我们将难逃毁灭的命运。

结　语

我在本书的开头曾发问："何谓战争？"现在书写完了，我希望能使读者认识到，对这个问题没有简单的答案，战争也并非都属同样的性质。我还希望读者会对人注定要打仗，世界事务归根结底只能用暴力解决这样的思想产生怀疑。人类有文字记载的历史基本上是一部战争史，因为我们所属的国家大多是经过征服、内战或独立斗争而产生的。而且，有文字记载的历史中的伟大人物一般都是从事暴力的人，许多本身就是战士；即使没有亲身参加战斗，也明白暴力的用途，并为了实现自己的目的毫不犹豫地使用暴力。

20世纪频繁而激烈的战争也造成了普通男女观念的扭曲。在西欧、美国、俄罗斯和中国，战争影响到了大多数家庭的两三代，甚至三四代人。几百万儿子、丈夫、父亲和兄弟应征上战场，却再也没有回来。战争给全体人民留下了难以磨灭的心灵创伤，使他们热切地希望自己的子孙后代不再经历他们遭受过的苦难。然而，在人们的日常生活中，很少有暴力发生，甚至残酷或无情的表现也不多见。维持世界运作的是合作的精神，不是对抗。大多数人每天在生活中都力求合群，尽力避免不和，减少分歧。睦邻被视为平民最可贵的美德，善良是最受欢迎的个性。

必须认识到，只有在自我克制的严格限制内，睦邻才能够发扬光大。我们心目中最宜居的文明社会是法治社会，即有警察管控的社会，而警察的工作是一种形式的强迫。我们接受警察，就等于默认人性有黑暗的一面，必须用强力予以遏制。不受遏制的人要受到惩罚，用来施加惩罚的工具就是强力。然而，尽管人有暴力的潜质，他同时也能够限制暴力的影响，哪怕没有强力对暴力的遏制。本书开头时对“原始”战争现象的研究充分证明了这一点。因为20世纪的战争都十分极端、十分残酷，所以现代人很容易认为战争趋向极端是不可避免的。在现代战争中，温和有度或自我克制的名声不太好；人道主义停战或调解被讥讽地看作对极端痛苦的暂时缓解或掩饰。然而，“原始人”的行为证明，人在作战中有能力限制自己行为的性质及影响。原始人有各种各样的办法使他和他的敌人免于战争的最坏结果。一种办法是豁免，即社会中的某些成员——妇孺老病——不参加战斗，也不受战争结果的影响。另一种办法是习俗，特别是有关选择战争的时间、地点、季节和由头的习俗。最重要的办法是仪式性的程序，它确定了战斗本身的性质，并要求在完成了确定的程序后，交战方承认得到了满足，并转而诉诸和解、仲裁和媾和。

前面说过，千万不要把原始战争理想化。它有可能突然变得十分暴烈，把所有的豁免、习俗和程式都抛在一边，使暴力迅速升级。即使交战双方遵守了各种限制，战争给战败方造成的物质影响也是令人伤心的。最重要的影响是逐渐迫使弱小的一方离开他们熟悉的家园，到条件严酷的地方去。这样的迁徙最终有可能破坏，甚至摧毁他们的文化，尽管文化方面对作战的限制通常起到了保护文化的作用。文化不能无限地自我维持，它很容易受到打击，而对文化打击最大的就是战争。

尽管如此，文化又是决定战争性质的首要因素，这方面亚洲的战争史提供了明证。让我们暂且称其为东方战争，以与欧洲战争相区别；它有其自身的特征。最首要的特征是避敌锋锐、拖延等待和迂回战术。考虑到阿提拉、成吉思汗和帖木儿的军队作战时表现出来的异乎寻常的凶猛无情，这些特征似乎全不适用。然而，看他们的行动要结合大背景。战马成为主要作战工具的3000年间，那种残酷的战争在欧亚战争史上并非经常性的特点，而是间隔很久才发生的异类情况。当然，在那3000年中，马背上的武士一直是一个威胁，但这个威胁一般是可以控制的，一个重要原因就是他通常采用的作战方法。他的作战方法最突出的特点就是避敌锋锐、拖延等待和迂回战术。马背上的武士从来都是远距离作战，使用投射性武器，而不是锋利的刀剑，遇到顽强抵抗时即撤军后退，靠消耗敌人的力气制胜，而不是硬碰硬地通过直接的较量打败敌人。

正因如此，防守方一般可以在和马背上武士居住的地区接壤的地方修建固定的防御工事，以此阻止他们的来犯。他们一旦离开居住的草原，首先就难以维持大群的马匹；如果再遇到像中国的长城和俄国的碉堡线这类拦路的障碍，他们就可能会完全丧失战斗力。尽管如此，一些马背上的武士最终还是成功地深入农耕地区，成为长期的统治者，特别值得一提的是印度的莫卧儿人和奥斯曼土耳其人，还有在不同的历史阶段曾在阿拉伯土地上大权在握的马穆鲁克。但是，我们已经看到，即使是成功的征服者也未能发展出创新性的治理艺术。他们仍然紧守着营帐、战马和弓箭的文化，即使住进了被他们打败的帝国首都的豪华宫殿，还保留了游牧民族酋长的生活方式。在遇到采用了新作战技术的力量的挑战时，他们文化上的僵化使他们无法有效地应付，最终只有被淘汰一途。

但具有矛盾意味的是，东方战争的一个因素赋予了它强大的目的感，同时又对战争的行为进行了自我设限，这个因素后来才传到西方。这就是意识形态和思想的因素。远在任何西方社会之前，中国人就已提出了战争的理论。儒家崇尚理性，他们的理想是社稷长存，江山永固，这促使他们寻求用法律和习俗来控制动武的冲动。但这个理想无法长期维持。内乱外患时时造成政权更迭，来自大草原的侵略经常是引起内乱的原因。尽管如此，中国人战争最持久的特点仍然是适度，目的是维护文化，不随外来征服者或内部革命一时的需要而改变。中国人最大的成就之一就是使来自大草原的侵略者实现了汉化，用中华文明的核心价值观控制他们本性中的破坏倾向。

亚洲的另一个主要文明，伊斯兰文明，在战争中也表现出了克制。不过人们的印象却恰好相反。伊斯兰教被广泛视为号召征服的宗教，它最广为人知的一条教义就是穆斯林有义务对异教徒发动圣战。其实，穆斯林社会以外的人对伊斯兰征战的历史和圣战教义的确切性质都有所误解。伊斯兰国家对异族发动征服战的时代相对短暂，那个时代的结束不单单是因为伊斯兰国家的敌人学会了如何反抗，也因为伊斯兰国家内部就打仗是否合乎道德发生了分歧。这样的内部分歧造成穆斯林反对穆斯林，违背了穆斯林不得彼此作战的教义。面对这种情况，伊斯兰国家的最高权威采取的办法是把作战的职能交给专门为打仗的目的招募而来的武士，把他们变为附属的专业阶级；这样就解脱了大多数人的作战义务，使虔诚的穆斯林得以专注于关于圣战的训谕的“大”的方面而不是“小”的方面，这个“大”的方面是“对自己心魔的战争”。伊斯兰国家主要是从大草原的骑马民族中招募为自己打仗的战士，那些人因垄断了武器而夺取了权力，但他们拒绝调整自己的军事文化去适应变化了的形势，结果伊斯兰国家的战争最终变得几乎和中华文明内部的战争一样限制重重。在一个文化内部，作战行为受到限制只有好处。但一旦这个文化和另一个对东方传统所规定的行为限制完全不予承认的文化发生碰撞的时候，它面对敌人残酷无情的战术就丝毫没有准备，亦毫无招架自保之力。

伊斯兰国家遇到的那个文化正是西方文化。它由3个要素组成，一个是自身固有的，一个是从东方学来的，还有一个是它通过适应和试验获得的。这3个要素是道德、思想和技术。道德要素来自古希腊人。是他们在公元前5世纪摆脱了原始作战方式的束缚，尤其是作战中对程式的尊重，采用了面对面你死我活的战法。这种对传统方法的背离始于希腊人彼此之间的战争，外部世界初次接触到这种战法时深为震惊。关于亚历山大大帝和仍保留着原始作战程式和马背上武士的躲避战法的波斯帝国的战争，阿里安做出了详尽的叙述；它既是真正的历史，也是文化差异的一个范例。大流士皇帝是真正的悲剧性人物，他所代表的文明面对亚历山大这样的敌人时不知如何是好：他们占了上风后不肯罢手，用钱贿赂，派人说项都不管用；他们什么事都要放到战场上去解决；他们打起仗来似乎胜负比什么都重要，连个人安危都抛在脑后。大流士是被他的随从杀死的，他们希望把大流士的尸体留在那里让亚历山大看到，自己就可以逃过一劫。这极好地说明了权宜和荣誉这两种不同的战争道德之间的文化冲突。

徒步作战至你死我活的道德守则——这里必须说明是徒步作战，因为这一道德守则属于步兵，与骑兵作战无关——后来通过意大利南部的希腊殖民地传到了罗马。它一定也传给了条顿民族，罗马与条顿民族进行了一系列殊死决战，最后以失败告终；至于是如何传到条顿民族那里的，到现在仍然没弄清楚，也许会成为一个永远的悬念。然而，入侵罗马的条顿民族毫无疑问是采用面对面战法的。若非如此，他们肯定不可能打败罗马军队，尽管在西罗马帝国的最后一个世纪，罗马的军队已经凋敝不堪。后来建立的各条顿王国取得的一个特殊成就是把面对面的步兵战法吸收入了马背上的作战。因此，西方的骑士和大草原上的游牧民族不同，作战时直冲敌人的大军所在，而不是远远地趁机突袭。他们在夺取圣地的十字军东征的过程中遭遇了阿拉伯人和马穆鲁克的军队，其间发现自己原来面对面的战法经常不能奏效；在和不把避免直接交锋视为耻辱的敌人作战时，冲锋不起作用。然而，穆斯林和基督教徒在中东的冲突导致了双方的文化交流，其意义非同小可。它解决了基督教徒一直以来关于战争是否合乎道德的困惑，因为它把圣战的道德观念传到了西方，给西方的军事文化注入了此前没有的意识形态和思想的要素。

蕴含着个人荣誉概念的面对面的作战方式和意识形态的要素就这样结合在了一起，剩下的只等加上技术要素就构成了完整的西方作战方式。到 18 世纪，火药革命已经被广为接受，火药武器也得到了完善，这个要素终于到来了。为什么西方文化对技术带来的变化热情接受，而亚洲文化却没有（而它的性质完全不是泥古不化的），这个问题不属于本书讨论的范畴；然而，我们应该认识到，亚洲文化之所以没有适应技术发展的一个主要原因是它仍然遵守着一种军事克制的概念。军事精英坚持唯有他们才有权使用传统武器，无论他们的武器与其他地方新出现的武器相比是多么落伍。其实，这种坚持是一种非常合理的军备控制方法。西方世界抛弃了军备控制，走上了另一条路，结果就是克劳塞维茨所谓的绝对的战争：它是政治的继续——克劳塞维茨视之为战争的思想和意识形态的内涵；它以作战为手段——克劳塞维茨所理解的作战就是面对面的战斗；它使用西方技术革命发明的武器——克劳塞维茨认为那是理所当然的。

克劳塞维茨去世后的年代里，西方到处攻城略地。19 世纪期间，亚洲所有国家的人民都被西方置于统治之下，只除了中国人、日本人、泰国人和奥斯曼土耳其人的属民；美洲、非洲和太平洋的原始部落面对西方的军队更是毫无胜算。只有尼泊尔和埃塞俄比亚这些偏僻难至的地方没有落入西方帝国的手中，因为太难攻克，不过它们也都遭受过西方的侵略。20 世纪上半叶，就连中国也难逃魔掌，遭到西化的日本人的占领，奥斯曼帝国的大部分领土也任由西方军队长驱直入。只有土耳其人这个勇敢坚毅、足智多谋的民族，这个即使使用弓箭这种效力有限的武器也多次打得敌人落花流水的民族一直没有屈服，直到在 20 世纪中期成为独立的国家。

然而，西方战争方式的胜利其实是假象。在用来对付其他军事文化的时候，它的确战无不胜。但用在西方国家之间的战争中，它带来的只有灾难，甚至可能造成浩劫。第一次世界大战的参战国几乎全是欧洲国家，它结束了欧洲对世界的统治，通过给交战国人民带来的苦难，腐蚀了欧洲文明中最美好的内容——自由主义和对未来的希望，它还给军国主义者和极权主义者提供了掌握未来的机会。那些人争取他们想要的未来，结果引发了第二次世界大战，完成了第一次世界大战未竟的破坏。它还促成了原子弹的发明，这是西方战争方式逻辑发展的顶点，也是对宣称“战争是政治以另一种手段的继续”这种论点的终极否定。

政治必须继续，战争却不能继续。这并非说战士的作用已经终了。世界比过去更加需要随时准备为国家服役的技术娴熟、纪律严明的战士。这样的战士必须是文明的保卫者，而不是文明的敌人。他们是为文明而战，他们的敌人是种族主义者、割据一方的军阀、意识形态上的顽固分子、普通劫匪和国际有组织犯罪分子，他们的作战方法不能只采用西方的模式。未来维持和平和缔造和平的人从其他的军事文化中可以学到很多东西，不仅是东方的军事文化，而且也包括原始的军事文化。战争中的自我克制原则，甚至象征性的仪式程序，都是需要不断温习的智慧。把政治和战争区分开来是更大的智慧。除非我们坚持这一区分，否则我们就像复活节岛上最后的居民一样，未来可能被“手上染血的人”所掌握。

致　谢

自 1989 年我动笔撰写此书以来，世界发生了巨变，这篇致谢词中应首先提一下这些变化。冷战结束了；海湾地区发生了一场简短但激烈的空中和地面作战；前南斯拉夫爆发了旷日持久的残酷内战，目前战火仍在熊熊燃烧。至少在我看来，本书提出的几个主题在海湾战争和南斯拉夫内战中均得到了昭示。

在海湾地区，萨达姆·侯赛因的军队在多国部队手下遭到克劳塞维茨式的惨败。然而，萨达姆拒绝承认他一败涂地的事实，采用人所熟悉的伊斯兰辩术，宣称无论他的物质损失多大，他的精神仍屹立不垮，多国部队赢得的克劳塞维茨式的完胜因此而失去了大部分政治意义。战后萨达姆继续掌权，战胜方似乎也予以默许；这突出地证明，“西方的作战方式”在拒绝接受其文化前提的对手面前毫无用处。从一个意义上说，海湾战争是两种截然不同的军事文化的交锋，这两种军事文化都历史久远，也都不能以关于“战争性质”的抽象概念来理解，因为根本不存在“战争性质”这回事。

对文明人来说，南斯拉夫战争的残酷既令人厌恶又不可理解，无法从常规的军事角度予以解说。对当地人民在战争中显露出来的彼此之间的仇恨，只有专门研究部落群体和处于文明边缘的民族之间战争的人类学家能够明白，任何其他人都困惑不解。许多人类学家否认“原始战争”这一现象的存在，但有头脑的读者看到报纸上关于“种族清洗”、大规模虐待妇女、复仇、大屠杀、把逃命的人民留下的家园夷为平地这类的报道，留下了深刻的印象后，再来看本书对国家出现之前各民族行为的描写时，一定会惊讶于古今之间的相似。

特别感谢尼尔·怀特黑德（Neil Whitehead）教授，是他指点我应阅读哪些关于战争的人类学著作。发生的任何误会和误解都由我负全责。在我努力把历史上各个时期在世界各地发生的各种战争形式拼凑成一幅完整画面的过程中，帮助过我的职业军人和军事历史学家人数众多，无法一一列举。他们并非每个人都同意我的观点。无论如何，在此我要感谢的人有：我在牛津大学贝利奥尔学院的导师 A. B. 罗杰（A. B. Roger），他是我第一个军事史老师；桑德赫斯特皇家军事学院军事史系的系主任，荣获优异服务勋章和军功十字勋章的彼得·扬（Peter Young）准将，我就是在他的系里开始教授军事史的；还有我在桑德赫斯特的同事克里斯托弗·达菲（Christopher Duffy），他对哈布斯堡帝国和奥斯曼帝国军事史的渊博知识启发我产生了战争是文化活动的想法。

我深深地感激我在美国的编辑伊丽莎白·西夫顿对手稿做的编辑；感谢我在英国的编辑安东尼·惠托姆一丝不苟地把手稿变为可付印刷的书；感谢安妮–玛丽·埃利希再次安排整理好图片；感谢阿

兰·吉利兰设计并绘制了地图；感谢弗朗西斯·班克斯把我笔迹越来越潦草的手稿打成书稿。当然，我还要感谢我的文稿代理人，也是我30年的老朋友安东尼·希尔。我要特别感谢桑德赫斯特皇家军事学院中央图书馆的安德鲁·奥吉尔和他的工作人员；我仍然获准使用这所世界上最伟大的军事图书馆，因此而备感荣幸。我也要特别感谢国防部图书馆和伦敦图书馆的工作人员。

我要感谢我在《每日邮报》的许多私人朋友，包括康拉德·布莱克、麦克斯·黑斯廷斯、汤姆·普莱德和奈杰尔·韦德，他们帮我安排在1990年11月去了海湾地区，在克罗地亚战争和波斯尼亚战争之间还去了南斯拉夫。其他需要感谢的朋友有彼得·阿尔蒙德、罗伯特·福克斯、比尔·迪德斯、杰里米·迪德斯、克里斯托弗·赫德森、西蒙·斯科特–普拉莫、约翰·科德斯特里姆、米丽娅姆·格罗斯、奈吉尔·霍恩、尼克·加兰、马克·劳、查尔斯·莫尔、特雷弗·格罗夫、休·蒙哥马利–马辛贝德、安德鲁·哈钦森和路易莎·布尔。

我兄弟弗朗西斯对我们母亲的娘家——图姆迪里的布里奇曼（the Bridgmans of Toomdeely）——的家族史很感兴趣，发现几位离开爱尔兰的家乡去为法国的路易十五国王作战的老兵和我们有亲戚关系。其中的一位，温特·布里奇曼（Winter Bridgman），正是本书中所说的国际职业军官的活生生的写照，所以我决定把此书献给他。我深切地感激弗朗西斯为此所做的一切。最后，我要感谢基尔明顿的朋友们，特别是霍诺尔·梅德拉姆、迈克尔和内斯塔·格雷、唐和玛乔丽·戴维斯。我还要对我的孩子、我的女婿和儿媳——露西和布鲁克斯·纽马克、托马斯、露丝、马修和玛丽——以及我挚爱的妻子苏珊娜表示我永远的爱。

基尔明顿庄园

1993年9月6日

注 释

第 1 章　人类历史上的战争

1 Carl von Clausewitz, *On War* (tr. J.J. Graham), London, 1908, I, p. 23
2 Luke 7: 6–8, Authorised Version
3 Address to the Michigan Military Academy, 19 June 1879, in J. Wintle, *The Dictionary of War Quotations*, London, 1989, p. 91
4 R. Parkinson, *Clausewitz*, London, 1970, pp. 175–6
5 R. McNeal, *Tsar and Cossack*, Basingstoke, 1989, p. 5
6 A. Seaton, *The Horsemen of the Steppes*, London, 1985, p. 51
7 Parkinson, op. cit., p. 194
8 Seaton, op. cit., p. 121
9 Ibid., p. 154
10 Parkinson, op. cit., p. 169
11 G. Sansom, *The Western World and Japan*, London, 1950, pp. 265–6
12 W. St Clair, *That Greece Might Still Be Free*, London, 1972, pp. 114–15
13 Marshal de Saxe, *Mes rêveries*, Amsterdam, 1757, I, pp. 86–7
14 P. Contamine, *War in the Middle Ages* (tr. M. Jones), Oxford, 1984, p. 169
15 M. Howard, *War in European History*, Oxford, 1976, p. 15
16 L. Tolstoy, *Anna Karenin*, London, 1987, pp. 190–5
17 M. Howard, *Clausewitz*, Oxford, 1983, p. 35
18 P. Paret, *Understanding War*, Princeton, 1992, p. 104
19 P. Paret, *Clausewitz and the State*, Princeton, 1985, pp. 322–4
20 M. Howard, op. cit., p. 59
21 Carl von Clausewitz, *On War* (tr. M. Howard and P. Paret), Princeton, 1976, p. 18
22 Ibid., p. 593
23 M. Sahlins, *Tribesmen*, New Jersey, 1968, p. 64
24 S. Engleit, *Islands at the Centre of the World*, New York, 1990, p. 139
25 M. Wilson and L. Thompson (eds.), *Oxford History of South Africa*, Vol I, Oxford, 1969
26 K. Otterbein, 'The Evolution of Zulu Warfare', in B. Oget (ed.) *War and Society in Africa*, 1972
27 Wilson and Thompson, op. cit., pp. 338–9
28 G. Jefferson, *The Destruction of the Zulu Kingdom*, London, 1979, pp. 9–10, 12

29 E.J. Krige, *The Social System of the Zulus*, Pietermaritzburg, 1950, Chapter 3 passim
30 Wilson and Thompson, op. cit., p. 345
31 Ibid., p. 346
32 D. Ayalon, 'Preliminary Remarks on the *Mamluk* Institutions in Islam', in V. Parry and M. Yapp (eds.), *War, Technology and Society in the Middle East*, London, 1975, p. 44
33 Ayalon, ibid., pp. 44–7
34 D. Pipes, *Slave Soldiers and Islam*, New Haven, 1981, p. 19
35 P. Holt, A. Lambton and B. Lewis (eds.), *The Cambridge History of Islam*, Cambridge, 1970, Vol. IA, p. 214
36 H. Rabie, 'The Training of the Mamluk Faris', in Parry and Yapp, op. cit., pp. 153–63
37 D. Ayalon, *Gunpowder and Firearms in the Mamluk Kingdom*, London, 1956, p. 86
38 Ibid., pp. 94–5
39 Ibid., p. 70
40 A. Marsot, *Egypt in the Reign of Muhammad Ali*, Cambridge, 1982, pp. 60–72
41 N. Perrin, *Giving Up the Gun*, Boston, 1988, p. 19
42 R. Storry, *A History of Modern Japan*, London, 1960, pp. 53–4
43 J. Hale, *Renaissance War Studies*, London, 1988, pp. 397–8
44 Sansom, op. cit., p. 192
45 Storry, op. cit., p. 42
46 Perrin, op. cit., pp. 11–12
47 I. Berlin, *The Crooked Timber of Humanity*, New York, 1991, p. 51
48 Ibid., pp. 52–3
49 Clausewitz (tr. Graham), op. cit., p. 25
50 J. Shy 'Jomini', in P. Paret, *Makers of Modern Strategy*, Princeton, 1986, p. 181
51 A. Kenny, *The Logic of Deterrence*, London, 1985, p. 15
52 J. Spence, *The Search for Modern China*, London, 1990, p. 395
53 Ibid., p. 371
54 B. Jelavich, *History of the Balkans* (*Twentieth Century*), Cambridge, 1983, p. 270
55 F. Deakin, *The Embattled Mountain*, London, 1971, p. 55
56 N. Beloff, *Tito's Flawed Legacy*, London, 1985, p. 75
57 K. McCormick and H. Perry, *Images of War*, London, 1991, pp. 145, 326, 334
58 Deakin, op. cit., p. 72

59 M. Djilas, *Wartime*, New York, 1977, p. 283
60 Spence, op. cit., p. 405
61 A. Horne, *A Savage War of Peace*, London, 1977, pp. 64, 537–8
62 R. Weigley, *The Age of Battles*, Bloomington, 1991, p. 543
63 J. Mueller, 'Changing Attitudes to War. The Impact of the First World War', *British Journal of Political Science*, 21, pp. 25–6, 27

插曲 1：对作战的限制

1 *Mariner's Mirror*, Vol. 77, no. 3, p. 217
2 A. Ferrill, *The Origins of War*, London, 1985, pp. 86–7
3 See J. Guilmartin, *Gunpowder and Galleys*, Cambridge, 1974, especially Chapter 1, for argument that the galley's usefulness was not immediately extinguished by the appearance of cannon
4 J. Keegan, *The Price of Admiralty*, London, 1988, p. 137
5 O. Farnes, *War in the Arctic*, London, 1991, pp. 39 ff.
6 See 'Adrianople' in index of R. and T. Dupuy, *The Encyclopedia of Military History*, London, 1986
7 J-P. Pallud, *Blitzkrieg in the West*, London, 1991, p. 347
8 J. Keegan, *The Second World War*, London, 1989, p. 462
9 *Punch*, 1853, quoted in T. Royle, *A Dictionary of Military Quotations*, London, 1990, p. 123
10 *The Times Atlas* (Comprehensive Edition), London, 1977, plate 5
11 I. Berlin, *Karl Marx*, Oxford, 1978, p. 179
12 A. Van der Heyden and H. Scullard, *The Atlas of the Classical World*, London, 1959, p. 127, and C. Duffy, *Siege Warfare*, London, 1979, pp. 204–7, 232–7
13 N. Nicolson, *Alex*, London, 1973, p. 10
14 See A. Fraser, *Boadicea's Chariot*, London, 1988

第2章 石

1 J. Groebel and R. Hinde (eds.), *Aggression and War*, Cambridge, 1989, pp. xiii–xvi
2 A. J. Herbert, 'The Physiology of Aggression', in ibid., p.67
3 Ibid., pp. 68–9
4 R. Dawkins, *The Selfish Gene*, Oxford, 1989
5 A. Manning, in Groebel and Hinde, op. cit., pp. 52–5
6 Groebel and Hinde, op. cit., p. 5
7 A. Manning, in Groebel and Hinde, op. cit., p. 51
8 R. Clark, *Freud*, London, 1980, p. 486 ff.
9 K. Lorenz, *On Aggression*, London, 1966

10 R. Ardrey, *The Territorial Imperative*, London, 1967
11 L. Tiger, *Men in Groups*, London, 1969
12 M. Harris, *The Rise of Anthropological Theory*, London, 1968, pp. 17–18
13 D. Freeman, *Margaret Mead and Samoa*, Cambridge, Mass., 1983, pp. 13–17
14 Ibid., Chapter 3
15 Harris, op. cit., p. 406
16 A. Kuper, *Anthropologists and Anthropology*, London, 1973, p. 18
17 Ibid., pp. 207–11
18 A. Mockler, *Haile Selassie's War*, Oxford, 1984, p. 219
19 A. Stahlberg, *Bounden Duty*, London, 1990, p. 72
20 H. Turney-High, *Primitive War: Its Practice and Concepts* (2nd edition), Columbia, SC, 1971, p. 5
21 Ibid.
22 Ibid., p. 55
23 Ibid., p. 142
24 Ibid., p. 14
25 Ibid., p. 253
26 Ibid., p. v
27 R. Ferguson (ed.), *Warfare, Culture and Environment*, Orlando, 1984, p. 8
28 M. Mead, 'Warfare is Only an Invention', in L. Bramson and G. Goethals, *War: Studies from Psychology, Sociology, Anthropology*, New York, 1964, pp. 269–74
29 R. Duson-Hudson, in *Human Intra-specific Conflict: An Evolutionary Perspective*, Guggenheim Institute, New York, 1986
30 Ferguson, op. cit., pp. 6, 26
31 M. Fried, M. Harris and R. Murphy (eds.), *War: The Anthropology of Armed Conflict and Aggression*, New York, 1967, p. 132
32 Ibid., p. 133
33 Ibid., p. 128
34 *US News and World Report*, 11 April 1988, p. 59
35 W. Divale, *War in Primitive Society*, Santa Barbara, 1973, p. xxi
36 A. Vayda, *War in Ecological Perspective*, New York, 1976, pp. 9–42
37 Ibid., pp. 15–16
38 Ibid., pp. 16–17
39 J. Haas (ed.), *The Anthropology of War*, Cambridge, 1990, p. 172
40 P. Blau and W. Scott, *Formal and Informal Organisations*, San Francisco, 1962, pp. 30–2
41 M. Fried, *Transactions of New York Academy of Sciences*, Series

2, 28, 1966, pp. 529–45
42 J. Middleton and D. Tait, *Tribes Without Rulers*, London, 1958, pp. 1–31
43 R. Cohen, 'Warfare and State Formation', in Ferguson, op. cit., pp. 333–4
44 P. Kirch, *The Evolution of the Polynesian Chiefdoms*, Cambridge, 1984, pp. 147–8
45 Ibid., p. 81
46 Ibid., pp. 166–7
47 Vayda, op. cit., p. 115
48 Kirch, op. cit., pp. 209–11
49 Vayda, op. cit., p. 80
50 Turney-High, op. cit., p. 193: 'The Caytes of the Brazilian coast ate every wrecked vessel's crew. At one meal they ate the first Bishop of Bahia, two Canons, the Procurator of the Royal Portuguese Treasury, two pregnant women and several children.'
51 Ibid., pp. 189–90
52 I. Clendinnen, *Aztecs*, Cambridge, 1991, pp. 87–8
53 R. Hassing, 'Aztec and Spanish Conquest in Mesoamerica', in B. Ferguson and N. Whitehead, *War in the Tribal Zone*, Santa Fe, 1991, p. 85
54 Ibid., p. 86
55 Clendinnen, op. cit., p. 78
56 Ibid., p. 81
57 Ibid., p. 116
58 Ibid., p. 93
59 Ibid., pp. 94–5
60 Ibid., pp. 95–6
61 Ibid., pp. 25–7
62 I. Clendinnen, *Ambivalent Conquests, Maya and Spaniard in Yucatan, 1515–70*, Cambridge, 1987, pp. 144, 148–9
63 J. Roberts, *The Pelican History of the World*, London, 1987, p. 21
64 Ibid., p. 31
65 H. Breuil and R. Lautier, *The Men of the Old Stone Age*, London, 1965, p. 71
66 Ibid., p. 69
67 Ibid., p. 20
68 Ibid., p. 69
69 A. Ferrill, op. cit., p. 18
70 W. Reid, *Arms Through the Ages*, New York, 1976, pp. 9–11
71 Breuil and Lautier, op. cit., p. 72

72 C. Robarchak, in *Papers Presented to the Guggenheim Foundation Conference on the Anthropology of War*, Santa Fe, 1986; also Robarchak, in Haas, op. cit., pp. 56–76
73 H. Obermaier, *La vida de nuestros antepasados cuaternanos en Europa*, Madrid, 1926
74 F. Wendorf, in F. Wendorf (ed.), *The Prehistory of Nubia*, II, Dallas, 1968, p. 959
75 Ferrill, op. cit., p. 22
76 M. Hoffman, *Egypt Before the Pharaohs*, London, 1988, pp. 87–9
77 Roberts, op. cit., p. 51
78 J. Mellaert, 'Early Urban Communities in the Near East, 9000–3400 BC', in P. Moorey (ed.), *The Origins of Civilisation*, Oxford, 1979, pp. 22–5
79 H. de la Croix, *Military Considerations in City Planning*, New York, 1972, p. 14
80 Y. Yadin, *The Art of Warfare in Biblical Lands*, London, 1963, p. 34
81 Mellaert, op. cit., p. 22
82 B. Kemp, *Ancient Egypt. Anatomy of a Civilisation*, London, 1983, p. 269
83 S. Piggott, 'Early Towns in Europe', in Moorey, op. cit., pp. 3, 44
84 H. Thomas, *An Unfinished History of the World*, London, pp. 19, 21
85 J. Bottero et al. (eds.), *The Near East: The Early Civilisations*, London, 1967, p. 44
86 Ibid., p. 6
87 Roberts, op. cit., p. 131
88 Hoffman, op. cit., pp. 331–2
89 Kemp, op. cit., pp. 168–72
90 Ibid., pp. 223–30
91 Ibid., p. 227
92 Yadin, op. cit., pp. 192–3
93 Kemp, op. cit., pp. 43, 225
94 Hoffman, op. cit., p. 116
95 W. Hayes, 'Egypt from the Death of Ammanemes II to Seqenenre II', in *Cambridge Ancient History* (3rd edition), Vol. II, Part 1, p. 73
96 Kemp, op. cit., p. 229
97 The first of the intermediate periods (2160–1991 BC) between the Old and Middle Kingdoms is held to have been an era of warmaking between local strongmen: a text of the period (quoted Bottero, op. cit., p. 337) reads, however, as follows: 'I armed my bands of recruits and went into combat . . . There was no one else

with me but my own troops, while [the mercenaries from Nubia and elsewhere] were united against me. I returned in triumph, my whole city with me, with no losses'; scarcely evidence that Egyptian domestic warfare was hard-fought.

98 Bottero, op. cit., pp. 70–1
99 W. McNeill, *The Pursuit of Power*, Oxford, 1983, p. 5
100 J. Laessoe, *People of Ancient Assyria*, London, 1963, p. 16
101 Yadin, op. cit., p. 130
102 G. Roux, *Ancient Iraq*, New York, 1986, p. 129
103 P.J. Forbes, *Metallurgy in Antiquity*, Leiden, 1950, p. 321
104 Ibid., p. 255 and fig. 49
105 W. McNeill, *A World History*, New York, 1961, p. 34
106 R. Gabriel and K. Metz, *From Sumer to Rome*, New York, 1991, p. 9

插曲 2：防御工事

1 D. Petite, *Le balcon de la Côte d'azure*, Marignan, 1983, passim
2 A. Fox, *Prehistoric Maori Fortifications*, Auckland, 1974, pp. 28–9
3 F. Winter, *Greek Fortifications*, Toronto, 1971
4 N. Pounds, *The Mediaeval Castle in England and Wales*, Cambridge, 1990, p. 69
5 S. Johnson, *Roman Fortifications on the Saxon Shore*, London, 1977, p. 5
6 Kemp, op. cit., pp. 174–6
7 S. Piggott, 'Early Towns in Europe', in Moorey, op. cit., pp. 48–9
8 A. Hogg, *Hill Forts of Britain*, London, 1975, p. 17
9 Piggott, op. cit., p. 50
10 W. Watson, in Moorey, op. cit., p. 55
11 S. Johnson, *Late Roman Fortifications*, London, 1983, p. 20
12 E. Luttwak, The *Grand Strategy of the Roman Empire*, Baltimore, 1976, pp. 96, 102–4
13 B. Isaac, *The Limits of Empire*, Oxford, 1990; A. Horne, *A Savage War of Peace*, London, 1987, pp. 263–7
14 Q. Hughes, *Military Architecture*, London, 1974, pp. 187–90
15 C. Duffy, *Siege Warfare*, London, 1979, pp. 204–7
16 J. Fryer, *The Great Wall of China*, London, 1975, p. 104; A. Waldron *The Great Wall of China*, Cambridge, 1992, pp. 5–6
17 O. Lattimore, 'Origins of the Great Wall', in *Studies in Frontier History*, London, 1962, pp. 97–118
18 J. Needham, *Science and Civilisation in China*, I, Cambridge, 1954, p. 144

19 S. Johnson, *Late Roman Fortifications*, Maps 25, 44, 46
20 P. Contamine, *War in the Middle Ages*, Oxford, 1984, p. 108
21 Ibid., p. 46
22 Pounds, op. cit., p. 19
23 Winter, op. cit., pp. 218–19
24 Yadin, op. cit., pp. 158–9, 393, 409
25 S. Runciman, *A History of the Crusades*, I, Cambridge, 1951, pp. 231–4
26 Pounds, op. cit., p. 115
27 Ibid., p. 213

第3章 肉

1 A. Azzarolli, *An Early History of Horsemanship*, London, 1985, pp. 5–6
2 S. Piggott, *The Earliest Wheeled Transport*, London, 1983, p. 87
3 Ibid., p. 39
4 Azzarolli, op. cit., p. 9
5 R. Sallares, *The Ecology of the Ancient Greek World*, London, 1991, pp. 396–7
6 Piggott, op. cit., pp. 64–84
7 W. McNeill, *The Rise of the West*, Chicago, 1963, p. 103
8 A. Friendly, *The Dreadful Day*, London, 1981, p. 27
9 Yadin, op. cit., pp. 150, 187
10 J. Guilmartin, op. cit., p. 152; P. Klopsteg, *Turkish Archery and the Composite Bow*, Evanstown, 1947
11 Yadin, op. cit., p. 455
12 Y. Garlan, *War in the Ancient World*, London, 1975, p. 90
13 O. Lattimore, op. cit., pp. 41–4
14 Piggott, op. cit., pp. 103–4
15 H. Creel, *The Origins of Statecraft in China*, Chicago, 1970, pp. 285–6
16 Guilmartin, op. cit., p. 157
17 Lattimore, op. cit., p. 53
18 *Cambridge Ancient History*, Vol. II, Part 1, Cambridge, 1973, pp. 375–6
19 Laessoe, op. cit., pp. 87, 91
20 *Cambridge Ancient History*, Vol. II, Part 1, pp. 54–64
21 J. Gernet, *A History of Chinese Civilisation*, Cambridge, 1982, pp. 40–5
22 H. Saggs, *The Might That Was Assyria*, London, 1984, p. 197
23 Ibid., pp. 199, 255

24 Ibid., p. 100
25 Ibid., p. 101
26 Ibid., p. 258
27 Creel, op. cit., pp. 258, 265
28 Ibid., p. 259
29 Ibid., pp. 266, 264
30 Robert Thurton, 'The Prince Consort in Armour', in M. Girouard, *The Return of Camelot*, New Haven, 1981; Hubert Lanzinger, 'Hitler in Armour', in P. Adam, *The Arts of the Third Reich*, London, 1992
31 Yadin, op. cit., pp. 100–3; *Cambridge Ancient History*, Vol. II, Part 1, pp. 444–51
32 Yadin, op. cit., pp. 103–14
33 Ibid., pp. 218–21
34 McNeill, *The Rise of the West*, p. 15
35 Saggs, op. cit., p. 169
36 J. Saunders, *The History of the Mongol Conquests*, London, 1991, pp. 9–10
37 Ibid., p. 14; Gernet, op. cit., pp. 4–5
38 W. McNeill, *The Human Condition*, Princeton, 1980, p. 47
39 D. Maenchen-Helfen, *The World of the Huns*, Berkeley, 1973, p. 187
40 Ibid., p. 267
41 Ibid., p. 184
42 Ibid., p. 180
43 J. Jakobsen and R. Adams, 'Salt and Silt in Ancient Mesopotamian Agriculture', *Science*, CXXVIII, 1958, p. 257
44 L. Kwantem, *Imperial Nomads: A History of Central Asia, 500–1500*, Leicester, 1979, p. 12
45 A. Jones, *The Later Roman Empire, 284–602*, Oxford, 1962, p. 157
46 J. Bury, *A History of the Later Roman Empire*, 1927, I, p. 300, n. 3
47 R. Lindner, 'Nomadism, Horses and Huns', *Past and Present*, 92 (1981), pp. 1–19
48 J. Lucas, *Fighting Troops of the Austro-Hungarian Army*, New York, 1987, p. 149
49 Marquess of Anglesey, *A History of British Cavalry*, IV, London, 1986, p. 297
50 Maenchen-Helfen, op. cit., pp. 152–3
51 P. Ratchnevsky, *Genghis Khan*, Oxford, 1991, p. 155
52 Kwantem, op. cit., p. 21; the Ephthalites appear to have spoken Tocharian, an extinct Indo-European language
53 Saunders, op. cit., p. 27
54 Ibid.

55 J. Keegan, *The Mask of Command*, London, 1988, p. 18
56 Ferrill, op. cit., p. 70
57 A. Hourani, *A History of the Arab Peoples*, London, 1991, p. 19
58 Koran 9: 125
59 P.M. Holt and others, *Cambridge History of Islam*, Vol. IA, Cambridge, 1977, pp. 87–92
60 *Cambridge History of Islam*, op. cit., p. 42
61 Sallares, op. cit., p. 27
62 D. Hill, 'The Role of the Camel and the Horse in the Early Arab Conquests', in Parry and Yapp, op. cit., p. 36
63 Ibid., pp. 57–8
64 *Cambridge History of Islam*, op. cit., p. 60
65 Ibid.
66 Pipes, op. cit., pp. 109–13
67 Ibid., p. 148
68 Saunders, op. cit., p. 37
69 Kwantem, op. cit., p. 61
70 *Cambridge History of Islam*, op. cit., p. 150
71 Ratchnevsky, op. cit., p. 109
72 Kwantem, op. cit., pp. 12–13
73 Chen Ya-tien, *Chinese Military Theory*, Stevenage, 1992, pp. 21–30
74 Gernet, op. cit., p. 309
75 Ibid., p. 310
76 Ratchnevsky, op. cit., pp. 194–5
77 Kwantem, op. cit., p. 188
78 Ratchnevsky, op. cit., pp. 4–5
79 B. Manz, *The Rise and Rule of Tamerlane*, Cambridge, 1989, p. 4
80 Saunders, op. cit., pp. 196–9
81 Kwantem, op. cit., p. 192
82 Ibid., p. 108
83 Saunders, op. cit., p. 66
84 Ratchnevsky, op. cit., pp. 96–101
85 *Cambridge History of Islam*, op. cit., p. 158
86 Kwantem, op. cit., p. 159; S. Shaw, *History of the Ottoman Empire and Modern Turkey*, Vol. II, Cambridge, 1976, p. 184
87 D. Morgan, 'The Mongols in Syria', in P. Edburg (ed.), *Crusade and Settlement*, Cardiff, 1985, pp. 231–5
88 P. Thorau, 'The Battle of Ain Jalut: A Re-examination', in ibid., pp. 236–41
89 Ibid., p. 238
90 Manz, op. cit., pp. 14–16

91 B. Spuler, *The Mongols in History*, London, 1971, p. 80
92 Shaw, op. cit., I, p. 245
93 Ratchnevsky, op. cit., pp. 153–4
94 See Keegan, *Mask of Command*, esp. Chapter 2
95 C. Duffy, *Russia's Military Way to the West*, London, 1981, p. 2
96 J. Fairbank, 'Varieties of Chinese Military Experience', in F. Kierman and J. Fairbank, *Chinese Ways in Warfare*, Cambridge, Mass., 1974
97 Ibid., p. 7
98 Ibid., p. 15
99 Ibid., p. 14
100 Gernet, op. cit., p. 493

插曲 3：军队

1 Parkinson, op. cit., p. 176
2 J. Elting, *Swords Around a Throne*, London, 1989, Chapters 18–19
3 H. Roeder (ed.), *The Ordeal of Captain Roeder*, London, 1960
4 N. Jones, *Hitler's Heralds*, London, 1987, passim
5 S. Andreski, *Military Organisation and Society*, London, 1968
6 W. McNeill, *Plagues and People*, New York, 1976
7 Andreski, op. cit., p. 33
8 Ibid., pp. 91–107, 75–90
9 Ibid., p. 26
10 Seaton, op. cit., p. 57
11 Andreski, op. cit., p. 27
12 Ibid., p. 37
13 M. Lewis, *The Navy of Britain*, London, 1948, pp. 128–44
14 G. Jones, *A History of the Vikings*, Oxford, 1984, p. 211
15 Manz, op. cit., p. 17
16 Ratchnetsky, op. cit., p. 66
17 Hourani, op. cit., pp. 139–40
18 S. Blondal, *The Varangians of Byzantium*, Cambridge, 1978, p. 230–5
19 P. Mansel, *Pillars of Monarchy*, London, 1984, p. 1
20 Garlan, op cit., p. 95
21 M. Mallet, *Mercenaries and their Masters*, London, 1974, pp. 60–1
22 L. Keppie, *The Making of the Roman Army*, London, 1984, p. 17
23 P. Paret (ed.), *Makers of Modern Strategy*, p. 19
24 W. Doyle, *The Oxford History of the French Revolution*, 1989, pp. 204–5

第四章　铁

1 R.J. Forbes, *Metallurgy in Antiquity*, London, 1950, p. 380
2 Ibid., pp. 418–19
3 R. Oakeshott, *The Archaeology of Weapons*, London, 1960, pp. 40–2
4 N. Sandars, *The Sea Peoples*, London, 1985, pp. 56–8
5 P. Greenhalgh, *Early Greek Warfare*, Cambridge, 1993, pp. 10–11
6 Ibid., pp. 1–2
7 N. Hammond, *A History of Greece to 322 BC*, Oxford, 1959, p. 73
8 Ibid., p. 81
9 Ibid., p. 99
10 Ibid., p. 100
11 Ibid., p. 101
12 V. Hanson, *The Western Way of War*, New York, 1989
13 V. Hanson, *Warfare and Agriculture in Classical Greece*, Pisa, 1983, p. 59
14 Ibid., pp. 50–4
15 Ibid., p. 42
16 Ibid., pp. 67–74
17 Hanson, *Western Way*, p. 6
18 Ibid., pp. 4, 34
19 M. Finley and H. Plaket, *The Olympic Games*, New York, 1976, p. 19
20 D. Sansome, *Greek Athletics and the Genesis of Sport*, Berkeley, 1988, pp. 19, 50–3, 63
21 M. Poliakoff, *Combat Sports in the Ancient World*, New Haven, 1987, pp. 93, 96
22 Finley and Plaket, op. cit., p. 21
23 Poliakoff, op. cit., pp. 93–4
24 A. Snodgrass, 'The Hoplite Reform and History', *Journal of Hellenic Studies*, 85 (1965), pp. 110–22
25 M. Jameson, 'Sacrifice before Battle', in V. Hanson (ed.), *Hoplites*, London, 1991, p. 220
26 E. Wheeler, 'The General as Hoplite', in ibid., pp. 150–4
27 J. Lazenby, 'The Killing Zone', in ibid., p. 88
28 Hanson, *Western Way*, p. 185
29 Ibid., pp. 64–5
30 Ibid., pp. 180–1
31 Ibid., p. 36
32 Ibid., p. 4
33 Roberts, op. cit., p. 178
34 E. Wood, *Peasant, Citizen and Slave*, London, 1981, pp. 42–4

35 Hanson, *Western Way*, pp. 10, 16
36 Sandars, op. cit., pp. 125–31
37 Garlan, op. cit., pp. 130–1
38 Hammond, op. cit., pp. 289–90
39 Ibid., pp. 661–2
40 Keegan, *Mask of Command*, pp. 78–9
41 Ibid., p. 80
42 Ibid., p. 82
43 Hammond, op. cit., p. 615
44 L. Keppie, op. cit.
45 Hammond, op. cit., p. 236
46 Keppie, op. cit., p. 18
47 W. Harris, *War and Imperialism in Republican Rome*, Oxford, 1979, pp. 54–67
48 Ibid., p. 56
49 Ibid., p. 51
50 Ibid., p. 48
51 Keppie, op. cit., p. 18
52 Harris, op. cit., pp. 44–6
53 Ibid., pp. 11–12
54 Keppie, op. cit., p. 53
55 J. Keegan, *The Face of Battle*, London, 1976, p. 65
56 G. Watson, *The Roman Soldier*, London, 1985, pp. 72–4
57 Van der Heyden and Scullard, op. cit., p. 125
58 Keppie, op. cit., pp. 61–2
59 J. Balsdon, *Rome*, London, 1970, p. 91
60 A. Ferrill, *The Fall of the Roman Empire*, London, 1986, p. 25
61 Luttwak, op. cit., pp. 191–4
62 D. Breeze and B. Dobson, *Hadrian's Wall*, London, 1976, pp. 247–8
63 Balsdon, op. cit., pp. 90–1
64 Ferrill, *Fall of the Roman Empire*, pp. 48–9
65 Ibid., p. 140
66 Ibid., p. 160
67 J. Fuller, *The Decisive Battles of the Western World*, London, 1954, pp. 307–29
68 A. Jones, *The Decline of the Ancient World*, London, 1966, pp. 297–9
69 Ibid., p. 102
70 J. Beeler, *War in Feudal Europe, 730–1200*, Ithaca, 1991, pp. 2–5
71 Ibid., p. 17
72 M. Van Crefeld, *Technology and War*, London, 1991, p. 18

73 Ibid., p. 20
74 Beeler, op. cit., pp. 228–32
75 Johnson, *Late Roman Fortifications*, pp. 8–16
76 G. Jones, *Vikings*, pp. 182–92
77 Ibid., p. 76
78 H. Cowdray, 'The Genesis of the Crusades', in T. Murphy (ed.), *The Holy War*, Columbus, 1976, pp. 17–18
79 Beeler, op. cit., p. 12
80 Runciman, op. cit., pp. 106–8
81 Ibid., pp. 91–2
82 R. Smail, *Crusading Warfare*, Cambridge, 1956, pp. 115–20
83 Ibid., p. 202
84 G. Sainty, *The Order of St John*, New York, 1991, pp. 105
85 P. Contamine, *War in the Middle Ages*, p. 75
86 Ewart, op. cit., pp. 283–4
87 Smail, op. cit., pp. 165–8

插曲 4：后勤和供应

1 Watson, op. cit., pp. 63–5
2 P. Liddle, *The 1916 Battle of the Somme*, London, 1992, p. 39
3 J. Thompson, *No Picnic*, London, 1992, p. 89
4 Keegan, *Mask of Command*, p. 134
5 Luttwak, op. cit., map 2.2
6 C. Callwell, *Small Wars: Their Principles and Practice*, London 1899, p. 40
7 T. Derry and T. Williams, *A Short History of Technology*, Oxford 1960, p. 433
8 R. Chevallier, *Roman Roads*, London, 1976, p. 152
9 Piggott, op. cit., p. 345
10 Keegan, *Mask of Command*, p. 114
11 D. Engels, *Alexander the Great and the Logistics of the Macedonian Army*, Berkeley, 1978, p. 112
12 M. Grant, *The Army of the Caesars*, London, 1974, p. xxiii
13 Derry and Williams, op. cit., pp. 691–5
14 B. Wiley, *The Life of Johnny Reb*, Baton Rouge, 1918, p. 92
15 J. McPherson, *Battle Cry of Freedom*, New York, 1988, pp. 11–12
16 Ibid., pp. 424–7
17 D. Showalter, *Railroads and Rifles*, Hamden, 1975, p. 67
18 J. Edmonds, *A Short History of World War I*, Oxford, 1951, pp. 9–10

19 J. Piekalkiewicz, *Pferd und Reiter im II Weltkrieg*, Munich, 1976, p. 4
20 J. Beaumont, *Comrades in Arms*, London, 1980, p. 208
21 J. Thompson, *The Lifeblood of War*, London, 1991, p. 38
22 McNeill, *Pursuit of Power*, pp. 322, 324, 329
23 Watson, op. cit., p. 51
24 Derry and Williams, op. cit., p. 269
25 McNeill, *Pursuit of Power*, pp. 166–7
26 Ibid., p. 170
27 Ibid., p. 238
28 Ibid., p. 290
29 A. Milward, *War, Economy and Society, 1939–45,* London, 1977, pp. 64–9, 76
30 D. Van der Vat, *The Atlantic Campaign*, London, 1988, pp. 229, 270, 351

第五章　火

1 Derry and Wells, op. cit., pp. 268–9, 514
2 J. Needham, *Science and Civilisation in China*, I, Cambridge, 1954, p. 134
3 McNeill, *Pursuit of Power*, p. 39
4 Ibid., pp. 82–3
5 Duffy, *Siege Warfare*, pp. 8–9
6 Ibid., p. 9
7 Ibid., p. 15
8 Ibid., p. 25
9 Ibid., pp. 29–31
10 Mallet, op. cit., p. 253
11 Duffy, *Siege Warfare*, p. 40
12 Ibid., pp. 41–2
13 Ibid., p. 61
14 Ibid., p. 64
15 G. Parker, *The Military Revolution*, Cambridge, 1988, p. 17
16 Ibid., p. 17
17 Mallet, op. cit., pp. 254–5
18 Grant, op. cit., pp. 15–16
19 Hale, *Renaissance War Studies*, p. 396
20 J. Hale, *War and Society in Renaissance Europe*, Leicester, 1985, p. 96
21 G. Parker, *The Army of Flanders and the Spanish Road*, Cambridge,

1972, pp. 27–9
22 Guilmartin, op. cit., p. 207
23 Ibid., pp. 251–2
24 Lewis, op. cit., pp. 76–80
25 Guilmartin, op. cit., pp. 8–11
26 Weigley, op. cit., pp. 15–16
27 Ibid., pp. 76–7
28 Watson, op. cit., pp. 57–9
29 C. Duffy, *The Military Experience in the Age of Reason*, London, 1989
30 G. and A. Parker, *European Soldiers 1550–1650*, Cambridge, 1977, pp. 14–15
31 Hale, *War and Society*, p. 87
32 A. Corvisier, *Armies and Society in Europe*, Bloomington, 1979, pp. 54–60
33 Hale, *Renaissance War Studies*, pp. 285, 237–42
34 Weigley, op. cit., p. 44
35 Shaw, op. cit., Vol. I, pp. 113–14
36 B. Lenman, 'The Transition to European Military Ascendancy in India', in J. Lynn, *Tools of War*, Chicago, 1990, p. 106
37 Doyle, op. cit., pp. 67–71
38 J. Galvin, *The Minute Men*, McLean, 1989, pp. 27–33
39 J. Lynn, 'En avant: The Origins of the Revolutionary Attack', in Lynn, op. cit., pp. 168–9
40 Elting, op. cit., pp. 123–56
41 Weigley, op. cit., p. 265
42 Lynn, in Lynn, op. cit., p. 167
43 F. Gilbert, 'Machiavelli', in P. Paret, *Makers of Modern Strategy*, p. 31
44 B. Liddell Hart, *The Ghost of Napoleon*, London, 1933, pp. 118–29
45 McNeill, *Pursuit of Power*, op. cit., p. 254
46 R. Challener, *The French Theory of the Nation in Arms*, New York, 1955, p. 58
47 M. Eksteins, *Rites of Spring*, New York, 1989, p. 93
48 C. Jones, *The Longman Companion to the French Revolution*, London, 1989, pp. 156, 287
49 T. Livermore, *Numbers and Losses in the American Civil War*, Bloomington, 1957, pp. 7–8
50 McPherson, op. cit., p. 9
51 Duffy, *Experience of War*, p. 209

52 A. Corvisier, 'Le moral des combattants, panique et enthousiasme', in *Revue historique des armées*, 3, 1977, pp. 7–32
53 Elting, op. cit., pp. 30–1, 143
54 T. Wilson, *The Myriad Faces of War*, Cambridge, 1986, p. 757
55 A. Horne, *To Lose a Battle*, London, 1969, p. 26
56 R. Larson, *The British Army and the Theory of Armoured Warfare 1918–40*, Newark, 1984, p. 34
57 Keegan, *Mask of Command*, p. 238
58 A. Bullock, *Hitler and Stalin*, London, 1991, p. 259
59 Ibid., p. 358
60 C. Barnett (ed.), *Hitler's Generals*, London, 1989, pp. 444–5
61 Keegan, *Mask of Command*, p. 235
62 G. Welchman, *The Hut Six Story*, London, 1982, pp. 19–20
63 Keegan, *Mask of Command*, p. 302
64 Ibid., p. 286
65 T. Taylor, *The Breaking Wave*, London, 1967, pp. 114–15
66 Ibid., p. 97
67 K. Wakefield (ed.), *The Blitz Then and Now*, London, 1988, p. 8
68 O. Bartov, *The Eastern Front 1941–5*, Basingstoke, 1985, pp. 107–19
69 D. Kahn, *Seizing the Enigma*, London, 1991, pp. 245–58
70 W. Murray, *Luftwaffe*, London, 1985, pp. 8–12
71 J. Terraine, *The Right of the Line*, London, 1985, p. 474
72 R. Spector, *Eagle Against the Sun*, London, 1984, pp. 79–82
73 R. Connaughton, *The War of the Rising Sun and the Tumbling Bear*, London, 1988, pp. 166–7
74 Spector, op. cit., pp. 259–67
75 N. Longmate, *Hitler's Rockets*, London, 1985, p. 59
76 M. Gilbert, *Second World War*, London, 1989, pp. 20–1
77 L. Freedman, *The Evolution of Nuclear Strategy*, London, 1989, p. 16
78 Ibid., p. 19
79 Ibid.
80 Ibid., p. 246
81 G. Draper, 'Grotius' Place in the Development of Legal Ideas about War', in H. Bull et al. (eds.), *Hugo Grotius and International Relations*, Oxford, 1990, pp. 201–2
82 G. Best, *Humanity in Warfare*, London, 1980, pp. 150–1